中國學術思想 研究輯刊

二十編

林慶彰 主編

第 1 冊

《二十編》總目

編輯部編

《周易》體仁用智義涵在漢魏象數學的呈現

江弘遠 著

花木蘭文化出版社

國家圖書館出版品預行編目資料

《周易》體仁用智義涵在漢魏象數學的呈現／江弘遠 著 -- 初版
-- 新北市：花木蘭文化出版社，2015〔民104〕
目 4+254 面：19×26 公分
（中國學術思想研究輯刊 二十編；第 1 冊）
ISBN 978-986-322-990-2（精裝）
1. 易經 2. 研究考訂
030.8   103026829

中國學術思想研究輯刊
二十編 第一冊   ISBN：978-986-322-990-2

《周易》體仁用智義涵在漢魏象數學的呈現

作　　者　江弘遠
主　　編　林慶彰
總 編 輯　杜潔祥
副總編輯　楊嘉樂
編　　輯　許郁翎
出　　版　花木蘭文化出版社
社　　長　高小娟
聯絡地址　235 新北市中和區中安街七二號十三樓
　　　　　電話：02-2923-1455／傳眞：02-2923-1452
網　　址　http://www.huamulan.tw 信箱 hml810518@gmail.com
印　　刷　普羅文化出版廣告事業
封面設計　劉開工作室
初　　版　2015 年 3 月
定　　價　二十編 21 冊（精裝）台幣 38,000 元

《二十編》總目

編輯部　編

《中國學術思想研究輯刊》二十編 書目

《中國學術思想研究輯刊》二十編各書
作者簡介・提要・目次

第一冊　《周易》體仁用智義涵在漢魏象數學的呈現

作者簡介

　　江弘遠，臺北人，先父江玉麟喜愛先天《易》，余繼承家業近 40 年。目前於中臺科大擔任副教授。1990 年臺師大國文碩士班畢業，在黃慶萱老師指導下，寫《惠棟易例研究》。2006 年於北京中國社會科學院哲學博士儒家專業畢業，在王葆玹老師指導下以史學方法寫《京氏易學研究》，破除北宋以來朱熹、惠棟等對於八宮納甲法為京房《易》作的誤解。2014 年於中興大學中文博士班畢業，在劉錦賢老師的指導下，而汲取《易傳》、王弼和慈湖《易》之無為感通的精髓。

提　要

　　就道文關係的結構而言，聖人以仁為體，以智為用。道的規律是心性反應於環境的體現，而具有形音義之文，便是讓這人與天地的意義和價值涵蓋住。例如溫暑涼寒性命之文理，反應在節氣上成春夏秋冬之文理。陰陽之分發動於理解智心，而道德仁心則能收束對立於一整體，是以漢代之象數雖繁瑣，也沒有減損任何太極之本體。

就情文而言，德性諸目乃依仁爲中心而與時遞增，《易》始於陰陽相對，而四象四方，而五行五位，是以《易》的情文是由孟子性善四端，變至《說卦》仁義兩目，然後演變到漢代的五性說。漢代雖宇宙論盛行，但本體並未消失，其一隱含在太一整體思維當中，其一在由歷史人物的道德實踐裡，維繫不墜。

就形文而言，在《左傳》、《國語》時的《周易》筮占與五行占是分開的，在漢宣帝時魏相獻上奏文時，五行才介入《周易》筮占領域。而《象傳》反轉義，在漢魏發展成爻升降說、往來說及卦變說。其消息義，滋息與消退是相對的，漢代《易》家即分爲消卦和息卦兩組。漢代參數雖複雜，五行配方位也配時辰，講某時辰休旺也等某同方位休旺，由此可見，《易傳》時位一體也被漢《易》給繼承。

就聲文而言，以五音之宮、律呂之黃鐘 81 數爲準，同數者共鳴而相應和，可補《易傳》陰陽相應、天地相交形上狀態之空缺，而以數值來呈現。秦簡《日書》已有五音十二律配卦占，漢代京房以分卦值日占繼承之。翼奉有五性六情，把性情五行化。劉歆《三統歷》時，將《易》融會於律歷，至《乾鑿度》爻辰說，陽爻納陽六辰，陰爻納陰六辰。東漢荀爽以宮世解《易》，而未言納甲。至三國虞翻以納甲說解《易》，而未採取納音說。至東晉時干寶，已經綜合之以解《易》。

就卦氣而言，它是形文、聲文的綜合體，「當至不至，不當至而至」，仍然維持先秦相對爲衝的形式。從一方面可知，人爲的規律有界線，但無法限制沒有界線的大自然；另一方面可知，天道規律的維繫即在流動當中取得平衡，超過或不足的節氣，均在相對的時節補足。節氣如此，卦氣亦然，也在對衝卦塡補。

目　次

第二、三冊　宋代史事易學之義理風華

作者簡介

劉秀蘭，祖籍山東牟平，出生地高雄。

學歷：政治大學中文系學士，臺灣大學中國文學研究所碩士，高雄師範大學國文系博士。

經歷：正義高中專任教師；立德管理學院兼任講師，高雄海洋科技大學、高雄應用科技大學兼任講師、助理教授。

研究領域：周易、宋明理學、老莊、中國歷史。

提　要

本論文探究宋代史事《易》之義理內蘊及其轉變。期從宋儒對史事的援引印證中，感受出其重點關懷與精神狀態。並在情境的還原中，離析出思想精華與價值取向，以穿透其核心思維，直契思想原形。主要結構分成三部分：

一、以「陰陽」貫穿議題：太極陰陽是史事《易》學的本體。君臣源於陰陽的生化，治亂是陰陽的失調，政策則務求調和，道德則是陰陽尊卑的錯亂與還原。因爲有天地，才有萬物，有人類才有治亂，有治亂才需要政策及道德的矯正與維繫。一者有形，一者無形，有無相成，共同確保國家的長治久安。

二、以「議題」彰顯義理：宋代史事《易》學大抵以君臣、治亂、政策、道德、功業等議題來解釋經義、闡明《易》理。而援用史事，也是對「虛無」、「空言」學風的導正，目的在以實救虛，以經學解釋的實用性來彌補前人說《易》之失，並強調人事之價值。

在這些議題上面，宋儒雖有許多見解及個人的發揮，不過仍是基於《易經》原有思維所衍伸出來的。雖不免有牽合、附會之說，大抵仍有所本，並非空穴來風，所以清代四庫館臣基本上是予以相當高的肯定及評價的，認爲勝過清談與空談，其俾益世人，功不可沒。

三、以「轉變」顯示脈絡：史事《易》學雖源於援史證《易》，不過《易經》本身就有上古史的材料，所以以史證之只是這一性質的加強，從漢魏以來，亦皆不乏其人採用；然此種解經之法，到宋代才蔚爲潮流，成爲趨勢。而其轉折處是受到靖康之難，宋室南渡的影響。由於政治、國勢的變化、衝擊、屈辱，宋儒將其愛國意識與憂民治世思想藉由史事的論證，在《易經》

的著述中流傳下來，造成史事《易》學的蓬勃發展。而《易經》注解大量史事化的現象，也讓史事《易》學成爲《易經》詮釋的另一分支、流派；又因逐漸發展成一完整之思想體系，所以別具姿態，比起象數、義理學派之貢獻，實不遑多讓。

其次，尚有兩點「轉變」值得觀察：一是援史證《易》直接造成《易經》詮釋的「政治化」與「人物化」轉變。這種推進源於史書本即帝王將相的記錄褒貶，所以自然而然地帶有強烈的政治氛圍。二是援史證《易》所建構的思維是入世的，是現實層面的關注。從《易經》、《易傳》，再到史事《易》學，其實就是人天人的回歸，即還原《易經》的人事本質；也將《易經》的宗教性轉成哲理性的思辨，將不可探知的天意轉成可以分析原因的吉凶探究，因此對中國經學、思想的發展有開拓推擴之效。

目　次

第四冊　杭辛齋《易》學研究

作者簡介

　　張青松，1976 年生，新北市淡水人，臺灣師範大學國文系學士，臺灣大學中文研究所碩士，臺灣師範大學國文系博士候選人，研究領域為清末民初《周易》學、國文教學，著有〈杭辛齋〈進化新論〉之思想及其時代意義〉、〈試析《易緯》論「大衍之數」對傳統《易》傳之傳承、發展與限制〉、〈戴震治《易》歷程展現之漢宋學風格〉、〈《老子》言「常」與〈中庸〉言「庸」之異同〉、〈高中國文課文動畫（Flash）簡介與評議——以三民、

東大、翰林爲討論版本〉、〈學習共同體在國文教學之實踐成效與建議——以 101 學年度中正高中一年級國文科爲例〉等論文。現任臺北市立中正高中國文科教師。

提 要

清末民初，經學衰微，杭辛齋（1869～1924）獨立蒼茫，孜孜不倦，倡導《易》學，喚醒國人對傳統文化重視。杭辛齋年四十七，方立志學《易》，以至於終，不過八年，竟有《易》學著作七部：《學易筆談》、《學易筆談・二集》、《易楔》、《易學偶得》、《讀易雜識》、《愚一錄易說訂》、《沈氏改正揲蓍法》，逾三十三萬字，可見其夙慧與用功。民國初年，《易》學得以存續，杭辛齋實有承先啓後之功。

杭辛齋說《易》多方，茲就其著作，歸納其說《易》方式，約分爲：「講《易》與詁經不同」、「一字閑文」、「以象數說《易》」、「援用《周易》經傳」、「徵引群經諸子」、「小學訓解說《易》」、「博采兼綜諸家之說」、「以新名詞與《易》相發明」八類，足見其說《易》不守一家，力貫東西古今，唯以推廣《易》學爲職志。

杭辛齋主張《易》在三代，不徒政治之書，凡禮樂政刑，咸法於《易》。漢人去古未遠，所傳較接近經傳原貌，故其甚重兩漢《易》學。魏晉以後，王弼之《易》盛行江左，施讎、梁丘諸家之《易》漸亡，費氏之古本，亦遭淆亂，此杭辛齋所深嘆息者。有唐一代，兩漢以來各家之師說多已亡佚，且孔穎達疏《易》，復崇王黜鄭，有賴李鼎祚《周易集解》，掇拾殘闕。宋代《易》學，象數解《易》有之，義理解《易》有之，其特出者，乃以圖書解《易》。元明兩代之《易》學，較無發明，《易》說多類程朱。清朝《易》學著作甚豐，可謂歷代《易》學之總結時期。有闡明程朱《易》學者；有復言漢《易》象數者；有攻擊、倡導圖書者；亦有調和融通者。杭辛齋亦取資國外《易》學研究，如日本《易》學之《高島易斷》與美國國會圖書館《易》學書目，足見其《易》學視野，不論東西，氣象博大。

杭辛齋《易》學之內涵，可分就象數、義理、圖書、科學四方面探究。義理《易》學，爲杭辛齋《易》學之終極關懷，其以象數說《易》，乃一過程，其目的乃在闡明經傳義理，以合人倫日用。圖書《易》學，盛於北宋，杭辛齋《易》學中主以〈先天後天〉、〈河圖洛書〉、〈太極圖〉等範疇爲論述內涵，其論流傳與內涵，多從朱子。再者，杭辛齋以圖書之利，可較全

面含攝理、象、氣、數，然若不先明象數而言圖書，則對初學者《易》學之認知，或有不利影響。杭辛齋《易》學特出之處，在科學《易》學，乃援引新知識、新名詞、新概念，以會通《易》學。杭辛齋為首位有意識、有系統援引科學說《易》者，其廣度與深度，遠邁前賢，並為二十世紀以來所謂「科學《易》學」導夫先路，《易》學史上當記此筆。蓋杭辛齋《易》學特色，氣象宏大，能融鑄象數、義理、圖書、科學於一爐，自民國以來，斐然成一家之言。

杭辛齋之《易》學認知及思想，大要如下：論《易》之作者，多從舊說，以聖人作《易》，然未言聖人究為何人。畫卦、重卦者皆為伏羲。作卦爻辭者分為周文王與周公。孔子作〈易傳〉，殆從舊說。論《易》之性質，則強調《易》為用世之書，且《易》者廣大悉備，彌綸範圍天地萬物。論《易》之本體，乃采氣化論，以天地萬物，莫不由氣之變化而生成演化。論《易》之作用，杭辛齋以《易》可貫徹天人、安身立命，弘道救世。論《易》之讀法，則須先讀〈說卦傳〉、〈繫辭傳〉，以明《易》之大體，再熟讀《周易》上下經文，後求諸大家注釋，必字字研求，務各得其下落。蓋杭辛齋以為經傳之一字一句，咸有精深義蘊，不可更易。杭辛齋之《易》學思想，可以時中、重民、憂患、寡過言之，以上經傳本有。至於進化諸新概念，實則杭辛齋將新學融通《易》學，注入活水。

學者評論杭辛齋《易》學，非其說者，大概多以「考證疏略」與「與《易》無涉」二說。平心而論，杭辛齋習《易》目的在說《易》而非詁《經》，所訾則為過苛。至於杭辛齋《易》學之長，尚秉和論其博覽華美，徐芹庭讚許其《易》學無所不包，乃集四庫館臣所謂「二派六宗」之大成。

《易》學發展至清末民初，象數、義理、圖書等傳統《易》學研究手法，經歷代大儒推闡，後學遵循，實難有突破性發展，故杭辛齋能集大成，已屬不易。杭辛齋《易》學之貢獻，乃在援引當時眾多新說以推廣《易》學。此說《易》方式，可推至張之銳所著《易象闡微》，杭辛齋受到啟發，推闡擴充此說《易》方式，舉凡當世流行新名詞：愛克司光、飛機、十字架、來復線等；新概念：新氏教育、勞動神聖、自由、平等、博愛、共和政治等；新學科：物理學、化學、生物學、考古學、地理學等，杭辛齋旁徵博引，與傳統《易》學之象數、義理、圖書諸法融會貫通。為後世《易》學研究，另闢蹊徑，並揭示接續傳統與現代《易》學研究之手法，此則杭辛齋《易》學精采

勝處，亦爲其對後世《易》學之貢獻與影響。杭辛齋《易》學，往上總結象數、義理、圖書，可謂集大成者，往下開啓二十世紀科學《易》學學派，實居承先啓後地位，當可於《易》學史上占一席之地。

目　次

第五冊　從引詩賦詩到詩本義探求的詮釋轉向——《詩經》詮釋典範轉移中的文化意識、文本觀及存在闡釋的界域

作者簡介

翁燕玲，國立東華大學中國語文學系博士，國立中正大學中國語文學系碩士。著有《從引詩賦詩到詩本義探求的詮釋轉向——《詩經》詮釋典範轉移中的文化意識、文本觀及存在闡釋的界域》、《現代性的追索——林燿德研究》（碩士論文）等。

提　要

　　《詩經》自五四以來現代詮《詩》典範生成後，《詩經》與詩文本解讀均受此一詮釋典範固定觀點的影響，這一典範主要受西方文化觀點和當時特殊歷史情境的限定，《詩經》經典詮釋和詩文本詮釋均強調以自我抒情為主的原作者本意，並貶斥傳統經學典範。然而這一觀點基本上忽視詩文本在中國文化傳統形構的原有傳承，因而難以突顯中國自身詩學傳統的要義和特質，亦難以反思現代詮詩模式自身的問題與限制。

　　本論文主要以詩本義的構成為核心觀點，透過古今詮《詩》三大典範——《毛詩》、《詩集傳》及五四古史辨學派，重新考察各典範詮釋詩本義的意義生成脈絡，探究其基本詮釋方法和模式，以求重新探討古今中國的詩文本觀與典範生成的歷史語境，觀察其承變關係。研究發現古今三大詮《詩》典範即使歷經典範轉移的過程，仍共同表現出中國傳統引譬連類等聯繫性思維的思考模式，價值與意義詮釋均呈現傳統一元論的思維模式。

　　然而三大詮《詩》典範亦各自形構其自身的典範意義和詩文本觀，漢代《毛詩》詩本義在於以美刺為詮釋原則，使詩成為輿論的再現，展現出詩史性質的詮詩行動，由之證明輿論的正當性，《詩經》詮釋成為一種「古代輿論原型」的重建；宋代《詩集傳》等朱熹詮詩論述的典範義在於使詩成為聖俗主體間相互通感以求身心修煉的文本，觀詩即可觀人品格的詮釋觀點因而建立，並產生以「諷詠涵濡」工夫為中心的一套身心修煉式的學詩方法論。現代詮《詩》典範的典範義來自於個人性與集體性兩種意義面向的矛盾綜合，雖看似回歸文本與原作者本意，實則將想像的俗民集體形象和現代民謠比附於詩文本進行詮釋，以符合自身以世俗化為中心的文化意識型態。

　　綜上所述，詩本義和詩文本觀的構成在中國文化傳統中，不論古今皆有其複雜性，不能一概而論，且均應返回其所處歷史情境，才能理解其意義，因而在此一基礎上，現代詮詩觀點亦應面對因忽視和未深入理解傳統，所造成的經典意義萎縮及喪失的問題。

目　次

第六冊　《詩經》祖先崇拜研究

作者簡介

　　王珮翎，民國六十九年生，台灣台南市人，玄奘大學中國語文學研究所碩士畢。現為輔仁中國文學研究所博士生。曾任教於苗栗縣大同國民中學，並參與兩岸常用詞典編輯工作。目前擔任新生醫護管理專科學校通識中心國文科講師。

提　要

　　全文凡七章，十八節。其內容大旨及研究方法如下：

　　第一章：緒論

　　說明全文研究方向與大綱。除論文之研究動機、範疇與方法外，並參酌前人累積之研究成果，作一文獻上的回顧與論述。

　　第二章：中國祖先崇拜探源

　　本章採取二重證據法、分析比較法等研究方法，分析「古文字學」與「典籍經傳」等文獻資料，探求祖先崇拜之源頭。第一節「祖」字的探源。由「字義」角度探求中國祖先崇拜的源頭。由於文字具有負載文化信息的功能，文化的產生早於文字。因此，欲藉由對文字的分析，探求文化根源所在。擬藉「祖」之甲骨字形，考證「祖」字之來源。首先，羅列各家說法分別加以分析、說明。第二節部分，則以過去研究祖先崇拜源流為基礎，對各家推論加

以分析討論，說明各家學說之理論外，並列舉中國部分出土遺跡加以佐證，最後，就各家說法分析、討論。藉由上述各層面的討論，對中國祖先崇拜有初步的瞭解。

第三章：《詩經》祖先崇拜之外在呈現（一）——禘祭

本章主要利用二重證據法、歸納研究法及比較分析研究法。在中國，祖先崇拜最直接的呈現，乃是藉著宗廟祭祖禮制的制訂。周人制訂諸多祭祖禮制，以「禘祭」最爲重要，利用殷墟甲骨文獻探討殷人之禘祭制度。第一節部分，藉由學者對「禘」字之判讀，論述「禘」字於卜辭中的意義，希望從中探求殷人之「禘祭」制度。第二節部分，擬以殷人之「禘祭」制度爲說明重點。殷人乃爲一崇鬼民族，祭祖儀式繁多，諸多祭祖儀式爲周人所襲用，乃周禮之濫觴，討論周人之禘祭，列舉典籍對「禘祭」之記載，整理歷代學者對「禘」之解釋，並加以歸納討論，探究周人「禘祭」制度。第三節部分，依據禮書所記載諸多關於周人祭祖禮制爲基礎，展開研究祭祖之雛形。對於周人祭祖禮制，主要考察歷代學者之見解，從經傳典籍探討諸家對周人祭祖禮制的說法，加以歸納整理。之後針對周人之「禘祭」制度進行分析討論，由於「禘祭」制度於經傳典籍記錄中本就眾說紛紜，主要爭執點在於「禘祭」範圍界定困難，過去多將禘祭分爲郊祭與宗廟之祭兩大系統，本文擬以清儒毛奇齡《論語稽求篇》之分類：將「禘祭」分爲「大禘」、「吉禘」、與「時禘」三大系統後，再一一加以說明。第四節部分，釐清殷人「禘祭」、周人「禘祭」後，針對《詩經》有關「禘祭」詩篇加以分析討論，此部分爲第三章之焦點所在，先利用歸納研究法，就研究範疇中，先歸納出與「禘祭」有關之詩篇，再加以分析討論，討論重點主要在於對《古序》之考證，並藉由《詩經》篇章欲還原周人禘祭之眞實面目。

《詩經》中與「禘祭」相關之詩篇，根據《古序》的說法，哪些詩篇屬於「禘祭」？屬於「禘祭」中的哪一類型？歷代學者之闡釋如何？經由對「禘祭」源流的探討，一窺「禘祭」於《詩經》之呈現。

第四章：《詩經》祖先崇拜之外在呈現（二）——時享

本章主要就周人宗廟祭祖制之「時享」禮制爲探討主題。以《詩經》爲主要研究資料，參酌其他經傳典籍之解釋，並引論甲骨、金文記載加以說明。內容安排部分：首先，就時享禮制本身定義與各家說法作詳細討論。再則，討論殷商時期「周祀」制度，由殷人此一祭祖禮制中，比較其與周人「時享」

禮制之相關性。最後，針對《詩經》有關「時享」禮制之詩篇深入探討。以期能將《詩經》有關「常祀」之詩作作一完整呈現。

本章利用二重證據法、歸納研究法及比較分析研究法。「時享」禮制為周人常祀制度中另一討論重點，第一節部分，針對周人時享禮制加以說明，在此部分，主要由三個面向：一為針對祭名歧異與各家說法；二為經傳典籍之說法；三為甲骨金文之討論。第二節部分，簡述殷人周祀制度，推論殷人周祀制度或為周人「時享」禮制之濫觴。第三節則針對《詩經》有關「時享」詩篇加以分析討論，主要依春夏秋冬四季為大綱，分別分析「時享」詩篇，本節討論重點或為《古序》討論，或為詩文說明。

第五章：《詩經》祖先崇拜之外在呈現（三）——宗廟祭祀儀節

宗教禮儀是宗教信仰的行為表現，內在的宗教信仰透過禮儀的表現而具體化，不再只是抽象的概念，宗教禮儀與宗教信仰彼此間關係密切。因此，由祭祖儀式探討中國祖先崇拜，以期能對中國祖先崇拜能夠有更深入的瞭解。

周人克商而立後，祖先崇拜不再純粹為人類心靈上的信仰，在執政者有意的規劃下，逐漸脫離原始宗教精神，蛻變成執政者掌握政權的絕佳武器之一。潛移默化中，周代執政者藉由祭祖儀式，鞏固了自身的統治權，使得原先單純的祖先崇拜形成一套帶有倫理性質的禮制規範。在此原則下，針對不同的政治階級，各有其所應遵從的不同禮制、儀節。本章就周代天子、大夫及士之祭祖儀節及過程作一討論，以助於瞭解《詩經》中與祖先崇拜有關之祭祀儀節。

此部分採取以禮證經的方法。在第三、四章節針對祭祖禮制加以說明過後，本章以《少牢饋食禮》、《特牲饋食禮》及《禮記・禮運》疏文為基礎，對周人祭祖過程作一還原；第二節則就《詩經》中出現之祭祖儀節——相加考證，由於前人關於此方面，留下豐碩整理成果，本文在其基礎上加以闡述。

第六章：《詩經》祖先崇拜之內在呈現

本章期在周人祭祖禮制、儀節等規範外，更進一步探討其中所蘊藏的文化意義，全章共分三節，從《詩經》探討祖先崇拜對「個人」、「社會」、「國家」各層面的文化意義，藉此將《詩經》祖先崇拜之內在層面作完整的闡述。周人對於祖先的崇拜，除了藉由祭祖禮制得到呈現外，從商周祭祖禮制的比較，可以發現對於祖先崇拜此一文化現象，商周間是有所區別的。除了具體禮制內容不同外，抽象心態上亦有所歧異。商人祖先崇拜，經由甲骨卜辭研

究得知，其主要目的是爲了向祖宗先王祈福、避禍，較屬於「功利」傾向的出發點；周人祖先崇拜，則在商人祈福、避禍的心態上，添加了更多「道德」意涵於其中。

本章採取歷史分析法、歸納分析法、文化詮釋法。對祖先崇拜之源頭、詩經祖先崇拜之外在呈現有所瞭解後，第六章則針對其內在呈現作一說明。主要從個人、社會、國家三個角度，層層外推，對《詩經》祖先崇拜之內涵加以研究。先利用歸納分析法，對《詩經》有關祖先崇拜之詩篇加以整理後，在分別依照個人、社會、國家三個角度，加以說明，理論重心以「文化學角度」加以說明，參酌周人歷史發展，就祖先崇拜於周朝之呈顯爲主題進行探析。

第七章：結論

本論文以《詩經》爲主要研究對象，輔以《周禮》、《儀禮》、《禮記》等文獻資料，及殷墟卜辭文獻及周代青銅器銘文等研究成果，討論商周祭祖禮制、祭祖儀式等外在制度及其內在文化意涵。主要針對上述各章作一重點式的回顧，總結《詩經》祖先崇拜之內、外在呈現研究成果，並就其對後代影響與往後相關之研究方向作一簡單說明。

目　次

第七、八冊　宋代《詩經》學與理學

作者簡介

　　陳戰峰，男，1973 年生，陝西藍田人。西北大學中國思想文化研究所副教授，碩士研究生導師，歷史學博士，2008 至 2011 年曾在西北大學中國漢語言文學博士後流動站從事博士後研究。主要研究領域是中國儒學思想史。

　　已出版學術專著 2 部，編著 1 部。參與修訂出版本科生教材、研究生教材等 3 部。發表論文 20 餘篇。

　　獲省部級、廳局科研獎勵 3 項，分別是陝西省優秀博士論文獎（2007），2009 年陝西高校人文社會科學優秀成果二等獎、2009 年陝西省第九次哲學社會科學優秀成果評獎三等獎等。參與完成的教材多次獲陝西省優秀教材一等獎、陝西省優秀教學成果特等獎等。

　　獨立主持國家、省部、廳局級社科項目 7 項。

　　此外，2006 年起利用業餘時間兼任《華夏文化》（季刊）常務責任編輯，負責編輯、修改稿件等工作，已出版 30 餘期。合作主編出版文集 1 部，副主編文集 1 部。協助增訂整理學術著作、文集、教材共 10 餘部。

提　要

　　《詩經》是中國古代最早的一部詩歌選集，也是中國古代的重要文化典

籍之一。關於《詩經》的研究，歷來眾說紛紜，莫衷一是。圍繞《詩經》文本的研究和闡釋，形成了比較有特色的《詩經》學，包含著廣泛的研究領域，其中就有史學領域。對《詩經》文本不同屬性的確認，與相應的研究方式和特點相互作用。將《詩經》及《詩經》學視爲思想學術史的史料，正是對其史學功能和性質肯定的結果。「五四」以後以及現代《詩經》及《詩經》學研究，有不少有益的嘗試和啓發。但是，在將《詩經》文本定爲文學文本、《詩經》的文學研究佔據核心地位的情況下，這個領域的系統深入研究未引起充分的重視。

本文選擇《詩經》學史上打破定於一尊的宋代《詩經》學作斷代的研究，努力揭示《詩經》學學術現象和理學的內在關係，因此，命名爲《宋代〈詩經〉學與理學——關於〈詩經〉學的思想學術史考察》。在對理學家和其他學者紛繁的《詩經》學學術成果考察和歸納的基礎上，嘗試將其中的理學及思想因素剝離和凸現出來。通過對《詩經》學的思想學術史考察，一方面，有助於從思想學術史角度觀照和解釋一些單純在文學領域考察而難以理解的問題；一方面，進一步豐富和擴展思想史和學術史的研究領域和史料範圍，宋代《詩經》學也是思想史的研究對象和思想的承載方式。

本文主要包括導論、論文主體、結論等三部分。

導論解決《詩經》學思想學術史研究的可能、歷史和現狀、方法問題。論文主體共九章，分爲兩個部分。第一部分包括一至四章，第二部分包括五至九章。這兩部分都呈縱橫交叉方式，它們各自內部和相互之間體現出思想史和學術史相結合的特徵，但各有側重點。第一部分從橫向上探討宋代《詩經》學思想學術史研究的學術淵源、價值觀以及經典解釋的方法和理學之間的關係，涉及四大問題，包括：宋代《詩經》學的相關概念、研究資料與階段劃分；宋代《詩經》學流變的思想學術原因考略，即與漢唐《詩經》學、三家《詩》及《四書》學的關係；宋代《詩經》學學者基本的《詩經》觀，宋代學者對《詩經》載道功能的認識和弘揚、對《詩序》的複雜態度以及對「淫詩」的看法，構成了宋代《詩經》學學者基本的《詩經》觀，並與理學有著內在的關聯；宋代解《詩》的兩種方法史論與理學，即「據文求義」與「古今人情一也」，基本可以貫穿宋代嶄新的《詩經》學研究。在每個問題內部又竭力勾勒其歷史演變，學術觀點的繼承和延展，突出學術性，但也包含著思想性，可以爲第二部分作好鋪墊，互爲映襯，並有助於第二部分在探討思想問題時相對集中。第二部分則

從縱向上探究宋代《詩經》學內涵的思想因素，按照時間劃分，呈個案研究的序列結構。主要依據是《詩經》學資料，所以也會糾葛部分學術問題，是對第一部分的具體化和拓深，但基本集中，涉及了一些明顯的理學學術問題的討論和思辨。試圖以「義理解《詩》」的增強和演變爲主線，以關鍵人物（歐陽、蘇、王、張、二程、謝、楊、朱、陸、呂、王（柏）等）和學派爲著眼點，門生後學及其他附及，包括程大昌、王質、葉適、陳亮、戴溪、謝枋得等。這是論文的主體結構和圖景。結論以作收束。

關於宋代《詩經》學的發展階段，本文未拘泥尊《序》與廢《序》的二元對立分析，在階段劃分上，也未採取三階段說，而是按照宋代《詩經》學學術的實際，結合歷史和理學的發展，釐爲五個階段，試作勾勒和梳理。

宋學與理學的奠基者「宋初三先生」與歐陽修，前者未有專門的《詩經》學著作，只作適當鉤沉；歐陽修《詩本義》對宋代《詩經》學的發展具有決定性的影響，並觸及一些理學問題。蘇轍繼承唐代成伯璵的《詩經》學主張，對宋代《詩經》學發展影響深遠。歐陽修、蘇轍在方法與觀點上皆有開創之功，其中還包括柳開、劉敞等，這是宋代《詩經》學與理學相互影響的準備階段。宋代有些學者將當時經學的實質性變化追溯至周濂溪，而據流傳典籍周敦頤並沒有集中的《詩經》學作品。宋代「義理化」的《詩經》學開端於王安石，但還含有漢學的因素，體現了漢宋學術的轉折特徵，但已主張側重義理的說解，標誌是以樸素的二分的辯證思想研究《詩經》，論證天人、陰陽、常變、德仁等義理。這種風氣也影響到其門客蔡卞的《詩經》學名物研究。王安石將「道」分裂爲「天道」與「人道」的觀點與思維方式遭到二程、張載的批評。張載與二程的《詩經》研究在思想上更加突出心性的重要，《四書》得到標榜，《四書》之學逐漸形成，並在思想上向《詩經》研究滲透。這是宋代《詩經》學「以義理解《詩》」方法的逐步確立階段。程門謝良佐、楊時的《詩經》研究體現了兩宋之際《詩經》學與理學緊密結合的延續。鄭樵斥《序》，啓迪朱熹後期《詩經》學廢《序》解《詩》，同時《四書》已形成，不僅影響至《詩經》學，而且成爲解釋儒家經典的理論根據，所謂「義理之淵藪」。作爲理學和《詩經》學的集大成者，朱熹《詩經》學已出現融合諸家的傾向。陸學與朱學在對「心」的論定上有差別，本體論、治學方法與風格迴異，理本論和心本論也反映在朱陸的《詩經》學中，《詩經》的心學研究以陸九淵、楊簡、袁燮爲代表。試圖調整朱陸之學的呂祖謙也以融合諸家爲特徵，其《詩經》學在當時也佔有顯著的地位。這

是宋代《詩經》學逐步調整和集大成的階段。朱熹三傳弟子王柏主張刪《詩》，同時《詩經》學研究日漸空疏，王應麟在《詩經》義理研究的同時，逐漸涉及《詩經》的輯佚、歷史地理研究，《詩經》學出現了多樣化的發展階段，也意味著《詩經》理學研究日益呈現出衰落氣象。「以詩言詩」的說法至南宋末較普遍了，或稱爲「即詩論詩」，不難發現與歐陽修「據文求義」的承革關係，但是更加重視對《詩經》文本的依賴，甚至有的學者對諸家解說的紛紜已無調和興趣，「反古」的傾向進一步增強，不僅是擺落漢唐，甚至連兩宋的《詩經》學也不理會了，出現了一些《毛詩玄談》之類的作品和「不說者爲上」的言論。《詩經》學的空疏衰落及某一家的獨尊可能已不可避免。元明清《詩集傳》獨尊，除王夫之等外，《詩經》學義理研究創新不夠，明清「獨立思考派」的義理研究逐漸轉向文學的體味和鑒賞。

本文除對宋代《詩經》學學者的《詩經》學研究方式、學術觀點等和理學之間的關係有些許考察外，還涉及不少與思想相關的學術問題的爭辯和討論。集中體現在九幅表的統計分析（其中一幅爲借鑒他人研究成果）中，涉及宋代《詩經》學的特點與位置、《詩本義》解《詩》的兩種方法、歐陽修對待《詩序》毛《傳》鄭《箋》學術態度比較、《詩解》是否爲「雜說」、《詩經集傳》與《詩序》的關係、《詩疑》刪詩目錄所缺詩篇的名稱和學術原因等問題。

通過對宋代《詩經》學的思想學術史考察，關於宋代《詩經》學與理學的關係認識就不僅僅是「理學化」所能概括的。從歐陽修等開始，在學者眼中，《詩經》就不只是文學的、章句的文獻，而是傳達「道」和承載「道」的方式，宋代《詩經》學學者的疑鄭、疑毛、疑《序》，進而廢《序》、疑經、改經，乃至否定《詩》爲徒歌、主張「淫詩」說等皆與這種「道」的觀念相關。甚至可以認爲，宋代《詩經》學的新氣象以及在今天依然閃耀著光輝的學術觀點也是在這種觀念和背景下催生的，儘管這些學者並非人人將《詩經》所有詩篇都打上「道」的烙印，他們通過涵泳而獲致心性之理、人倫之理以及對天人關係進行把握的義理解《詩》途徑，使宋代《詩經》學特色獨具，別樹一幟。宋代的疑古思潮和解經新風在現代以及當代《詩經》學研究中也得到一定的呼應和推進。

本文涉及的思想學術問題較多，兩宋之際的《詩經》學研究因資料缺乏而比較薄弱，一些問題還有待進一步深入挖掘和研究，而主要突出宋代《詩經》學思想學術史的合歷史與合邏輯的考察重點。

目　次

第九、十冊　歐陽修《詩本義》研究新探——重估漢宋《詩經》學的轉變與意義

作者簡介

陳戰峰。（同前第 7、8 冊）

提　要

《詩本義》是《詩經》學史上承前啓後的重要著作之一，體現了漢宋學術的變遷，對蘇轍、鄭樵、朱熹、呂祖謙、王柏、姚際恒、方玉潤等以及現當代《詩經》學發展都有深遠影響。

作者從三個維度切入，以期比較全面和深入地展示《詩本義》在漢宋學術轉折中的獨特價值與複雜面貌。這三個維度分別是：

一是從漢宋《詩經》學轉變視角中確立評價《詩本義》的學術價值和思想意義。其價值不僅表現在繼承、整理、評判已有漢唐《詩經》學研究成果上，而且表現在爲新的經解開闢道路，在解經的本末觀念和載道論（道論）基礎上，形成了比較成熟的解經方法。《詩本義》的影響，特別是受到後代學者的襃貶，也可以從漢宋學術的差異和長短得到說明。文中考察《詩本義》和《毛傳》、《鄭箋》，尤其是作爲研究的薄弱環節《詩本義》與三家《詩》的關係，《詩本義》的接受和影響史研究，《詩本義》中的《詩經》觀與解《詩》方法研究就是這種研究維度折射的光芒。

二是將《詩本義》的形成放在歐陽修《詩經》學思想與研究不斷成熟與豐富的過程中考察。歐陽修研究資料（如年譜、詩文和書論等）顯示，景祐、寶元年間，歐陽修三十歲左右的時候，已經出現了《詩解》（或《詩解統》）等作品，後經過長時期摸索研討，歐陽修在中晚年經受目足病痛折磨的情況下，在熙寧三年《詩本義》定稿，並準備與好友講評商榷。關注歐陽修《詩經》學思想和研究成果，最主要、最直接的材料依據是他生前定稿的《詩本義》，但是也要顧及以豐富多彩的形式透露出來的歐陽修《詩經》學觀點及其與《詩本義》的關係。本文考察《詩本義》及歐陽修《詩經》學觀念、解《詩》方法與謫居夷陵的關係，特別是夷陵巫覡風俗與語言文化差異所帶來的啓示和影響，以及通過詩文等形式所傳達出來的《詩經》學思想，它們也是對僅僅從《詩本義》文本研究的補充，有助於比較全面理解和把握歐陽修的《詩經》學研究成果和發展歷程。

　　三是比較全面細密地考察了《詩本義》版本的衍變歷程、卷次關係及其思想學術意義，避免將《詩本義》作爲一種靜止的文本來對待。在歐陽發《先公事蹟》、韓琦《故觀文殿學士太子少師致仕贈太子太師歐陽公墓誌銘》、蘇轍《歐陽文忠公修神道碑》等作品中，均記載《詩本義》十四卷，後來流傳至今的《詩本義》基本是十五卷和十六卷兩種形式，但版本系統和種類也需深入考察，在研究《詩本義》主要卷次的關係與校勘基礎上，通過內證和校勘等方法，彰顯《詩本義》的流傳與傳播中的歷史性與歷時性特徵。本文《詩本義》版本考察、卷次關係及學術意義考論等內容就屬於這個部分，《詩本義》與《呂氏家塾讀詩記》的比較也是希望能夠呈現和明晰比較早的《詩本義》版本的基本形態和漢宋學術價值。同源而異質是《讀詩記》所引《詩本義》與今本《詩本義》的聯繫與區別。同時，通過呂祖謙的集注也有助於比較清晰集中地把握歐陽修《詩經》學對漢唐和宋代《詩經》學的承革與影響，是彌足珍貴的史料。

　　在《詩經》學發展史中，歐陽修的《詩本義》具有漢宋學術過渡特徵，在某種意義上，它兼有漢宋《詩經》學的學術面貌，在朱熹《詩集傳》出現之前，《詩本義》的影響尤大；即使《詩集傳》被尊崇的時候，《詩本義》的影響依然不絕如縷。特別是在清代漢宋學術、今古文經學紛爭中，《詩本義》褒貶的細微變化以及思想學術的客觀影響，都映照出《詩本義》兼具漢宋學術的基本特徵，並爲《詩經》學研究的文學轉向及多元轉向奠定了一定的基礎，因而也具有重要的現代意義。

目　次

第十一、十二、十三冊　朱子《詩》《書》學義理思想研究

作者簡介

姜龍翔

現職：國立高雄師範大學國文學系助理教授

學歷：國立高雄師範大學國文學系文學博士，國立高雄師範大學經學研究所文學碩士，國立臺南師範學院語文教育系教育學學士。

經歷：小學教師，國立高雄餐旅學院通識教育中心兼任講師，私立正修科技大學通識教育中心兼任助理教授，國立高雄師範大學經學研究所兼任助理教授。

專長：詩經、尚書、朱子學

著作：朱子《詩》《書》學義理思想研究，莊述祖《詩經》學之研究，其他期刊論文計四十餘篇

提　要

本論文以《朱子《詩》《書》學義理思想研究》為題，主要以朱子《詩經》學及《尚書》學為研究範圍，分析其義理思想。全文字數約計六十五萬餘字，相關章節安排如下：

第一章〈緒論〉主要分析論文研究動機與目的，以及目前學術界對朱子《詩》、《書》學研究概況，並探討朱子《詩》、《書》研究範圍及應注意的問題，最後歸納本論文的研究方法。

第二章〈朱子《詩》《書》學於其經學體系中之義理定位〉則從朱子對經學的關懷著手，分析朱子讀經次序及其義理內涵，從而歸納《詩》、《書》在朱子讀書窮理體系中的地位及價值。

第三章〈朱子《四書》學中的《詩》、《書》義理思想〉則由朱子《四書》學出發，分析朱子《四書》學所關注的義理思想，並闡述朱子由《四書》所延申而出的《詩》、《書》基本觀點以及對於《四書》引用《詩》、《書》的詮釋方法。

第四章〈朱子《詩經》學義理思想探微〉共分四節探討，第一節分析朱子受到前賢《詩經學》在義理闡述方面的影響；第二節則論述朱子重新界定六義的思維，並分析朱子對賦比興的定義主要是依據意義顯示位置而作出不

同的判別。第三節則就朱子對正《詩》部分的開展,指出朱子主要依「修齊治平」的進程解釋二〈南〉,並將正〈雅〉解釋為周初王道政治實施的記錄,〈周頌〉則為王道大成的告成功之樂。第四節則分析朱子對變《詩》的詮釋,指出朱子強調變《詩》懲治人心的功能,並且必須建立在《四書》的基礎上始可閱讀變《詩》中的淫邪之作。

第五章〈朱子《尚書》學義理思想探微〉共分四節探討,第一節分析朱子受前賢《尚書》學在義理闡述方面的影響。第二節則分析朱子從事《尚書》集注的學術相關活動,分析朱子遲未注《書》的原因,並考察朱子與蔡沈的相關交往,從而提出朱子生前本無確定計畫要將《書集傳》工作完全移交予蔡沈一人完成。第三節則探討朱子對《尚書》之疑,包括《書序》、孔《傳》及經文部分,並對今人以為朱子未曾疑古文《尚書》提出商榷之論。第四節則就朱子詮釋《尚書》所開展之義理分析,分別就人心道心問題、皇極之辨、持敬功夫、《大學》開展義理、教化刑法思想及朱子對聖人疑義作為的維護等層面討論。

第六章〈朱子《詩》、《書》義理思想對後世之影響〉共分兩節。第一節分析朱子透過詮釋《詩》、《書》而應用於學術思想中的概念,指出朱子利用《詩》、《書》義理發展理學思想、人倫關係、禮學思想,並於進諫君王時利用相關概念以開展朱子對《詩》、《書》的應用。第二節則討論朱子《詩》、《書》義理概念對後世學術思想,並旁及日韓兩國的影響。

第七章〈結論〉分析本論文研究之結論,歸納朱子於《詩》、《書》學義理之表現計有五項特點。

目　次

上　冊

第十四冊　王夫之詩學思想研究

作者簡介

崔海峰，男，祖籍山東蓬萊，生於遼寧康平，文學博士，遼寧大學文學院教授。長期從事文學理論的教學與研究，主要研究方向爲中國古代文論。先後畢業於上海復旦大學哲學系（1986）、北京大學哲學系（1991）、北京師範大學中文系（2001），曾在江蘇省揚州大學文學院博士後流動站從事研究工作（2004～2006）。著有《王夫之詩學範疇論》（北京：中國社會科學出版社，2006），此書增訂本爲《王夫之詩學思想論稿》（北京：中國社會科學出版社，

2012）。曾在《文學評論》、《文藝研究》、《船山學刊》等期刊發表學術論文多篇。主持國家社會科學基金項目「王夫之與明代文學思潮研究」（2012）。曾獲北京師範大學榮譽校友稱號（2012）。

提　要

　　明清之際，王夫之（1619～1692）的美學、詩學思想博大精深，處於最高水平，其意義和價值日益彰顯。本書側重從範疇、命題的角度研究王夫之的詩學思想，選取其中很重要而當代學界關注得很不夠的問題加以探討，試圖在學界以往研究的基礎上，進一步展示其集大成式的總結性和別開生面的創新性。

　　王夫之生逢亂世，有感於詩教與世道人心的因應關係，試圖振興業已衰落的詩教，其溫柔敦厚的詩教觀，既有鮮明的時代色彩，又有普適的理論意義。他用「情」把興、觀、群、怨貫通起來，用「興觀群怨」把詩人、作品、讀者貫通起來，用博古通今的眼光和心胸，提倡詩歌導天下以廣心，把從孔子起發展演變著的興觀群怨說加以總結和闡發，在有意無意間創立了他本人的興觀群怨說。

　　「以詩解詩」是王夫之提出的詩歌解讀與評論的基本原則，突出強調詩的審美與藝術特性，推崇詩的聲情動人的藝術魅力。王夫之的艷詩論既獨特又切合中國藝術精神的基本觀念，其衡量艷詩佳作的標準有艷而不俗、麗而不淫、平淡從容、聲情動人等。王夫之注重比興寄託的抒情傳統，推崇即景會心的審美感興，鞏固並提升了含蓄在中國詩學史上的地位。

　　王夫之的雙行說主要是指詩歌情景妙合境界中的情景雙行，在情景交融達到極致狀態（妙合）時，景語即情語。這是莊子兩行說的基本精神在詩學領域的改造和拓展，是中國詩學情景關係論的新創。

　　此外，本書也用一定篇幅論及王夫之詩學中的性情論、心目論、神理論、悲壯論，等等。

目　次

第十五冊　宋代《尚書》學研究

作者簡介

張建民，男，1973 年生，山東鄆城人。2009 年畢業於西北大學，獲歷史學博士學位，師從張豈之教授，現爲西安郵電大學講師，主要從事中國思想文化史的研究工作。曾參與或主持國家社科項目二項、教育部項目一項、陝西省社科項目二項，在《孔子研究》、《江西社會科學》、《安徽史學》、《西北大學學報‧社科版》等刊物發表論文近十篇。

提　要

宋代是中國歷史發展過程中的一個多難的時期，又是中國文化發展的高峰期，以此，宋代文化與社會問題的膠結尤爲引人注目。《尚書》是中國最早的文獻記錄，也有著最爲複雜的問題，而宋代作爲中國學術史上的重要一頁，對《尚書》學的發展有著獨特的貢獻。就宋儒而言，學術與政治不是孤立的，

而是很好地結合在了一起，《尚書》學在宋代的發展即爲其表現之一。對宋代《尚書》學加以研究就是以宋儒的《尚書》學爲切入口，探討宋儒經典研究的學術特點與價值以及社會效益。

目前學術界對宋代《尚書》學的研究已有相當成果出現，在前人研究的基礎上，從學術史的角度，利用文獻學、文化學等的方法，把學術研究與社會史研究結合起來，並突顯社會思潮的作用與特點等是《宋代〈尚書〉學研究》的原則與方法。結論認爲：一、宋代學術表現爲義理考據的並行，但又引發求眞與求用之間的緊張。固然，這不是宋代獨有的現象，卻在宋代表現得十分突出。二、宋儒重視「內聖外王」的追求。他們在道德性命論證的基礎上，注重道德修養，強調社會關懷，二者並沒有偏向。在現實中，由於皇權的參與，宋儒的「內聖外王」往往表現出此偏彼重的表象，但這不是宋儒的眞實面貌。三、宋儒有著強烈的皇權主義意識，也有著道高於勢的理想追求，從而在宋儒身上表現出內在張力，也造成道與勢的衝突。他們期望限制皇權，突顯士大夫的政治地位以行道。得君行道的努力體現出士大夫在道勢之間的折衷，而「與士大夫共治天下」的理念則是君主與士大夫相互妥協的結果。四、學術與政治的不協調在宋代突出地表現爲學術多元化與政治一體化之間的矛盾。這種矛盾不是宋代的獨有現象，但在宋代尤爲集中且明顯。五、《尚書》在宋代不是最受關注的經典，但宋儒的多種著作也顯示出《尚書》學在宋代的重要地位。同時，宋代《尚書》學在一些問題上的突出貢獻不但推動了《尚書》學的良性發展，也對後世《尚書》學研究提供了有益的問題與思考。

目　次

第十六冊　朱熹禮學思想淵源研究

作者簡介

　　王云云，女，1983 年 12 月出生，安徽無為人。2005 年 9 月進入西北大學中國思想文化研究所專門史專業學習，先後師從張茂澤教授、張豈之教授

以中國儒學思想史爲研究方向。2013 年 7 月開始在安徽醫科大學人文社會科學學院工作，主要從事思想政治教育與中國傳統文化研究，現主持和參與多項科研項目。在《孔子研究》、《西北大學學報》（哲社版）、《安徽大學學報》（哲社版）、《中國思想史研究》等刊物上已發表過一系列論文。

提 要

禮學思想是一種以對「禮」的本質及其價值的理性認識爲核心，並將禮儀制度的意義以及禮學經典的價值作爲重要組成部分的思想學說。朱熹禮學思想的形成既得益於儒家傳統禮學思想的歷史淵源影響，也受到宋代社會政治發展和理學興起對禮學構思的現實影響。本文以「朱熹禮學思想淵源研究」爲題，對朱熹最終形成禮、理合一的禮學新思想的歷史淵源和現實緣由進行專門梳理。

儒家禮學思想的產生和發展具有獨特路徑：中國古代文明發生中，祭祀禮儀促進了王權政治國家的形成。西周時期隨即通過包涵人文道德屬性的禮儀制度來規範君天子臣諸侯的社會政治秩序。但隨著禮制規範意義在社會發展中的失效，儒學思想家開始對「禮」進行學理探討。孔子、孟子和荀子一致將人情作爲禮的內在價值基礎，而把人性道德修養看成是對禮的體驗過程，同時他們也都主張禮並非一成不變，其時宜原則正是要立足實際的人倫規範。然而，孟子更看重「禮」作爲人的內在道德本性的內涵，而荀子則注重「禮」維持社會差異結構的價值和功能。進入漢代皇權統治社會以後，《儀禮》、《禮記》和《周禮》相繼被漢代最高統治者確立爲儒學經典，而漢代儒家學者也在經典與政治的互動下提出「三綱五常」作爲禮治實踐的核心價值體系，東漢末年的鄭玄撰著《三禮注》是希望通過禮制理想來解決現實社會失序的時代問題。

宋代社會發展中，通過科舉考試而進入國家政治權力系統的士大夫與最高統治者共治天下，他們隨後就將對儒家經典的研究明確旨向實際政治事務，禮經研究因而有著明確的治道取向。《周禮》治太平成爲宋代政治革新的指導思想，使《周禮》地位攀升。《儀禮》記載古禮儀式，較爲難讀，再加上遭受政治打擊，遂使其在宋代的發展較爲曲折坎坷，而《禮記》研究則在宋代發展順利。朱熹的禮學代表作是《家禮》和《儀禮經傳通解》，二者實際上都是《儀禮》研究的新成果。其中，《家禮》是應社會之需，爲士庶階層確立通用之「禮」，而宗法思想是其主要特徵。《儀禮經傳通解》

的編撰，貫穿著朱熹以《儀禮》爲經、以《禮記》爲傳、以《周禮》爲綱的「三禮」觀，並在禮制構想上形成由家、鄉、學、邦國到王朝的系統禮儀制度。

宋代諸多儒學思想家對禮論的闡發，是朱熹形成禮、理合一新思想的直接理論來源。儒學復興時期，范仲淹、歐陽修、孫復、胡瑗、石介通過「說經」的方式闡明「禮」的治道價值。儒學義理過渡中，李覯、王安石重在「禮」與人性關係的探討。而理學家周敦頤、張載、二程融「禮」入「理」的禮論推進，對於朱熹尤具啓發意義。在朱熹的學術生涯中，禮學研究終其一生，這也是他禮學思想理論創新的基本動力。

朱熹從體用的層面全面提升儒家的禮學思想，將「天理」和「人事」作爲「禮」內涵的雙重規定。「禮」和「理」之間具有一致性，但「天理」是「禮」的形上根據，而「禮」則是「天理」的形下表現。因而，天道自然運行的秩序法則落實在人倫社會中，就是人倫道德實踐的基本準則，實際上也就是「天理」內在於人心本性之中的仁、義、禮、智的「性理」發用是「實理」，它們正是調節人倫關係、維持社會秩序的根本所在。所以，外在人倫社會秩序的有效維持其實取決於個人內在的人性道德修養水平，因而，「敬」的涵養工夫與「知」的爲學方法相結合，成爲「下學人事，便是上達天理」這一禮學精髓的入手處。在禮、理合一的禮學新思想下，「祭祀」也可以從天地之理的層次上來進行認識。總而言之，朱熹禮學思想的形成具有維護宋代士大夫政治以及捍衛儒家思想學說的明確主旨，而他在一生中充分吸收前人的禮學成果，才建構出一套精緻而又務實的禮、理新思想，使其在中國禮學思想史上具有獨一無二的地位。

目　次

第十七冊　北宋《春秋》學研究

作者簡介

侯步雲，1979 年生，河北邢臺人。1999 就讀於河北師範大學歷史文化學院；2003 年至 2009 年，考入西北大學中國思想文化研究所，攻讀中國儒學思想史專業，並順利取得碩士、博士學位。2008 年 12 月，榮獲 2007～2008 學年優秀研究生稱號。從 2009 年 07 月至今，在陝西科技大學思想政治理論課教學科研部任教。2013 年 06 月，獲得國家社科基金項目《兩宋〈春秋〉學與理學研究》，在研。

提　要

《春秋》，孔子據魯史《春秋》修作而成，始自魯隱公元年，終於魯哀公十四年，共十二公，二百四十二年。其後解經的五家之傳形成，流傳最廣的是三傳：《春秋左傳》、《春秋公羊傳》、《春秋穀梁傳》，並最終取得經典地位。從《春秋》學整個發展史看，宋代研究《春秋》的著作數量眾多，而對宋代《春秋》學，尤其是北宋《春秋》學與理學思潮的萌芽、發展關係的系統、專門探討卻很薄弱。這方面的研究存在諸如「著重於經學意義的梳理，疏於社會學的考察」、「重個案研究，輕系統論述」等問題。有鑒於此，本文以北

宋《春秋》學發展爲主題，試圖揭示其與理學的互動關係，以期小益於拓展宋代學術的研究視野。

政治危機、儒學困境以及政府與學人共同做出的努力是北宋學人研究《春秋》的前提條件，三者之間緊密聯繫。政治危機實質是追尋理想的政治憲綱，而《春秋》本身具有歷史批判、政治批判的功能，蘊含「大中之道」。所以，政治危機爲北宋儒者研究《春秋》提供了現實土壤。儒學面臨自身困境，而外部佛道二教的成長、壯大有力地挑戰儒學權威。因此，儒學需要做出更新。《春秋》整體上既有被樹立的資源，也有被批判的資源，其所含有的王道主題也可以在一定程度上應對佛老。因此，儒學困境爲北宋學人研究《春秋》準備了學術動力。爲解決現實問題，北宋政府及學者所做出的積極反應，爲北宋《春秋》學的產生、成長指明了研究方向。

北宋《春秋》學研究主要包括理學的解經與一般儒學的解經兩種模式。宋初疑經惑古思潮下的《春秋》研究，主要是一般儒學的闡釋，其中蘊含理學解經的萌芽。范仲淹、歐陽修、「宋初三先生」、劉敞等以迴向儒家之道爲學術宗旨，或懷疑、批判漢唐訓詁式的《春秋》注疏，以至對經本身產生懷疑、作出修改，或重視、重申《春秋》中相關的倫理道德規範，這爲理學的崛起掃清了障礙。熙寧新法前後，《春秋》學者既承接了前期學人一般儒學的解經方式，又開始或有意或無意探索到新的解讀視角，即理學的研究。王安石與《春秋》的關係一方面對《春秋》學發展有一定的阻礙作用，另一方面間接開啓了《春秋》學發展的新方向；蘇轍《春秋集解》主張以「道」「勢」解讀《春秋》，直接推進了「道」與《春秋》的關係，同時對《春秋》研究中的一般問題也有涉獵；孫覺承宋初學人胡瑗、孫復等人的「尊王」思想，明確《春秋》的「王道」主題，又受當時學術環境的影響而使得《春秋經解》帶有「理」的味道，這一時期的《春秋》學有承上啓下之功。之後到兩宋之際，《春秋》學兩條路徑的進程更加明朗化。一是義理化的《春秋》，《春秋》完全從屬於「理」，同時又爲「理」的實現準備了文化載體。周敦頤、邵雍、張載等構建形上範疇「理」，《春秋》在此過程中只是起到輔助性作用。二程尤其是程頤對《春秋》的認識全面而理性，「理」成爲闡釋《春秋》的唯一、最高依據，並形成「理」與《春秋》的道與器、形上與形下之勢。胡安國《春秋傳》吸收程氏《春秋》觀的「天理」依據，又加入現實政治的元素，塑造出體用相合的學術風格，《春秋》學至此在最高層面上施展其濟世功能。另一路徑是一般儒學的《春秋》研究，這一時期在

《春秋》的研究方法上有新的突破，崔子方、蕭楚、葉夢得三人各有所得。兩條路徑的發展並非獨立平行，而是相互有交叉點。

從北宋《春秋》學的歷史發展來看，學人們在研究方法的總體導向上存在一變化過程，即由依據制度化、倫理化的儒家之道解經轉向依形上意義之「理」解經。這種轉變是合乎邏輯、合情合理的，具體表現爲對《春秋》經、傳、史關係的不同認識。

北宋學人在解讀《春秋》思想的過程中表現出強烈的致用性、與理學的互動關係等特點。可以說，北宋《春秋》學豐富了宋代學術的繁榮，爲理學的興起、發展提供了實踐資源，而其中所表現出的現實關懷更值得我們繼承和發揚。北宋學人對《春秋》的研究於宋代學術不無功勞與貢獻。

目　次

第十八冊　康有為「董氏學」著述之研究

作者簡介

　　曲洪波（1978～），遼寧撫順人，瀋陽航空航天大學人文社科部副教授，副主任，碩士研究生導師。歷史學博士，畢業於北京師範大學歷史學院，中

國近現代史專業。從事中國近代學術史研究。曾主持遼寧省社科基金項目、遼寧省教育廳人文社科一般項目等科研項目多項，在中文核心期刊發表學術論文十餘篇。

提　要

　　董仲舒學說是漢代學術的重要組成部分，在晚清今文經學復興過程中，學者對於「董氏學」的研究是晚清學術發展的重要內容。以當時學者的「董氏學」研究為視角，可以從「學術理路」上考察晚清今文經學興起的原因、過程和影響。清中期常州學派在今文經學復興的大背景下，開始注重對「董氏學」的研究，並經歷了從注重對《春秋繁露》整理、注釋到關注義理闡述的過程。他們肯定董仲舒的歷史地位和學術成就，並對「董氏學」的重要概念和命題進行了解釋。他們的「董氏學」研究接續了漢代今文經學，但創見有限，這種研究多從學理角度而較少政治思想的闡發。常州學派的後續龔自珍和魏源也關注「董氏學」，並將其和社會變革思想結合起來。這些研究對於康有為的「董氏學」研究有重要的影響。

　　康有為的「董氏學」研究在晚清時期最為著名。他在轉向今文經學後就開始關注「董氏學」，其戊戌前的講學活動中有大量關於「董氏學」的內容和評價，這與《春秋董氏學》的成書有著密切關係。在《孔子改制考》中他運用「董氏學」來論述了孔子「託古改制」和「創教」的可信性。《春秋董氏學》是康有為「董氏學」研究中最主要的著作，通過對《春秋繁露》有關內容的摘錄和重新編排，並加以「按語」，對《春秋繁露》的主旨、事例、禮義、口說及書中董仲舒所述孔子的「微言大義」進行了詳細分析，並對「董氏學」有關的史料進行了整理。《春秋董氏學》是一部專經研究著作，體現了特殊的經學解釋和分析方法。《春秋董氏學》的編輯出版，使其與《新學偽經考》、《孔子改制考》共同構成了康有為較為完整的今文經學理論體系。以「董氏學」作為溝通他和孔子之道的重要途徑，以董仲舒之言來表達自己的觀點和主張，因此該書實為容孔子、董仲舒和康有為思想於一體的經學著作。這部著作的完成，即標誌著戊戌前康有為構建今文經學理論體系的完成，也是康有為「董氏學」研究走向成熟的標誌。

　　晚清學者圍繞康有為的「董氏學」研究存在著分歧，這種分歧既有學術原因，也有政治原因。保守派對於康有為「董氏學」的非難，更多的是由於政治立場的差異。蘇輿的《春秋繁露義證》是當時關於「董氏學」的又一部重要著

作，在很大程度上具有針對《春秋董氏學》而作的意圖，反映出了二者不同的政治取向和學術分歧。劉師培也很重視對於「董氏學」的研究，與康有爲的「董氏學」相比，二者對「董氏學」許多重要命題的認識上存在著差異。

康有爲的「董氏學」在晚清今文經學復興中起到了重要的作用，由於特定的時代背景，使得康有爲的「董氏學」呈現出致用性、融彙性等特徵，對於晚清時期的學術風氣具有重要的影響。

目　次

第十九冊　《左傳》弒君考

作者簡介

　　陳萱綸，私立銘傳大學應用中文研究所畢業。曾任職於私立銘傳大學師

資培育中心、國立陽明高級中學、國立桃園高級農工進修學校。

提　要

　　本文主要研究對象為《左傳》載錄的春秋時代所有弒君事件，因此研究範圍以《左傳》所載的弒君事件為中心，並分析弒君事件發生之因素。在架構上分為六章來研究：

　　第一章：緒論。此章說明本論文研究動機及目的、研究範圍與方法、前賢研究成果探討。

　　第二章：弒君之界定與因素。此章解析「弒君」、「弒君事件」、「弒君因素」涵意，並表列本文篩選出載於《左傳》中的所有弒君事件。

　　第三章：春秋前期弒君事件。此章簡述魯隱公至魯閔公年間弒君事件，並分析其弒君因素。

　　第四章：春秋中期弒君事件。此章簡述魯僖公至魯成公年間弒君事件，並分析其弒君因素。

　　第五章：春秋後期弒君事件。此章簡述魯襄公至魯哀公年間弒君事件，並分析其弒君因素。

　　第六章：結論。此章比較、歸納所有弒君事件的因素異同，驗證孔子成春秋之深意，並闡明春秋時代君權交替現象。

目　次

第二十冊　左傳災異研究

作者簡介

陳佑，臺灣臺南市人。民國六十九年（1980）生於臺南。靜宜大學中國文學系畢業，玄奘大學中國語文學研究所碩士，現為玄奘大學中國語文學研究所博士候選人。現任永康數位科技有限公司　執行長，創意念文圖藝術有限公司　公關部經理。

提　要

自有文化始，各式災異便成了人類追求幸福與生命存續過程中的一大障礙，長遠的影響了文明進程中的各個層面，直至今日我們依舊無法完全掌控並解釋這些現象。而祖先們對自然界的崇敬與畏懼在歷史的洪流中，透過經典的記載及後人對文獻的詮釋共構出了複雜的情感亦賦予了寶貴的人文價值。而在眾多的典籍之中，《左傳》身為我國發現較早，記載亦較為詳備的編年體史書，其一改《春秋》只用大事綱要記史的缺憾，補之以更加完整的史

料，使其成爲吾人瞭解先秦文化的巨著。春秋時代的開始是周王朝由盛轉衰的一個巨大轉捩點，本書暫時撤開了具有神秘感應色彩的災異解釋法，透過分析《左傳》中的各種災異現象，並探討古今諸學者的研究成果，試圖對這些災異的發生、經過與影響做出更加客觀並貼近現實的評述。

目　次

第二一冊　大學思想——荀學進路的詮釋

作者簡介

　　劉又銘（1955～），台灣嘉義人，政治大學中國文學系博士（1992），現任政大中文系教授。年輕時接觸過基督教、佛教、心理分析，最後選擇了儒家，並且從孟學（孔孟之學）立場逐漸轉向荀學（孔荀之學）立場。晚近開始嘗試建構「當代新荀學」，提倡「當代新儒家荀學派」。著有《馬浮研究》（碩士論文）、《大學思想證論》（博士論文，即本書底本、初稿）、《理在氣中——羅欽順王廷相顧炎武戴震氣本論研究》以及〈荀子的哲學典範及其在後代的變遷轉移〉、〈大學思想的歷史變遷〉、〈中庸思想——荀學進路的詮釋〉、〈明清自然氣本論的哲學典範〉、〈儒家哲學的重建——當代新荀學的進路〉……

等論文。

提　要

　　宋明以來，儒者普遍尊孟抑荀，以孟學或泛孟學思維解讀〈大學〉。本書（根據我 1992 年的博士論文《大學思想證論》修訂而成）則依循馮友蘭「大學為荀學說」，徹底重讀〈大學〉，還原其思想原貌，全面論證其荀學性格。第一、二章討論〈大學〉的原本、撰著時代、訓詁疑義，重新衡定其文意脈絡和思想理路。第三章介紹馮友蘭的「大學為荀學說」及其所引發的爭議，並論證此觀點的有效性。第四章起正式探究〈大學〉思想。就致知論來說，「知止」以及定靜安之後的「慮」即是「格物」，而「格物致知」的所得即是「知本」。就修養論來說，主要是依著「格物致知」的所得也就是「知本」來誠心誠意地實踐；以此為基本工夫來正心、修身便能修成「明德」。就政治論來說，從齊家、治國到平天下，施政有三個基本理念那就是「明明德（顯明自己美好的德行作為人民的榜樣）」、「新民」以及「止於至善（讓家、國、天下達到至善的地步）」，又有「絜矩（執持一個特定的方法）之道」等五項具體原則。本書發現，〈大學〉的致知論、修養論、政治論，在內容上、措辭上多半具有荀學色彩荀學性格，小部份屬儒家通義的觀點也多半跟《荀子》一書有具體的關聯呼應，惟獨沒有單單符合孟子思想而悖於荀子思想的部分。因此，雖然〈大學〉沒有直接提及「性惡」，它卻是荀學性格十足的作品，馮友蘭的「大學為荀學說」確定可以成立！

目　次

《周易》體仁用智義涵在漢魏象數學的呈現

江弘遠　著

作者簡介

江弘遠，臺北人，先父江玉麟喜愛先天《易》，余繼承家業近 40 年。目前於中臺科大擔任副教授。1990 年臺師大國文碩士班畢業，在黃慶萱老師指導下，寫《惠棟易例研究》。2006 年於北京中國社會科學院哲學博士儒家專業畢業，在王葆玹老師指導下以史學方法寫《京氏易學研究》，破除北宋以來朱熹、惠棟等對於八宮納甲法為京房《易》作的誤解。2014 年於中興大學中文博士班畢業，在劉錦賢老師的指導下，而汲取《易傳》、王弼和慈湖《易》之無為感通的精髓。

提　要

　　就道文關係的結構而言，聖人以仁為體，以智為用。道的規律是心性反應於環境的體現，而具有形音義之文，便是讓這人與天地的意義和價值涵蓋住。例如溫暑涼寒性命之文理，反應在節氣上成春夏秋冬之文理。陰陽之分發動於理解智心，而道德仁心則能收束對立於一整體，是以漢代之象數雖繁瑣，也沒有減損任何太極之本體。

　　就情文而言，德性諸目乃依仁為中心而與時遞增，《易》始於陰陽相對，而四象四方，而五行五位，是以《易》的情文是由孟子性善四端，變至《說卦》仁義兩目，然後演變到漢代的五性說。漢代雖宇宙論盛行，但本體並未消失，其一隱含在太一整體思維當中，其一在由歷史人物的道德實踐裡，維繫不墜。

　　就形文而言，在《左傳》、《國語》時的《周易》筮占與五行占是分開的，在漢宣帝時魏相獻上奏文時，五行才介入《周易》筮占領域。而《彖傳》反轉義，在漢魏發展成爻升降說、往來說及卦變說。其消息義，滋息與消退是相對的，漢代《易》家即分為消卦和息卦兩組。漢代參數雖複雜，五行配方位也配時辰，講某時辰休旺也等某同方位休旺，由此可見，《易傳》時位一體也被漢《易》給繼承。

　　就聲文而言，以五音之宮、律呂之黃鐘 81 數為準，同數者共鳴而相應和，可補《易傳》陰陽相應、天地相交形上狀態之空缺，而以數值來呈現。秦簡《日書》已有五音十二律配卦占，漢代京房以分卦值日占繼承之。翼奉有五性六情，把性情五行化。劉歆《三統曆》時，將《易》融會於律曆，至《乾鑿度》交辰說，陽爻納陽六辰，陰爻納陰六辰。東漢荀爽以宮世解《易》，而未言納甲。至三國虞翻以納甲說解《易》，而未採取納音說。至東晉時干寶，已經綜合之以解《易》。

　　就卦氣而言，它是形文、聲文的綜合體，「當至不至，不當至而至」，仍然維持先秦相對為衝的形式。從一方面可知，人為的規律有界線，但無法限制沒有界線的大自然；另一方面可知，天道規律的維繫即流動當中取得平衡，超過或不足的節氣，均在相對的時節補足。節氣如此，卦氣亦然，也在對衝卦填補。

目次

第一章　緒　論

　　本論文贊同王弼和《繫辭》所主張情僞變化爲陰陽相變之本，又根據《說卦》說聖人順性命之理而建立天地人三才之道，以及《文心雕龍》所謂立文之道有形、聲、情三文。筆者按照《易傳》的理路，認爲天文、地理、人文都是聖人情文的開展，而聖人性命中的去取是會通天下人的心志，而建構以陰陽爲根基的法則，他透過視覺、聽覺、觸覺等以資取現象的訊息，正好呈現出形、聲、情三種參數或符號的面向。《文心雕龍》之三文乃針對文章而立論，在此借用其詞以做爲三個《易》參數面向的討論領域。聖人以仁爲體，故其心是個自由無限心；聖人以智爲用，故其卦爻曲盡天下之變化。是以在用智方面，聲文、形文有其古今形式之別；在情文方面，其道德形上的體仁意義則亙古不變。

第一節　《易》道文的體用關係

　　《易》學是在講天地人三方面的規律，故有所謂三才之道。道，原本是人行走路徑的另一稱謂，因爲路徑有界限，所以道字發展出約束、專門之涵義；路徑又有方向，所以道字發展出引導、志向之涵義。路徑有重複行走的必然性，故約束人而加以引導；又因人反復施行某適宜的動作，是以道字又發展出法則、規律及道德涵義。人在天體運行及氣候恆常規律經驗中獲得的理序，則稱之爲天道；由《易》學上說，從天道獲得人事方面的啓發，是爲〈乾〉道。在山川動植恆常規律經驗當中獲得的理序，故稱之地道；由《易》學上說，從地道獲得人事方面的啓發，是爲〈坤〉道。在人際關係當中發展

出來的約束規範，則稱之爲人道；由《易》學上說，從人道方面獲得的啓發，是爲君子道、小人道等。

因爲陰陽溯源於太極，可表示萬物同出於一體。朱子《朱子語類・卷94・周子之書・太極圖》說：「太極只是個極好至善底道理，人人有一太極，物物有一太極。周子所謂太極，是天地人物萬善至好底表德。」〔註1〕曾春海說：「人與萬物不但於『理一』處而言是同源於一本的。從『分殊』而言，物與物相感通、互補而實現一共存共榮的生命整體。」〔註2〕道既然是在眾多事物的經驗當中獲得之理序及運作之規律，《繫辭上》第十二章云：「形而上者謂之道，形而下者謂之器。」道是在諸多形下之器當中的形上狀態，因此它亦具有本體的超越意義。

至於文，從《易》學上說，文的前身則稱做象，《繫辭上》第十二章說：「《易》與天地準，故能彌綸天地之道。仰以觀於天文，俯以察於地理，是故知幽明之故。」《繫辭上》第十二章說：「聖人立象以盡意，設卦以盡情僞。」〔註3〕物象經過意識的內化成意象概念，便是內在之文；意象概念外衍成卦象，則是外在之文。而眼所見者似乎是外在之文，其實也是內在之文向外投射的結果。文有交接、對襯之義，《繫辭下》第十章說：「爻有等，故曰物，物相雜，故曰文。」彼文和此文不可能永遠平行，文與文之間必然有所分、有所合，文的分歧與交合乃源於意識的分合。〈睽〉卦《象》：「天地睽，而其事同也；男女睽，而其志通也；萬物睽，而其事類也。」〔註4〕現象變化是心志的發顯，可以說有心態上的分別與對照，才有一切紋路上的歧出點；有心態上的交會與整合，才有一切紋路上的交合點。《繫辭上》第五章說：「一陰一陽之謂道。」〔註5〕第十一章說：「是故闔戶謂之〈坤〉，闢戶謂之〈乾〉，一闔一闢謂之變，往來不窮謂之通，見乃謂之象。」〔註6〕從實務面來說，這種道體闔戶闢戶的分合作用，也是意識所產生的想法，意識的開啓而這世界就有了對比。可以說，意識上的對比是一切現象分別的基礎，也是文理的基礎。意識上的交會是一切現象整合的基礎，也是直觀的基礎。

〔註1〕黎靖德編；王星賢點校，《朱子語類》（北京：中華書局，1986年），頁2371。
〔註2〕曾春海，《易經的哲學原理》，頁82。
〔註3〕臺灣開明書店斷句，《斷句十三經經文・周易》，頁22、24。
〔註4〕臺灣開明書店斷句，《斷句十三經經文・周易》，頁13。
〔註5〕臺灣開明書店斷句，《斷句十三經經文・周易》，頁22。
〔註6〕臺灣開明書店斷句，《斷句十三經經文・周易》，頁24。

　　文必須依理而行，才能顯現出道的規律。按照人們心識理序所產生的連續作用，就是道。道既然是形上的規律，它是一種不可見的抽象思維。然而形上的思維也是經感覺經驗而得之，這感覺經驗遂可用文字符號來表述。例如人對氣象產生的溫、熱、涼、寒等感覺，這溫、熱、涼、寒便是表述人們共同感覺之文，它們的安排次序是屬於人文之理。四時春、夏、秋、冬的連續運行，是表述人們在週年時期之共同的氣候規律，它便是天文之道。故《繫辭下》第五章說：「日往則月來，月往則日來，日月相推而明生焉。寒往則暑來，暑往則寒來，寒暑相推而歲成焉。」〔註7〕日月往來是視覺的對照，寒暑往來是觸覺的對照。由此可見，人們用文來表述靜態之理和動態之道，是與視覺、觸覺脫離不了關係的。感官的操控者爲心性，這也就是《易傳》、王弼都以心性爲主體的原因。《說卦》第一章說：「和順於道德而理於義。」〔註8〕理則是文一種次序上適當的安排，也是意識上所產生有次序性的想法。所以，人文方面必然是經過人們有意的安排，才能夠符合人理的呈現，天文、地理方面也是如此。

　　一切交錯之文的關鍵點，是理序概念當中時與位的整合。天空的物換星移，地上的山川鳥獸，天地之間的交錯，彼此也有氣和聲音之流通。若無任何障礙，則氣和聲音的傳遞，不會有頻率及強弱的改變。而實際上，氣和聲音彼此的傳遞有許多交錯，交錯則會互相干擾，干擾就會產生加強、減弱或頻率的改變。所以，這交錯點就是改變的關鍵點，《易傳》云聖人知道這關鍵所在，是以用「幾」或「樞機」來比喻。例如〈革〉卦《象》：「天地革而四時成，湯武革命，順乎天而應乎人，革之時義大矣哉！」〔註9〕天地革就是天文之時變，亦即天道改變的關鍵點所在，而聖人用這關鍵點做爲人道的運行的典範，於是「湯武革命」變成順乎天而應乎人的合理行爲，這便是觀察天文時變，使君子掌握人文化成之時機的積極意義。

　　內在之文爲性，外在之文爲理。性發仁義之理行於人爲人道，性發剛柔之理行於地爲地道，性發陰陽之理行於天爲天道。是故動態之天道立基於陰陽，動態之地道立基於剛柔，動態之人道立基於仁義，都是順其性命之理的動態規律。天下人之心志爲人共相之文，是聖人建構三才之道的依據。節氣

〔註7〕　臺灣開明書店斷句，《斷句十三經經文・周易》，頁25。
〔註8〕　臺灣開明書店斷句，《斷句十三經經文・周易》，頁28。
〔註9〕　臺灣開明書店斷句，《斷句十三經經文・周易》，頁16。

之文、音律之文屬於自然現象的模擬，以配卦形式呈現，則為卦氣之文、律卦之文。這都是人們的分別意識將天地二分之後，聖人模擬大氣或聲音在天地交通上的狀態和功能。所以在《易傳》來講，道體其實是大範圍規律形式之文，它顯示了天下人共通的習性，望文足以生規律之義，讓人們行為有所節度。

在卦象方面，陰陽代表意象之對比作用，六爻則代表時空概念，陰陽符號變化代表意識變化。擴而大之，卦爻既是代表空間上人事物的靜態意象，也代表意象在時間上的動態變化。是以曾春海說：「做為萬物之理的『太極』，為萬物的創造因，亦是萬物內在普遍的本質，乃萬物的『共相』所在，是永恆不變的『一』，亦是人之內在價值根源所在。」〔註10〕就形上不分的整體而言，是太極；就對比區分而產生作用而言，是道。是以太極生了兩儀，在形下即刻發揮交流的作用，是故《繫辭上》第五章說：「一陰一陽之謂道。」《繫辭下》第五章說：「日往則月來，月往則日來，日月相推而明生焉。寒往則暑來，暑往則寒來，寒暑相推而歲成焉。」換言之，在一陰一陽的動態當中，其次序就是靜態之理，而理的流動即為道的作用。故以形上而言，太極是靜態不分的整體，道則是理之動態規律作用的整體。文是事物所涵概之形音義之名，如「日、月、寒、暑」等，是屬於形下可見物體之文。按照理串連起之文，如「日月相推」即成空間範疇明暗形上規律之道，「寒暑相推」即成時間範疇年歲形上規律之道。換言之，「剛、柔、仁、義」等，是形下可見可感之文，串連起一剛一柔規律之地道，串連起一仁一義規律之人道。然而就像〈乾〉〈坤〉，既是卦的個別義，也可成《易》的總體義；仁，既是人道的個別項目，也是可成為人道的總體義。

王弼以無為體，以有為用。體為形上之義而用為形下之義。王弼所謂以寡治眾，以靜制動，符合了太極以一制多的生成發展形式，「一」者，道也，道即一陰一陽變化的形上規律，然而規律也是離不開源自性情感受所構築的理序。從主觀方面來說，陰陽即為意動之心，太極即為陰陽之形上靜態，亦即邵雍所云「心為太極」之心，或是牟宗三的自由無限心。從意識區分個別事物的作用來看，事物各具備其相異的作用及功能，一旦被區分開來，就被賦予名相，而用文的形音去做涵義上的界定。

因此，原先不分的仁體，施行於人道，也因人事間彼此作用之不同，而

〔註10〕曾春海，《易經的哲學原理》，頁58。

顯現出文的多面性。仁是義禮智信的統合及超越，所以以仁爲本體，是一，施行之於人事則呈現多面向。孟子四分之，以仁義禮智做爲性善之四端；《說卦》二分之，以仁義爲人道的兩個項目；董仲舒五分之，以仁義禮智信做爲五常。義禮智信等皆仁之所分出，是以程顥云「義禮智信皆仁」。因此，在人道方面，是以仁爲本體，應於人事的差異而顯分別之用。

第二節　體仁用智的涵義

〈乾〉卦《文言》：「君子體仁足以長人。」《繫辭上》第四章說：「安土敦乎仁，故能愛。」〔註11〕孔子視仁爲人道的最高標準，程顥也說義禮智信皆爲仁。可知，仁是指連結彼此而視做共同體的一種思維，它是道德行爲的核心本體。人類或許會受到飲食男女和畏死求生的本能所控制，但人類駕馭符號文字和觀念，以做爲大我身心的延伸，在畏死求生之餘，能夠設身處地，發揮以情協情的同理心，不以私害公，甚至能殺生以成仁，捨身而取義。

《繫辭下》第十章：「《易》之爲書也，廣大悉備，有天道焉，有人道焉，有地道焉。兼三才而兩之，故六；六者，非它也，三才之道也。」〔註12〕《易傳》謂聖人順性命之理而立三才之道，是以聖人是以心性爲主體來建構三才之道的，而且聖人是會通整合天下人的心志來創制的，聖人約之成易簡之道，而與天下人的心志相貫通。牟宗三《圓善論》謂：「〔案：就覺潤創生義說，仁不但是一切德的根源，而且亦是一切存在的根源。無限的智心是道德可能之根據，同時亦是存在之存有論的根據。〕……此仁心是遍潤遍攝一切而『與物無對』且有絕對普遍性之仁體，亦是道德創造之眞幾，故亦曰『仁體』。……主客觀合一，是之謂『一本』。」〔註13〕聖人無思無爲，感而遂通天下之故，聖人因爲掌握天人主要的樞紐所在，於是具有無限創生的可能，這樣的圓滿狀態，即是牟宗三所講以自由無限心或智的直覺來面對所有的事物。〔註14〕

仁是一種彼此連結而呈現出的共同狀態，智是一種在解析當中的創生狀

〔註11〕臺灣開明書店斷句，《斷句十三經經文・周易》，頁1、22。
〔註12〕臺灣開明書店斷句，《斷句十三經經文・周易》，頁27。
〔註13〕牟宗三《圓善論》（臺北：聯經出版社，2003年），頁255。
〔註14〕景海峰，〈圓教與圓善：牟宗三哲學的核心思想〉。中國儒學網（http://www.confuchina.com/10%20lishi/mou%20zongsan%20zhexue.htm）。2013年4月23日檢索。

態。也就是說，「人文」是站在人的立場上說的，是人的面對此宇宙所見其連結的意義及創生的價值。所以，由人文角度投射的宇宙，都帶有人的自身意義及價值，是以並非客體宇宙眞實的全貌。但是就主觀角度上看，天地的一切意義及價值都由人去連結及創生，所以天地透過人而三位一體，這也是太極之主體圓滿性所在。

　　文的交接形態有分有合，就如同太極之於陰陽，仁智雖然是心性的兩種文形表述，然而就哲學義涵言，仁是合和狀態而智是分別狀態，仁是趨於形上的而智是趨於形下的。所以，仁是本體之自然而智是作用的發顯，故就《易》家的心志而言，含藏於道德爲體仁，而施行於卦爻爲用智。《說卦》第一章：「和順於道德而理於義，窮理盡性以至於命。」仁是連結兩個別對象於一整體，智是將一整體解析並理出個頭緒來。〈咸〉卦《彖》：「咸，感也。柔上而剛下，二氣感應以相與，止而說，男下女。」《象》：「君子以虛受人。」指〈艮〉山爲男在〈兌〉女之下，爲合理序之情狀；和順至極故能相感，爲仁德之效能。是以應世須用智，找出合理適宜之情狀，而窮究事理須具備大我情懷，才能夠做通盤考量，盡己之性從而盡人之性，使各盡其力。

　　由此觀之，《易》象數用智心來面對，智心具有創生義，故卦爻能曲盡其陰陽變化；卦爻爲陰陽之組合，陰陽從太極分化而來，邵雍說「心爲太極」、「道爲太極」，因此仁心具有整合作用，使彼此之個體回歸太極一體之情狀。可見聖人深知智心有分別的作用，能創生發明萬物；而且能有合和的覺醒之仁心，才有大我無私的遍在義存在著。因此，仁體的講求，不僅在人際間發揮了合和作用，也讓心與境、天與人之間處於和諧同步的狀態。

第三節　感通在象數學的形上作用

　　《易傳》太極爲一爲合，兩儀爲二爲分。原先不分的太極，施行於《易》道，也因時位作用不同，而顯現出文理圖式的多樣性。按照李零所云，漢代象數學將「太極」易之以「太一」，仍然保存了形上本體義。相較之下，象數占筮學呈現多面向性的功能和作用，例如孟喜以十二消息及七十二候爲占術，焦贛則以分卦各值一日爲占術，京房以六十卦和十二消息辟卦，每卦各值六又八十分之七爲占術，故由此知象數占筮爲形下用智之學。

　　孔子以仁爲道德的最高標準，《文言》則言「體仁足以長人」，其內在要

求乃以仁爲本體，而以仁爲本體，即爲牟氏或康德的道德形上義。是以在漢代象數學的氛圍當中，象數本身是門應世的學術，是占師們實際操作的用智之學。雖各有其擅長領域，而這實際操作面與本身道德本體的內在要求，並未相違背。領導者及占師們所講求的象數占學均各領風騷，但是有些人仍重視其內在道德的價值，例如翼奉，在其晚年安然無恙，後代也齊享福祿，這就顯現出務實的道德行爲，是與實際的報償有很大的關係。《中庸》說：「成己，仁也；成物，智也，性之德也，合外內之道也。」其言以仁爲性命本體的道德講求，是在成就自己；而應世的用智之學，盡人與物之性，則是在成就他人和萬物。按照孟子立命之說，善占者以道德爲依歸，只要殀壽不貳則能夠超越世俗的價值觀，適足以在善行當中，建構出良善的規律和報償。由此可見，成己之仁與成物之智彼此之間，有其相互融通的關係，故研究道德性命本體爲義理之學，與研究卦爻占卜應用的是象數之學，兩者可以相互印證，而難以偏廢。

因爲吾心習慣用意識二分這世界，故容易看出兩事物的差異所在。歷史上較高深的學問或理論，像儒家的仁、道家的道、理學家的性即理或心即理，都想找出人事物之間的交集點，或歸納出其共同點，文人則以比喻、聯想的寫作方式讓兩事物之間產生連結，也是在異處當中想找出相同點。這就不難看出事物的合和處的探求，是人們二分意識下的共通傾向。就《易》來說，兩對象物間的連結點或某事物的歧出點，既然都是由心識產生的，所以無論象數占學如何演變，一切代表事物形狀、顏色、性質等參數，也都不出心識所設想出來的人文領域。這些參數都可納入卦中，心識變化透過卦爻陰陽相變，發揮了引導作用，陰陽相變完全模擬了心識變化的過程，演繹出另一卦之外形、顏色、性質的參數，也就能夠如實地呈現出來。

《繫辭上》第十章說：「《易》无思也，无爲也，寂然不動，感而遂通天下之故。」此世界當意識未介入時，它是處在無思無爲下無所區分的太極。陰陽二分的啓動，則意味著吾人所面對的對象發生了意象概念的分化作用。是以，這陰陽相變就是變化之關鍵或樞紐所在，亦即幾之所在。以至誠的方式進行仁體的修養工夫，產生感通的應和，使人道規律和天道規律相契合，便是知幾見幾的君子。所以假設其中一卦象徵了東方的鳥鳴，另一變出之卦則象徵西方的災異，由君子至誠之心識連結起來，構成三位一體的局勢，這樣情況之下即刻展現了「不疾而速，不行而至」的前知功能，在心識所設定

時空的局限下，進行一種形上超越而達到全局觀的目標。象數學是以空間方位爲主軸，而卦的變化一旦與時辰節氣相配，就成爲時間與空間物象相連結的階段變化。然審視漢代象數學諸說，道德的講求及太一的本體情狀，仍然沒有被拋棄。因爲太一之全體就是占師們所要達到的情境，道德的講求便是至誠的修養工夫，兩者是不可或缺的。

按照楊簡〈己易〉「《易》爲己、爲全、爲一」的觀念，形下別相之間仍然有個超時空的整體存在著，這就是主卦及變卦，透過心識感通而成爲一太極的形上整體。由此可見，這套《易》就是以簡御繁的易簡之道。主卦到變卦之間，或此爻到彼爻之間，其變動的數值不僅可顯示階段時刻，也可顯示方位趨勢。所以，假設筮得風水〈渙〉卦變出風風〈巽〉卦，藉由陰陽爻相變象徵兩象之交，其兩象相交之樞紐處，或事情發生變化的轉折點，其卦的大小、辭的險易，均掌握在筮者之主體心。這般尋求方位或時間點的方法，在卦氣或律卦也是共通的。例如筮得風水〈渙〉卦，原則上它可直接變出其餘六十三卦。而在占卜時，透過當事人生辰的五行性格模式，用其參數與卦爻相連結，優秀占師透過齋戒而以誠心對待，其所筮得的卦象及其動爻，往往和當事人性情變化和取捨進退相契，此時陰陽爻相變之契機被知曉被掌握，故優秀占師能根據變出某特定卦爻的時空趨勢，來替當事人安身立命。是以《易》的創生是無限的，故《繫上》第八章說：「聖人有以見天下之賾，而擬諸其形容，象其物宜，是故謂之象。聖人有以見天下之動，而觀其會通，以行其典禮，繫辭焉以斷其吉凶，是故謂之爻。言天下之至賾而不可惡也，言天下之至動而不可亂也。擬之而後言，議之而後動，擬議以成其變化。」〔註15〕因爲《易傳》說此世界的天道、地道、人道規律是天下人的共相，是由天下人共同認定的「一」，聖人只不過是代司其職之三才規律的制定者。如今透過當事人的心性，故此處陰六變出陽九，彼處陽九變出陰六，雖是細微的現象，卻是幾之所在，這幾是由優秀占師的直覺智心所察覺，此心感應了主卦之象，其轉變之幾透過某爻陰陽相變，變出之卦之象來。所以卦變包括接收之因、心性轉變、效應之果，是三位一體的太極局面，實爲仁體實效的展現。在漢代，它不僅仍保留在太一的本體思維裡，也在君王及占師們的道德實踐當中被維繫住了。

「道」就是反復規律，這規律是從天下人之心志的共相而來。「日月相

〔註15〕朱熹，《周易本義》，頁237～238。

推」從視覺而來，而建立日月單位之規律；「寒暑相推」從觸覺來，而建立年歲單位之規律。文，是用具有形音的符號或文字，去涵蓋事物分相的價值意義。就四季春夏秋冬是個別之文，把春夏秋冬按次序編排稱爲「理」。按理序發揮作用則稱爲「道」，所以道是按文的理序，在反復作用當中形成的規律狀態。就仁與義本身而言，是個別之文。將仁與義串連起來成爲文的理序，而在一仁一義當中發揮作用，是爲人道。

仁是合德，義是分德。合德之心爲仁，分德之心爲智，是《繫辭》：「仁者見之謂之仁，智者見之謂之智。」是有其層次之別，合德如太極匯合個別物，故爲形上之體；分德如陰陽二分，把整體視爲分別物，故爲形下之用。體仁消解人我對立，見幾而行，故足以做爲典範；用智解析萬物之理，開務成物，故能盡天下之事。

第四節　研究動機、方法和預期結果

雖然本人雖在中臺科大教通識課，仍努力地在象數方面從事專業研究，對《易傳》十翼有興趣並持續的反覆研讀，希望悟出些道理來，自然而然對《易傳》與漢《易》之間的關係特別關注。又有幸修劉錦賢老師的宋明理學課程，讀到「慈湖〈己易〉」這篇章節時如獲我心，好似楊簡聽聞陸象山語，有甘泉降臨之妙。我深深覺得《易傳》的形上思想，必然以某種方式在漢代持續影響著，因此，本論文研究重心便是放在這點上。然而本人哲學素養不是很夠，思想性的評論也比較會忽略掉時間元素，用後代或晚近大家所認可的意見去互證古史議題，而不以切近的史料來佐證，則往往會訴諸主觀意識，這樣的情況我想本論文也很難避免。

形而上與形而下，在《易傳》思想上是道器關係，在魏代王弼則認爲是本末和體用關係。《繫辭上》第五章說：「仁者見之謂之仁，知者見之謂之知。百姓日用而不知，故君子之道鮮矣。顯諸仁，藏諸用。」《文言》說：「體仁足以長人。」因爲智心重實務面的接觸而用解析心態來面對，在層次上，很明顯的，仁的趨向猶如太極合和之整體，智的趨向猶如陰陽物類之區分。百姓日用事務而發揮智心的部份極少，而君子的智心是符合日用的。既然智心和日用之間有直接的關聯，故本人舉「用智」來涵蓋分別心態所衍生出《易》的形下義涵，而象數《易》學便是依此心態而開展的。仁心重在態度上的超

越而用一體的心態來面對，故又舉「體仁」來涵蓋合和心態所衍生出《易》的形上義涵，而義理《易》學便是依此心態而開展的。

因為「體仁」是連結兩個別的人事物，形成太極一整體之態度情狀，其連結依據正是戴東原所言以情絜情的同理心。因為是一整體之情狀，故變化自《易傳》太極的秦漢「太一」之用詞，筆者認為應該仍保有其太極的本體思想。以情絜情的同理心是種道德傾向，而道德是在言談之外同理心的行為表現，康德與牟宗三都認定之為形上範疇。若義理方面之言談屬於文，而道德行為表現的內涵為質，是以文質彬彬的君子而具有道德仁心者，才是合性道於一的《易》學占師。因此，漢代象數《易》學家或占師，除了在學術上發揮所長之外，具有道德仁心者，如西漢翼奉德福一致而加於子孫，魏代管輅則謙遜自持，自知死日而無所畏懼。是以筆者認為，漢代的本體思想未曾削減，而是含藏在「太一」一詞，及《易》學家或占師的道德實踐上。

又仁是道德形上的總綱領，歷史上圍繞著仁體而有項目上的增減。例如孟子提仁義禮智四端，《說卦》言仁義，荀子為仁義禮樂，至秦漢發展出仁義禮智信五常，關於這方面，本論文在「《易》道情文概說」這章有所論證。至於「《易》道形文概說」與「《易》道聲文概說」兩部份，傾向於象數方面的用智範疇，雖然看似資料的羅列，其中心主旨在於陰陽合和於太極之一整體，以太極之簡易駕御陰陽衍生出的複雜情狀。在形文方面，筆者設想出《易》圓形圖式都是「幾」點的擴大版，因此任何「時」的兩點、「位」的兩處均上同於聖人本心之「一」，而推敲《繫辭》所言「不疾而速，不行而至」的可能性。在聲文方面，筆者設想出五音與律呂頻率數值相同的共鳴狀態，即符合《繫辭》所言「同聲相應，同氣相求」的感應形式，乃卦爻陰陽相感原理的另一種的詮釋及呈現。在卦氣方面，筆者設想出漢代以相對為衝來解釋卦氣消長，即在維繫太極形上整體之平衡。有了這些問題意識之後，盡量以史學方法，用史料反覆加以論證隱藏在漢魏象數裡太極形上的情狀。

本論文對於「《易》道」與「文」方面的關係，及《易傳》義理部份與體仁思想相關者，均在前四章鋪陳，內容引證部分比較趨於哲學研究方法。至於「文」分為「情文」、「形文」、「聲文」三方面，分別在第五、六、七章探討，因為卦氣兼具這三方面形式，故放在第八章探討。後四個章表現出《易》卦幾個面向形態，是與用智實務相關者的象數部份，內容引證部分比較趨於史學研究方法。

　　總言之，本論文在求證：其一，漢魏時代，《易傳》太極形上之義是含藏在「太一」一詞，也體現在《易》家或占師的道德行爲當中。其二，《易》的象數部份雖分爲「情文」、「形文」、「聲文」三方面，其形下須用智心來處理事務的複雜情況。其形下分別的變化交會於形上之合和處，掌握此關鍵者即爲「知幾」之君子。其三，有體仁作爲的《易》家或占師，也是知幾見幾之人，能夠用易簡之道以御複雜之器者。擁有體仁素養者，則任何「形文」、「聲文」的用智層面，均可用易簡之道來掌握。其四，其時空之理和天下人性命之理也可統合於太極之一，再按照個別之理，做陰陽的區分及取捨。以求證「不疾而速，不行而至」和「同聲相應，同氣相求」的境界可能性。

第二章 《易》道之「幾」的多方面義涵

　　所謂幾就是變化的關鍵，從分到合或合到分之間是幾，由形下複雜到形上簡約之間也是幾。王新華先生認為宋代程朱繼承王弼的《易》學思想，在以「理」為本的基礎上，取代玄學以「無」為本的本體論。又謂「一陰一陽」，乃指陽動陰靜二者之間互相依存，相互流轉之條理規律，即所謂「道」，所謂「太極」者也。〔註1〕然而這規律的構成並非自然而然，而是心識造就成的。《說卦》云：「昔者聖人之作《易》也，將以順性命之理。是以立天之道，曰陰與陽。」〔註2〕可見三才之規律都是由性命之理所建構的，它是既內在也外在的。邵雍說「道為太極」，又說「心為太極」，足見在超越對立界限之後，性道合一即刻朗現。由太極而可推知陰陽之變，由男女構精而可推知萬物之情，能夠成就無限的可能，它是內在之心與外在之道統一的狀態，也就是幾的神妙所在。

第一節　分合之幾

　　《繫辭上》第十一章：「《易》有太極，是生兩儀。」〔註3〕云云，朱伯崑認為太極在先秦還沒有實體，《繫辭》所言只是借用莊子最高極限之詞，而做為揲著演卦的最初根源，或指奇偶未分狀態。朱伯崑認為給予太極以實體的意義，或者以太一為太極乃漢朝人的觀點。〔註4〕

〔註1〕　王新華，《周易繫辭傳研究》（臺北：文津出版社，1998 年），頁 11。
〔註2〕　臺灣開明書店斷句，《斷句十三經經文・周易》，頁 28。
〔註3〕　臺灣開明書店斷句，《斷句十三經經文・周易》，頁 22。
〔註4〕　朱伯崑，《易學哲學史》（北京：華夏出版社，1995 年），頁 65～67。以下引

　　然而誠如前面所言，事物之理是由性命之理所建構的，它是既內在也外在的。太極是揲著演卦奇偶未分的狀態，兩儀則是奇偶已然對分的狀態。後世皆賦予太極以宇宙本體意義，是以《周易正義》曰：「太極謂天地未分之前，元氣混而為一，即是太初、太一也。」〔註5〕太極與兩儀之間，其中關鍵就如同《繫辭》描述的神，它是既內在於聖人之德，也外在於《易》道之妙，而無思無為之感通情狀亦然。《繫辭上》第十二章說：「子曰：聖人立象以盡意，設卦以盡情偽。」卦象之感通物象，是情偽感通卦象使然。是以《繫辭上》第十章又說：「《易》無思也，無為也，寂然不動，感而遂通天下之故。」〔註6〕周敦頤〈通書〉說：「誠無為。」朱熹注云：「實理之自然，何為之有，即太極也。」〔註7〕以外在現象來說，無思無為乃合而未分的靜態。以內在心態來說，感而通之才能夠變化出萬有的複雜，在以分解之智心使用占術當中，也因為在體仁的情狀下，與物和合感通才獲得統一的狀態。王弼《周易略例‧明爻通變》說：「情偽相感，遠近相追；愛惡相攻，屈伸相推；見情者獲，直往則違。」《周易略例‧明卦適變通爻》說：「觀變動者，存乎應。」〔註8〕這應字即感通，也就是分合取捨屈伸的契機所在，沒有感通就等於沒有連結，事情也就無所謂變化。可知感通是變動的前奏，感物時意才得以連結事物而產生變化。在感物之前是太極未分的狀態，感物之後太極才分而為兩儀，兩儀因所感而成四象，四象因所感而成八卦。任何事物絕對沒有未曾經驗即有分合，從合到分，由一到多的變化，也都是感物的結果。反之，通《易》之聖人能夠藉由齋戒，不受感官意識的影響而有思維的分化作用，故能夠回歸到無思無為而寂然不動的狀態。

　　從意的介入上講，揲著演卦的合與分，與事物的整體與分化，都是符合陰陽合與分的作用，均為意識效能的呈現，是意識面對事物的兩種看待。是以王弼《周易略例‧明象》說：

　　　　夫眾不能治眾，治眾者，至寡者也。夫動不能制動，制天下之動者，
　　　　貞夫一者也。故眾之所以得咸存者，主必致一也；動之所以得咸運
　　　　者，原必无二也。物无妄然，必由其理。統之有宗，會之有元，故

該書同此版本。
〔註5〕　阮元，《重刊宋本十三經注疏‧周易》（臺北：藝文印書館，1965年），頁156-2
〔註6〕　臺灣開明書店斷句，《斷句十三經經文‧周易》，頁24、23。
〔註7〕　周敦頤，《周子全書‧卷7》（上海：商務印書館，1937年），頁126。
〔註8〕　樓宇烈，《王弼集校釋下》，頁597、604。

繁而不亂，眾而不惑。故六爻相錯，可舉一以明也；剛柔相乘，可
立主以定也。是故雜物撰德，辯是與非，則非其中爻，莫之備矣！
故自統而尋之，物雖眾，則知可以執一御也；由本以觀之，義雖博，
則知可以一名舉也。故處璇璣以觀大運，則天地之動未足怪也；據
會要以觀方來，則六合輻輳未足多也。〔註9〕

王弼所謂以寡治眾，以靜制動，從客觀方面來說，符合太極以一制多的生成
發展形式；從主觀方面來說，與太極參和的就是意動之心，亦即邵雍所云「心
為太極」之心，或者是牟宗三所謂的自由無限心。王新華說：「『一』者，道
也，一陰一陽變化之規律也。……蓋即陽變而為陰，陰變而為陽之規律也。」
〔註10〕然而規律也是源自性情感受所構築的理序。從意識區分個別事物的
作用來看，事物一旦被區分開來，就即刻被賦予名相而用形音去界定其涵
義。因此之故，事物間彼此形音義各不相同，這即刻顯現出文的複雜性。但
客觀面存在的複雜性，卻都是源自不分的主體，用溯源的宏觀方式來看，情
的分化也是源自於性的；所以事物看似紛賾混亂，卻能統會於宗元。《禮記·
樂記》說：「情動於中，故形於聲。……人生而靜，天之性也。」〔註11〕這
裡提出了「性靜情動」的觀點。荀子也認為虛壹而靜能夠使心清明，透過齋
戒其心而修其身。用靜態之心對待，此心便接近性，可看見事物的統合面；
以動態之心對待，此心便接近情，可看見現象之對立面。從學理上說，一陰
一陽的統合處所見便是道，兩儀的統合處所見便是太極。由此觀之，幾是陰
陽相變的關鍵處。從動態變化面來看，任何變化的歧出點也是幾。

　　《繫辭下》第十二章：「變動以利言，吉凶以情遷。是故愛惡相攻而吉凶
生，遠近相取而悔吝生，情偽相感而利害生。」〔註12〕也就是說，心裡的名
義概念產生於人意識的界限，人們遂以意識的界限來區分事物，然後投入情
感價值，以做為取捨此事物的動機。因此，君子若能夠減少情感價值上的對
照，從而拋捨名義的界定，從萬有之分別見到形上虛無之統合，這便是知幾
見幾之人。

　　《易》之設置動機在立象以盡意，王弼《周易略例·明象》也說：「象生

〔註9〕樓宇烈，《王弼集校釋下》，頁591。
〔註10〕王新華，《周易繫辭傳研究》（臺北：文津出版社，1998年），頁37。
〔註11〕臺灣開明書店斷句，《斷句十三經經文·禮記》，頁71、72。
〔註12〕臺灣開明書店斷句，《斷句十三經經文·周易》，頁27。

於意，故可尋象以觀意。」〔註13〕又說爻乃言乎變，而變是情僞之所爲〔註14〕。
舉《易傳》之例來說，同爲陰在上、陽在下，以卦言之，〈坤〉在上而〈乾〉
在下，天地交而萬物通，乃君子道長，在朝執政掌權之吉象。以爻言之，陰
爻在陽爻之上稱陰乘陽則爲凶，以附勢好聽讒言之小人，凌駕秉公處理直言
不諱之君子。同爲陽在上、陰在下，以卦言之，〈乾〉在上而〈坤〉在下，天
地不交而萬物不通，乃小人道長在朝執政掌權之吉象；以爻言之，陰爻在陽
爻下稱陰承陽爲吉。蓋陰性者優柔寡斷之人，能夠順承剛毅有統御能力的陽
性領導者，這是描述其情勢之象也，而不是用象來影響或指導性情。而且陰
性和陽性只是當下對照的情勢，並非如後來漢代所言某人性格一定是陰，或
某人性格一定是陽。也非強迫誰應該在下，誰應該在上，這上下乃純就雙方
內在性情形勢而言。這種形勢是無常的，是不可爲典要的。知悉當下陰性和
陽性對照的情勢，便是知幾的君子。卦有陰陽之象、九六之變可以眼見，然
而性情之陰陽卻不可目視。所以王弼《周易略例・明爻通變》說：「夫爻者，
何也？言乎變者也。變者何也？情僞之所爲也。夫情僞之動，非數之所求也。」
〔註15〕

　　以陰陽爻來講，其所再次創造者非爲物象，乃意之象也，其陰陽即代表
性情。以卦來講，已成之象乃模擬現象之象也。在象中性情隱而難顯，故用
形上趨勢以會其意。卦象陰卦在上而陽卦在下，如〈咸〉卦、〈泰〉卦，因爲
陰性欲往下而陽性喜往上，情感交合而彼此認同，是由上下趨勢而明瞭其意
志之相和也。此處看似在談上下，其實是在談人際之間內外交流的相應形態。

　　故物象爲聖人之意識所產生，物象變化也是聖人意識的變化，物象靜態
之序爲理，依照理的順序而產生有規律的作用則爲道。只有明瞭天下人心志
之理的和合分散處，才知道幾的所在，而能夠處理紛隤的局面使之統會於宗
元。誠如王弼所說聖人掌握到璇璣、會要。知幾見幾則時無二分、位無二致，
將時位匯集於太極，則時間上所指示的未來大運趨勢，以及空間上所指示任
何事物與人的關聯所在，都一清二楚。

　　依朱伯崑的說法，漢以後兩儀與陰陽連璧，太極也成爲宇宙生成源頭狀
態之詞。王弼則援老子之說以無爲體、爲本，以有爲用、爲末。〔註16〕至朱

〔註13〕樓宇烈，《王弼集校釋下》，頁 609。
〔註14〕樓宇烈，《王弼集校釋下》，頁 597。
〔註15〕樓宇烈，《王弼集校釋》，頁 597。
〔註16〕韓強，《王弼與中國文化》（貴州：貴州人民出版社，2001 年），頁 69〜81。

熹認爲太極是萬有的本原，也是萬有的內在稟賦。〔註 17〕由此觀之，太極是本原或是稟賦，爲面對宇宙時聖人意識之理的二種顯現，也就是兩種看待方法。

　　然而，幾所在之處是內在的還是外在的？《繫辭下》第五章：「知幾其神乎！君子上交不諂，下交不瀆，其知幾乎！幾者動之微，吉之先見者也，君子見幾而作，不俟終日。……君子知微知彰，知柔知剛，萬夫之望。」〔註 18〕由此觀之，在諂與不諂之間，瀆與不瀆之間，微與彰之間，柔與剛之間，都是對立的統合處，抉擇的關鍵處，也就是太極所在，幾的所在。這些微彰柔剛，看似對外在之境象的描寫，其實是意象對比的呈現。而《繫辭上》第八章：「言行，君子之樞機，樞機之發，榮辱之主也。言行，君子之所以動天地也，可不愼乎？」〔註 19〕所謂榮辱不是外在所決定的，招致榮耀或羞辱的決定主體或關鍵乃爲個人意識。王弼《周易略例・明爻通變》也說「夫情僞之動，非數之所求也」〔註 20〕。因此，這變化關鍵的幾或樞機，不是客體的比喻描寫，而是實實在在源自於君子的內在性情。周敦頤《通書》說：「幾善惡。」朱熹注云：「幾者，動之微，善惡之所由分也。……此陰陽之象也。」〔註21〕《通書・朱子語類附見》朱熹云：「此雖亦誠之動，則人心之發見，而私欲之流行，所謂惡也。」〔註 22〕因爲情僞是陰陽變化的操作主體，而這主體是吾人的內在性情，它根本是不可爲典要的而難以常規化的。

　　既然無常規而不可爲典要，君子又如何知幾見幾？《繫辭上》第十一章：「聖人以此洗心，退藏於密，吉凶與民同患。神以知來，知以藏往，其孰能與此哉！……聖人以此齋戒，以神明其德夫！是故，闔戶謂之〈坤〉，闢戶謂之〈乾〉；一闔一闢謂之變，往來不窮謂之通。」〔註23〕《孟子・盡心上》第一章也說：「殀壽不貳，修身以俟之，所以立命也。」〔註24〕人必須不惑於懷生畏死，必須藉由齋戒修身才得以知幾之所在，見幾而作，以自律精神來建立良善的循環。故王陽明說有良知的聖人，有超越利害禍福前後之私心，才

〔註17〕蕭漢明，《周易本義導讀》（山東：齊魯書社，2003 年），頁 36。
〔註18〕臺灣開明書店斷句，《斷句十三經經文・周易》，頁 26。
〔註19〕臺灣開明書店斷句，《斷句十三經經文・周易》，頁 22。
〔註20〕樓宇烈，《王弼集校釋下》，頁 597。
〔註21〕周敦頤，《周子全書・卷七》（上海：商務印書館，1937 年），頁 126。
〔註22〕周敦頤，《周子全書・卷七》（上海：商務印書館，1937 年），頁 131。
〔註23〕臺灣開明書店斷句，《斷句十三經經文・周易》，頁 24。
〔註24〕臺灣開明書店斷句，《斷句十三經經文・孟子》，頁 42。

得遇變而通以見幾。〔註25〕

　　《繫辭》所言的幾，或形象化的樞機，即爲牟宗三晚年推崇圓善理念以所謂〈乾〉〈坤〉萬有之基礎在吾人的本心，熊十力謂萬物皆內含〈乾〉元〈坤〉元〔註26〕。而筆者認爲「幾」正符合「點」、「圓」與「無限」的特性，故其所說〈乾〉元的創生性和〈坤〉元的遍潤性兼備在這「幾」點裡。這樣的自由無限心，不是耽於分解事理的智心，而是權衡內外之道的智心。因爲無限，故不拘束於一隅，不泥滯於一時，雖是一點，卻是用無限寬廣的仁體去容受天地萬物的心，是以用此智心來面對此宇宙，誠如王弼所云，是「天地之動未足怪，六合輻輳未足多」〔註27〕的情境。

　　《易》是陰陽變化不可測的，《繫辭上》第四章說：「範圍天地之化而不過，曲成萬物而不遺，通乎晝夜之道而知，故神无方而易无體。」〔註28〕唯有透過齋戒減欲的德行修爲，從懷生畏死達至於妖壽不貳，才能夠達到太極合圓的境界。因此，知幾其神，知幾就能掌握各種情境的變化。

第二節　仁智之幾

　　《中庸》第 26 章說：「成己，仁也，成物，智也，性之德也，合外內之道也。」〔註29〕就習《易》者而言，因爲擁有性命所彰顯出來的仁智之德，方能體察到形上之幾，不僅可成就內在的道德修爲，也能成就外在的萬有事理。

　　就習《易》者而言，所謂智的學問，就是如同牟宗三所云西洋哲學的分解路線；所謂仁的學問，就是如同陸王心學，以圓善爲依歸的和合路線。分解路線開出本原論，圓合路線開出本體論。一般人懷生畏死而被形下的名相

〔註25〕王守仁，《王陽明全集・卷三・語錄三》（上海：上海古籍出版社，1992 年），頁 109 云：「誠是實理，只是一個良知。實理之妙用流行就是神，其萌動處就是幾，誠神幾曰聖人。聖人不貴前知。禍福之來，雖聖人有所不免。聖人只是知幾，遇變而通耳。良知無前後，只知得見在的幾，便是一了百了。若有個前知的心，就是私心，就有趨避利害的意。」

〔註26〕熊十力，《熊十力全集・乾坤衍》（湖北：湖北教育出版社，1961 年），頁 658〜660。

〔註27〕樓宇烈，《王弼集校釋下》，頁 591。

〔註28〕臺灣開明書店斷句，《斷句十三經經文・周易》，頁 22。

〔註29〕臺灣開明書店斷句，《斷句十三經經文・禮記・中庸》，頁 110。

所拘，故《繫辭》說：「一陰一陽之謂道，繼之者善也，成之者性也。仁者見之謂之仁，智者見之謂之智，百姓日用而不知，故君子之道鮮矣。」〔註30〕因爲百姓沒有智的直覺，無法由知幾見幾而推知三才之規律所在，執著現狀又無法預見規律，是以時時處於未知而感到無常。

具仁心者趨於合，具智心者趨於分。分則如一陰一陽用來解析現象，然而分而不能合，則無法做統一全局觀的聖人。《繫辭上》第十章說：「《易》无思也，无爲也，寂然不動，感而遂通天下之故。非天下之至神，其孰能與於此。……唯神也，故不疾而速，不行而至。」〔註31〕第十一章說：「聖人以此洗心，退藏於密，吉凶與民同患。神以知來，知以藏往，其孰能與此哉！」〔註32〕是以站在無法知悉道體規律的百姓角度來講，《易》與聖人同樣是神不可測的。《繫辭上》第十章說：「《易》有聖人之道四焉：以言者尚其辭，以動者尚其變，以制器者尚其象，以卜筮者尚其占。以君子將有爲也，將有行也，問焉而以言，其受命也如響，无有遠近幽深，遂知來物。非天下之至精，其孰能與於此？」〔註33〕不管是解釋性的尚其辭，實用性的尚其占，行爲準則的尚其變，或創造器物的尚其象，皆是聖人之道俱備的四項能力。習《易》者若無法做到齋戒修身以明此心見此性，則尚義理者將趨於詮釋其辭而棄實用於不顧，尚象數者恐亦泥於以蠡測海之小數，這都是不能用全局觀來審視宇宙的變化。

车宗三認爲本心爲〈乾〉〈坤〉萬有之基礎。《繫辭下》第六章說：「〈乾〉，陽物也；〈坤〉，陰物也；陰陽合德，而剛柔有體，以體天地之撰，以通神明之德。」〔註34〕筆者以爲〈乾〉德合圓而創生不已，故開出「時」；〈坤〉德合方而無不遍潤，故開出「位」。而天地時位雖然得用分解的思維來對待，但這種理也是出自性命所建構的，是仁智合一的體證，故《說卦》云：「昔者聖人之作《易》也，將以順性命之理，是以立天之道曰陰與陽，立地之道曰柔與剛，立人之道曰仁與義。」〔註35〕知天道方面的陰陽法則，地道方面的剛柔法則，以及人道方面仁義法則，都是出自性命的。而就康德、懷悌

〔註30〕臺灣開明書店斷句，《斷句十三經經文・周易》，頁22。
〔註31〕臺灣開明書店斷句，《斷句十三經經文・周易》，頁23。
〔註32〕臺灣開明書店斷句，《斷句十三經經文・周易》，頁24。
〔註33〕臺灣開明書店斷句，《斷句十三經經文・周易》，頁23。
〔註34〕臺灣開明書店斷句，《斷句十三經經文・周易》，頁26。
〔註35〕臺灣開明書店斷句，《斷句十三經經文・周易》，頁28。

黑所指，道理法則均從經驗性制定產生〔註 36〕，並非如老子的道和朱子的理所形容那樣的超經驗存在。既然法則是出自性命的，則陰陽變化的幾，看似在宇宙遙遠的彼端，卻是如實地在自性此端證成。

　　然而牟宗三先生早於《周易的自然哲學與道德函義》中，謂一切分化都是自然生成，似乎贊同了宇宙生成論，而反對康德、懷悌黑的主觀經驗論。筆者認爲這是牟宗三先生早先用智心，即所謂分解的方式去對待自然所下的結論。牟宗三在晚年詮釋圓善思想時，即力主一切萬有的證成在本心，這是牟宗三晚年用仁心，即所謂圓融的方式去對待自然所下的結論。

　　而熊十力認爲〈坤〉性帶有惰性，故呈現私利於己身的小體行爲，因此必須由〈乾〉來帶領〈坤〉，才有大明生生的可能。〔註 37〕故明心見性必定以品德爲依歸，亦即抗拒本能上的私利而擴大到戴東原所云以情絜情的同理心上，誠如《中庸》所說，對外以智的分解來看待，才能成就各種物類的意和象；對內以仁的合圓來看待，才能成就性命的圓滿。是以牟宗三先生說不離本心而性具、理具之圓，才是眞正的圓教。所謂性具、理具亦即仁智兼備，就是成己必須立基於仁，仁是一切德行之基礎，是以性命必須在大我利他的道德修養中，才能發大清明的智心而見自本性。常人則〈乾〉德受〈坤〉性影響，故困惑於己身之欲望，凡事都以解析價值、區分事理來對待，故雖有餘力去創造，卻常常形成人我、物物相對待的態勢。故《說卦》言「和順於道德而理於義，窮理盡性以至於命」，性命所賦予的護己本能，還是必須以利他的道德仁心爲依歸。牟宗三先生在《周易的自然哲學與道德函義》書中詮釋戴東原思想時，說人皆有懷生畏死的欲望，但也能夠用以情絜情的同理心來擴充之，而展現利他的道德意識，這才是《中庸》所云「性之德也，合外內之道也」的眞義。

　　倘若人們懷著貪生畏死的心理，而只以分解之智去對待事物，則必然以自身的立場來分判利己或不利己，則捨棄不利己而趨就利己事物之時，就無法以情絜情，不以利他的同理心來權衡。如此一來，爲形下的富貴功名所困囿，此所謂利令智昏，則心性難以虛靜清明，又如何回歸太極合圓之境？是以《繫辭上》第十一章云：「聖人以此齋戒，以神明其德夫！是故，闔戶謂之

〔註 36〕牟宗三，《周易的自然哲學與道德函義》（臺北：文津出版社，1988 年），頁194。

〔註 37〕熊十力，《熊十力全集・乾坤衍》（湖北：湖北教育出版社，1961 年），頁 579、588。

〈坤〉；闢戶謂之〈乾〉；一闔一闢謂之變；往來不窮謂之通。」〔註38〕陰陽不測之謂神，聖人都須要齋戒修身，才能夠知幾其神。然而陰陽變化為何一般人是無法測準的？因為沒有內在修為以達到形上境界。王弼言在情偽變化方面，是數不可測準的，因為數為區分功能的形下之具。若修德則能將心智提升到形上意境，即可「知幾其神」。是以，按照《易傳》所指，要知曉陰陽變化之道，在於掌握到幾的關鍵處，而非僅依賴高超的象數之術。要達到知幾見幾，在於修德以明此心、見此性，而非空談義疏之篇。仁者開本體合用之學，智者開宇宙解析之學，仁智兼具，才能融合內外之道於一體。

第三節　時位之幾

　　對宇宙之論述，是以分解的方式面對此世界，故有前後層次的順序。以任何甲物與乙物為例，它們中間必須有合理的連結，否則彼此是不相關的，是兩個絕對的個別體。《左傳‧僖公十五年》：「韓簡侍曰，龜，象也，筮，數也，物生而後有象，象而後有滋，滋而後有數，先君之敗德，及可數乎？」〔註39〕在宇宙論當中的物體各有其界面，形成它個別的象，象與象之間可用數值來計量其層次性，也可用數值來表現其相互作用的情況。所以就客觀角度來審視《易》，卦的形式就有大小之別。

　　對於宇宙的另外一種看待，就是本體論述。《繫辭上》第十章說：「夫《易》，聖人之所以極深而研幾也。唯深也，故能通天下之志；唯幾也，故能成天下之務。唯神也，故不疾而速，不行而至。」〔註40〕這正是本體論述實際功效的描寫。所謂疾是時概念速度上的描寫，而行是位概念移動上的描寫。空間概念由甲到乙的移動，必然也是時間概念 A 到 B 的描寫。那麼，當甲與乙的界限抽離之後，則 A 與 B 也就渾然上同於形上的「一」，即刻在太極的整體當中。處於這樣狀態並沒有前後生成次序的宇宙論意識，也沒有物與物之間的界定及對照，當然也沒有時間空間可言。而幾，就是處於內在意識已發未發之間，外在現象已分未分之間，介於形上和形下之間的一種情狀。

〔註38〕臺灣開明書店斷句，《斷句十三經經文‧周易》，頁 24。
〔註39〕臺灣開明書店斷句，《斷句十三經經文‧左傳》，頁 41。
〔註40〕臺灣開明書店斷句，《斷句十三經經文‧周易》，頁 23。

　　今世學者以爲秦漢代宇宙生成論大行其道，本體就消失不見。其實無論是生成論或本體論，也僅是看待此世界的兩種心態而已。秦漢代學界重視宇宙生成，沒有將性情視爲本體，並不意味著本體就從此消失不見。按照朱熹的見解，太極爲萬物之本原，也內在於萬物中，任何化出之物皆有個太極。所以並不是太極化爲兩儀，太極就消失不見。太極分陰分陽，迭用柔剛，故物體的變化可以用陰陽相代的角度來看待，也可以用形上整體的角度來看待。它是兩種學理的視角態度，此盛則彼衰，彼盛則此衰，但是就如同陰陽是互依相代的，終究不會消滅對方。

　　所謂藏往知來，就是聖人匯集天下人的經驗做爲法則，依陽質愛陰、柔性喜剛的道理，由 A 透過「幾」的關鍵點以知 B。太極分陰分陽，迭用柔剛，依照性情本體的角度來講，所謂陰陽的分與合之幾，不在現象彼端，而在本心此端。同樣是陽質愛陰，陽卦有〈乾〉、〈震〉、〈坎〉、〈艮〉，陰卦有〈坤〉、〈巽〉、〈離〉、〈兌〉。古代君子知曉某人爲〈坎〉卦之性質，則有需求於〈離〉之情感；某人爲〈巽〉卦之性質，則有需求於〈震〉之情感。是古代君子以陰陽對比之形態，來模擬人們相對又互依的心態，此時幾的關鍵處就在錯卦之間。如果是動態往返，往者爲〈損〉卦則返者爲〈益〉卦；空間上物體內外倒置，或者將物像倒反來觀察，〈損〉卦〈益〉卦互爲反轉卦，此刻幾的關鍵處就在綜卦之間。

　　按照本體論的形上看待，因爲視野是可以超越現實個體以至於太極一體之境界，因此任何兩點都在整合當中，所以見幾的君子能夠不疾而速、不行而至，超越時位的局限。《繫辭下》第六章：「夫《易》，彰往察來，而微顯闡幽。」〔註41〕又因爲君子對幾的顯微動靜體察極深，故由此 A 之時位透過幾可以知彼 B 之時位，所謂藏往以知來，這就是本體全局觀的功效。

　　朱伯崑說自然界無卦象，它只是心理的反應。〔註42〕由於卦的陰陽是人們各種感覺的總原則，陰陽如何呈現和運作，都離不開吾人本心的性情。因此，這「時」與「位」就如同陰陽，只是吾人本心的發顯，當一般人受〈坤〉性的制約時，很難以大清明的心去面對，難以契合神境，對眼前事物的變化也就陰陽莫定了。若能知幾，就足以掌握歧出點或匯集點的走向，在這些幾的串聯及延伸之下，道也就展現了。

〔註41〕臺灣開明書店斷句，《斷句十三經經文・周易》，頁 26。
〔註42〕朱伯崑，《易學哲學史》（北京：中華書局，1995 年），頁 108。

第四節 卦爻之幾

由上觀之，所謂幾有兩種情況，一是對立面的統一，指兩事物的會合處的形上共相。由於在兩種事情或人物對象上都有經驗及感受，對於雙方均採取包容態度而進一步超越，其情勢猶如〈乾〉、〈坤〉合其德，所以它是一種圓滿狀態。另外的一種幾是規律軌跡當中的分歧點，由於跑出軌跡之外，不在軌跡當中，則遇到非屬於經驗的情勢，故當事人有凡事都顯得不確定的無常感。

而時間變化顯現空間上的變化，空間變化也意味時間跟著變化。在六爻卦，內卦或外卦各自成象，如果當事人處在內卦或外卦當中，卦之德方讓人知以藏往，表示在規律軌跡當中，處在有常的空間位置。在內卦指近身處，對事物有較熟悉的時空環境，相對於內卦，外卦則爲另一階段時空的陌生環境，或當事者對事物不瞭解。然而如果身處外卦，日子一久，對環境事物又熟悉有經驗了。六爻卦爲一整體，當在上爻時表示即將跨越到另一六爻卦，此時位又如同三、四爻的處於無常了。

六爻卦之三到四爻是歧出之處，由合變到分，表示熟悉經驗的中斷。至於變的角度爲何、方向爲何都是未知，正顯現出所謂「上下無常，剛柔相易」，讓當事人充滿不確定的感覺。例如〈乾〉九三：「君子終日乾乾，夕惕若，厲，无咎。」九四：「或躍在淵，无咎。」九三「終日乾乾，夕惕若」表示時概念的不確定感，九四「或躍在淵」表示位概念的不確定感。〈坤〉六三：「含章可貞。或從王事，无成有終。」「或」字表示時機的不確定感。六四：「括囊；无咎，无譽。」括囊表示面臨新的陌生環境，採取保守謹慎的態度。〈屯〉六三：「即鹿无虞，惟入于林中，君子幾，不如舍，往吝。」指沒有嚮導，雖然即將有收穫，卻有迷途的疑慮，不如捨棄目標，以免讓自己陷入絕境。六四：「乘馬班如，求婚媾，往吉，无不利。」班如就是徘徊旋轉之象，表示受阻礙而有不確定的情況。

另一種比三到四爻小宇宙變化的更大時位變化，即上爻變至另一個六爻卦。〈乾〉上九：「亢龍有悔。」〈坤〉上六：「龍戰于野，其血玄黃。」〈屯〉上六：「乘馬班如，泣血漣如。」〈蒙〉上九：「擊蒙。不利爲寇，利禦寇。」〈訟〉上九：「或錫之鞶帶，終朝三褫之。」〈比〉上六：「比之无首，凶。」其卦的趨勢均是由五爻之吉轉至上爻之凶，在個人表示大變化，諸如習慣的改變，遇到大挫敗，此即爲關鍵的陣痛期。〈需〉上六：「入于穴，有不速之

客三人來，敬之終吉。」〈師〉上六：「大君有命，開國承家，小人勿用。」〈履〉上九：「視履考祥，其旋元吉。」〈否〉上九：「傾否，先否後喜。」其卦的趨勢均是由五爻之凶轉上爻之吉。

最可貴的是，《象傳》顯示時間上無可計數的部份，也指出空間上無可量形的部份。例如〈泰〉卦陽卦位在下而趨勢往上，陰卦位在上而趨勢往下，故天地有上下相交的感應；〈否〉卦陰卦位在下而趨勢往下，陽卦位在上而趨勢往上，故上下沒相交。〈咸〉卦澤在上位而趨勢往下，山在下而受潤澤，〈兌〉與〈艮〉上下同位陰陽相應。至於〈既濟〉，以水下火上物象之性以示人道之相感。按王弼《周易略例・明爻通變》所說，人的情偽相感之狀態，在時間上無可計數，在空間裡無可量形，其趨勢由分解到和合，而和合即仁性所在，是超越意識形象而回溯至太極無形的形上境界。後繼者一方面用分解的智心去運作形下象數，另一方面也能夠以和合的仁心來通曉形上義理。也就是說，占師用智心運作象數，並不妨礙其內在性命具有通曉義理的仁心。

太極之於陰陽為形上與形下的對照，是心識由和合到分歧的狀態。陰陽之於四象也是形上與形下的對照，陽之於太陽、少陰，陰之於少陽、太陰，也是心識由和合到分歧的狀態。方位是前後左右四方加上中央觀察者概念構成的，或是靜態之陰陽各二分成為四象，也是心識由和合到分歧的狀態而來的。因為《易傳》有「貞夫一」的本體思維，故任何過往未來的時間點，都是一的開展，任何甲乙的空間點，也都是一的開展。一即本心，是以任何外在陰陽之變化，都是內在本心之變化。

以《易傳》來看，天地二元加上人，成為三才這三種規律層次的概念，天地之道由人仿傚，其規律價值也由人發顯，是以三爻卦象以中爻為中道用事之主體。六爻卦象，卦分內外，內外卦的中爻也各為中道用事之主體，內卦的時位經驗在先，外卦的時位經驗在後。以〈乾〉卦為例，九二居室內之位而為初起之時，九五居室外之位而為成就人事之時，故九二、九五皆見大人，九二時見大人以資取經驗，九五時見大人以酬謝其功。然而以六爻卦來看，內外卦之際的三、四爻，《易傳》也稱做中爻，此中爻與二、五相異之處，乃是從原有的時位經驗進到非經驗處的關鍵，故〈乾〉九三爻乾乾夕惕，乃時之抉擇關鍵也；九四爻或躍險地，乃位之抉擇關鍵也。是以《繫辭下》第九章言「二多譽，四多懼，三多凶，五多功」〔註43〕。至〈乾〉上九「亢龍

〔註43〕臺灣開明書店斷句，《斷句十三經經文・周易》，頁27。

有悔」乃大宇宙循環大變化之抉擇關鍵也，則與九三功效相似。

相對於內卦來說，外卦是非經驗的。然而就已見幾的君子來說，從形上本體來看形下客體，內卦與外卦是一體的、經驗的。常人對非經驗的東西無從知曉，因爲吉凶不確定，故顯得無常。然而已見幾之君子仁智兼備，其智可以藏往而其神足以知來，用象數來瞭解事物之理須靠分解之智，但君子以仁心和合象數，故時位一體，吉凶也一體。性情趨於整體之勢是形上的，陰陽相變趨於個體之勢是形下的，其分合之際即心識的關鍵處，也就是幾的所在。

第五節　文學之幾

〈水調歌頭〉裡蘇東坡與其弟蘇轍雖然相隔兩地，但二人如同以月亮爲樞機，在仁的圓和態度看待下，由此「異鄉」經過「月」的關鍵點，將心靈釋出而與「故鄉」相連結。以分解之智來講，是遙遠的兩地以及疏散的兩兄弟；以合和之仁來講，卻是無隔閡無障礙的圓滿情境。分解與合和是兩種看待心態，猶似智與仁、〈坤〉與〈乾〉均具備在自性裡，只因爲受形體的侷限而有消長多寡。亦即用智心則見到的是分解狀態多於合和狀態，用仁心則見到的是合和狀態多於分解狀態，並無所謂誰滅或誰存的問題。

以〈莊周夢蝶〉爲例，若以分解之智心來對待，則蝶是蝶、莊周是莊周，莊周與蝴蝶只是現實界的兩物，因耳目所感之異而有外形顏色的分歧，故我是莊周，它是蝴蝶，兩相對照之下難以等同視之。然而在夢境當中，一切形上化了，《莊子·養生主》：「臣以神遇而不以目視，官知止而神欲行。」〔註44〕觀察者耳目閉鎖，則對象們外形和顏色的界定打破了，沒有彼與此之別，莊周是主體，蝴蝶亦然，是我爲莊周，而蝴蝶也是我。現實上，因爲耳目感受的不同，莊周與蝴蝶各有界定的名相，名相思維相異，是以標之形音義的文字也必有分別。對待者若體性懷仁，則夢境意味著精神已形上化，以自由無限心見幾而作，如是則形體何止於與蝴蝶相合而已？凡是天地間的動植鳥獸、雲雨山川，皆可與己相納入。

按作詩的法則有三種：賦爲陳述法，比爲譬喻法，興爲聯想法。譬喻法者異中求其同，猶如以分解的智心面對事物則陰陽有別，以合和的仁心面對

〔註44〕郭慶藩，《莊子集釋》（北京：中華書局，1995年），頁119。

事物則同歸於太極。聯想法者，以太極爲樞紐，由陰可以推知陽，由陽可以推知陰，先回歸形上合和之幾，掌握住變化規律的關鍵處，而推知事情發展的走向。

　　譬喻法以幾爲合境，聯想法以幾爲轉境。合境合於本心，用彼物以代替此物，如以碩鼠比喻亂世貪婪之宦。聯想者意象之連結，由甲連結到乙而共同組合成一情鏡，如「感時花濺淚」，由濺字連結花與淚的意象。

　　譬喻法猶如形上之本統御形下之末，莊子言「周與蝶」有現實之異，言夢境則兩者合同於此。言「周與魚」有構造之異，言樂境則人物合同於此。然而莊子透過「夢」化爲蝴蝶，蝴蝶亦有夢周之意；透過「樂」化爲游魚，游魚亦在喜樂之中。一如杜甫有感於國破家亡而哀傷，見花則花也濺淚，望鳥則鳥也驚心，若此則屬於聯想法了。

　　聯想是以幾做爲推衍連繫的關鍵，比如目見關關的鳴鳥，關關者聲文，雎鳩者形文，由耳目的聲文形文推衍至琴瑟和鳴的男女。《繫辭下》第五章：「天地絪縕，萬物化醇，男女構精，萬物化生，……言致一也。」〔註45〕以客觀區別視角言之，鳥與人爲二物類，鳥與人的名相含義有所分別。然而以主觀整合視角言之，在鳥與人名相之外，和鳴的意象是統一的，雌雄相和與男女相和是統一的，雙鳥鳴叫與男女鳴唱也是統一的。這統一即爲幾。

　　我們說「物」，都是以客觀區別視角言之，而賦予含有界定性的形音義。舉例來說，我們從形色的區分對比、鳴叫聲音的區分對比，以及好吃魚和愛啃骨的區分對比，來描述貓和狗而定其不同之名義。但是若以無爲本體而由形上來看，任何足以讓兩物分開的形音義，屬於形下的任何感官界定都消除了，則統一是存在的。

　　依兩儀或陰陽的區分來看，水、濕、風、虎爲本乎地者親下之類，火、燥、雲、龍爲本乎天者親上之類。依感官名相界定來看，水、火、濕、燥、雲、龍、風、虎，形音義各自相異，都是個別不同的事物。〈乾〉卦《文言》：「同聲相應，同氣相求。水流濕，火就燥，雲從龍，風從虎，聖人作而萬物覩。本乎天者親上，本乎地者親下，則各從其類也。」〔註46〕以太極不分的形上本體來看，沒有任何感官的界定，所以並無分別之物。「雲從龍，風從虎」看似小說的情節，在形上理論裡構成一體的關係是可以成立的。

〔註45〕臺灣開明書店斷句，《斷句十三經經文‧周易》，頁 26。
〔註46〕臺灣開明書店斷句，《斷句十三經經文‧周易》，頁 1。

　　從分合處看，幾是變化的關鍵，從分到合或從合到分之間就是幾，由形下複雜到形上簡約之間也是幾。三才規律都是由性命之理所建構的，是既內在也是外在的。

　　從仁智處看，以外在現象來說，當吾心無思無爲時乃合而未分的靜態，必感而通之才能變化出萬有複雜的情狀。通《易》之聖人，在占術當中使用分解之智心，也在仁體的情狀下，與物相感通而獲得彼此的統合狀態。《易》言聖人藉由齋戒，而不受思維的分化作用所影響，故能回歸到無思無爲而寂然不動的狀態。用靜態之心便可接近性，看見事物的統合面；以動態之心便可接近情，看見現象之對立面。陰陽的統合處所見便是道，便是太極。由此觀之，陰陽相變的關鍵處是幾，任何變化的歧出點也是幾。

　　從時位處看，《易》是聖人超越現實個體以至於太極之境，因此任何兩點都在一體當中，所以見幾的君子能夠不疾而速、不行而至，超越時位的局限。君子對幾的顯微動靜體察極深，故由透過 A 以知 B 之時位，這就是本體全局觀的功效。後繼者用分解之智心去運作形下象數，也能夠以和合之仁心來通曉形上義理。亦即，在「貞夫一」的本體思維下，占師用智心運作象數，並不妨礙其內在通曉義理的仁心。則任何古往今來的時間點，或任何甲乙的空間點，都是一的開展。一即本心，是以任何外在陰陽之變化，都是內在本心之變化。從卦爻處看，心感無常、陰陽反覆所在，便是幾。從三到四爻的小宇宙變化，或上爻變至另一個六爻卦大時位的變化，也是如此。無論是內外卦形式的對比，或此六爻卦變出彼六爻卦的對比，都是陰陽變化關鍵所在，這便是幾。

　　《易》聖人在超越對立界限之後，即顯現「自由無限心」或「智的直覺」。由太極而可知陰陽之變，由男女而可知萬物之情。透過智的直覺，達到內在之心與外在之道相統合所在，也就是幾的神妙所在。而由於統合，故能夠成就無限的可能性，以解決百姓事務的各種難題。

第三章　以心性為主體的《易》道時空觀

　　《說卦》第二章說聖人依據其內在性命之理序,而建構天地人三才之道。筆者以為遍潤性與創生性是〈乾〉〈坤〉合德的發顯,是以君子仁智兼具,才能夠知悉太極陰陽分合的關鍵處,見幾而作,得以成物又成己。然而所謂理即符合事物動靜之序的概念,舉凡天地的物象概念,尊卑的形式概念,貴賤的價值概念,乃至由天地引申出的時空方圓,由尊卑引申出的上下高低,以及由貴賤引申出的道德權位,凡此種種,都是本心所開展出來而符合天下人之志者。

　　而〈復〉卦《象》云「復其見天地之心」[註1],以卦象消息變化來看,是〈坤〉陰至盛而至〈復〉卦一陽始生;以光線明暗來看,〈坤〉陰至盛則幽暗無光,〈復〉卦一陽始生故得以復見天地;以天體運行來看,〈坤〉陰至盛則過往之極至,〈復〉卦一陽始生則至極將返。凡此種種,無論是人事物的陰極變陽、暗極復明或至極將返,都是變化的關鍵處,也就是見幾而作之樞紐處,這個幾即牟氏所謂的自由無限心。懷有此自由無限心,則可復見天地和合之境,萬物交會之處。君子效法聖人,透過齋戒修身的方式,由分解的智心轉為和合的仁心,以全局觀察天地,則天地萬物變化之幾無不覽照。

第一節　以消息錯綜呈現的方圓意象

　　蓍之德圓而神,神以知來,六爻變化其實包含著時與位的變化,所以卦之德雖然是方的,卻離不開圓的制衡。《繫辭上》第九章記載〈大衍筮法〉:

〔註1〕　臺灣開明書店斷句,《斷句十三經經文‧周易》,頁9。

「分而爲二以象兩，掛一以象三，揲之以四以象四時，歸奇於扐以象閏。五歲再閏，故再扐而後掛。」〔註2〕由此觀之，無論兩儀、三才、四時或閏年閏月，都是人模擬天道概念所制定的法則。以三才之道爲例，它像是在講上下空間的概念，而其實是在講天人地三種不同層次的規律，包含了空間的對比性及時間的延續性，人效法之而用義的對比及仁的周延，做爲人道的規律。然而大自然是無分別的，變化起自於人的情僞相感，所以由人感官意識制定的天道時間與地道空間，也是互相依存的。

依照〈謙〉卦《彖》「天道下濟而光明，地道卑而上行」〔註3〕的概念，來參照《日書》所記載，得知戰國時祖先們從來不把「時」、「位」當成兩個絕對分離的事物，太極生兩儀這種表面對立又內在統一者，仍然是中國的主軸思維。原屬於地道範疇的五行概念，在秦漢象數學大盛期間上行配入天道參數形態當中，而日辰干支也配入地道方位裡面，這也就迎合了回歸至太極形態的整體思維。《易傳》時期祖先們早就認爲時間就是在描述空間事物的變化，而時間的移動變化，代表區域裡事物能量狀態的強弱，並用節氣消息這種想法，來做爲農業作息等事務的參考數值。這樣的經驗起先來自當時人主觀的共同認定，《易傳》作者說是聖人會通天下人之心志，將外境事物統一於性情，而制作成的陰陽易簡之道。

由於情僞相感，感官心識的界限性及對比性，日月星辰在封閉範圍內做環狀的循環，時間概念於是起源於這圓環狀的天道循環，落在卦象上就是用十二消息卦來呈現。消息卦思維的源頭可被確定爲《彖傳》，其體例在《彖傳》又稱消長，且不限於時間概念，例如〈泰〉卦言君子道長、小人道消，〈否〉卦言小人道長、君子道消，乃做爲德行心態趨勢的描寫。此處所謂消長是相對的，亦即陽滋長則陰消退，陰滋長則陽消退。而且它並不止於現象方面君子和小人彼此勢力上的消長，也包括內在修爲上善惡相對的消長，因此消息或消長，其實也是較大範圍的〈乾〉〈坤〉陰陽相變。陰陽爻相變就是所謂小宇宙變化或頓變現象，而陰六階段化，陽也六階段化，總加成十二階段，這就是所謂大宇宙變化或漸變現象的消息遞變。

感官心識的界限性對比性，在封閉範圍內做區域性的界面。時間概念源起於這圓環狀的天道循環，空間概念源起於這界面狀的地道方位。空間概念

〔註2〕 臺灣開明書店斷句，《斷句十三經經文・周易》，頁23。
〔註3〕 臺灣開明書店斷句，《斷句十三經經文・周易》，頁23。

源於地道方塊狀的區域，空間物體在動作上與時間的循環相連結而呈現出直線型的反復現象，落在卦象上都是用〈復〉至〈乾〉、〈姤〉至〈坤〉的消息型態。如〈復〉卦辭：「七日來復。」乃以一爻值一日，由〈姤〉一陰滋長開始，歷經〈遯〉、〈否〉、〈觀〉、〈剝〉五爻，成〈坤〉全陰至〈復〉一陽復起共七日，故曰「七日來復」。

綜即卦體在空間上的反轉，用卦的初上反轉來表示。錯即卦體在時間或空間上的陰陽相變，例如日往月來，日爲〈離〉而月爲〈坎〉，〈坎〉、〈離〉互爲錯卦，又可代表時間概念的連續性。其相對感是由內在心識所決定的，而這種感覺在現象上的作用是全面性的，亦即心識的判定是任何現象相對的起源，所以照理說先有相對作用才導致時位概念的產生。例如先有天地才定尊卑之位，先有日夜寒暑才定時序之位。至於某一相同之物在時間概念上的陰陽相變，表示內在性質與外在現象產生變化，讓人產生類似新舊對比的感覺，例如〈泰〉、〈否〉互爲錯卦，〈否〉極〈泰〉來即表示同一人事對象由凶轉吉的陰陽相變。錯卦或爲兩物，其兩者的性質在觀察者看來剛巧有互補互嵌現象，或者雙方在情感上有互補互嵌現象，即用錯卦的陰陽相對來表示。在《周易》卦序有〈頤〉和〈大過〉、〈中孚〉和〈小過〉、〈坎〉和〈離〉、〈乾〉和〈坤〉是錯卦型式，而〈泰〉和〈否〉，〈隨〉和〈蠱〉，〈漸〉和〈歸妹〉，〈既濟〉和〈未濟〉則是錯綜兼具，其他 48 卦都是兩兩綜卦型式。孔穎達於《周易正義・序卦疏》：「今驗六十四卦，二二相耦，非覆即變。『覆』者，表裡視之，遂成兩卦，〈屯〉〈蒙〉、〈需〉〈訟〉、〈師〉〈比〉是也。『變』者，反覆唯成一卦，則變以對之，〈乾〉〈坤〉、〈坎〉〈離〉、〈頤〉〈大過〉、〈中孚〉〈小過〉是也。」〔註4〕《周易》經文以用九用六，來表達六爻全變的錯卦情勢。《說卦》第三章八卦的相對，則屬於現象或性質上的相對。又空間概念相對現象的連續，即時間概念及節氣的來源，如日夜相對導致一日週期循環，寒暑相對導致一年週期循環。《周易本義》伏羲四圖，也是仿照《說卦》第三章而呈現兩兩相對的形態。

錯卦的陰陽相對，一虛即對一實，一實即對一虛。就變化來說，若由其中一卦變出另一卦，可表示內在性質變化、化學變化，或內心反應出欠缺的部份，例如〈乾〉原爲勇於競爭之象，六爻皆變成群龍無首吉，不出鋒頭之

〔註4〕　〔清〕阮元審定，盧宣旬校：《重刊宋本十三經注疏附校勘記》（臺北：藝文印書館，1965 年），頁 186-2。

象；〈坤〉原爲全心奉承之象，六爻皆變成利永貞，持之以恆之象。若兩錯卦並陳，可表示兩物互相嵌合的物理型式，或兩人互相需求的情感關係。在時概念上錯卦類似陰陽相變，在位概念上錯卦類似陰陽相應。

　　綜卦由初爻反轉至上爻，由上爻反轉至初爻，餘二五爻，三四爻相反轉。以觀察者而言，可表示一物在視角或方位上的轉移，造成型態之差異。錯卦是互嵌型態與互需關係，綜卦是型態轉變而不必然有互需關係，不一定彼此認同但可互相尊重。例如〈屯〉、〈蒙〉互爲綜卦。〈屯〉卦動乎險中，表示眼前目的受阻礙而徘徊，〈蒙〉卦山下有險，表示根本處被蒙蔽而無法理智。

　　〈泰〉卦辭言「小往大來」，小爲〈坤〉性，大爲〈乾〉性，可證《周易》編纂時已有〈乾〉大〈坤〉小和內外卦的概念，以及兩卦反轉的綜卦型式。《彖》作者認爲大是君子的精神，小爲小人的作爲。君子與小人彼此不一定認同，但可互相交流尊重，即孔子說「君子和而不同」即此意。

　　〈需〉、〈訟〉互爲綜卦。〈需〉爲在等待期間飲食宴樂，水在上而下行，天在下而上行，剛健而不陷於〈坎〉險，不須躁進，事情遲早可辦妥。故〈需〉卦《彖》云：「須也；險在前也。剛健而不陷，其義不困窮矣。」〔註5〕〈訟〉卦《彖》言「剛來而得中」，指〈需〉之九五反轉成〈訟〉之九二，天在上而上行，水在下而下行，其爲心志背離之象，是以〈訟〉卦《大象》言「天與水違行」。〈需〉、〈訟〉兩卦反轉，內外心態不同，故《雜卦》云：「〈需〉不進也，〈訟〉不親也。」〔註6〕

　　〈咸〉、〈恆〉互爲綜卦。〈咸〉卦《彖》言「柔上而剛下，……男下女」〔註7〕，指〈咸〉上卦〈兌〉而下卦〈艮〉，反轉變成上卦〈震〉而下卦〈巽〉之〈恆〉。〈恆〉卦《彖》言「剛上而柔下」，指上卦〈震〉而下卦〈巽〉之〈恆〉，反轉變成上卦〈兌〉而下卦〈艮〉之〈咸〉。《雜卦》云：「〈咸〉，速也。〈恆〉，久也。」〔註8〕〈咸〉男下女又陰陽同位相應，於人道爲君子好逑，婚前男女相遘，此爲人性情之本，至精至誠，故在位概念上有不行而至、不疾而速之象。〈恆〉卦《彖》言「〈巽〉而動，剛柔皆應，恆」〔註9〕，是婚後男主外忙於事業，女主內操持家務，震動而恆長，在位概念上〈震〉象

〔註5〕　臺灣開明書店斷句，《斷句十三經經文・周易》，頁13。
〔註6〕　臺灣開明書店斷句，《斷句十三經經文・周易》，頁31。
〔註7〕　臺灣開明書店斷句，《斷句十三經經文・周易》，頁13。
〔註8〕　臺灣開明書店斷句，《斷句十三經經文・周易》，頁31。
〔註9〕　臺灣開明書店斷句，《斷句十三經經文・周易》，頁11。

表示內外往返而動作，在時概念上猶如日往月來、寒往暑來，而在位概念爲往來對立而統一的延續，即時概念恆久之意。

以〈剝〉、〈復〉兩卦爲例，〈剝〉卦《象》說：「剝也，柔變剛也。不利有攸往，小人長也。」〔註 10〕主要是五陰滋長，陰長陽消以至於上九，陰者偏愛其小體而以私害公之情狀，故〈剝〉卦上九爻辭說：「碩果不食，君子得輿，小人剝廬。」〔註 11〕君子得車輿以避險，小人則剝除庇護之所。故《雜卦》說：「〈剝〉，爛也。」〔註 12〕至綜卦〈復〉則情勢相反，〈復〉卦辭說：「〈復〉，亨。出入无疾，朋來无咎。」〔註 13〕主要是一陽滋長，其有陽長陰消之形勢，而陽者乃君子愛其大體的仁德呈現。

《雜卦》說：「〈復〉，反也。」〔註 14〕王弼注〈復〉《象》「復其見天地之心乎」云：「復者，反本之謂也。天地以本爲心者也。凡動息則靜，靜非對動者也；語息則默，默非對語者也。然則天地雖大，富有萬物，雷動風行，運化萬變，寂然至无是其本矣。故動息地中，乃天地之心見也。若其以有爲心，則異類未獲具存矣。」〔註 15〕在《易傳》作者來說，《易》無思無爲才能夠感通。就王弼來說，至無是其本，至無之本則無所謂動靜語默，聖人唯有無私而返至無的狀態，才能夠見其變化之樞機。故此心非僅是天地之心，聖人唯有以無私無爲之心以對，天地之心始得以顯現而使聖人見之。若以有爲心，不僅無法返其本，甚至淪爲小人，只滿足私利而排除異己。故吾人可瞭解良知之心，乃反身而誠的審己之心。以心理而言，綜卦之象，可表示先成人成物然後成己之德，即孔子所謂設身處地，己所不欲勿施於人之意。

閔仕君先生在《牟宗三道德的形而上學研究》內容簡介說：「牟宗三『道德的形而上學』可以看作是後形而上學時代重構意義本體的一種嘗試。這一形而上學以儒學，尤其是陸王心學爲最終歸宿和內在靈魂，在外在形式上表現爲一個良知呈現、發用和返回自身的過程。」〔註 16〕因此，就《易傳》作者來說，陰陽相變是爲性情之變，故錯卦看似兩物，實爲相嵌相需的一體。

〔註 10〕臺灣開明書店斷句，《斷句十三經經文·周易》，頁 8。
〔註 11〕臺灣開明書店斷句，《斷句十三經經文·周易》，頁 9。
〔註 12〕臺灣開明書店斷句，《斷句十三經經文·周易》，頁 31。
〔註 13〕臺灣開明書店斷句，《斷句十三經經文·周易》，頁 9。
〔註 14〕臺灣開明書店斷句，《斷句十三經經文·周易》，頁 31。
〔註 15〕樓宇烈，《王弼集校釋》（北京：中華書局，1980 年），頁 336～337。
〔註 16〕閔仕君，《牟宗三道德的形而上學研究》，百度百科網（http://baike.baidu.com/view/2646748.htm），2013 年 3 月 10 日檢索。

從〈剝〉到〈復〉的綜卦反轉，有儒家反身而誠，見賢思齊，見不賢而內自省的意味。所謂此卦九五之尊，反轉成綜卦的九二，從尊榮當中易地而處，這也是反身而誠的自謙之道。王弼謂反其無爲之本心，心學謂之良知的呈現，戴東原謂之以情絜情的同理心，牟宗三謂之創生性與遍潤性的仁心。綜卦反轉中必然有個樞紐在，由此樞紐去關照另一方面的情勢，依《雜卦》所言由〈比〉樂去看〈師〉憂，由〈大畜〉之時去看〈无妄〉之災，由太極整體同時看陰陽兩面，亦憂患意識之仁心的呈現，這儒家反身而誠，即是道德完美的境界。

錯卦如同文學的合境，綜卦如同文學的轉境。太極之於錯卦，是陰陽性質相反的融合，或兩物形的超越；錯卦之於太極，是原本一整體的分化，或相同意象的兩種界定。錯卦是分開爲平行的兩物，合之則爲一整體而不分彼此，如同莊周是蝶，蝶亦是莊周。太極之於綜卦，是原本一物的轉型，相同意象的兩種視角。是將情感投射外物又返回自己曾有的經驗上，如先有求淑女之心而見聞關關鳴鳥，故聯想淑女爲君子之好逑。杜甫眼見國破家亡，將感恨哀傷之情投射到花鳥，故聯想花也濺淚、鳥也驚心。

第二節　象也者像此心之象

朱伯崑說：「所謂筮法和卦象，是人的理性思維的產物，客觀世界中不存在八卦和六十四卦。八卦是人頭腦中的觀念，屬於主觀的世界。」〔註17〕意謂自然界並無卦象，卦象是人心想像出來的。按照這個理路，面對某物而產生的名義，也是人心構思出來的。人循其所見所聞而生意中之象，如名詞之「天、鳥」，動詞之「飛」，介詞之「在」，副詞之「上」等單詞皆是。概念則是有理序的許多意象單詞所組合成的，如「鳥在天上飛」，中國人一見此句都明白其理、瞭解其義，但是見到「天在鳥上飛」這句則難以理解而不懂其義，因爲它的文法不合乎大眾概念上的理序。

人依照概念替天地萬物及現象來取名，然則概念和名詞，也都是人們面對大自然而透過感官意識所界定的，在客體的自然裡，這種名義是不存在的。既然天地萬物及現象的名義是人們所界定的，而眞實的自然是不具界定性的，正因爲如此，人們所界定的名義，屢屢與不具界定性的自然互相衝突。

〔註17〕朱伯崑：《易學哲學史》，頁108。

所以其諸如「海誓山盟的愛情」等名義，在現實上也往往與所認知的相牴觸，而顯得無恆常性。又例如老子所謂的「道」，其實也只是個概念，人們可以指稱之、言說之、取名之，老子認爲還是非常道、非常名的，也就是說人們平常講的意義上之道，或按照其意義取的名稱，都只是在人們所見所聞之規律經驗範圍內，在此規律經驗之外不可見聞或指稱的，仍然是無窮無盡的，而超越人們所認定的規律。舉四時之例來說，人們就其所見所感的節氣規律而取四時之名，換言之，人們所取四時之名，乃僅根據其所見所感的節氣而界定之，然而眞實的自然變化並不是有那麼明顯的間隔，甚至超出人們所定的界線，故《易緯・通卦驗卷下》在詮釋卦氣常言「當至不至，不當至而至」。

因此之故，「天、地」之名是人們取的，「天、地」背後的概念顯然也是人所界定的，那麼，「天、地」所包含的規律，當然也是人們依照其感知經驗所界定的，這也就是《荀子・王制》所言「君子理天地」的意思。老子指稱人所界定「天、地」規律名義之外，有更廣大而不受人所界定的存在。由此看來，老子在談人所界定的範圍之外，而荀子在談人所界定的範圍之內，兩者的思維並不相悖，只是範圍方向不同。

文字是在概括人所界定某對象的形音義，它比較有固定性。卦象則是在模擬人意外所界定的形象，它們概括範圍顯然比較寬廣，而沒有固定的對象性。所謂卦有小大、辭有險易，〈乾〉卦〈坤〉卦可代表天地，並不意味〈乾〉卦〈坤〉卦就等同於實象的天地，它們也可代表其他事物。《繫辭上》第一章所謂「天尊地卑，〈乾〉〈坤〉定矣」〔註18〕，足見〈乾〉〈坤〉兩卦非只代表天地之象，還包含高低位階上的概念。王弼《周易略例・明象》言「義苟在健，何必馬乎？類苟在順，何必牛乎？爻苟合順，何必〈坤〉乃爲牛？義苟應健，何必〈乾〉乃爲馬？而或者定馬於〈乾〉，案文責卦，有馬无〈乾〉，則僞說滋漫，難可紀矣。」〔註19〕所謂〈乾〉卦義爲健何必止於馬象，〈坤〉卦義爲順何必止於牛象，亦即不同的卦象可以表達出同一卦義，因此立不同的象可以表達相同的意。

同樣是玄學家，管輅稍早於王弼。管輅和王弼兩者對卦象的包含範疇有

〔註18〕臺灣開明書店斷句，《斷句十三經經文・周易》，頁 21。

〔註19〕樓宇烈，《王弼集校釋下》，頁 609。賴建仁，《王弼易學的玄理範疇》，碩士論文，臺中：私立東海大學哲學研究所，2006 年，頁 12：「《易》之象，做爲一種圖象的呈現，本身即具有一種不確定性與豐富性。」

不一樣的看法。管輅云：

> 輅不解古之聖人，何以處〈乾〉位於西北，〈坤〉位於西南。夫〈乾〉
> 〈坤〉者天地之象，然天地至大，爲神明君父，覆載萬物，生長無
> 首，何以安處二位與六卦同列？〈乾〉之彖象曰：「大哉〈乾〉元，
> 萬物資始，乃統天。」夫統者，屬也，尊莫大焉，何由有別位也？
> 〔註20〕

按照歷史的發展順序，《周易》的原始功能是實用性的占卜，卦只是模擬物象，天地與萬物同樣爲象，只是象有大小而導致卦象及數值也有大有小，立象的目的在盡意是沒錯，但難以說《周易》創始時期即有〈乾〉元統天的形上思維。吾人正本清源後，即可發現物象乃透過感官在意識裡內化而成顏色、形狀等基本意象，意象再組合成許多含有理序的概念，概念再透過口述、手寫而外衍成文字、語言和卦象。由於卦象源自意識對物象的改造及模擬，其效用是具體而務實的，是比較符合《周易》原始功能的。在所謂蓍數組合成的數字卦演變爲陰陽符號之後，陰陽符號與人們的相對性思維遂趨於協同，用抽象形上的相對性法則，來表達性情模擬物象的情狀。

文字符號都是表達事物含義的表徵，可以說都是個空套子。《繫辭上》第十二章：「子曰：書不盡言，言不盡意。然則聖人之意，其不可見乎。子曰：聖人立象以盡意，設卦以盡情僞。」〔註21〕雖然思想上可賦予「天」、「地」以義理概念，但它們有最基本形義的界定，亦即彼此不能相替代。卦象則與人們的思維最接近，幾乎處於協同狀態，《易傳》說設立卦象即在模擬性情的變化，《繫辭上》第三章：「齊小大者，存乎卦。」卦爻象有小有大，代表心識中的物象有小有大，因而卦爻的相對數值也有大小。卦中的陰陽爻猶如性情變化，卦象變化猶如意象變化，在意識裡「天、君、父、龍」可彼此替代成爲一組，於是古人將它們取個「〈乾〉」做爲三陽爻的卦名。到了《象傳》時期，按其內容，屬於孔子後學思孟學派專長的學說，作者凸出了性與天道的價值。是以《說卦》雖然較《象傳》晚出，然如〈乾〉爲天、爲馬、爲父、爲君，〈坤〉爲地、爲牝馬、爲輿、爲母、爲眾等內容，則符合原始時期占卜取象的實務功能。因此，把天地當做物象之一，應該是較〈乾〉元統天的義

〔註20〕 魏收，《魏書·管輅傳》（臺北：鼎文書局，1980年），頁823。以下引該書同此版本。

〔註21〕 臺灣開明書店斷句，《斷句十三經經文·周易》，頁24。

理概念更早出現的想法。

　　管輅所主張〈乾〉元統天的義理概念，乃是出自思孟學派的學說。管輅潛意識將義理抬高而置於象數結構之上，他認為〈乾〉、〈坤〉為天地之象，天地乃統領萬物者而不應被限制在方位的排列上。然而馬可為〈乾〉卦表達健壯之象，馬也可為〈坤〉卦表達順承之象，馬亦可為〈震〉卦表達奔馳之象，所謂健壯、順承或奔馳都是心中之象的反映，物象配哪一卦，或卦顯現哪種物象，乃依照當事人時位條件及心態情況而定。是以終究來講，卦本身無定象而象本身無定卦。《象傳》以〈乾〉元〈坤〉元為萬物資始資生，管輅據之而將〈乾〉、〈坤〉固定在天和地，認為天至尊至大，而質疑為何有與其餘六卦同列的別位。事實上是他用的是哲學方法而非史學方法，他沒有考慮到歷史的前後因素，直接把《象傳》後起的義理思想去評斷卦的基本功能，也將《周易》時期物象及卦象的替代寬窄度搞混。天地是物象的專有名詞，就如同貓狗名義彼此不能混同替代。〈乾〉、〈坤〉則是卦象名詞，卦象是模擬各種物象的符號，是以〈乾〉、〈坤〉兩卦不僅只代表天地，也可代表其他事物，在漢代不僅可代表節氣之時程，也可代表方向之位置。而且，他把後世衍生義理上的天，與〈乾〉卦等同視之，將〈乾〉卦固定在義理上的天，反而將卦象原始功能給限制住了。就這方面來看，王弼思想顯然開放許多。

第三節　方圓型態與仁智心性的圓善狀態

　　人面對此世界創造時間與空間概念，時間的產生起初是用刻劃的數值，以測量物體動態的變化。空間的產生起初是用刻劃的數值，以測量靜態物體與自己的距離及方位關係。

　　時間空間都是含有理序的概念，而這樣的概念是意識透過感官來界定的，它還是處於人們自己設定的規律當中，因此在道家看來仍舊是種局限。《莊子‧秋水》說：「北海若曰：井蠅不可以語於海者，拘於虛也；夏蟲不可以語於冰者，篤於時也；曲士不可以語於道者，束於教也。」〔註22〕它指出人們受學習方式所約束，主要原因是人們的眼界原本就有限度，因而人們創造的概念以及文字符號也就有限度。由此觀之，時空等概念本身就有界

〔註22〕〔清〕郭慶藩撰；王孝魚點校，《莊子集釋》（北京：中華書局，1995年），頁563。

限，故爲學日益而獲得的是更瑣碎更爲偏狹的認知。但也由於這種感官意識上的局限，面對天地在人們可感知而界定的範圍內，才可能訂定其反復軌跡上的規律形式。《繫辭下》第五章：「日往則月來，月往則日來，日月相推而明生焉。寒往則暑來，暑往則寒來，寒暑相推而歲成焉。」《繫辭上》第十章：「夫《易》，聖人之所以極深而研幾也。唯深也，故能通天下之志。唯幾也，故能成天下之務。」〔註23〕由於人們感知上的接收局限，日月往來、寒暑相推等是在人們感知上可接收範圍的現象，所以人們就其感知上構築個抽象概念的圖式，在天部份就形成圓形循環的運行狀態，這是人們心識所共同構築的天文之相。換言之，若是數百年才一循環的慧星被古人們遇到了，因爲它在古人們有生之年只見其往而遠逝，超出感官的界限範圍而勢必不可能看到它返回的情景，因而在古人意識裡，難以構成規律性的循環軌跡。

《繫辭上》第九章：「天一地二，天三地四，天五地六，天七地八，天九地十。」第十一章：「蓍之德，圓而神；卦之德，方以知；六爻之義，《易》以貢。聖人以此洗心，退藏於密，吉凶與民同患。神以知來，知以藏往，其孰能與此哉！古之聰明睿知，神武而不殺者夫！」〔註24〕由此觀之，《易》卦之十進位數乃根源於二進位數的連續及累計，而二進位數，乃符合天下人擁有那些天地、日夜、寒暑等相對意象的心志。蓍草的功能，與相對意識下的二進位數結合，它和表達時概念的十進位數可彼此替換，因此，卦爻的陰陽相變是可與十進位數締結的。

所謂圓的概念，是陰陽相對意象反復的連續及累計所形成時概念，加上天體在人們有限範圍內呈環狀循環不息的連續現象而來。所謂方的概念，李零說：「以『四方』（東南西北或前後左右）加『中央』爲五位。」〔註25〕是前後二分和左右二分的靜態區域性所形成的位概念，後又加上中央觀察者或中土的位置，於是形成五區域的界定。

《繫辭上》第十一章謂「蓍之德圓而神，卦之德方以知」，蓍與時開始都是根源於數的，時概念在《易傳》來說從陰陽反覆之連續及累計而來，例如視覺上明暗的連續相推而形成一日的週期概念，觸覺上寒暑的連續相推而形成一年的週期概念。在觸覺視覺的界限作用，與意識的相對作用結合之下，

〔註23〕臺灣開明書店斷句，《斷句十三經經文・周易》，頁25、23。
〔註24〕臺灣開明書店斷句，《斷句十三經經文・周易》，頁23、23。
〔註25〕李零：《中國方術續考》（北京：東方出版社，2000年），頁92。

形成意象的二分。例如節氣二分爲寒暑，基本上一週年期暑在前而寒在後，這便是理序上的安排。寒暑的再二分則爲四分，形成四階段節氣，稱爲四時或四季，四時的前後次序形成理序，累而計之形成次序之數，於是，春夏秋冬形成前後之理序以及數化的四時，四時的運作則形成天道。這理序階段的劃分，是基於觸覺視覺在概念上人爲的劃分，在大自然並不存在這樣的劃分。由於陰陽相對之數爲二進位，二進位的串聯可形成十進位。意味十進位數的無限延長，仍然是二元規律現象的延伸。例如光波上下的延長形成光線，晝夜二分的延長形成日期，寒暑二分的延長形成年歲，進退二分的延長形成人道，取捨二分的延長形成習性。

　　方概念也是人的意識受限於感知的局限性。相對於人而言，天體日月星辰無不在變化，故呈現出動態來而衍生出「時」概念。相對於人而言，地面山川遠景在地表則與人同步，故呈現出靜態來而衍生出「位」概念。〈謙〉卦《象》云：「天道下濟而光明，地道卑而上行。」〔註26〕由於受限於感知意識的界限，「位」概念也被區域化而有東南西北等方位之別。然而時間變化也是從空間物體移動變化的數值而來，大循環則春夏往秋冬來稱一年或一歲，月圓復缺、缺而復圓則稱一月，晝往夜來稱一天或一日。小刻度則日影移動稱一時辰，人則有走三十分鐘或跑 40 秒之類的描寫。古時以圭臬或沙漏來計時，今日則用鐘錶的時針、分針、秒針的移動來取代，它也都離不開物體變化的範圍。

　　既然時位是一體的，因此，古人講卦位、爻位或方位必包含時辰。而且卦所居方位區域有大有小，所值時辰數值也有大有小。這可以從以下幾點來看：

　　第一，從卦辭來看，卦可值月辰日辰。〈臨〉卦辭云：「至于八月有凶。」〔註27〕足見卦可配辰與八月辰折衝。假設周朝已經有消息卦型式，周朝正月建子，則〈復〉卦值子月，〈臨〉卦值丑月即二月，周朝八月即未月，符合秦簡《日書》建未月丑日爲破，及《史》、《漢》「其對爲衝」的體例。〈復〉卦辭：「反復其道，七日來復。」〔註28〕足見卦可值日辰。疑此爲〈復〉卦值子日，第七日爲午，子受午衝起返回之象。〈革〉卦辭：「巳日乃孚。」〔註29〕

〔註26〕臺灣開明書店斷句，《斷句十三經經文‧周易》，頁 6。
〔註27〕臺灣開明書店斷句，《斷句十三經經文‧周易》，頁 7。
〔註28〕臺灣開明書店斷句，《斷句十三經經文‧周易》，頁 9。
〔註29〕臺灣開明書店斷句，《斷句十三經經文‧周易》，頁 16。

此可說明〈革〉卦所值數值，在巳日用事產生正向變化。〈蠱〉卦辭：「先甲三日，後甲三日。」《彖》：「先甲三日，後甲三日，終則有始，天行也。」〔註30〕按此有二種解釋，一是該卦值天干甲日，往前數三日爲辛日，往後數三日爲丁日。另外是干支相配總共有六甲日，分別爲甲子、甲戌、甲申、甲午、甲辰、甲寅，按照《象傳》用「終則有始」的解釋，表達出了消息循環的狀態，因此，〈蠱〉卦以這六甲日用事。

　　第二，從爻辭來看，爻配數值以記事件之年日發生始末。〈屯〉六二：「女子貞不字，十年乃字。」〈復〉上六：「至于十年，不克征。」〈頤〉六三：「十年勿用，无攸利。」〔註31〕這些顯然都是爻所值數值以年記算，在十年內無法執行，都處於負面狀態。按《日書》有孤虛占體例，虛即後世空亡體例，孤即和虛衝對的時辰。以甲子旬爲例，地支戌亥未配入十天干當中，故爲虛。此疑與支辰孤虛出旬有關。〈既濟〉九三：「高宗伐鬼方，三年克之，小人勿用。」〈未濟〉九四：「〈震〉用伐鬼方，三年有賞于大國。」〔註32〕這些顯然都是爻所值數值以年記算，在三年後可執行完成。〈既濟〉和〈未濟〉互爲反轉之綜卦，所以〈既濟〉九三和〈未濟〉九四都在〈離〉卦而有相同爻象，都說到用三年時期完成執行伐鬼方的任務。根據先秦其對爲衝的法則，疑因其卦時辰數值與鬼方方位數值隔三時辰數，須再三年值鬼方衝對時辰年用事，得以衝剋鬼方。〈震〉六二：「勿逐，七日得。」〈既濟〉六二：「勿逐，七日得。」〔註33〕疑與〈復〉卦七日來復法則相同。〈明夷〉初九：「君子于行，三日不食。」〔註34〕原理當與三年者相同。〈巽〉九五：「无初有終，先庚三日，後庚三日，吉。」〔註35〕原理當與先甲三日者相同。

　　由此看來，第一，有關卦爻所配之數。同一〈復〉卦，卦以七日用事，〈復〉上六卻說至于十年不克征。〈既濟〉六二說七日得，〈既濟〉九三卻說三年克之。如從《說卦》第五章八卦位來看，八卦可配方位，也可配節氣，配的是一週年期，每卦值約 45 日。漢代焦贛一週年期 64 卦值日，除了〈坎〉〈離〉〈震〉〈兌〉四正卦之外，其餘 60 卦 360 爻，每爻配 1 日。至京房沿

〔註30〕臺灣開明書店斷句，《斷句十三經經文·周易》，頁 7。
〔註31〕臺灣開明書店斷句，《斷句十三經經文·周易》，頁 3、10。
〔註32〕臺灣開明書店斷句，《斷句十三經經文·周易》，頁 21、21。
〔註33〕臺灣開明書店斷句，《斷句十三經經文·周易》，頁 17、21。
〔註34〕臺灣開明書店斷句，《斷句十三經經文·周易》，頁 12。
〔註35〕臺灣開明書店斷句，《斷句十三經經文·周易》，頁 19。

用四正卦及 60 卦，每卦六日七分。《說卦》第五章一週年期可配八卦，一週年期也可配 60 卦，可見卦爻所配之數值並非是固定的。第二，有關卦爻辭所配之數值。日月年都沒有 1、2、4、5、6、8、9 之數值，只有 3、7、10 之數值。〈臨〉卦「至于八月」指第八月份而不是 8 個月。用先秦衝對、孤虛出句體例來檢視，還算合理。

　　〈乾〉《文言》：「利貞者，性情也。」從太極生兩儀，以至八卦、64 卦等，可說象數這一套形下之術，是離不開性情本體的造作。自從陰陽開始孰前孰後即為理序的建成，例如陽先陰後即為理，陽 1 陰 2 即為數。又《繫辭下》第一章：「天下之動，貞夫一者也。」例如若原點數值是 10，則任何的加減都還原此數值，是以形下的任何兩點，在太極都是匯合成不分的整體。故天一、地二、天三、地四……。在形下界被人們的性命透過意識感覺而區分開來，是以天地是相對的。然而，超越人們的意識感覺，在形上界它們原本是不分的，因此又是互相依存的狀態。所謂陰陽之理、陰陽之數，跟時空等概念一樣，這些在大自然是不存在的，所謂形上思維即趨近於大自然不分的層面。形下也是性命透過感官意識才分化出這世界，然後建構許許多多的理序。然則這世界的理序，是人們性命中的理序，這世界的變化，是人們性命中所感知的變化。聖人通天下之志，極深而研之幾，正是這種內在的變化關鍵。

　　任何相臨兩卦只是表相陰陽的差別，如果能夠找到兩卦的共相，即分中找到合處，就能找出兩卦的關鍵處。證明合是分的形上，分是合的形下。例如，〈乾〉〈夬〉的共相是內卦〈乾〉。占學是形下現象的操作，但不妨礙形上本體的擁有者。仁和之德即趨往形上，分解智心唯有加上仁心，才有無限智心的可能。愈趨於象數愈趨於形下，然而在伏羲八卦及 64 卦圖，其陰陽變化是從外卦上爻看，例如〈乾〉和〈兌〉，〈離〉和〈震〉，〈巽〉和〈坎〉，〈艮〉和〈坤〉，都是上爻的陰陽相異。也就是說，〈乾〉和〈兌〉的本體在內卦太陽，〈離〉和〈震〉的本體在內卦少陰，〈巽〉和〈坎〉的本體在內卦少陽，〈艮〉和〈坤〉的本體在內卦太陰。而太陽和少陰的本體在陽，少陽和太陰的本體在陰，陰陽的本體在太極。朱熹說太極為萬物之本原，但又內在於萬物之中。並非太極是太極，萬物是萬物，形上與形下截然劃分。太極之於陰陽，形上與形下，只是一種對照概念，非宇宙客體的描寫。此宇宙原

本自然無分別，也就無所謂太極與陰陽或形上與形下之別，然而太極陰陽或形上形下也都是概念。依照《易傳》，性命之理構築之前無所謂天地萬物，性命之理構築之後天地萬物從此展現，但並非性命本體從此消失不見。在道家老子，從無到有都是在宇宙立場上講，《易傳》卻是從內在性命上講的。

所以，在《易傳》，任何十進位數值都足以簡約成二進位數值。其二進位數值都是人們性命之所出，乃其相對意識投射到現象所產生的。以 64 卦來講，非綜即錯，也可二進位化。陰陽在模擬人們的意識感覺，任何再大的十進位數值，其餘數非 1 即 0，非陰即陽，故還原到視覺則非日即夜，還原到觸覺則非寒即暑，還原到聽覺則非清即濁，還原到嗅覺則非臭即香，還原到概念則非吉即凶。

因為現象界之理，都是自性命開展出的。幾是現象界陰陽和合的形上處，陰陽變化的關鍵處、歧出的轉折處，其相對又互依存的現象是由本心所投射出的。是以《中庸》、《易傳》都認為性命有兩個重要的心態，亦即和合之心的仁，分解之心的智，仁心神合形上之境，故呈現圓態；智心運作形下之術，故呈現方態。方態有其界定，而事物各有所屬之象數；君子懷仁心則能夠見幾而合內外之道，其見幾的智心即圓態之心，也就是牟先生所言的無限智心。君子瞭解任何創生的《易》學數理概念，都是見智之學，君子唯有仁智兼備，貫通義理象數之道，才能夠見幾而知曉變化的關鍵所在，達到貞夫一的圓善境界。

第四章 《易傳》體仁思維的影響

　　王弼會通儒道，以無爲體﹝註1﹞，以有爲用，而其「崇本息末」說並不是「貴無廢用」，因爲體用是合一的，而沒有誰存在誰消失的情形。朱熹也認爲太極爲陰陽之本原，也內在於萬物之中，亦即陰陽爲形下器用，則太極本體也蘊含其中。馮友蘭說太極與陰陽是共相與殊相的關係，彼此流通而相互存在。所以，就體來說，義理之體是象數之用對照出來的；就用來講，象數之用也是義理之體對照出來的。以觀察者來講，體用是兩種看待，是就合處或分處看待的問題。就合處看是體，是用之合；就分處看是用，是體之分。而體仁所在看待得多即是義理之學，用智所在看待得多即爲象數之學。因此，《易傳》講形上義理並未離開象數範疇，反觀之，漢代講實用象數而道德本體也未曾消失。

第一節 《易傳》的體仁說

　　〈乾〉《文言》：「君子體仁足以長人，嘉會足以合禮，利物足以和義，貞固足以幹事。君子行此四德者，故曰『〈乾〉，元、亨、利、貞』。」﹝註2﹞所謂體仁，朱熹《周易本義》云：「以仁爲體。」﹝註3﹞郭建勳言：「君子以仁心爲本體，則無一物不在所愛之中，故足以長人。」﹝註4﹞而符合禮節之

﹝註1﹞ 張曉芬，〈王弼《易》注中時位進退的倫理觀〉，《古今藝文》，第33卷第2期（2007年2月），頁22：「『無』非什麼都沒有，而是一宇宙形上的本體。」
﹝註2﹞ 臺灣開明書店斷句，《斷句十三經經文・周易》，頁1。
﹝註3﹞ 朱熹：《周易本義》（臺北：皇極出版社，1980年），頁9。以下引用該書同此版本。
﹝註4﹞ 郭建勳：《新譯易經讀本》（臺北：三民書局，1996年），頁10。以下引用該

事即在促進良好人際關係，符合道義之事即在讓他人獲利，都是以仁心為前提。

在現實上兩個個體必然分別彼此，環境也隨時在改變，時位的不同，兩人相處就有各種情況發生，於是有仁、義、禮、智這幾種表徵。《孟子・告子》第六章說：「惻隱之心，仁也；羞惡之心，義也；恭敬之心，禮也；是非之心，智也。」〔註5〕所謂小孩即將落井而生惻隱之心，財色突現眼前而生羞惡之心，長輩在上而生恭敬之心，遇見不法情事而生是非之心。而《孟子・公孫丑上》第六章：「所以謂人皆有不忍人之心者，今人乍見孺子將入於井，皆有怵惕惻隱之心。非所以內交於孺子之父母也，非所以要譽於鄉黨朋友也，非惡其聲而然也。」〔註6〕內心懷仁者，能夠超越利益的求取及關係的建立。程顥《二程遺書・卷二上・識仁篇》說：「學者須先識仁。仁者，渾然與物同體，義、禮、智、信皆仁也。」〔註7〕就主觀來講，仁即主體與任何對象在精神上同體而不分；就客觀來講，仁即兩個相異個體在情境上統一而無別。依程顥之解釋，仁的狀態是渾然與物同體，它就是人與人在道德精神上的交會處，即《繫辭》所謂君子見幾之心，牟宗三所謂自由無限心，康德所謂形而上的自由意志。若義、禮、智、信是形式上之末，則仁心是己所不欲勿施於人，一種設身處地的和合本心。

《文言》體仁說，實包括本體與道德兩方面。先談《易傳》本體說。朱熹《朱子語類・卷第一理氣上・太極天地上》說：「天下未有無理之氣，亦未有無氣之理。」〔註8〕又《朱熹文集59・答趙致道》。說：「若論本原，即有是理然後有是氣，故理不可以偏全論。若論稟賦，則有是氣而後理隨以具，故有是氣則有是理，無是氣則無是理。」〔註9〕蕭漢明在《周易本義導讀》說：「但若從稟賦上說，則理隨氣而具，理不可與氣相分離，即形上與形下不可相離，有是氣即有是理，無是氣則無是理。從本原與稟賦兩個方面看理氣，可以稱之為朱熹在理氣論上的二重觀。」〔註10〕是朱熹認為太極為陰陽萬有

書同此版本。

〔註5〕 臺灣開明書店斷句，《斷句十三經經文・孟子》，頁36。

〔註6〕 臺灣開明書店斷句，《斷句十三經經文・孟子》，頁11。

〔註7〕 程顥、程頤，《二程遺書》（上海：上海古籍出版社，2000年），頁66。

〔註8〕 黎靖德，《朱子語類》（北京：中華書局，1986年），頁2。

〔註9〕 同治求我齋仿嘉靖壬辰本校刊，《朱熹文集》。

〔註10〕 蕭漢明，《周易本義導讀》（山東：齊魯書社，2003年）。以下引用該書同此版本。

之本原，但也要從萬物之稟賦處見。體既爲用之本原，體也包含在用當中。太極與陰陽是合與分的關係，所謂合即形上處而分即形下處，王弼謂之一與多者也。因此，體用關係也就是一與多、合與分的關係。以觀察者來講，體用也是兩種看待的。所以，就體來說，義理是由象數之用對照出來的。就用來講，運用象數之占，義理本體也未曾消失。聖人如此，後繼的占師亦復如此。

　　既然體用是合一的，很顯然的體用兩者是一的二分，就如同陰陽二分是由太極整體分出，無法各自獨立。從熊十力的「體用合一」回溯到王弼的「崇本息末」甚至「崇本舉末」，王弼是以萬有形器之末對照出本體的價值所在，他並不是要消滅末或廢除用，只是談論的比重之多少問題。依王弼《易》學觀點，「息末」是少談象數而不是盡掃象數。反觀漢代《易》學，以談象數之用爲重，其實本體也未嘗消失殆盡。

　　《繫辭上》第五章：「仁者見之謂之仁，知者見之謂之知。百姓日用而不知，故君子之道鮮矣。」第十一章：「卦之德，方以知……。神以知來，知以藏往，其孰能與此哉！」〔註11〕可以知《易傳》不僅以道德仁性爲本體，《易》之占也有其生活日用的價值所在，而《易》象數的運用必須依賴智心，故爲用智之學。

　　象數占學從戰國時期就開始流行，運用許多參數形態來表達天道的變化。《老子》及《易傳》從濃厚的象數氛圍開闢一條直指本體的義理道路。然而《老子》把「無」視爲宇宙之本體，而道爲萬物的本源；《易傳》則把陰陽視做意識二分的對比現象，以宇宙道體做爲心性本體的來源。戰國秦漢初《易》象數占學根基於陰陽二氣，一方面講太一爲氣化宇宙的本源，一方面依舊溯源於無的本體及整體。雖然漢代占者在詮釋《易》象時並沒有把本體思維重心放在性情上，而《易傳》以性情爲超越客體的形上主體部份，則隱藏在道德自律行爲當中，只要君王內修利他的精神，以百姓福祉爲要務，則可與天道規律合而爲一。李零先生說：「一是起本體作用的概念。……『道』是本體概念的『無』，『一』是本體概念的『有』。漢代學者講宇宙本源有所謂『太初生太始，太始生太素』，就是由此派生。數術家講『一』，論時間，它是起點或開端（也是終點）；論空間，它是中心或樞軸（也是總體）；論數字，它是擱在一邊的餘數，也是奇偶轉換的加數。這樣的『一』，

〔註11〕臺灣開明書店斷句，《斷句十三經經文‧周易》，頁22、24。

古人也叫『太一』；作為哲學本體，它是『道』的別名（《老子》，《呂氏春秋‧大樂》）；……《繫辭》稱之為『太極』。」〔註12〕也就是說漢代《易》象數占學確實很發達，然而背後無形的本體及太極的整體其實沒有消失，而不似現今學界所認定的毫無形上義理之存在。

　　誠如朱伯崑先生說自然界並無卦象，卦象只是人們內心的呈現。宇宙論述者將太一之氣視做宇宙之本源，本體論述者用把無當做萬有的本體，宇宙之本源強調時間發生的前後，萬有的本體強調內在最細微部份，這其實就是將視角放在時間上或是空間上的問題，就時而論或就位而論，也只是兩種看待而已，這方面可從魏朝占師管輅來證明。他雖然是象數占學大家，卻回歸本體而視性與天道為合一狀態，強調性通才可入神。管輅全面繼承了戰國秦漢象數占學，擅長音律卦象又謙虛自處，綜合道儒所長，內修心性無為，掌握樞機而得數得神，是以宇宙生成與心性本體兼容並蓄。由管輅的事蹟，不僅說明了象數義理可以並行不悖，也說明了戰國秦漢象數占學且彰往察來的實際效能。

　　《繫辭上》第五章說：「一陰一陽之謂道，繼之者善也，成之者性也。仁者見之謂之仁，知者見之謂之知。」〔註13〕仁者求其合，其學即是重在合義的義理部份；智者求其分，其學即是重在分義的象數部份。《繫辭上》第十章又說：「《易》，無思也，無為也，寂然不動，感而遂通天下之故。」〔註14〕視《易》道本體也是個無的狀態，也就是說《易》創制者原本是不分象數或義理的，《易》的作用只是實務性的。然而後世繼承《易》學的占師或只偏於一個格局，仁者得其義理上的形上道理，智者求其象數上的形下效用。

　　今《易》家被分為義理、象數兩派，然而所謂義理者即為概念，概念產生於意志，吾人乃透過感官以網羅物象，再將此等訊息化為意象，意象最後又組合成概念。是以每個象數形態，其背後都隱藏著義理，義理也都來自對形象的解釋，是以卦氣占學雖為以智分之而用世的象數之學，然而分由合來，一如陰陽分自太極之合，是以象數實亦不離義理，它們只是面臨宇宙的兩種看待或兩種詮釋方式。故本文首先排除義理、象數之價值孰為輕重的見地，如此，方得以了解聖人立象數以盡情意之本旨所在。

　　從《繫辭》所述來看，聖人是將卦與性情結合，而且貫通天下人的心志，

〔註12〕李零：《中國方術續考》（北京：東方出版社，2000年），頁90。
〔註13〕臺灣開明書店斷句，《斷句十三經經文‧周易》，頁22。
〔註14〕臺灣開明書店斷句，《斷句十三經經文‧周易》，頁23。

簡約成男女陰陽易簡之道。《易傳》雖然提及「精氣爲物」、「陽氣潛藏」，看似一種客體物的描述，但它的主軸根本仍舊是立基於性情上的。也就是說，伏羲氏觀察天地，知道人們的想法是產生在心，而不在物。亦即心透過感官與外境連結，才有一切意義的呈現，這些外型、顏色、移動狀態，包括氣等意義，聖人知道是由心性所構築的。所謂「一陰一陽之謂道」，面臨物象時立即做了許多意識上的對照，聖人是以用陰陽爻來表示。《繫辭下》第十二章：「變動以利言，吉凶以情遷。是故愛惡相攻而吉凶生，遠近相取而悔吝生，情僞相感而利害生。」〔註15〕個人情感進入了，立即有喜好或厭惡的情緒，引發需求或是拒絕的動作，是以在取捨進退當中價值就出現了，而《易》則是聖人用陰陽爻之發動來表示之。

　　《繫辭上》第十一章：「明於天之道，而察於民之故，是興神物以前民用。聖人以此齋戒，以神明其德夫！是故，闔戶謂之〈坤〉；闢戶謂之〈乾〉；一闔一闢謂之變；往來不窮謂之通；見乃謂之象，形乃謂之器；制而用之，謂之法；利用出入，民咸用之，謂之神。」〔註16〕意謂在運作〈大衍之術〉這筮法之前，聖人須先齋戒才用雙手分蓍成數，求的是心靈的感通和神契。由蓍數所呈現之卦象，是聖人心裡的意象；由蓍數所呈現之爻動，是聖人心裡的變化。靜態的卦象，是聖人眼前物象映入意識裡意象的顯現；動態的爻象，是聖人意識裡意象變化的展延。因此，三才之象、蓍策之數，均爲聖人心靈的展現，故能把握義理，知幾立命且積善成德，而不爲命所拘。

　　就聖人而言，能夠瞭解《易》的無思無爲，其卦爻未發動時其實就意味著人的意識尚未介入此世界，一旦介入則心裡的意象立即對比化。由於聖人能夠把握住《易》無思無爲的不分狀態，是以聖人之性與三才之道也是不分的。〈同人〉卦《象》說：「文明以健，中正而應，君子正也。唯君子爲能通天下之志。」〔註17〕也就是說，繼承《易》道的君子，除了要具備良善的外在學識，還要有純善的內在修爲。否則仁者見之偏向仁，智者見之偏向智，只能擇其一而用之。聖人因爲性與天道相貫通，以百姓心爲己心，故能體仁而用智。體仁於道，故能物我合而知幾；用智於象，故能事理析而達意，這樣就得以契合於《易》以簡而御繁的妙境。

〔註15〕臺灣開明書店斷句，《斷句十三經經文・周易》，頁27。
〔註16〕臺灣開明書店斷句，《斷句十三經經文・周易》，頁24。
〔註17〕臺灣開明書店斷句，《斷句十三經經文・周易》，頁6。

卦氣說成形於秦簡《日書》，繼之於《說卦》〔註18〕，漢宣帝時魏相將其中〈坎〉〈離〉〈震〉〈兌〉四正卦配以四時〔註19〕，〈坤〉〈艮〉卦配以五行之土，而卦氣爲京房配六十律所專擅〔註20〕，其後東漢以八卦氣替代之〔註21〕。表面上，五行可以歸納五音、五味、五色、五性等，陰陽可以網羅日夜、寒暑、律呂、干支等，這些均以分解智心作用下的參數。其術是後繼之占師運用分解智心的占學，若不能體仁，則無法融合物我而知曉形上之幾，其所立之象數，也就欠缺心靈之樞機來包含。所以，從《說卦》第五章開始，容易被五行所依附，其影響所及，《易傳》陰陽和合於心靈樞機的主體思維越來越稀薄，而陰陽氣化的客體概念則越來越濃厚。

《說卦》第二章云聖人作《易》乃「將以順性命之理，是以立天之道，曰陰與陽」〔註22〕，在這裡，道與性命的連結顯然是緊密的。老子把本體放置在超然物外的「無」上頭，《說卦》作者的思維則有異於老子，他將本體放置在心性上，可說是心性本體論述。

〔註18〕《說卦》第五章：「〈兌〉，正秋也。」以卦配節氣，顯現其卦的階段氣。

〔註19〕班固，《漢書》，頁3139。《魏相丙吉傳》：「又數表采《易陰陽》及《明堂月令》奏之，〔一〕師古曰：「表爲標明之。采，撮取也。」曰：『……東方之神太昊，乘〈震〉執規司春；南方之神炎帝，乘〈離〉執衡司夏；西方之神少昊，乘〈兌〉執矩司秋；北方之神顓頊，乘〈坎〉執權司冬；中央之神黃帝，乘〈坤〉艮執繩司下土。茲五帝所司，各有時也。東方之卦不可以治西方，南方之卦不可以治北方。春興〈兌〉治則飢，秋興〈震〉治則華，冬興〈離〉治則泄，夏興〈坎〉治則雹。……』」

〔註20〕王葆玹先生在〈西漢易學卦氣說源流考〉得知卦氣說分爲五個階段，第一階段，魏相以〈坎〉、〈離〉、〈震〉、〈兌〉四卦配四時，〈坤〉〈艮〉配中央土；第二階段，孟喜以〈乾〉姤等「十二月卦」配十二月；第三階段，焦延壽分卦值日而一爻主一日；第四階段，則爲京房改稱「十二月卦」爲「十二辟卦」，一卦值六日八十分之七；第五階段，京房弟子殷嘉等人以〈坎〉、〈離〉、〈震〉、〈兌〉各主八十分之七十三，〈頤〉、〈晉〉、〈井〉、〈大畜〉各主五日八十分之十四，其餘五十六卦各六日八十分之七。（方立天主編：《中國哲學史研究》，1989年第4期（總第37期）。）

〔註21〕中村璋八、安居香山（1994）合輯。《緯書集成》（河北：河北人民出版社），頁207，《易緯·通卦驗卷下》：「八卦氣不效，則災異炁臻，八卦氣應失常。」另外，東漢末荀爽用八宮世爻占學解《易》。李鼎祚《周易集解》引荀爽注解恒〈象〉：「〈恒〉，〈震〉世也。」意謂〈恒〉卦爲〈震〉宮三世。其注解〈象〉：「解，〈震〉世也。」意謂解卦爲〈震〉宮二世。其注蠱卦《象》：「〈蠱〉者，〈巽〉也。巽歸合〈震〉。」意謂〈蠱〉爲〈巽〉宮之〈歸魂〉卦，〈巽〉三世至遊魂，下卦皆爲〈震〉，至〈歸魂〉又盡變爲〈巽〉，故云「〈巽〉歸合〈震〉」。

〔註22〕臺灣開明書店斷句，《斷句十三經經文·周易》，頁6。

在戰國末年學術有儒道合璧的傾向，如《黃帝四經》以道法為主，但也有儒家成份，《呂氏春秋》〔註 23〕、《淮南子》〔註 24〕兼談儒道，其後董仲舒（公元前 179 年～前 104 年）《春秋繁露》〔註 25〕也帶有黃老味道。〔註 26〕老子《道德經》首章講「道可道，非常道」〔註 27〕而將道置於既本原又本體的玄境，王弼（公元 226 年～249 年）玄學則依循老子之途徑而以無為體來詮釋之，其將本體放在高遠的天道上，世人遂以為道乃超越人的意志而獨存於外，這樣的講法可說是宇宙本體論述。但是，王弼《周易略例·明爻通變》又不忘說：「夫爻者，何也？言乎變者也。變者何也？情偽之所為也。夫情偽之動，非數之所求也。」〔註 28〕爻的變化既然是情偽之所為，則卦象時位的形成及變動，又豈非性情之所為？由此觀之，王弼他是繼承《易傳》以性情為本體的看待方式。王弼以無為本、以一治多，湯用彤《魏晉玄學論稿》說：「聖人體『自然』而用『名教』，體用不二也。」馮友蘭《中國哲學簡史》說：「從這個觀點來看《易》，他們認為卦辭、爻辭都是公式，每個公式代表一種或多種道。也就是一種或多種共相原理。全部六十四卦和三百八十四爻的卦辭、爻辭，因而被認為代表了宇宙中所有的道。」馮友蘭《中國哲學史新編》又說：「這裏所說的普遍，也就是共相或概念。自身包含著特殊東西的豐富性的普遍就是黑格爾所說的『具體的共相』。用形式邏輯的話說，具體的共相就是代表一個共相或概念的名詞的內涵和外延的統一。這個名詞的內涵就是這個名詞所代表的共相或概念。這個名詞的外延就是這個名詞所能適用的那一類的東西的全體，兩者統一起來就成為具體的共相。所以其具體的內容，是極其豐富的，不但包括那一類的東西的全部個體，也包括這類東西的本質。」〔註 29〕韓強先生亦引述二學者之言而認為無與有是共相和殊

〔註 23〕呂不韋，《呂氏春秋新校釋》（上海：上海古籍出版社，2002 年）。以下所引該書版本同此。

〔註 24〕劉安，《淮南子》（臺北：中華書局，1981 年）。以下所引該書版本同此。

〔註 25〕董仲舒，《春秋繁露》（四部叢刊初編，景上海涵芬樓藏武英殿聚珍版本，1987年）。

〔註 26〕此三部書，徐復觀的《兩漢思想史》（上海：華東師範大學出版社，2001 年）也羅列進去。

〔註 27〕余培林，《新譯老子讀本》（臺北：三民書局，2001 年），頁 1。以下引該書同此版本。

〔註 28〕樓宇烈，《王弼集校釋》（北京：中華書局，1980 年），頁 597。

〔註 29〕湯用彤，《魏晉玄學論稿》（上海：上海古籍出版社，2001 年），頁 180。馮友蘭，《中國哲學簡史》（北京：北京大學出版社，1985 年），頁 199。馮友蘭，《中國哲學史新編》（北京：人民出版社，2001 年），頁 22。

相，體和用的關係。〔註30〕筆者認爲在《易傳》太極與陰陽的關係當中，太極是共相而陰陽是殊相，太極是一而陰陽是多，太極是體而陰陽是用，太極是無思無爲而陰陽是感通於物之二分。韓強先生又認爲有無是交叉往返的，例如無形的氣是實有，卻又存在於虛空無限的宇宙中；有形之具體物可轉化爲無形的氣，若氣可生滅，則實有之具體物可轉化爲虛無。在無限時空中，若認爲無物，就是老子所說的虛無；若認爲有物，就是宋尹所說的精氣。〔註31〕筆者以爲，老子雖講虛無，第21章也說「其中有象」、「其中有物」、「其中有精」〔註32〕；雖講道，第42章也說「萬物負陰而抱陽，沖氣以爲和」〔註33〕。若道是虛無，則精氣是實有；若陰陽相和之氣是無形，則萬物是有形。然有無彼此可交叉往返，就如同陰陽之間絕非截然二分，實有與虛無之間也是如此。例如聲音可被耳朵察覺，眼、鼻、手就難以如此。眼睛可分辨顏色，其他感官則無此功能。雖然眼、耳、鼻、手察覺不到是無，但藉由工具卻可上知銀河，下探微粒，卻又是另一種認知上的存在。古人用五行之氣來歸納聲音、味道、顏色，稱五音、五味、五色。實有或虛無，除了人的感官能否察覺到之外，意識下的定義也是決定的關鍵。即使是氣，意識未介入之前怎可能認爲有呢？意識介入之後，雖未能親見的星辰、微粒，也可被認定爲有。《繫辭上》第十章所謂「無思也，無爲也，寂然不動，感而遂通天下之故」〔註34〕，這其中的「感」就是意識介入之意。所以，《易傳》的有或無並非客觀的有或無，而是由意識的「感」來做主觀上的界定。其形上或形下也非客觀的區分，而是由意識的「感」來做認定。也就是說，在《易傳》中對宇宙生成或客體的描寫，都是根基於內在性情本體的。

　　韓強謂《淮南子》、《春秋繁露》的儒道合流替魏晉玄學奠定基礎。他說王弼改變了《淮南子》、《春秋繁露》的本原論爲本體論〔註35〕。然而漢代卦氣的循環形態，不論是卦氣論述，或實用的占學，都是企圖以人的觀點來解釋天道、地道、人道的變化，可說均爲象數化的天道觀。它們難道沒有以合義之「無」或「一」爲前提的本體論述，來做背後的支持架構？《呂氏春秋》、

〔註30〕韓強，《王弼與中國文化》（貴州：人民出版社，2001年），頁64。

〔註31〕韓強文章，參見韓強，《王弼與中國文化》（貴州：人民出版社，2001年），頁64～66。以下引用該書同此版本。

〔註32〕余培林：《新譯老子讀本》（臺北：三民書局，2001年），頁46。

〔註33〕余培林：《新譯老子讀本》（臺北：三民書局，2001年），頁89。

〔註34〕臺灣開明書店斷句，《斷句十三經經文‧周易》，頁23。

〔註35〕韓強，《王弼與中國文化》，頁21、23、24。

《淮南子》、《春秋繁露》是否有以「無」或「一」做爲他們的本體論述？這正是本章亟欲探究的。

《繫辭上》第五章：「一陰一陽之謂道。」第十一章：「《易》有太極，是生兩儀。」第十二章：「子曰：『書不盡言，言不盡意。』然則聖人之意，其不可見乎？子曰：『聖人立象以盡意，設卦以盡情僞。……』」《說卦》第二章：「昔者聖人之作《易》也，將以順性命之理，是以立天之道，曰陰與陽；立地之道，曰柔與剛；立人之道，曰仁與義。」〔註36〕我們可知《易傳》本身就是本體論述的啓發者，也就是說，它是按照聖人性命來構築的，聖人意識未面對時，此宇宙是形上不分的。意識面對之時，才具形下的分別對待。《繫辭下》第五章：「日往則月來，月往則日來，日月相推而明生焉。寒往則暑來，暑往則寒來，寒暑相推而歲成焉。」〔註37〕聖人意識面對宇宙之後，依循視覺的明暗、觸覺的寒暑，建立日夜時辰、四季節氣等天道；依循視覺的形色、觸覺的剛柔，建立山川事類地質等地道；依循認同和合及區分事誼，建立仁義等人道法則。《易》的太極原是無思無爲，在意識介入之前，此時《易》本身只是個靜態的「無」。所謂感通是聖人感官意識面對宇宙之後，開啓了二分思維，而產生了陰陽、剛柔、仁義等法則，《易》成爲動態之媒介而化做許許多多的「有」。所以，《繫辭上》第四章：「範圍天地之化而不過，曲成萬物而不遺，通乎晝夜之道而知，故神無方而《易》無體。」〔註38〕《易》由無產生有，建構了生成關係，而且它本身無區域特性，也不具有形體質量，卻包含一切形象物質及時空概念，故成爲萬有的內含本體。因爲本體是無，無是不分的，故爲一。因爲《易》無思無爲，它正可與聖人性命的「無」相貫通。

《繫辭上》第十章：

> 是以君子將有爲也，將有行也，問焉而以言，其受命也如響，無有遠近幽深，遂知來物。非天下之至精，其孰能與於此！參伍以變，錯綜其數，通其變，遂成天下之文，極其數，遂定天下之象：非天下之至變，其孰能與於此！《易》，無思也，無爲也，寂然不動，感而遂通天下之故。非天下之至神，其孰能與於此！夫《易》，聖人之所以極深而研幾也！唯深也，故能通天下之志；唯幾也，故能成天

〔註36〕臺灣開明書店斷句，《斷句十三經經文·周易》，頁22、24、24、28。
〔註37〕臺灣開明書店斷句，《斷句十三經經文·周易》，頁25。
〔註38〕臺灣開明書店斷句，《斷句十三經經文·周易》，頁22。

下之務；唯神也，故不疾而速，不行而至。〔註39〕

常人局限於「有」的二分，由於二分是粗略的，故有遠近深淺之別，其事情發生也從方位的此處到彼處而產生時間的延續現象。但是最細密的「無」是整體的，是無思無為，也沒有成見的障礙，所以從君子占問那一剎那就有感通且反應到對象物上，於是「不疾而速，不行而至」。君子與對象物，看似兩者而實為一體，彼此並沒有時空的間隔。由於君子掌握到樞機的關鍵處，這樞機便是無思無為無成見的點，因為無才能生出無限的有。

《易》乃順聖人之性命的理序而來，事物按其理序故得其數，例如〈乾〉、〈兌〉、〈離〉、〈震〉、〈巽〉、〈坎〉、〈艮〉、〈坤〉的理序出現後，而邵雍有〈乾〉一、〈兌〉二、〈離〉三、〈震〉四、〈巽〉五、〈坎〉六、〈艮〉七、〈坤〉八之數。〔註40〕由於《易》是無思無為的，是以由《易》的變化以暢達事理也是無限的，所以萬物的形象、色彩、性質及大眾的個別想法也都可被涵蓋到。《繫辭上》第十章說：「天一、地二、天三、地四、天五、地六、天七、地八、天九、地十。」〔註41〕由於數由象的陰陽對比依序而來，反過來萬數也可涵蓋萬象的陰陽對比，亦即萬象都成為《易》的涵數，所以求得《易》之某數值便知其徵象所在。

太極是無思無為的，聖人感通之而生陰陽兩儀，順其性命以陰陽成八卦之象，而成天下之務。數即使再複雜，最後還是不離易簡之道，這也就是邵雍所說「心為太極」〔註42〕，認為先天圖的一分為二、二分成四為心所具備的作用，乃以心為宇宙的本原。任何兩點都是一陰一陽的關係，而聖人之心便是太極，由陰以知陽，或由陽以知陰，此心便是幾。陰陽看似二分，其實是一體，故能夠「不疾而速，不行而至」。

從《道德經》來看，它並非全部在談宇宙之生成，例如 42 章說：「道生一，一生二，二生三，三生萬物。萬物負陰而抱陽，沖氣以為和。」所謂「道生一」云云，強調時間概念的前後生成關係，是宇宙生成論述。而它又提出萬物由陰陽組合而成，強調空間概念的內外微顯關係，則陰陽是萬物的內在基礎，是宇宙本體論述。《道德經》第四十章說：「天下萬物生於有，有生於無。」既可視之為前後生成關係，也可視之為內外微顯關係。因此，《繫辭

〔註39〕臺灣開明書店斷句，《斷句十三經經文・周易》，頁 23。
〔註40〕朱熹，《周易本義》，頁 20。
〔註41〕臺灣開明書店斷句，《斷句十三經經文・周易》，頁 23。
〔註42〕邵雍，《皇極經世書・觀物外篇上》（河南：中州古籍出版社，1993 年）。

上》第十一章言：「《易》有太極，是生兩儀，兩儀生四象，四象生八卦。」
〔註43〕朱熹以爲太極是萬有的本原，太極也內含於萬有之中，此爲本原與本
體兩重之論。由此觀之，漢代《易》以宇宙生成爲主要架構，但並不意味本
體就從此消失殆盡。從文獻裡審視之，至少「無」與「道德」之語詞，仍然
保有其形上的本體思維。

第二節　論漢魏象數占學背後的本體依據

　　由於本論文分章討論《易》在聽覺參數之聲文，與視覺參數之形文，在
此舉《呂氏春秋》與《淮南子》，主要是它們是秦漢集各家之作，裡面提及陰
陽五行，也針對聲音物象與陰陽五行和太一之關係間做了說明。其他如《春
秋繁露》講述天人相副，也是提到無聲無形的形上狀態。依朱熹與李零之見，
太極本體之狀態還是內在於萬物之中，筆者遂認爲漢魏象數只是術數用智的
主要特徵，而本體未曾消失。因歷年來學界之見認爲漢代只有宇宙本原論或
生成論，故特於漢魏文本當中，尋找本體論述的蛛絲馬跡。

一、《呂氏春秋》的本體思想所在

　　《呂氏春秋》是戰國末年（西元前 239 年前後）秦國丞相呂不韋（約公
元前 290 年～前 235 年）屬下門客儒、法、道等學派集體編撰的雜家著作，
故又名《呂覽》。此書共分爲十二紀、八覽、六論，共十二卷，一百六十篇，
二十餘萬字。呂不韋自認爲其書包括了天地萬物古往今來的事理，所以號稱
《呂氏春秋》。

　　《呂氏春秋‧仲夏紀‧大樂》說：

> 音樂之所由來者遠矣，生於度量，本於太一。太一出兩儀，兩儀出
> 陰陽。陰陽變化，一上一下，合而成章。渾渾沌沌，離則復合，合
> 則復離，是謂天常。天地車輪，終則復始，極則復反，莫不咸當。
> 日月星辰，或疾或徐，日月不同，以盡其行。四時代興，或暑或寒，
> 或短或長。或柔或剛。萬物所出，造於太一，化於陰陽。〔註44〕

《呂氏春秋》此處討論音樂產生的原理。音樂是萬象之一，爲人的聽覺所接

〔註43〕臺灣開明書店斷句，《斷句十三經經文‧周易》，頁 24。
〔註44〕呂不韋，《呂氏春秋新校釋》（上海：上海古籍出版社，2002 年），頁 255。

受者。五音十二律則是樂之理，原本爲靜態之無，無中而生有。依照《莊子·應帝王》渾沌被鑿七竅的寓意，渾渾沌沌就是無的不分狀態，離則復合就是分合二狀態。而意識對於有的二分即爲《易傳》之陰陽本義，音律產生於度量，度量也是以二分爲準。在意識未面對聲音時，它只是靜態之無，意識面對聲音之後，度量才產生出來，離合與否，其實根基於意識，是以度量本於太一本體，太一即沒有二分的無。太一生出陰陽兩儀，其實仍是意識二分使然。音律數的增減，猶如陰陽變化，一上一下，是以合之而成樂章，是樂章乃人造作者也。然而《呂氏春秋》認爲太一出兩儀，兩儀出陰陽的變化是客觀現象，音律樂理的產生也是如此。

所以就時間恆常和根源發散處說，《呂氏春秋》所謂陰陽出於太一，與《易傳》所言「一陰一陽之謂道」一樣，都是對宇宙生成之論述。但就空間內涵處而言，陰陽兩者也都以太一或道爲本體，這太一或道就是宇宙本體的指稱。就宇宙整體而言，《易傳》稱之爲太極，而《呂氏春秋》稱之爲太一，但後者更能明顯地突出其「一」的整體性。《呂氏春秋》講成客觀宇宙的結構根基，是爲宇宙本體論述。唯《易傳》的本體又與意識、性情相連結，認爲宇宙現象及規律是心性體認出來的，是故屬於心性本體論述。

「日月星辰，或疾或徐，日月不同，以盡其行」，乃起因於意識二分之下，對象物顯現規律的個別差異，於天道如此，於人道亦然。由於星體時空位置的不同，每個星體各有其固定的規律，彼此間的循環速率也有差異。個人體性的不同，也會影響到情感上的取捨，以及行爲上的進退。因爲二分始於一，有之二分始於無之一，是以看似二分卻始終維持其一整體，所以位的視覺二分有其反復動作，時的概念二分則有始終循環，而這動態的反覆，其實就是在維繫一個靜態的整體。《呂氏春秋》說：

> 凡樂，天地之和，陰陽之調也。始生人者天也，人無事焉。天使人有欲，人弗得不求。天使人有惡，人弗得不辟。欲與惡所受於天也，人不得興焉，不可變，不可易。〔註45〕

由於《呂氏春秋》同於老子，將無的本體放在天，天是空間上最大的總名稱，天是有故亦是由無生成，天也是萬物的始祖與基礎，是以作者認爲人之出生源始於天，人也是天所造作構成的。正因爲如此，它認爲人的欲與惡是來自於天。人原本無任何事發生，只因爲懷有欲與惡而不得不求，不得不做出損

〔註45〕呂不韋，《呂氏春秋新校釋》（上海：上海古籍出版社，2002年），頁256。

人以利己的事，是以無事變做有事，單純變成複雜。音樂是天地之和，陰陽之調，因此，藉由聽音樂可以讓人回到和合情狀，由複雜之有回到單純之無，也是讓性情做最佳的陶冶。由宇宙生成論述觀之，欲望與性惡是受之於天的，人也是客體物，故受制於天，而被賦予這種客觀事實。然而，《繫辭上》第 8 章說：「言行，君子之樞機，樞機之發，榮辱之主也。言行，君子之所以動天地也，可不慎乎？」〔註 46〕人是從無來的，既然有欲望與性惡等負面性格，也會有利他的道德自覺。而這樣的道德自覺，便是一種形上本體，一種主體能動性價值的發揮所在。

《呂氏春秋》說：

> 大樂，君臣父子長少之所歡欣而說也。歡欣生於平，平生於道。道也者，視之不見，聽之不聞，不可為狀。有知不見之見、不聞之聞，無狀之狀者，則幾於知之矣。道也者，至精也，不可為形，不可為名，彊為之謂之太一。故一也者制令，兩也者從聽。先聖擇兩法一，是以知萬物之情。〔註 47〕

音樂啟動於歡欣喜悅的心情，歡欣喜悅的心情之前是平靜的狀態，平靜的狀態是產生於道，道是視之不見，聽之不聞，是細密到不可名狀的，既然如此，它便是老子所描述超越感覺經驗，一種無之情狀。《呂氏春秋》對這種超越感官的道之描寫，正是對「無」或「太一」之本體的描述。所以儘管它在時間概念上生成宇宙萬有，它在空間概念上確實也是宇宙萬有的內在根基。只是它並未像《易傳》在談太極生兩儀和一陰一陽之謂道之餘，又另外連結到性情上，只把「無」放在客體宇宙裡，所以是宇宙本體論述，而非心性本體論述。

王弼主張「崇本息末」、「一以治多」、「靜以制動」，韓強認為「本、一、靜」是等同範疇，「末、多、動」也是等同範疇。〔註 48〕所以《呂氏春秋》所說的「一也者制令，兩也者從聽」。在這裡「一」是宇宙本體的一，是就宇宙根源處說；在《易傳》就像心性本體的「幾」，是從察覺源起處說。《繫辭下》第五章：「幾者動之微，吉之先見者也，君子見幾而作，不俟終日。」〔註 49〕「幾」也就是二元對立事物的共相及陰陽變化的轉軸處，二元對立面不只是

〔註 46〕臺灣開明書店斷句，《斷句十三經經文・周易》，頁 24。
〔註 47〕呂不韋，《呂氏春秋新校釋》（上海：上海古籍出版社，2002 年），頁 256。
〔註 48〕韓強：《王弼與中國文化》，頁 81。
〔註 49〕臺灣開明書店斷句，《斷句十三經經文・周易》，頁 24。

静態的一，而且是動態兩面的互動。聖人從幾推知事物的對立面，也從對立面找到共通的法則。《呂氏春秋》說「先聖擇兩法一，是以知萬物之情」；即以一制兩，兩以從一，所以聖人從本末關係的掌握當中，可以知曉萬物之情況。由此看來，這是不折不扣的本體論述。

《呂氏春秋》所說「法一」的「一」，是視之不見、聽之不聞、不可爲狀的道，很明顯的就是本體。《易傳》三才的理道是產生自性情的，這裡卻說情感表現是根源自道，因此《呂氏春秋》所說「歡欣生於平，平生於道」的觀點，正是宇宙本體論述。

二、《淮南子》的本體思想所在

《淮南子》又名《淮南鴻烈》，西漢初年淮南王劉安（公元前 179～前 121 年，漢高祖劉邦之孫厲王劉長之子）以及門客李尙、蘇飛、伍被等共同編著而成的作品。《漢書公元・藝文志》著錄內二十一篇，外三十三篇，內篇論道，外篇雜說。今存內二十一篇。以道家思想爲主，糅合了儒法陰陽等家，一般列《淮南子》爲雜家。實際上，該書是以道家思想爲指導，吸收諸子百家學說，融會貫通而成，是戰國至漢初黃老之學理論體系的代表作。

《淮南子・覽冥訓》言：

> 夫陽燧取火于日，方諸取露於月，天地之間，巧曆不能舉其數，手徵忽怳，不能覽其光。然以掌握之中，引類於太極之上，而水火可立致者，陰陽同氣相動也。此傳說之所以騎辰尾也。故至陰飂飂，至陽赫赫，兩者交接成和，而萬物生焉。眾雄而無雌，又何化之所能造乎？所謂不言之辯，不道之道也。〔註50〕

所謂取火于日、取露於月，都是偶發事件，不能被象數所局限。但是可將水火做爲太極的最大物類，因爲它們同是一氣變化互動的物體。同是一氣互動變化，則無陰不成陽，無陽不成陰，陰陽和合才能成就道體規律，造生萬物。老子說「道可道，非常道；名可名，非常名」，又說「行不言之教」，正表現出本體的不可分割、不可規律化。所以〈覽冥訓〉的「不言之辯，不道之道」，也是對本體的一種描述。

《淮南子・詮言訓》說：

> 洞同天地，渾沌爲樸，未造而成物，謂之太一。同出於一，所爲各

〔註50〕劉文典，《淮南鴻烈集解》。（北京：中華書局，1989 年），頁 196～197。

　　異，有鳥、有魚、有獸，謂之分物。方以類別，物以群分，性命不
　　同，皆形於有。隔而不通，分而爲萬物，莫能及宗，故動而謂之生，
　　死而謂之窮。〔註51〕

太極未造而成物的狀態是渾沌不分的，故稱之爲太一，太一即以無爲本體，
化而成爲鳥、魚、獸等區分之有，謂之分別的物類。依照《易傳》作者之意，
鳥、魚、獸性命的不同，也都是根基人們意識對於有形的區別。區分之後，
眾人受限於感知及意識，只見其形之有，而不能見其同出於一的無形，所以
「隔而不通，分而爲萬物，莫能及宗」，視爲渾沌不分的一，或是物類群分的
多，其原因還是在人的感知及意識上，而不在對象物上，故從母體產出而能
活動者人們稱爲生，生命走到盡頭不動了則稱爲死，生死兩端的間隔，也是
因爲感知及意識的界限所造成的。常人迷惑於二分，故懷生而畏死。這裡所
講的宗，是個合的狀態，就時的先後而言它是萬有的根源；就位的內含而言，
它是萬有的根本。《易傳》作者認爲，唯聖人君子能夠體會之；而《淮南子》
作者認爲只因常人「隔而不通」，二分的意識太堅強，才「莫能及宗」，如果
通了自然就能夠「及宗」。可見這宗爲本體義，它並未消失，而是遍在於萬有
中的渾然狀態。

　　《淮南子》以無爲太一而生出萬有，這太一生萬有是宇宙生成論，太極
爲陰陽之同氣狀態是宇宙本體論，而其取火取露等偶發事件，是渾然當中的
機運所致，猶如《左傳》所言的「敗德」，王弼所言的「情僞」，它們都不能
被象數所局限。所以《淮南子》當時仍有不言之辯、不道之道的形上無爲的
思維，未若後來占學皆以陰陽五行爲模範，故其說實可做爲漢《易》象數占
學的本體依據。

　　《淮南子·原道訓》云：

　　夫道者，覆天載地，廓四方，柝八極，高不可際，深不可測，包裹
　　天地，稟授無形。……是故達於道者，反于清靜；究于物者，終於
　　無爲。……是故聖人內修其本，而不外飾其末，保其精神，偃其智
　　故。漠然無爲，而無不爲也；澹然無治也，而無不治也。所謂無爲
　　者，不先物爲也；所謂無不爲者，因物之所爲。所謂無治者，不易
　　自然也；所謂無不治者，因物之相然也。〔註52〕

天地、四方、八極、高深，都是由人的意識對照出來的，都不足以範圍道體。

〔註51〕劉文典，《淮南鴻烈集解》。（北京：中華書局，1989 年），頁 463。
〔註52〕劉文典，《淮南鴻烈集解》。（北京：中華書局，1989 年），頁 1、11、24。

因為道是無形的，是故想要達於道者，也必須以齋戒之身、無為之心達到無的狀態，以無的身心與無形的道相參，才能等齊於一。是故聖人內修精神之本，而不外飾智故之末，因為精神之本與道同其一氣，分解的智心只會造就意識的二分。因為無為，猶如回歸至《易傳》二分原點的「幾」，然後按照物的做為及其相互關係，而延伸出它的規律來，如此才能無不為、無不治。這裡的「本」指的是無形、無為、無治的精神，近似《易傳》以心性為本體的理念。這裡的「末」指的是有形、無不為、無不治的智故。老子所謂無為而無不為，唯有心性本體無為了，才會達到無所不為、無所不治的妙用，這已經與後世王弼「崇本舉末」的觀點相雷同了。

《淮南子‧原道訓》說：

> 夫無形者，物之大祖也；無音者，聲之大宗也。……是故清靜者，德之至也；而柔弱者，道之要也；虛無恬愉者，萬物之用也。肅然應感，殷然反本，則淪於無形矣。所謂無形者，一之謂也。所謂一者，無匹合於天下者也。〔註53〕

因為無形、無音沒有區別，故為物之大祖、聲之大宗。柔弱是道的關鍵，虛無是萬物發生作用之所在。寂靜誠其心性，回歸到虛無、柔弱則沒有界限，沒有界限則為一整體，這一整體就是這宇宙的全體，既然是宇宙的全體，天下就沒有可與之相比之物了。《淮南子‧原道訓》說：

> 是故視之不見其形，聽之不聞其聲，循之不得其身；無形而有形生焉，無聲而五音鳴焉，無味而五味形焉，無色而五色成焉。是故有生於無，實出於虛，天下為之圈，則名實同居。〔註54〕

因為沒有界限，故視之不見其形，聽之不聞其聲，撫之不得其身。又因為無可以容受有，無便可以變出天下萬有。所謂五音、五味、五色都是從無的混沌當中，按照五行法則歸納出來的，此處探討的有無、虛實也是玄學的命題範疇。虛無在王弼玄學裡是宇宙本體論述，「有生於無，實出於虛」，不會因為產生實有後，虛無就消失不存在，虛無本身就普遍內涵於實有當中。《淮南子‧原道訓》說：

> 音之數不過五，而五音之變，不可勝聽也；味之和不過五，而五味之化，不可勝嘗也；色之數不過五，而五色之變，不可勝觀也。故

〔註53〕劉文典，《淮南鴻烈集解》。（北京：中華書局，1989年），頁28～29。
〔註54〕劉文典，《淮南鴻烈集解》。（北京：中華書局，1989年），頁29。

音者，宮立而五音形矣；味者，甘立而五味亭矣；色者，白立而五
色成矣；道者，一立而萬物生矣。〔註55〕

五音、五味、五色屬於象數的參數種類，它們只是五種原則性的大項目。就性情義理層面來看，其面向不局限於五種而是無限的，故其應用於世俗之務也是無窮無盡的。音、味、色其數為五，而本源於一。《淮南子》雖舉五行化的五音、五味、五色，在這裡他強調變化，變化的形上意義就是無定音、無定味、無定色，所以任何的音、味、色都是一，舉其一可反其四。道既然規律萬物而肇始於一，一立而生萬物，這一也就是本體的無。視之不見其形的無形，聽之不聞其聲的無聲，是「天下為之圈，則名實同居」；這「圈」就是整體的意思，既然整體名實尚未分別開來，是以同居於圈中。當在視之見其形，聽之聞其聲時，「實」分開了則「名」亦隨之附設上去。所以這裡的一還是道，道的不可勝也就是《繫辭上》第五章「通變之謂事，陰陽不測之謂神」〔註56〕之意，只是這裡作者把陰陽替換成五行。「一立而萬物生」之說，符合後世王弼玄學以一治多的本體命題範疇。它與「有生於無，實出於虛」，非虛無生出實有而虛無即消失不見，是虛無內含於實有，虛無永遠存在於實有當中，它是空間上的內外微顯的描寫。

《淮南子・原道訓》說：

是故一之理，施四海；一之解，際天地。其全也，純兮若樸；其散也，混兮若濁。濁而徐清，沖而徐盈。澹兮其若深淵，泛兮其若浮雲；若無而有，若亡而存。萬物之總，皆閱一孔；百事之根，皆出一門。〔註57〕

因為道是一整體，一是虛無，可以容受萬有，一的道理可施行於四海，一的最大區分就是天地之別，因為純樸而保其全體，混濁則散為萬物，然而清澈才能容受混濁，沖虛才能容受盈滿，由於無才能存有，是以不論散為何種物類，都是出自一之全體。朱熹謂太極既為萬有之本原，也內在於萬有當中。故從《易傳》來講，看到本則不分，看到末則有別，其言「若無而有，若亡而存」，可見無是內含於有當中。只是漢代人習慣用五行的參數來表示實有層面，容易掩蓋住本體之論調。

〔註55〕劉文典，《淮南鴻烈集解》。（北京：中華書局，1989年），頁29。
〔註56〕臺灣開明書店斷句，《斷句十三經經文・周易》，頁22。
〔註57〕劉文典，《淮南鴻烈集解》。（北京：中華書局，1989年），頁30。

　　至於反本的修爲，要怎麼做？《淮南子・俶眞訓》說：「是故至道無爲，一龍一蛇，盈縮卷舒，與時變化。外從其風，內守其性，耳目不耀，思慮不營。」〔註58〕至道無爲不是無所作爲，而是要與時變化。外在順從其風俗，內在固守其誠性，不倚靠耳目功能，不運作思慮功能。保其元神，則心不爲物所役使，以無爲之心與無形之氣相參，自然能掌握住一體之道的關鍵處，而由一體之道推知萬事萬物。

三、《春秋繁露》的本體思想所在

　　《春秋繁露》董仲舒著，其書推崇公羊學，發揚「春秋大一統」之旨，闡述了以陰陽、五行爲結構，以天人感應爲核心的哲學神學理論，宣揚「性三品」的人性論、赤黑白三統循環的歷史觀，以及「王道之三綱可求於天」的倫理思想，爲漢代中央集權的統治制度，奠定了理論基礎。

　　《春秋繁露・卷十六・第七十七・循天之道》：

> 循天之道，以養其身，謂之道也。……中者，天地之所終始也；而和者，天地之所生成也。夫德莫大於和，而道莫正於中。中者，天地之美達理也，聖人之所保守也。《詩》云：「不剛不柔，布政優優。」此非中和之謂與？是故能以中和理天下者，其德大盛；能以中和養其身者，其壽極命。男女之法，法陰與陽。陽氣起於北方，至南方而盛，……氣之精至於是，故天地之化，春氣生而百物皆出，夏氣養而百物皆長，秋氣殺而百物皆死，冬氣收而百物皆藏。是故惟天地之氣而精，出入無形，而物莫不應，實之至也。君子法乎其所貴。天地之陰陽當男女，人之男女當陰陽。陰陽亦可以謂男女，男女亦可以謂陰陽。……中之所爲，而必就於和，故曰和其要也。和者，天之正也，陰陽之平也，其氣最良，物之所生也。誠擇其和者，以爲大得天地之奉也。天地之道，雖有不和者，必歸之於和，而所爲有功；雖有不中者，必止之於中，而所爲不失。是故陽之行，始於北方之中，而止於南方之中；陰之行，始於南方之中，而止於北方之中。陰陽之道不同，至於盛而皆止於中，其所始起皆必於中。中者，天地之太極也，日月之所至而卻也，長短之隆，不得過中，天

〔註58〕劉文典，《淮南鴻烈集解》。（北京：中華書局，1989年），頁54。

地之制也。〔註59〕

《中庸》的「中和」並未象數化，中指的是情感未發的靜態，和指的是情感發動契合規律的動態。這裡的「中和」雖然已經陰陽五行象數化，但是仍有本體論述的傾向。依馮友蘭先生的見解，無與有是共相和殊相、體和用的關係。韓強說：「這個『有』不具任何規定性，因此它同時就是『無』。」〔註60〕這裡的中用到時間概念的始終，又指四時四方位之中，它是天地的美達理，也是聖人之所保守的，既然它是超越時位的概念，就是一種本體。「和者，天之正也，陰陽之平」，指的是陰陽和合的狀態，此說近似老子第 42 章「萬物負陰而抱陽，沖氣以爲和」〔註61〕《中庸》之中和乃就情感上來說心理狀態，中指情感未發狀態，是接近靜態之性；和指情感已發而與外境相契的狀態，是接近道，即率性之謂道之意。「德莫大於和，而道莫正於中」，此句與《中庸》不同的是，中是接近道之正，在方位爲四正位；和則爲內含之德。儘管中和有時位之異，內外之別，不過也是太極生兩儀，陰陽和諧規律運作的延伸論述。

《春秋繁露‧卷十‧第三十五‧深察名號》：

> 人之誠，有貪有仁。仁貪之氣，兩在於身。身之名，取諸天。天兩，
> 有陰陽之施，身亦兩有貪仁之性。天有陰陽禁，身有情欲柜，與天
> 道一也。……身之有性情也，若天之有陰陽也。〔註62〕

這裡說人既然擁有性與情，而人也有仁與貪二種德行，仁爲公益，貪爲私利，配合到性情兩層次來說，仁就是性的表現，貪就是情的表現。後來的漢元帝時翼奉講的五性六情，也是基本於此說的延伸。

按「惟天地之氣而精，出入無形，而物莫不應，實之至也。」數句，當今學界一見到裡面有「氣」字，均謂之是形下實有的描寫，爲宇宙生成的論述。然而這裡明顯是內外微顯的體用關係，從以上韓強先生對馮友蘭說法的詮釋來看，它也含有本體意味。此句指出實有之物會彼此相應，主要在天地背後有細密之氣做爲一的本體，所以天道之陰陽，與人道之男女、身體的貪仁情欲爲一整體。這裡以氣之無形爲物體相應的根基，實與《淮南子》「陰陽同氣」之說不二。

〔註59〕董仲舒，《春秋繁露今註今譯》（臺北：臺灣商務，1984 年），頁 414～415。
〔註60〕韓強，《王弼與中國文化》，頁 64。
〔註61〕余培林，《新譯老子讀本》（臺北：三民書局，1973 年），頁 89。
〔註62〕董仲舒，《春秋繁露今註今譯》（臺北：臺灣商務，1984 年），頁 266～267。

　　《春秋繁露》將天人兩者視爲合一，將性情與天道，男女與陰陽視爲一體。其中和的象數時位之描寫，也不離陰陽和諧的道理。是以根本不離《老子》、《易傳》、《中庸》、《淮南子》的本體思維。

　　《春秋繁露・卷十・第三十五・深察名號》：

　　治天下之端，在審辨大。辨大之端，在深察名號。名者，大理之首章也，錄其首章之意，以窺其中之事，則是非可知，逆順自著，其幾通於天地矣。是非之正，取之逆順；逆順之正，取之名號；名號之正，取之天地；天地爲名號之大義也。古之聖人，謞而效天地謂之號，鳴而施命謂之名。……名則聖人所發天意，不可不深觀也。受命之君，天意之所予也。……五號自讚，各有分。分中委曲，曲有名，名眾於號，號其大全。名也者，名其別離分散也。……物莫不有凡號，號莫不有散名，如是。是故事各順於名，名各順於天。天人之際，合而爲一。同而通理，動而相益，順而相受，謂之德道。

〔註 63〕

　　〈賁〉卦《象》說「觀乎天文以察時變，觀乎人文以化成天下」〔註 64〕，是時變意味環境條件有變化，例如某人遇到兔羊會感到吉祥而接近，遇到蛇虎會感到恐懼而想逃，爲甚麼？《繫辭下》第十二章：「變動以利言，吉凶以情遷。是故愛惡相攻而吉凶生，遠近相取而悔吝生，情僞相感而利害生。」〔註 65〕兔羊溫馴無害，能夠讓我活命，故對我有利而取之；蛇虎凶暴有害，能夠讓我死亡，故對我不利而捨之。因此人所取名號，其背後的是非逆順，自然顯著而可被知曉。又例如美者大羊，以羊祭天爲祥，雙手捧羊而食之爲善，又天字乃取象於人之圓頂，象徵天在人們意象概念裡是圓形又最崇高的。凡此人文範疇的名號，皆因人的性命之逆順而取之者。

　　《繫辭上》第十章：「夫《易》，聖人之所以極深而研幾也！唯深也，故能通天下之志；唯幾也，故能成天下之務；唯神也，故不疾而速，不行而至。」《繫辭下》第五章：「知幾其神乎！君子上交不諂，下交不瀆，其知幾乎！幾者，動之微，吉之先見者也。君子見幾而作，不俟終日。」〔註 66〕很明顯的在《易傳》這個「幾」就是人面臨對象物的主導意識，是事情兩面抉擇

〔註 63〕董仲舒，《春秋繁露今註今譯》（臺北：臺灣商務，1984 年），頁 261～262。
〔註 64〕臺灣開明書店斷句，《斷句十三經經文・周易》，頁 8。
〔註 65〕臺灣開明書店斷句，《斷句十三經經文・周易》，頁 27。
〔註 66〕臺灣開明書店斷句，《斷句十三經經文・周易》，頁 23、26。

的關鍵所在。關鍵也就是樞機，所以《繫辭》用樞機比喻它的具體物。《繫辭上》第八章說：「言行，君子之樞機；樞機之發，榮辱之主也。言行，君子之所以動天地也，可不慎乎！」《說卦》第二章說聖人順其性命之理，立天地人三才之道。所以說幾是兩面抉擇的關鍵所在，而這抉擇的關鍵還是在自己心志裡。

然而《易傳》所言人的利害感是來自人自身生命與對象物之間關係的察覺，董仲舒卻說成受之天意。《中庸》說「天命之謂性」，是人的性命來自天授。事實上，在宇宙本體論述之下，「無」的層面雖然被爲是整體的太一，在「有」的層面依舊被認定天是大於人，人是受到天的支配，就不免夾帶著天的主導意識。「事各順於名，名各順於天」意味愈趨於形下，別離分散心態愈重，所分越細而名也越繁雜。董仲舒言：「天人之際，合而爲一。同而通理，……謂之德道。」他承認天人有合而爲一，相通無別的狀態，此即老子、《易傳》、王弼本體的旨意所在。然而董仲舒解釋宇宙大多從分處部份講，於是合處形上部份遂被掩蓋。

荀子《荀子・天論》：「從天而頌之，孰與制天命而用之！望時而待之，孰與應時而使之！」《荀子・正名》：「故王者之制名，名定而實辨，道行而志通，則慎率民而一焉。」《荀子・王制》：「天地生君子，君子理天地；君子者，天地之參也。」〔註67〕荀子認爲王者把天當做取名及使用的對象，而並非認定天的威權而對祂歌功頌德。也就是說，《說卦》第二章：「昔者聖人之作《易》也，將以順性命之理，是以立天之道曰陰與陽。」對於天道建構在於人的思維，其實與荀子並無二致。所以，董仲舒在這裡一方面講天地太極的宇宙本體，一方面又保有上古思想來談天的威權，這與《呂氏春秋》、《淮南子》所談無形的太一，及荀子所談物質性的天，有極大差別。

《春秋繁露・卷六・第二十・保位權》：

> 爲人君者居無爲之位，行不言之教，寂而無聲，靜而無形，執一無端，爲國源泉。因國以爲身，因臣以爲心。……故爲君虛心靜處，聰聽其響，明視其影，以行賞罰之象。〔註68〕

這種以道家老子無爲的態度行不言之教，認爲主上執一無端而沒有先入爲主的成見，順著臣民需要做爲自己身心。虛心靜處，才不會爲佞巧之言給蒙蔽。

〔註67〕李滌生：《荀子集釋》（臺北：臺灣學生書局，1988年），頁378、509、178。
〔註68〕董仲舒，《春秋繁露今註今譯》（臺北：臺灣商務，1984年），頁165。

所謂無爲、不言、無聲、無形,即是老子內返於本體之教。執一無端,以形上之全御形下之分,才能夠耳目清明,以行賞罰的作用。

董仲舒說:「故事各順於名,名各順於天。天人之際,合而爲一。同而通理,動而相益,順而相受」,很顯然表面上是採儒家天人合一路線,但私底下人們還是得聽從天意;董仲舒於《春秋繁露‧三代改制質文》說:「故天道合以其類動,非聖人孰能明之?」表面上採道家路線要求人君者得無爲,但私底下人副天數,還是處處有爲。不僅把人身象數化,甚至性情也象數化。《春秋繁露‧卷十二‧第四十九‧陰陽義》:

> 天地之常,一陰一陽。陽者天之德也,陰者天之刑也。跡陰陽終歲之行,以觀天之所親而任。……死之者,謂百物枯落也;喪之者,謂陰氣悲哀也。天亦有喜怒之氣、哀樂之心,與人相副。以類合之,天人一也。春,喜氣也,故生;秋,怒氣也,故殺;夏,樂氣也,故養;冬,哀氣也,故藏。四者天人同有之。有其理而一用之。與天同者大治,與天異者大亂。故爲人主之道,莫明於在身之與天同者而用之,使喜怒必當義而出,如寒暑之必當其時乃發也。〔註69〕

《春秋繁露》的天人相副,雖說以類合之,天人一也,有其理而一用之。然春夏秋冬,各有喜怒樂哀之氣,人必須配合生殺養藏而作息。其言「喜怒必當義而出,如寒暑之必當其時乃發也。」謂當從天道當中效法其原則,使人喜怒樂哀發而中節,其立意與《中庸》相同。但人能否做爲主體,乃是《易傳》所重視的。《易傳》言聖人順其性命以建立天道,並仰觀俯察以取象作卦,它自始至終以性情爲依歸,適時發揮個人的主動性,而非如董氏所言以個人的數化性情,時時處處去配合天道。

《春秋繁露‧卷十三‧第五十五‧四時之副》:

> 天之道,春暖以生,夏暑以養,秋清以殺,冬寒以藏。暖暑清寒,異氣而同功,皆天之所以成歲也。聖人副天之所行以爲政,故以慶副暖而當春,以賞副暑而當夏,以罰副清而當秋,以刑副寒而當冬。慶賞罰刑,畢事而同功,皆王者之所以成德也。慶賞罰刑與春夏秋冬,以類相應也,如合符。故曰王者配天,謂其道。天有四時,王有四政,四政若四時,通類也,天人所同有也。慶爲春,賞爲夏,罰爲秋,刑爲冬。慶賞罰刑之不可不具也,如春夏秋冬不可不備也。

〔註69〕董仲舒,《春秋繁露今註今譯》(臺北:臺灣商務,1984 年),頁 309～310。

慶賞罰刑，當其處不可不發，若暖暑清寒，當其時不可不出也。慶
賞罰刑各有正處，如春夏秋冬各有時也。四政者，不可以相干也，
猶四時不可相干也。四政者，不可以易處也，猶四時不可易處也。
故慶賞罰刑有不行於其正處者，《春秋》譏也。〔註70〕

因爲「慶爲春，賞爲夏，罰爲秋，刑爲冬」等等，在《易傳》只作爲原理依
據，仍重在個人性情是否能調適環境，而非如劇本的科白動作，按照劇本來
演出。誠如王弼所云龍馬之象，何必拘於〈乾〉〈坤〉兩卦。況且就節氣參
數而言，一季三個月，季中每月，月中每日，日中每時，皆有其干支節氣，
思喜慶，實不必拘「以慶副暖而當春」。所以「慶賞罰刑各有正處」是對的，
但不必侷限在四季當中。「如春夏秋冬各有時也」，只當作效法的原則就可以。
《春秋繁露》在此處，顯示了漢象數《易》的缺失，那就是將心志的主體能
動性由自律變成他律。〔註71〕

四、翼奉的五臟六體象天地說

　　翼奉，西漢經學家。字少君，東海下邳（今睢寧西北）人。顯學不仕，
好律曆陰陽之占。治齊《詩》，與蕭望之、匡衡同師后蒼。衡授琅玡師丹、伏
理斿君、穎川滿昌君都，由是齊《詩》有翼、匡、師、伏之學。元帝初，以
諸儒薦，徵待詔宦者署，數言事宴見。後以中郎爲博士、諫大夫。子及孫，
皆以學在儒官。

　　翼奉有五臟六體象天地之說：

臣聞人氣內逆，則感動天地；天變見於星氣日蝕，地變見於奇物震

〔註70〕董仲舒，《春秋繁露今註今譯》（臺北：臺灣商務，1984初版），頁325。
〔註71〕西方倫理學中表示道德原則和倫理學說的兩種不同的術語。「自律」一詞希臘
　　　語意爲自己的規律；「他律」的希臘語意爲他的規律。在西方倫理思想史上，
　　　德國古典哲學家康得第一次使用「自律」和「他律」，以表示他的倫理學說與
　　　其他倫理學說的區別。在康得那裏，所謂「自律」就是從主體內在的道德觀念
　　　中引申出道德原則，以強調道德原則的獨立性和自身價值；「他律」則是從不
　　　依賴於主體意志的外在原因（如上帝意志、社會法規和先天感覺）中，引申
　　　出道德原則。所謂自律倫理學和他律倫理學，就是根據內在原因或外在原因
　　　引申出道德原則的理論，它們或者崇拜意志自律，否認社會發展的客觀規律
　　　的制約，或者忽視行爲的主動作用，否認意志自由，因而都具有一定的片面
　　　性。（互動百科，〈自律與他律〉，互動百科網（http://www.baike.com/wiki/%E8%
　　　87%AA%E5%BE%8B%E4%B8%8E%E4%BB%96%E5%BE%8B。）2013年9
　　　月28日檢索。）

動。所以然者，陽用其精，陰用其形，猶人之有五藏六體，五藏象

天，六體象地。故藏病則氣色發於面，體病則欠申動於貌。〔註72〕

其實這樣的論述也是一種類似於本體之論述。就如同《周易》卦爻，〈乾〉既指龍也是人，〈坤〉既是母馬又指黃裳及人柔順之德。在太極貞夫一的前提下，任何的陰陽二分現象都是一體的、同氣相求的。所以，在〈乾〉卦條件下人象龍、象天，在〈坤〉卦條件下人象母馬、象地。所以，漢代天人合一說，只不過是撤去卦象的太極太一整體而不談，然而我們不能說它的象數化，機械化，客體化，就一概抹殺掉它的本體架構。也不能說漢《易》只有宇宙論本原論述，就毫無本體論述的內在義理。在《周易》經傳裡，聖人君子能夠貞夫一，豈漢代的《易》學後繼者就未能貞夫一？《文言》說「同聲相應，同氣相求」〔註73〕，則〈乾〉象感應在人也感應在龍、在天。〈艮〉卦感應在山，也感應在人身，細分之則分別感應在腳趾、小腿肚、腰胯等等。撇開卦象，則豈不是潛龍與人的勿用事相感應？山腳下與人腳趾相感應？我們也不可能將〈旅〉卦火災，〈鼎〉卦折足，〈井〉卦泥濘全視爲比喻，而認爲非事實現象。《周易》聖人君子乃透過卦象，將感應到的人事物歸納爲同類，並在同一時位，也可以證明人事物透過貞夫一，是可以相感應的。只不過，在《易傳》有聖人君子主體做主導，而漢《易》的描述則直接以數值相連結，顯得客體化、機械化、參數化。

五、兩《漢書》象數的太極論述

兩《漢書》所談到《易》太極原理或老子無的部份，是漢代象數型態的概說，仍然離不開太極一體的本體思維。

《漢書‧律曆志上》：

天之中數五，地之中數六，而二者爲合。六爲虛，五爲聲，周流於六虛。虛者，爻律夫陰陽，登降運行，列爲十二，而律呂和矣。太極元氣，函三爲一。極，中也。元，始也，行於十二辰：始動於子，參之於丑，得三。〔註74〕

天數五主要是迎合五行之數，五行之數並未見於《易傳》。地數六，主要是

〔註72〕班固，《漢書》（北京：中華書局，1962年），頁3173。

〔註73〕臺灣開明書店斷句，《斷句十三經經文‧周易》，頁1。

〔註74〕班固，《漢書》（北京：中華書局，1962年），頁964。

從周流於六虛來，但是周流於六虛在《易傳》指的是六爻陰陽變化，而不是六個區域概念。根據史學推演，十二律呂在先秦《日書》已記載著配卦占，但不見卦名及原理說明。而《左傳》日者占和當時《易》占也是無關聯性的兩套占術。足見十二律呂原本與卦爻沒有直接的條理性可資說明，這裡把爻律做原理說明也只是後來的詮釋。到了京房確實把六十卦各爻配上音律，而《乾鑿度》才將〈乾〉〈坤〉十二爻配十二支辰。將太極當做元氣，是當今學界認爲漢代《易》學爲宇宙生成論的主要原因。《漢書·律曆志上》：

> 太極中央元氣，故爲黃鐘，其實一龠，以其長自乘，故八十一爲日法，所以生權衡度量，禮樂之所繇出也。經元一以統始，《易》太極之首也。春秋二以目歲，《易》兩儀之中也。於春每月書王，《易》三極之統也。於四時雖亡事必書時月，《易》四象之節也。時月以建分至啓閉之分，《易》八卦之位也。象事成敗，《易》吉凶之效也。朝聘會盟，《易》大業之本也。故《易》與春秋，天人之道也。《傳》曰：「龜，象也。筮，數也。物生而後有象，象而後有滋，滋而後有數。」〔註75〕

這裡談天地之數與爻律的相關性，用太極爲中央元氣來解釋黃鐘爲十二律之首，用元一來解釋太極，用春秋爲寒暑二節氣之中來解釋兩儀，用每月生壯老氣的消息旺衰來解釋三才，用四時節氣來解釋四象，又將十二辰與三統的關係做連繫，以時位變化、人事制度與《易》內容法則做相關性的解釋。《漢書·律曆志上》：

> 《易》曰：「參伍以變，錯綜其數。通其變，遂成天下之文；極其數，遂定天下之象。」太極運三辰五星於上，而元氣轉三統五行於下。其於人，皇極統三德五事。故三辰之合於三統也，日合於天統，月合於地統，斗合於人統。五星之合於五行，水合於辰星，火合於熒惑，金合於太白，木合於歲星，土合於塡星。三辰五星而相經緯也。天以一生水，地以二生火，天以三生木，地以四生金，天以五生土。五勝相乘，以生小周，以乘〈乾〉〈坤〉之策，而成大周。陰陽比類，交錯相成，故九六之變登降於六體。三微而成著，三著而成象，二象十有八變而成卦，四營而成《易》，爲七十二，參三統兩四時相乘之數也。參之則得〈乾〉之策，兩之則得〈坤〉之策。以陽九九之，

〔註75〕 班固，《漢書》（北京：中華書局，1962年），頁981。

爲六百四十八，以陰六六之，爲四百三十二，凡一千八十，陰陽各一卦之微算策也。八之，爲八千六百四十，而八卦小成。引而信之，又八之，爲六萬九千一百二十，天地再之，爲十三萬八千二百四十，然後大成。〔註76〕

「參伍以變」云云，原本是蓍數成卦的描寫，所謂錯即用九用六旁通之類，所謂性質相反之卦。所謂綜即初爻倒反爲上爻，上爻倒反爲初爻，以示反覆或反轉之象。通其變指陰陽爻相變，卦也就形變成各種文形。陰陽相變爲二進位數，將之串聯累計，如天一地二天三地四之數，便可成爲十進位數，求其餘數則非陰即陽，而可定天下之象。太極，朱伯崑謂筮卦未分之初始，如今視之爲元氣，以三辰合於三統，五星合於五行來解釋「參伍以變」，並與《易》筮法相結合。《漢書‧律曆志上》於此處把《易》更加象數化，用以解釋《繫辭》之文。由此觀之，雖然《繫辭》有「太極生兩儀」和《序卦》「有天地然後有萬物，有萬物然後有男女，有男女然後有夫婦」之生成論述，但仍然將陰陽視爲性情變化的模擬，而非只是客觀現象的描寫。尤其此處用晚出的概念體例來做拼貼的詮釋，使得面貌越趨於紛雜。

《後漢書‧班彪列傳下》：「太極之原，兩儀始分，煙撰熅熅，有沈而奧，有浮而清。沈浮交錯，庶類混成。肇命人主，五德初始，同于草昧，玄混之中。」〔註77〕庶類是萬物，萬物爲兩儀交錯所生成，太極肇命於人主是五德的開始。這裡解釋五德與太極兩儀的生成關係。《後漢書‧蔡邕列傳下》：

論曰：《易》有太極，是生兩儀。兩儀之分尚矣，乃有皇犧。皇犧之有天下也，未有書計。歷載彌久，暨於黃帝，班示文章，重黎記註，象應著名，始終相驗，準度追元，乃立曆數。〔註78〕

這裡解釋象數與太極兩儀的生成關係。象是文章註記空間事物的替代，曆數是按照始終概念刻定時間的準度。時空之合乃成太極，猶如象數之合乃成《易》。

在《易傳》來講，太極只是個一整體概念，它是相對於意識二分而言之，它不是必然的一個象或是數。誠如文中「論曰」云云，意識面對象之後才有

〔註76〕班固，《漢書》（北京：中華書局，1962年），頁985。

〔註77〕〔南朝宋〕范曄，《後漢書》，〔唐〕李賢等注，〔晉〕司馬彪補志。（臺北：鼎文書局1981年），頁1375。

〔註78〕〔南朝宋〕范曄撰：《後漢書》，〔唐〕李賢等注，〔晉〕司馬彪補志。（臺北：鼎文書局1981年），頁3082

數，而漢代象數學卻脫離心志不談，專就概念化之後的名詞彼此配對，形成一客體的連結關係。這就像《春秋繁露・四時之副》的「慶爲春，賞爲夏，罰爲秋，刑爲冬」一樣，全盤把概念化以後的法則與人事一一相配對，而把配對關係當做不二的定理。在《易傳》裡君子知幾而神、見幾而作，掌握到事物變化的關鍵處，就可以創立無限生機，而成天下之務。王弼所云龍馬之象，何必拘於〈乾〉〈坤〉兩卦，漢代象數學確定要把〈乾〉龍、〈坤〉馬劃上等號，卻忽略掉人的心志主體。

漢代《易》學界將太極當做元氣，主要是源自老子「萬物負陰而抱陽，沖氣以爲和」的觀點。老子談有無，王弼謂之體用本末關係，牟宗三謂之內外微顯的關係，但老子也涉及到宇宙生成的前後關係。可見它們也只是對宇宙的兩種不同看待方式，一位學者可同時抱持這兩種觀點。宇宙生成強調時間概念的前後關係，本體論強調空間概念的內外微顯關係。在《易傳》裡，講「時」無法捨棄「位」，講「位」也無法捨棄「時」，亦即時位的概念在《易傳》是一整體的。因此「太極生兩儀」，從客觀來說可以視爲宇宙生成關係，然而放在察覺層次的心態上，也可以視爲內外微顯關係。不能否認的，漢代學界論點仍然存在一與多、無與有、虛與實的體用關係，例如董仲舒的天人合一說，其實還是立基於無和太極思想，依舊有和合的仁心思想存在。只是漢代學界習慣把《易》學之「用」發揮在象數上，象的區塊方位性及數的前後連續性，又促使分解的智心大行其道。象數化之「用」將「體」掩蓋。因此，講宇宙生成的論述，只能說漢代學界偏重這種看待方式，並不能說在漢代學界或漢代期間，宇宙本體本身已蕩然無存。

六、管輅象數占學的本體化

今日學界講義理者大多歸功於掃象數的王弼，然而稍早於王弼的管輅，其實已經將漢《易》的象數本體化了。管輅的性理說並沒有背離儒家的人道風範，他體「仁」達「禮」，本身也「謙愚自處」，言行一致而付諸實踐。惜史家視之爲方術之士而將他列入「方伎傳」，以至於其本體化論述闇然而不彰。

《三國志・魏書・管輅別傳》說：

> 自言「我年雖小，然眼中喜視天文。」……及成人，果明《周易》，仰觀、風角、占、相之道，無不精微。體性寬大，多所含受；憎己

不讎，愛己不褒，每欲以德報怨。〔註79〕

管輅不時說到內在必須「定其神」，神識定然後才能夠「入神」、「參神」，又說「得數者妙、得神者靈」，藉卜筮可進入「神妙」之境。西漢京房用術數以挾君權，利用考功課以除異己，而卒身死東市。管輅卻能夠超越京房狹隘的格局，暢談大象無形無體之論，他認為卜者資質應該「多發天然」，戮力「法天地、象四時、順仁義」，求其「至精至妙」，才可以成就「聖人之道」，可見管輅是位仁智合一，儒道兼具的學者。

西漢京房，是將聲律候氣配上六十卦的創制者。管輅繼承了漢代天人感應及京房聲律候氣之說，也提出了聲律與情變相感之說。他認為聲音足以「天地相感，金石同氣」。在象數方面，他通曉風律、星占之術，並掌握了五行水火之情，他認為「陰陽之數通於萬物」，其著筮所顯現者，乃天地間「墟落」與「運會」的時空狀態。

管輅和裴徽等五友共語，是平生最引以為樂之事。他的「得數者妙、得神者靈」之說，使得《易》象數學與玄學密切相契相合。他不輕言著述或注《周易》，也絕少引用經籍，不想陷入注《易》解《易》的坎阱當中。他認為聖人著作乃在於得其天道之「神妙」的更高意境，是以《論語》、《老子》、《莊子》在他眼裏是「無用知之」的。他死後，只留世上流通的《易林》、《風角》、《鳥鳴》、《仰觀星書》等書，而無其他著作以遺世人。

管輅是魏代術數《易》學大家，他曾與何晏等進行清談〔註80〕，其言論內容也涉及道的本體，因此今人韓強、王葆玹先生都將他列入玄學家〔註81〕。

管輅在宇宙論的基礎上提出形上見解，認為只有藉著「性通」、「入神」，體會「大象」的全局觀，而深入「意之微」的境界，方能與天道相契。《三國志・魏書・管輅別傳》說：

> 輅言：苟非性與天道，何由背爻象而任胸心者乎？夫萬物之化，無有常形，人之變異，無有常體，或大為小，或小為大，固無優劣。夫萬物之化，一例之道也。
>
> 夫天雖有大象而不能言，故運星精於上，流神明於下，驗風雲以表

〔註79〕陳壽：《三國志》（臺北：鼎文書局，1980年），頁811。以下引該書版本同此。

〔註80〕見徐芹庭：《魏晉七家易學研究》（臺北：成文出版社，1977年），第285～286頁。

〔註81〕見王葆玹：《玄學通論》（臺北：五南書局，1996年），第292～295頁。《王弼與中國文化》第105~106頁。

　　異，役鳥獸以通靈。表異者必有浮沈之候，通靈者必有宮商之應。
　　是以宋襄失德，六鷁並退；伯姬將焚，鳥唱其災；四國未火，融風
　　已發；赤鳥夾日，殃在荊楚。此乃上天之所使，自然之明符。考之
　　律呂則音聲有本，求之人事則吉凶不失。〔註82〕

誠如宋代楊慈湖所言「以天地、萬物、萬化、萬理爲己」，「言乎其變謂之
《易》，言乎其無所不通謂之道，言乎無二謂之一」〔註83〕，《易》須秉於
不二的本心才足以感通萬物。而馮友蘭先生所謂不具任何規定性的共相，
正是管輅人物變更無有常形常體的最佳注腳。

　　正因爲天人地原本就是不分的整體，所以如聖人眼前的「表異者」和
「浮沈之候」是同一件事，「通靈者」和「宮商之應」也是同一件事。聖人
以仁合，常人卻以智分，聖人見其本而常人識其末。是以災祥吉凶感動了
禽鳥，管輅觀望鳥鳴，禽鳥是驚慌或喜悅顯現在鳴叫上，這鳴叫狀態藉由
八風音律來傳遞，聖人掌握八風音律即可推知災祥吉凶所在。禽鳥的情感
變化與災祥吉凶是一體的，這時候觀察者的心性是全面性的，猶如太極來
統攝陰與陽，是由共相來統攝別相的。八風音律的走向如同經絡，則災異
即爲病症，禽鳥的鳴聲即爲氣色，則循聲知災猶如觀氣知病，都是建立在
太極的一整體上。

　　所以，管輅說「夫萬物之化，無有常形；人之變異，無有常體」，聖人看
萬物非固定不變的，一般人卻用固定界限來看待，就眼前事務區分個大小，
再設定誰爲優誰爲劣，卻不曉得那只是意識的主觀作用而已，它們彼此之間
根本沒有界限存在。管輅把象數的紛賾統攝於一，他說「夫萬物之化，一例
之道也」，是同於王弼的「一以治多」，及宋代楊慈湖的「以萬化、萬理爲己」、
「言乎無二謂之一」，和《繫辭》聖人的「齋戒」、「無思無爲」，其功能作用
都是在達到簡約心志，藉以感通無礙。

　　因此，把本體論述眞正運用在漢《易》象數範疇中，達到《繫辭上》第
十章所云「寂然不動，感而遂通天下之故。……故不疾而速，不行而至」者，
將漢代象數占學背後的本體思維，發揮得如此淋漓盡致者，管輅稱得上這資
格。

〔註82〕陳壽：《三國志》（臺北：鼎文書局，1980年），頁814、816。
〔註83〕見《宋元學案・卷七十四・象山門人・文元楊慈湖先生簡》。黃宗羲：《宋元
　　　　學案》（北京：中華書局，1989年），頁2466～2467。

七、虞翻的本體說

虞翻是兩漢象數《易》學的集大成者。他一方面吸收道教丹道思想，繼承《周易參同契》月體納甲的卦氣說理論，將月體盈虛消息變化，演變成日體盈虛消息變化。一方面又在《周易》綜卦和《易傳》旁通說的基礎上，給予新的卦變體例，創造旁通說，影響了晉朝《易》家及南宋朱熹卦變思想。然而審視虞翻《易》學，發現其仍舊承襲《呂覽》、《淮南子》等太一的形上本體思維。

《繫辭上》第十一章說：「《易》有太極，是生兩儀。」虞翻注云：「太極，太一。分為天地，故生兩儀也。」《繫辭下》第一章說：「天下之動，貞夫一者也。」虞翻注云：「一謂乾元。萬物之動，各資天一陽氣以生，故天下之動貞夫一者也。」〔註84〕李零說：「一是起本體作用的概念。……『道』是本體概念的『無』，『一』是本體概念的『有』。……數術家講『一』，論時間，它是起點或開端（也是終點）；論空間，它是中心或樞軸（也是總體）。……這樣的『一』，古人也叫『太一』；……《繫辭》稱之為『太極』。」〔註85〕朱熹謂太極為萬物之本原，也稟賦於萬物之中。是以李零認為太一不只是時間之起點，也是空間的樞軸或總體，故虞翻的太一也如同太極，兼有本體的概念。

虞翻將「貞夫一」之「一」解釋為萬物資始的乾元，而宋代楊慈湖〈己易〉認為天地原本為一，地由天變出，所以只有〈乾〉卦及符號「—」最能代表全一不分的狀態，其他卦象是感知變化其心所生之別相。〔註86〕唯虞翻以萬物為乾元之陽氣所生，為宇宙本體之論述；慈湖則以乾元為己、為一、為無二之本心，是心性本體之論述。

在《易傳》之前的象數占學並非只有《易》，像戰國秦簡《日書》，其月辰建除法便是以十二階段日辰節氣做占日吉凶。其中許多參數體例也都流傳於後世，而與卦爻結合。在戰國秦漢象數占學盛行之際，為何《易傳》能劈荊斬棘，而為後世的主要傳本？戴璉璋說，《易傳》作者是從功能的觀點上來談陰陽，他用來說明《易》道的作用，而不是說天地萬物都是陰陽二氣所構成。戴先生認為這是先秦儒家與秦漢之際的陰陽家、雜家在思想上最重要的

〔註84〕李道平：《周易集解纂疏》（北京：中華書局，1994 年），頁 600、617。

〔註85〕李零：《中國方術續考》（北京：東方出版社，2000 年），頁 90。

〔註86〕黃宗羲等：〈文元楊慈湖先生簡〉，《宋元學案》，卷 74，（北京：中華書局，1989 年），頁 2467～2475。

分際。〔註87〕筆者以爲戴先生所言甚是，然而仍須修正兩點。

首先，戴先生又說「把陰陽用爲宇宙論詞語者是《繫辭傳》」，於是，學者談這《易傳》太極或道的本體時，往往將它固定在宇宙範疇上，而非心性範疇。從《說卦》第二章的「順性命之理，立天之道，曰陰與陽」，《繫下》末章的「變動以利言，吉凶以情遷。是故愛惡相攻而吉凶生，遠近相取而悔吝生，情僞相感而利害生。凡《易》之情，近而不相得，則凶或害之，悔且吝。」這幾句看來，《易傳》詮釋道的陰陽二分論述，其實是離不開以心性爲本體的。也就是說，《易傳》詮釋道的陰陽二分作用，是心性功能的顯現。

其次，戴先生認爲秦漢之際的陰陽家、雜家，將天地萬物都看做是陰陽二氣所構成。然而我們詳察《呂氏春秋》、《淮南子》、《春秋繁露》所言，也保有一與多、無與有、體與用的思想，可以說戰國秦漢象數占學雖然立基於陰陽二氣，但是仍舊沒有拋捨掉本體思維。而兩《漢書》講《易》象數星辰及《三統曆》，依舊溯源於太極。雖然沒有把本體思維重心放在性情上，仍然認爲聖人內修無爲精神，則可與無形的天道合而爲一。

第三節 以道德爲形上本體的印證

就康德及牟宗三來講，道德是形而上的。就帛書《易傳》來講，道德自覺的價值也是超越占卜的。道德的同理心，孔子和程顥都以仁爲中心，仁的功能猶如太極收束陰陽兩個體，將分別趨於合和，所以是形上的。

一、道德超越占卜的含意

余培林先生說：「『道』創生萬物，內存於萬物之中，便謂之『德』。『德』是『道』的作用，也是『道』的體現。所以『道』和『德』只有全與分的差異，而沒有本質的分別。」〔註88〕按其說法，「德」是「道」的分殊，體現一切作用於萬物，「道」能夠創生萬物，則德也有自我創生的作用。由於道德擁有自我創生吉福的作用，故不必祈求人格化之天的報償。是以尙德不占說一直是儒家所堅持的，從《論語》、帛書《易傳》到《荀子》皆然。

《論語·子路》第 22 章：「子曰：南人有言曰：『人而無恆，不可以作巫

〔註87〕戴璉璋：《易傳之形成及其思想》（臺北：文津出版社，1997 年），頁 5～6。
〔註88〕余培林：《新譯老子讀本》（臺北：三民書局，1973 年），頁 17。

醫。』善夫！『不恆其德，或承之羞。』子曰：不占而已矣。」〔註89〕所謂巫者之職乃與鬼神交通而治心，醫者之職乃針砭疾病而治身，都是學有專長的人員。孔子引用南方人的說法，說想要擔任這兩種職業的人必須要有恆心。而且他引用〈恆〉卦九三爻辭，認爲一個人如果沒有恆常之德則將承受羞辱。而老子說：「上德不德，是以有德；下德不失德，是以無德。上德無爲而無以爲；下德爲之而有以爲。……故失道而後德，失德而後仁，失仁而後義，失義而後禮。」〔註90〕老子的德分上下，上德接近道的無爲狀態，傾向於內在的先天性質，下德即爲孔孟所指的仁義，老子認爲無爲的上德比儒家所強調仁義的下德更高一階。

德行一直是儒家所推崇的項目，孔子《論語》裡引〈恆〉卦爻辭，闡述做巫師、醫師都要有恆德及利他之心，而占卜只限於利己之事，相較起來，德行的效益更廣泛，所以孔子說不必占卜。帛書《易傳·要》第三章說：「吾求其德而已，……德行焉求福，故祭祀而寡；仁義焉求吉，故卜筮而稀也。祝巫卜筮其後乎！」〔註91〕可見孔子認爲只要自己有利他之德，幸福吉利自然降臨，實在不須要靠祭祀占卜來求取。所謂「其後」，按鄧球柏先生所說是把祭祀占卜放在次要的位置。〔註92〕《荀子·大略》則說：「以賢易不肖，不待卜而後知吉。以治伐亂，不待戰而後知克……不足於行者，說過；不足於信者，誠言。故《春秋》善胥命，而《詩》非屢盟，其心一也。善爲《詩》者不說，善爲《易》者不占，善爲《禮》者不相，其心同也。」〔註93〕從荀子這段敘述來看，因爲事情的踐履要有恆德，與人的允諾要確實執行，這些都是個人的操守問題，不必等待占卜來決定。《詩經》、《春秋》也都有相同的旨意。而以賢能的人替換掉不賢的人，不待占卜便知道這是吉祥之事。因此，《詩經》、《春秋》、《易經》，都是將德行價值放置在最頂……端，它是須要親身去實踐的自覺行爲，而不是依靠占卜來決定人生方向。

〔註89〕臺灣開明書店斷句：《斷句十三經經文·論語》（臺北：臺灣開明書店，1991年），頁15。

〔註90〕余培林：《新譯老子讀本》（臺北：三民書局，1973年），頁80。

〔註91〕鄧球柏：《帛書周易校釋》（湖南：湖南出版社，1987年），頁481。

〔註92〕鄧球柏：《帛書周易校釋》（湖南：湖南出版社，1987年），頁482。

〔註93〕李滌生：《荀子集釋》（臺北：臺灣學生書局，1979年），頁622。

二、德的內在依據及外在動機

《中庸》第 25 章說：「成己，仁也；成物，知也。性之德也，合外內之道也。」〔註 94〕可見儒家所看重的德，它是一種做人處事的內在根本，也是一種自覺自發的表現，在利他當中有成己成物的效用，而占卜只是顧到利己的事而已。是以這裡的德，實包含內在的先天性質、自覺的思考及利他的行為。

熊十力於《乾坤衍》中認為萬物均是〈乾〉〈坤〉合德，他說：

> 聖人於〈乾〉道，說萬物資始，有二義，一，〈乾〉道主動以導〈坤〉。萬物資取於〈乾〉道，〈坤〉與〈乾〉合德，萬物始生。……〈乾〉是大生，大明，健而又健，進而又進之力，此其所以能主導乎〈坤〉，遂成萬物也。……生物之始，當然由〈乾〉〈坤〉變化所為。萬物既成，則是萬物已將一元與其所含藏之〈乾〉〈坤〉兩性質資取得來，成就了自己。故無有離開萬物而獨存之〈乾〉〈坤〉。前云〈乾〉〈坤〉即萬物者，此其故也。萬物如能不為小己之形體所拘縛，而能含養與發展其本有之元，即擴大其主動導〈坤〉之〈乾〉，所謂大生、大明、健健、進進，不墜於小體，不離其大體。萬物始達到其最高之祈向，所謂至善境地。〔註 95〕

老子所說的「萬物負陰而抱陽，沖氣以為和」〔註 96〕，是承認人與萬物由陰陽兩氣態聚合而成，這也就是熊十力所指〈乾〉〈坤〉合德的內在性。然而老子不看重儒家所強調的仁義，因為在老子看來仁義都是刻意的有為。老子認為「失道而後德，失德而後仁，失仁而後義」，則在老子，道的層次最高，德次之而高過仁義。老子《道德經》通篇言德而不言性，且認為德是超越儒家仁義的層次，老子認為具有上德者才是近道者，而儒家仁義是老子所謂的下德層次。既然老子認為上德接近無為的道體，也就不強調偏向〈乾〉大而捨棄〈坤〉小了。

道家的德有接近天道的意思，是從全然之道體分出來而賦予萬物的。《中

〔註 94〕臺灣開明書店斷句：《斷句十三經經文・禮記》（臺北：臺灣開明書店，1991年），頁 110。

〔註 95〕熊十力：《熊十力全集（第七卷）》（湖北：湖北教育出版社，2001 年），頁 579～580。

〔註 96〕余培林：《新譯老子讀本》（臺北：三民書局，1973 年），頁 80。

庸》則說「天命之謂性」〔註97〕，由此看來，儒家的德與性命相接，故《中庸》強調仁智都是「性之德也」。老子的上德處於無為，儒家的德則有捨〈坤〉陰小而趨向〈乾〉陽大的公傾向。

基本上，陰陽是可顯示而被人感知者，是隸屬於現象界形下的，也就是所謂的宇宙論範疇。《繫辭》所說的「一陰一陽之謂道」屬於道體的作用，是不為人所感知的形上狀態，是所謂的本體論範疇。由此推知，老子所講的德都是繼承道的宇宙本體。在儒家的《易傳》來說，德即是天命之性，而且擁有熊十力先生所謂〈乾〉之大明大生，是屬於良善的內在本體而具有創生的特質。

孔子對於性與天道的看法弟子不可得而聞，這些話題便由孟子負責來做徹底的闡述。孟子則提出仁義禮智，謂之性善的四端，《孟子·公孫丑上》第六章說：

> 惻隱之心，仁之端也；羞惡之心，義之端也；辭讓之心，禮之端也；是非之心，智之端也。人之有是四端也，猶其有四體也。有是四端而自謂不能者，自賊者也；謂其君不能者，賊其君者也。凡有四端於我者，知皆擴而充之矣，若火之始然，泉之始達。苟能充之，足以保四海；苟不充之，不足以事父母。〔註98〕

由此看來，孟子之德的四項目即由善性分別而來。四端之德其實就是心志方面的惻隱之心、羞惡之心、辭讓之心、是非之心的四種表態。所以儒家之德，是傾向內在本有的性善這部份，而顯現在人際關係的利他方向上，這就是熊十力所謂的〈乾〉性的擴充。孟子又強調這些屬於天爵。《孟子·告子上》第十六章載：

> 孟子曰：有天爵者，有人爵者。仁義忠信，樂善不倦，此天爵也；公卿大夫，此人爵也。古之人修其天爵，而人爵從之。今之人修其天爵，以要人爵；既得人爵，而棄其天爵，則惑之甚者也，終亦必亡而已矣。〔註99〕

〔註97〕臺灣開明書店斷句：《斷句十三經經文·禮記》（臺北：臺灣開明書店，1991年），頁107。

〔註98〕臺灣開明書店斷句：《斷句十三經經文·孟子》（臺北：臺灣開明書店，1991年），頁11。

〔註99〕臺灣開明書店斷句：《斷句十三經經文·孟子》（臺北：臺灣開明書店，1991年），頁38。

又《孟子・盡心上》第三章，孟子說：「求則得之，舍則失之，是求有益於得也，求在我者也。求之有道，得之有命，是求無益於得也，求在外者也。」另《孟子・盡心上》第四章，孟子說：「萬物皆備於我矣。反身而誠，樂莫大焉。強恕而行，求仁莫近焉。」〔註100〕可見，公卿大夫是別人給的，因此別人也可以再奪走。唯有仁義忠信之德本備於我，是內在於自己的天性，任何人都奪取不了。是以孟子極力宣揚義利之辨，《孟子・梁惠王上》第一章，孟子說：「苟爲後義而先利，不奪不饜。未有仁而遺其親者也，未有義而後其君者也。王亦曰仁義而已矣，何必曰利？」〔註101〕孟子所指的自私自利，便是起因於熊十力所言墜於小體而無法發揚其大體。那麼，占卜求吉福這種有利於小己之形體者，被視爲次要，是顯而易見的了。占卜的目的既然是利己的，則孟子這義利之辨正是孔子尚德不占的最佳注腳。

是以，《周易・說卦》第一章言：「和順於道德而理於義，窮理盡性以至於命。」〔註102〕原本以占卜爲重心的《周易》，經過儒家後學的闡發，在《易傳》當中將占卜轉化爲修身進德，體察天道的著作。儒家的德不似墨子，以自苦爲極式的極端損己利他之說，它既是成物利他的，又帶有成己的效益，這是非常符合人性的作爲。

三、用修身來成就立命之學

儒家的德以利他爲精神指標，這也顯現在其他教的教義上。例如佛菩薩不以究竟涅盤爲目的，而發誓再轉世人間以渡化眾生爲志。而從《中庸》所說成己成物，故知儒家修德的動機是基於互利的，非止於獨善其身而已，還要兼善天下。但是，人有良善的動能就可以自成良善的法則嗎？

《說卦》第二章言：「昔者聖人之作《易》也，將以順性命之理，是以立天之道曰陰與陽，立地之道曰柔與剛，立人之道曰仁與義。」〔註103〕《說卦》說性命來自天，但性命與天是渾然不分的，它不似老子所指自生規律之天。《說

〔註100〕臺灣開明書店斷句：《斷句十三經經文・孟子》（臺北：臺灣開明書店，1991年），頁38、42、42。

〔註101〕臺灣開明書店斷句：《斷句十三經經文・孟子》（臺北：臺灣開明書店，1991年），頁1。

〔註102〕臺灣開明書店斷句：《斷句十三經經文・周易》（臺北：臺灣開明書店，1991年），頁28。

〔註103〕臺灣開明書店斷句：《斷句十三經經文・周易》（臺北：臺灣開明書店，1991年），頁28。

卦》作者認爲唯有聖人按照其性命對此世界進行體察，這世界才有合乎人的作息次序之理，而天理依序的運作，便可稱爲天道，在《易》學範疇它是可用象數來呈現的。

《荀子·天論》說：

> 天行有常，不爲堯存，不爲桀亡。應之以治則吉，應之以亂則凶。
> 彊本而節用，則天不能貧；養備而動時，則天不能病；脩道而不貳，
> 則天不能禍。故水旱不能使之飢，寒暑不能使之疾，祆怪不能使之
> 凶。本荒而用侈，則天不能使之富；養略而動罕，則天不能使之全；
> 倍道而妄行，則天不能使之吉。故水旱未至而飢，寒暑未薄而疾，
> 祆怪未至而凶。受時與治世同，而殃禍與治世異，不可以怨天，其
> 道然也。故明於天人之分，則可謂至人矣。

《荀子·王制》說：「君子者，禮義之始也。……故天地生君子，君子理天地；君子者，天地之參也，萬物之摠也。」〔註104〕這將天視爲物質對象，認爲有德的君子足以制天而用之，擘畫出天地的理序來。荀子在天道這方面徹底發揮了人的主體能動性的精神。

孟子的天和荀子不同，《孟子·盡心上》第一說：「盡其心者，知其性也。知其性，則知天矣。存其心，養其性，所以事天也。殀壽不貳，修身以俟之，所以立命也。」〔註105〕所謂不貳，朱熹注爲不疑。指無論壽命是長是短，絲毫不加疑慮，專務於修身養性。孟子把道德心性歸向天，視天爲心性義理之源頭。他的立命說，更明確指出人轉變人爵之本性欲求，朝向天爵之良善規律的必然性。袁了凡所著《了凡四訓》裡的雲谷法師，在此有精闢獨到的見解。

《了凡四訓·第一篇立命之學》說：

> 余曰：吾爲孔先生算定，榮辱生死，皆有定數，即要妄想，亦無可
> 妄想。雲谷笑曰：我待汝是豪傑，原來只是凡夫。

> 問其故？曰：人未能無心，終爲陰陽所縛，安得無數？但惟凡人有
> 數；極善之人，數固拘他不定；極惡之人，數亦拘他不定。汝二十
> 年來，被他算定，不曾轉動一毫，豈非是凡夫？

〔註104〕李滌生，《荀子集釋》（臺北：臺灣學生書局，1979年），頁362、178。
〔註105〕臺灣開明書店斷句：《斷句十三經經文·孟子》（臺北：臺灣開明書店，1991年），頁42。

　　余問曰：然則數可逃乎？曰：命由我作，福自己求。詩書所稱，的
　　為明訓。我教典中說：求富貴得富貴，求男女得男女，求長壽得長
　　壽。夫妄語乃釋迦大戒，諸佛菩薩，豈誑語欺人？

　　余進曰：孟子言：求則得之，是求在我者也。道德仁義，可以力求；
　　功名富貴，如何求得？

　　雲谷曰：孟子之言不錯，汝自錯解耳。汝不見六祖說：一切福田，
　　不離方寸；從心而覓，感無不通。求在我，不獨得道德仁義，亦得
　　功名富貴；內外雙得，是求有益於得也。若不反躬內省，而徒向外
　　馳求，則求之有道，而得之有命矣，內外雙失，故無益。〔註106〕

孟子以求天爵為尚而輕人爵，雲谷則謂求天爵而人爵亦可得。其所謂「人未
能無心，終為陰陽所縛」，是說常人終究在功名富貴上打轉，猶熊十力所謂為
〈坤〉德小己小體福吉之求。若能夠立志於修成〈乾〉德大生大明之德，則
雲谷依照孟子立命說而講的「命由我作，福自己求」，足以破宿命之見。《朱
子語類‧卷第九十五程子之書》說：「又曰：『惻隱之心，人之生道也。』仁
者，天地生物之心，而人物之所得以為心。人未得之，此理亦未嘗不在天地
之間。只是人有是心，便自具是理以生。」〔註107〕由此亦可證明仁德之心是
生道之心，是由主體心性自覺自發而產生良善規律之心。

四、回歸樞機的創生之德

　　雲谷「求在我，不獨得道德仁義，亦得功名富貴；內外雙得，是求有益
於得也。」可知這不是立志對功名富貴之求，而是求自我內在道德仁義的附
加價值。然而雲谷所說的福田自求，是一種必然規律嗎？是否有立論基礎？

　　德行是懷著利他的心態，身段放低，猶如空谷容易為溪流所匯集，猶如
空的杯子別人比較好倒。所以《老子》第 77 章說：「天之道，損有餘而補不
足。」〔註108〕謙《彖》也說：「謙，亨，天道下濟而光明，地道卑而上行。天
道虧盈而益謙，地道變盈而流謙，鬼神害盈而福謙，人道惡盈而好謙。謙尊
而光，卑而不可踰，君子之終也。」〔註109〕這裡的卑不是社會對於某人身價

〔註106〕袁了凡，《了凡四訓》（江蘇：蘇州弘化社，1932 年）。
〔註107〕黎靖德編：《朱子語類》（北京：中華書局，1986 年），頁 2440。
〔註108〕余培林：《新譯老子讀本》（臺北：三民書局，1973 年），頁 152。
〔註109〕臺灣開明書店斷句：《斷句十三經經文‧周易》（臺北：臺灣開明書店，1991

的評斷，也不是給他人道德方面的譴責，而是自覺自發地讓身段隨著心態放低，而自然形成回饋的規律狀態，而流謙、益謙、福謙、好謙，就是一種對心態放低的報償狀態。

由此觀之，《中庸》所謂德性的效益，不僅成物也能成己，在謙《象》有了明確的解答，這也是生生之謂《易》的創生之德。《繫辭上》第 5 章：「一陰一陽之謂道，繼之者善也，成之者性也。仁者見之謂之仁，知者見之謂之知。百姓日用而不知，故君子之道鮮矣。顯諸仁，藏諸用，鼓萬物而不與聖人同憂，盛德大業至矣哉。富有之謂大業，日新之謂盛德。生生之謂《易》，成象之謂〈乾〉，效法之爲〈坤〉。」〔註110〕《中庸》的成己的仁德者，成物的智德者，在《繫辭》這裡似乎有最根本的原理依據，就是從道體中成就善性者有仁與智之別。而瞭解仁與智之別，就得瞭解陰陽相對立又相依存的關鍵。這關鍵就是《繫辭》所謂的幾，或是樞機。《繫辭下》第 5 章：「子曰：知幾其神乎？君子上交不諂，下交不瀆，其知幾乎，幾者動之微，吉之先見者也，君子見幾而作，不俟終日。……君子知微知彰，知柔知剛，萬夫之望。」〔註111〕《繫辭上》第八章：子曰：「君子居其室，出其言善，則千里之外應之，況其邇者乎，……言行，君子之樞機，樞機之發，榮辱之主也。言行，君子之所以動天地也，可不慎乎？」〔註112〕《繫辭》知幾見幾的幾，或形象化的樞機，就是知曉微彰、柔剛、諂瀆、善惡、遠近、榮辱等兩相對概念之間的關鍵點。而孟子提到的殀壽不貳，即生死攸關的問題，其間也存在這關鍵點。王羲之〈蘭亭集序〉寫到：「況修短隨化，終期於盡。古人云『死生亦大矣。』豈不痛哉！」足見生命的長短是古今人共同在意的大事。然則孟子所說求之有道得之有命的人爵，或雲谷所說功名富貴之利，皆是常人貪求而想掌控的部份，用之來取代或慰藉現實生命的不可延長。然而就孟子和雲谷之說來看，執著於此不僅無法自我立命，終究會被形下之氣所拘。

孟子提到的殀壽不貳，就如同莊子〈秋水〉寫到：「明乎坦塗，故生而不

年），頁6。

〔註110〕臺灣開明書店斷句：《斷句十三經經文・禮記》（臺北：臺灣開明書店，1991年），頁22。

〔註111〕臺灣開明書店斷句：《斷句十三經經文・周易》（臺北：臺灣開明書店，1991年），頁26。

〔註112〕臺灣開明書店斷句：《斷句十三經經文・周易》（臺北：臺灣開明書店，1991年），頁22。

說，死而不禍，知終始之不可故也。」〔註113〕回歸中道，以無爲之心即見形上本體。這情況其實就如同老子用無爲、無身以見道，在莊子用坐忘、無情、約分之至以見道樞，《繫辭》用無思無爲以見樞機，王弼用一包羅眾態以見璇璣、會要〔註114〕，禪宗用生死不二以見中道。這個原點正是收束對立心態方能得到的，而回歸這中道原點，才得以顯現無限的可能生機。而修德行到這樣的境界，也就心思清明，能夠掌握到合外內之中道樞機，是一種《中庸》成己成物，仁智皆備於我的心境。這形上境界，正是《易傳》所云聖人作《易》的境界，而繼承《易》者如果不能見幾知幾，也只能仁者見仁、智者見智，偏倚於一格而沒辦法做個全局觀的占師。

在漢代《易》範疇本體論述被宇宙論述掩蓋而黯然不彰，其形上道德之教則藉章奏表議之言，或占師自我切身實踐之行，由立德、立言兩種方式延續下去。這種情況，不僅說明漢代占學在充滿他律氛圍已失去主體能動性之下，何以仍然有翼奉等人極力陳奏君德自律的價值。而且翼奉在道德方面立言之外，本身也謙和自處，故子孫能長享厚祿。反觀同時期的京房，身爲當時最享盛名的占師，卻以考功措施鉗制大臣，挾君權而排除異己，他不僅不顯仁謙之德，反而刻意用他那套占術擴張自己的勢力，其師心自用莫此爲甚，是以遭石顯等報復而身死東市。在這裡，《繫辭》提出占師須要仁智雙全而必須顯諸仁、藏諸用的見解，可在翼奉身上獲得實效上的證明。

五、道德形上說對體仁說的印證

一般人以爲《易》就是種預測學，主要目的在趨吉避凶。從務實面來講，這話沒錯。不過《易傳》作者從更高的道德角度，提出占師要基於利他精神和透過洗心齋戒的修身工夫，才能夠全盤掌握《易》的效用。

《繫辭上》第11章：

> 子曰：「夫《易》，何爲者也？夫《易》開物成務，冒天下之道，如斯而已者也。是故，聖人以通天下之志，以定天下之業，以斷天下之疑。」是故，蓍之德，圓而神；卦之德，方以知；六爻之義，《易》以貢。聖人以此洗心，退藏於密，吉凶與民同患。神以知來，知以藏往，其孰能與此哉！……是以，明於天之道，而察於民之故，是

〔註113〕黃錦鋐：《新譯莊子讀本》（臺北：三民書局，1974年），頁214。
〔註114〕璇璣、會要參見樓宇烈：《王弼集校釋》（北京：中華書局，1980年），頁591。

興神物以前民用。聖人以此齋戒，以神明其德夫！〔註115〕

所謂開物成務，就是《易》在實務上的開發創造，如《繫辭下》第二章內容所述，〈離〉卦可藉以製造漁網，〈大過〉卦可藉以製造棺槨之類。作《易》的聖人匯集天下人的心志取向，用陰陽變化來模擬天下人所見所聞所想，來建構一套天地人三才之道的法則。這套法則的建成，不僅要符合眾人性情規律的公約趨勢，而且得以仁義為人道的首要素質。義者宜也，仁者為人，因為《易》是一種用利他態度來做符合眾人需求的事業，用最適當的方法來解決眾人的疑惑，因此，《易》占師須具備有高道德的自我要求，而這種高道德要求就在人我和合處實踐。

《說卦》第一章說：「和順於道德而理於義，窮理盡性以至於命。」〔註116〕窮究事物之理曰義，須以分解的智心來對待，唯有道德仁心能夠和合之。是以景海峰先生在〈圓教與圓善：牟宗三哲學的核心思想〉一文中說：

> 《圓善論》更是將儒家之圓教推至宗極：「圓教種種說，尼父得其實」。只不過儒家之圓教入手與佛道不同，也不是天台宗那種「詭譎的圓融」之方式。它是由道德意識入手，道德意識即是一「自由無限心」，亦即「智的直覺」。牟宗三把儒家的這種方式稱為「道德創造之縱貫縱講」，即「圓境必須通過仁體之遍潤性與創生性而建立」。儒家之稱圓教，亦因其道德實踐「能啟發人之理性，使人依照理性之所命而行動以達至最高理想之境」，……西方哲學恰恰不具有這般圓教的品格，其主流思想都是走「分解的方式」之一途。〔註117〕

由此觀之，牟宗三所謂的「自由無限心」或「智的直覺」，等同樞機之心。〈睽〉《象》說：「天地睽，而其事同也；男女睽，而其志通也；萬物睽，而其事類也。」〔註118〕然則此心不僅見到分，亦知其合之所在，是分合的關鍵，是對立又統一的關鍵，故《繫辭上》第十一章：「闔戶謂之〈坤〉；闢戶謂之〈乾〉；一闔一闢謂之變。」〔註119〕它是收束陰陽回歸太極樞機的狀態，即是〈乾〉

〔註115〕臺灣開明書店斷句：《斷句十三經經文・周易》（臺北：臺灣開明書店，1991年），頁24。

〔註116〕臺灣開明書店斷句，《斷句十三經經文・周易》，頁82。

〔註117〕2013年4月23日摘自中國儒學網。網址：http://www.confuchina.com/10%20lishi/mou%20zongsan%20zhexue.htm。

〔註118〕郭建勳：《新譯易經讀本》（臺北：三民書局，1996年），頁296。

〔註119〕臺灣開明書店斷句：《斷句十三經經文・周易》（臺北：臺灣開明書店，1991年），頁24。

〈坤〉合德之心，因為至此已提升到形上層次，故兼有〈坤〉德之遍潤性和〈乾〉德之創生性，也就是孔子所倡之仁德。這太極樞機既然擁有遍潤性，故無所不在，既然擁有創生性故無所不能，知孟子所以要修身以俟之者即在此，而雲谷所指立善命之規律而受天之吉福，也是可以達成的。

牟宗三認為道德意識是「自由無限心」或「智的直覺」，這是種寬闊無礙的心。就《易傳》角度來說，時乘六龍，雲行雨施，故〈乾〉有創生之德；牝馬任重，厚德載物，故〈坤〉有遍潤之德。「自由無限心」即〈乾〉〈坤〉合德的心，也就是知幾見幾之心。

又《易》是時空象數組合而成的，所以卦象的區域性及層面性，與地道方位狀態相關，又和「位」概念相結合，它必須依靠智心來解析、來運作形下務實的層面。蓍數的連續性及累計性，與天道循環狀態相關，又和「時」概念相結合，它必須仰賴道德來契合、來領會形上不可測的層面。是以《中庸》第 26 章說：「誠者非自成己而已也，所以成物也。成己，仁也；成物，知也。性之德也，合外內之道也。」〔註120〕目所見、耳所聞皆面對實體物，具有分解的智力可以成就實務面的事物。心懷利他的道德情懷，不墜於小己的私利，則可以成就大我的公益。仁之成己即成就大我，即牟宗三〈周易的自然哲學與道德函義〉筆下戴東原所謂以情絜情的同理心，或熊十力《乾坤衍》所說：「如能不為小己之形體所拘縛，而能涵養與發展其本有之元，即擴大其主動導〈坤〉之〈乾〉，所謂大生、大明、健健、進進，不墜於小體，不離其大體。」〔註121〕聖人創作《易》時乃匯集眾人性情而制定其法則，因此，做為後繼者的《易》占師，也必須仿傚聖人洗心齋戒，純化潔淨其小體心，才能夠與《易》的作用相契合。

閔仕君先生在《牟宗三道德的形而上學研究》說：

> 《易傳》對「通」予以了較多的關注，一方面，它強調：「一闔一闢謂之變，往來無窮謂之通。」(《易傳·繫辭上》) 另一方面，又肯定：「易無思也，無為也，寂然不動，感而遂通天下之故。」(《易傳·系辭上》)「往來無窮」是就存在的形態而言，「通」在此指動態意義上的統一性，「感」隱喻了人之「在」與世界之在的關系（包

〔註120〕臺灣開明書店斷句：《斷句十三經經文·禮記》（臺北：臺灣開明書店，1991年），頁110。
〔註121〕熊十力：《熊十力全集第七卷)》（湖北：湖北教育出版社，2001年），頁580。

括二者之間的相互作用），「感而遂通天下之故」意味著在人之「在」
與世界之在的相互作用過程中把握存在。《易》是由卦象構成的形
而上的系統，在《易傳》看來，《易》所彰顯的「通」既展示了存
在本身的統一形態，又作為統一的視域，表現為對存在原理或根據
（故）的總體上的理解。康德在談到形而上學時也曾強調，「形而
上學乃是作為系統的科學觀念」，「是一個整體」。形而上學的這種
系統性和整體性，既表現為內在的邏輯融貫，也以對存在的整體把
握為其內容，它使被知識所分化的存在重新以統一的、具體的形態
呈現出來。〔註122〕

書中引「往來無窮謂之通」、「感而遂通天下之故」，認為「通」字指動態意義
上的統一性，是對存在原理總體上的理解。他也引述康德的形而上學說，「形
而上學乃是作為系統的科學觀念」，「是一個整體」。閔先生解釋說它使被知識
所分化的存在重新以統一的、具體的形態呈現出來，道德則顯然深具這項作
用。

　　《繫辭上》第五章道：「一陰一陽之謂道，繼之者善也，成之者性也。仁
者見之謂之仁，知者見之謂之知。百姓日用而不知，故君子之道鮮矣。顯諸
仁，藏諸用，鼓萬物而不與聖人同憂，盛德大業至矣哉。」〔註123〕可見《易
傳》作者認為，一個繼承《易》的占師要有好的技巧，但是僅有好技巧的智
力是不夠的，要做為全局觀的占師須要在仁德下工夫。所謂分別事物依靠耳
目智力，它是形下的。為達到和合狀態所仰賴的仁德修養，它是一種有形二
分的超越及統合，所以是形上的。在《易傳》來講仁是和合人我對立，乃惻
隱之心的實效作用。

　　《易傳》有形下宇宙論述，如《序卦》「有天地然後有萬物」之類；有形
上本體論述，如「太極」、「見幾」、「與天地合其德」之類，是以《彖》「大哉
〈乾〉元，萬物資始」及「至哉〈坤〉元，萬物資生」云云，都是直陳〈乾〉
〈坤〉兩德之形上本體境界。而《大象傳》，如「天行健，君子以自強不息」
及「地勢〈坤〉，君子以厚德載物」之語，均在說明人與天地合其德的情狀。

〔註122〕http://www.books.com.tw/exep/prod/china/chinafile.php?item=CN10078091&#
　　　　item_top，閔仕君：《牟宗三道德的形而上學研究》（四川：巴蜀書社，2005
　　　　年12月）。

〔註123〕臺灣開明書店斷句：《斷句十三經經文・周易》（臺北：臺灣開明書店，1991
　　　　年），頁22。

　　《易傳》根基性情的太極本體，在秦漢之際很明顯的是受道家老子學說的影響，把太極當做玄遠的道體。至魏朝管輅「苟非性與天道，何由背爻象而任胸心者乎？」主張性通才能入神，意之微才能體大象，其本體思維稍微向心性靠近。但王弼少談象數，其本體思維重心再次放在玄遠的道上，而以宇宙爲本體。其以人之性爲本體，也將它認作宇宙本體的部份，而不是如同《易傳》把宇宙道體做爲心性本體的創造對象。至宋明理學之陸、楊、王心學，才又將儒家回歸到心性道德上。

　　在漢代以太極爲元氣的氛圍中，雖然講一、講無、講渾沌，但當今學界認定元氣屬於形下物質，故將漢代《易》學全部歸結於宇宙論範疇，而忽略一、無、渾沌等應當視爲本體詞意的事實。然而，誠如時位是一體產生的兩個概念，本體論與宇宙論只是兩種看待宇宙的方式，絕不是執存執滅的問題。筆者依照閔仕君先生對康德及牟宗三道德形上理論的詮釋，以爲《易傳》的道德意識，其終極歸趨是指向物我和合的，所以是超越形下實體存在的一種形上情境。

　　由於學界懷抱著科學實證的態度，對於漢代占卜多視之爲迷信。然而經過筆者研究，發現《易傳》無形的本體及太極的整體，這種形上哲學不只是學說而已，它直指一個接近眞理的境界，那就是超越人體感覺思維的「無」，其不言之教是不可言說的，既然非教育系統可以體證，那麼實證分析下的任何指稱，都不足以究竟其旨。唯有效法聖人內修無爲的精神，才可以眞正達到《繫辭》所說「不疾而速，不行而至」的這種感通入神之境界。所以，像京房、管輅的象數占學，可從聽鳥鳴聲當中，藉風向音律的走向而推知災異所在。任何陰陽兩點都是一體的平衡，這情形如同中醫可由望氣觀色，藉經絡的走向而推知疾病所在，是立基於整體思維的眞實效能。

第五章 《易》道情文概說

　　從漢代翼奉所謂仁義禮智信五性，以及喜怒哀樂好惡六情，可見文本身乃涵蓋不同的形音義，而為事物不同性質的表徵，只是漢代翼奉更將性情符號化參數化，以達到他術數運作的目的而已。劉勰在《文心雕龍・情采》說情文是由五性構成的，包括行為所表現的仁義禮智信，以及質地所蘊涵的金木水火土。一般而言，情是性的外在反應；就《易》學言之，其陰陽爻符號所寓含心理的表徵即為情文。在《中庸》羅列有喜怒哀樂四個項目，漢代翼奉則增「好、惡」而為六情。就哲學義理上說，《易》占為用智之術，依賴分解事理而成，占師們各有其術數專長；要將對立面加以統合，則非有體仁之涵養不可。就文獻學術的演變上說，陰陽爻在人道人文方面的表徵，因時因地而有遞變。程顥說義禮智信皆為仁，是仁性為一切德性之本體。孟子以仁義禮智為性善之四端，《易傳》以仁義二目為人道規律的基礎，董仲舒、翼奉則增至仁義禮智信為五性或五常。是以就史學方面來看，德性項目乃依仁為中心而與時增減。《易傳》以性情為陰陽變化之主體，翼奉則以五性六情配方位支辰，從此五行成為占數的參數，使得《易》卦爻趨於客體化，以性情為主體的作用也就不顯。

第一節　從相對思維到陰陽符號的成立

　　從史學的發展來看，起初源於相對思維的概念之文，亦即由兩性組合成的圖案來呈現遠古祖先們的想法。殷商以前仰韶文化時期已經有陰陽魚，說明了在陰陽爻符號產生之前，先民其實已經有對比意識，而且早已用圖案形

式來呈現。〔註1〕「陳立夫先生認為：『大陸先後所出土之古太極圖，較《周易》及《乾鑿度》之成書，尚早三、四千年。諸如陝西永靖所出土六千五百年前（伏羲時代）雙耳彩陶壺上之雙龍古太極圖（藏瑞典遠東博物館），乃使用毛筆中鋒所畫，竟早於孔子四千年。又出土商代及西周之多件青銅器上，亦契有雌雄雙龍相互纏繞之太極圖。』（《關於太極圖的一些問題》）陳先生將雙龍相互纏繞之圖直接稱為『雙龍太極圖』。雙龍纏繞圖實際上就是華夏始祖『伏羲女媧交尾圖』；此外有人認為太極圖來源於……符號（青海民和縣和樂都柳灣、遼寧翁牛特旗石棚山、廣東曲江石峽中層遺址出土的新石器時代的陶器上都刻有這種符號），雙魚紋樣圖形（陝西西安半坡遺址出土人面魚紋彩陶盆），雙鳳紋樣圖形（新石器時代骨刻與陶繪、河姆渡文化中有這種紋飾）。……。」〔註2〕由此觀之，無論遠祖們畫的是龍、魚或鳳，都是用雌雄兩性形態來呈現相對思維。

　　近數十年來，大陸學者張政烺等人研究過所謂「數字卦」，然而卦的組合元素在陰陽符號，「數字卦」難以成象，與其說它是卦不如說它是「蓍數記錄」，它和卦的關係諸討論見於「《易》道形文概說」這章。在此得出的重點，是從出土古器皿的符號圖案來看，兩性相對思維的產生必然是早於陰陽符號形態，而根據張政烺等人說法，陰陽符號是奇偶符號「一、六」或「一、八」形態轉變而來，那麼陰陽符號是遠古即有的相對思維導引之下所產生的。

　　相對思維的起源在《易傳》有兩種說法，一是《繫辭下》第 5 章「男女構精，萬物化生」〔註3〕，一是《序卦》「有天地然後有萬物，有萬物然後有男女，有男女然後有夫婦」〔註4〕。前說由人這主體擴及萬物，後說由天地客體擴及萬物然後才是人類。這兩種看待各自發展出本體論述和宇宙論述。因此，《文心雕龍・情采》說情文是五性，那是戰國以後發展出來的思想，剛開始是兩性的。就出土資料顯示，情文最早以雌雄交尾或合抱形式呈現，應該是《繫辭》所謂「男女構精」的一種表達方式。由現實的雌雄交尾影射男女

〔註1〕 李紅雄、李素靈，〈共首魚紋彩陶盆〉，2012 年 6 月 15 日五彩慶陽網（http://big5. xinhuanet.com/gate/big5/www.gs.xinhuanet.com/wcqy/2012-06/15/c_112227377. htm），2013 年 6 月 27 日檢索。

〔註2〕 引自《鄭州日報》，〈陰陽魚〉，1993 年 3 月 8 日第八版，百度百科網（http://baike. baidu.com/view/332134.htm），2013 年 6 月 27 日檢索。

〔註3〕 臺灣開明書店斷句，《斷句十三經經文・周易》，頁 26。

〔註4〕 臺灣開明書店斷句，《斷句十三經經文・周易》，頁 30。

構精的情文兩性觀，是相對思維最初的呈現。後來思想漸趨抽象，再產生《象傳》的剛柔，最後才由陰陽做為相對思維的總綱領。仁義做為《易》情文範疇最基本的項目，則是從《說卦》第二章開始。

第二節　從性善四端、仁義到五性說的演變

儒學以性情爲本體的主流思維，當從孟子（前 372 年～前 289 年）、荀子（前 313 年～前 238 年）、《易傳》學說的歷史發展上去驗證。由於心學以《易傳》爲闡發之藍本，《易傳》性情說不僅在漢代以道德言行方式延續下來，至魏朝管輅又回復到性與天道合一的情狀。

孔子以人爲道德的中心，在與孟子的性善理念相對照下，可看出仁義禮智之人理項目是否曾有變更的趨勢。至於《易傳》之《說卦》，謂聖人之意是順著內在性命之理，而會通天下人之心志共相後，方完成三才之道的設立，其後荀子亦謂君子誠其心足以理天地。邵雍以心爲太極、道爲太極之說，並說「先天之學，心也；後天之學，跡也」〔註5〕，驗之《說卦》第三、五兩章，應當可以理解。《說卦》第三、五兩章，推測是人道所開展出的天道地道兩種形式。從《史記》、《禮記》、《漢書》裡所提及節氣所配之人理項目，察看其流變原委，當可以解釋孟子之四端到漢代之五常的歷史發展。

不論是從孟子四端學說的演變，或《說卦》對性命理道的義理，以及所提供卦位的思維模式，或依照荀子理天地的說法，抑或參考各種《易》圖的轉變，這些都可藉以探討儒家性情爲本體的主流思維。

一、孟子知天理的內在基礎及後學在性體思維的演變

孟子、荀子二者，常人特重其性善性惡論之比較。其實，將心從性區分出來，就知道性偏屬於質地而心偏屬於能量。或者說性只是賦予基礎感覺的物質組成，而心則是具有思辨「理」方面之能力者，在這方面孟子也是贊同的。心會隨著時空變化而產生不同的概念，它既然可創作理則，即可依照不同的概念而有不一樣的呈現，從孟子性四端說參照今本《易傳》、帛書《老子》甲本卷後的佚書的文字，我們就可窺探其端倪。

〔註 5〕 邵雍，《皇極經世書》（臺北：廣文書局，1999 年），頁 351。

1、孟子知天的內在基礎

《孟子‧盡心上》第一章云:「盡其心者,知其性也。知其性,則知天矣。存其心,養其性,所以事天也。夭壽不貳,修身以俟之,所以立命也。」〔註6〕內在的性及外在的天,同樣須要面對它們,那麼,捻出理而構成道的概念,心是如何形成這些理的概念?孟子是否也有這方面解釋?是值得令人關切的。

孟子知天的內在先決條件爲何,是首先要釐清的。《孟子‧告子上》第七章孟子就說到:

> 使口之於味也,其性與人殊,若犬馬之與我不同類也,則天下何耆皆從易牙之於味也?……故曰:口之於味也,有同耆焉;耳之於聲也,有同聽焉;目之於色也,有同美焉。至於心,獨無所同然乎?心之所同然者何也?謂理也,義也。聖人先得我心之所同然耳。故理義之悅我心,猶芻豢之悅我口。〔註7〕

孟子謂理、義是心所判斷出來的,假使某人之性與他人殊異,爲何對易牙烹飪的味道也讚不絕口?可見眾人其心必有同樣的取向,此即心之所同然的理、義,合言之即爲適當行爲之理則。這如同《繫辭》所謂聖人能會通天下人之志,而凡夫卻未能發揮出來。又《孟子‧告子上》第五章引公都子批判季子:「季子聞之曰:『敬叔父則敬,敬弟則敬,果在外,非由內也。』公都子曰:『冬日則飲湯,夏日則飲水,然則飲食亦在外也?』」〔註8〕知孟子認爲心之判斷離不開耳目口之所感,亦即理義等概念,是耳目口接觸到對象後產生的。

然聖人爲何有這種知曉理義的資質呢?《孟子‧告子上》第十一章孟子說:

> 仁,人心也;義,人路也。舍其路而弗由,放其心而不知求,哀哉!人有雞犬放,則知求之;有放心,而不知求。學問之道無他,求其放心而已矣。……耳目之官不思,而蔽於物,物交物,則引之而已矣。心之官則思,思則得之,不思則不得也。此天之所與我者,先

〔註6〕 臺灣開明書店斷句,《斷句十三經經文‧孟子》,頁42。以下引《孟子》皆同此版本。

〔註7〕 臺灣開明書店斷句,《斷句十三經經文‧孟子》,頁36。

〔註8〕 臺灣開明書店斷句,《斷句十三經經文‧孟子》,頁35。

立乎其大者，則其小者不能奪也。此爲大人而已矣。〔註9〕

孟子認爲耳目之感官不具思考判斷的能力，心之感官才有此能力。它們接觸到外物，心之官若沒及時發揮適當行爲之判斷，被物欲習染就會使壞。孟子相信人性是本善的，因爲天所給與人的內在本質，就有這種先天條件。因此，按孟子的思維，所謂仁義，就是與他人相交流後，內心產生一種恰如其分、舉止得宜的想法。而聖人君子，只因他們發揮了內心的思考判斷能力，知曉適當行爲之道理，又能切實做到而不被物欲染著。常人能做到向內求取其放失的心，剝除過多的物欲，也足以成爲他人典範的大人。

陸象山說：「四端者，即此心也。……人皆有是心，心皆有是理，心即理也。」〔註10〕按照象山之見，孟子的性善四端，都是從內心裡出來的，《孟子·告子上》第六章說：

> 乃若其情，則可以爲善矣，乃所謂善也。若夫爲不善，非才之罪也。
> 惻隱之心，人皆有之；羞惡之心，人皆有之；恭敬之心，人皆有之；
> 是非之心，人皆有之。惻隱之心，仁也；羞惡之心，義也；恭敬之
> 心，禮也；是非之心，智也。仁義禮智，非由外鑠我也，我固有之
> 也，弗思耳矣。故曰：「求則得之，舍則失之。」或相倍蓰而無算者，
> 不能盡其才者也。〔註11〕

朱熹注「乃若其情」之情，是「性之動也」，即心對於現象界的反應。據楊祖漢的解釋，「乃若其情則可以爲善矣」之「情」是「指人或性之實情」〔註12〕由上看來，孟子認爲可以爲善或爲惡，主要原因在於心的取捨反應而不在本性。另外，我們從上面敘述，推知仁、義、禮、智均是心四種反應作用的四個面向，因爲環境條件之差異，某人按照環境條件會做出惻隱、羞惡、恭敬、是非四種情感反應，便是四個恰如其分的行爲舉止，這就是基本的四種人際關係之理。而孟子認爲「我固有之也，弗思耳矣」，可見性原本就存在這可能。

但相較帛書《老子》甲本卷後的佚書提出的五性「仁、義、禮、智、聖」〔註13〕，及漢代儒家後學董仲舒等提出的「仁、義、禮、智、信」，它既然

〔註9〕 臺灣開明書店斷句，《斷句十三經經文·孟子》，頁38。
〔註10〕 陸象山，《陸九淵集·卷十一·與李宰》（臺北：里仁書局，1981年），頁149。以下所引《陸九淵集》者同此版本。
〔註11〕 臺灣開明書店斷句，《斷句十三經經文·孟子》，頁36。
〔註12〕 楊祖漢，《儒家的心學傳統》（臺北：文津出版社，1992年），頁70。
〔註13〕 邢文，《帛書周易研究》（北京：人民出版社，1997年），頁220。

可依心之思考創作出多一「聖」或「信」端，那麼，足見性原本就不只存在這「仁、義、禮、智」四項「理」的可能資質，而且須要落實在惻隱、羞惡、恭敬、是非四心之後。《孟子‧告子上》第十六章云：「有天爵者，有人爵者。仁義忠信，樂善不倦，此天爵也；公卿大夫，此人爵也。」〔註14〕既然孟子親言「忠信」也是天之所給與我的天爵，如果孟子要倡言「仁、義、禮、智、忠、信」六端，也是可以的。王陽明說：「夫大人之學者，亦惟去其私欲之蔽，以自明其明德，復其天地萬物一體之本然而已耳。」〔註15〕只要去私欲就恢復本然明德，故孟子認為的「固有之也」，指的是一種替他人設想的公傾向的能力性質，也唯擁有這般性質，在與人相處時而依靠心之思考，才會創作出這些各別的「理」來，而非在不與人相處、不靠心之思考時，性已創作好這些個別之理。宋代程明道也說：「『仁者』渾然與物同體。義、禮、智、信皆仁也。識得此理，以誠敬存之而已。」〔註16〕程明道談的雖是漢代五性五常之範疇，但它們也是從孟子四端延伸出的項目，既然明道指出它們是「理」，證明了孟子四端也是人理的項目。

孟子謂捨棄思考四端之理，是「不能盡其才者」，即指「盡心知性」這件事。因此〈公孫丑上〉第六章說：

> 惻隱之心，仁之端也；羞惡之心，義之端也；辭讓之心，禮之端也；
> 是非之心，智之端也。人之有是四端也，猶其有四體也。有是四端
> 而自謂不能者，自賊者也。〔註17〕

沒有思考求取四端之理，就墮入〈滕文公下〉所描述楊朱、墨翟無父無君的狀態，故孟子批之為禽獸。楊朱墨翟是屬於不思求取之者之倫，所以根本沒得產生這些「理」。足見孟子非常重視的四端之理，這是須依靠心來產生的。

2、孟子知天之理

上一小節討論到孟子的「盡心、知性」說，孟子認為盡心、知性之後可以知天。就知天方面說，到底天是的哪個範疇呢？

孟子既然說「存其心，養其性，所以事天也」，存其心，就是指求放心這

〔註14〕臺灣開明書店斷句《斷句十三經經文‧孟子》，頁38。
〔註15〕王守仁，《王陽明全集‧續編一‧大學問》，頁968。
〔註16〕程顥、程頤，《二程集‧遺書‧第二上》（北京：中華書局，1981年），頁16。
以下引《二程集》同此版本。
〔註17〕臺灣開明書店斷句，《斷句十三經經文‧孟子》，頁11。

件事；養其性，就是指盡其才這件事。他提到「盡其心者，知其性也」，是聖人之心，可知自己之性爲何。明瞭事物同然之傾向，是對內在共同處的瞭解，因此，也唯有聖人之心才有此能力。而內在共同處對照於外在事物，即眾人之理的所在。所以在孟子學說中，性負載著視、聽、味等感覺的特質，或者說性本身具有基礎的感覺能力，但不具備知曉理的能力，心才能知曉理。那麼，對照孟子所謂「性善」，其實性不具理義的知覺，只有心才能做取捨、克己、分享。按孟子的思維，本性的克己、分享成份永遠不會消失，其本能隨時會透顯出來而影響到心。性使得心在公私之間做斟酌，這就是義。心知覺到性，使得心有往公取向的可能，按照其次序將公擺在私之前，這就是理。聖人既然能知曉眾人之理，則「知其性」實包含知自己及眾人之性，是所謂心同此理。那麼，推而廣之，上天下地，所有外在事物無不範圍之，這即是天理。

　　王弼《周易略例‧明爻通變》：「形躁好靜，質柔愛剛；體與情反，質與願違。巧歷不能定其籌數，聖明不能爲之典要。」〔註18〕例如某甲體質燥熱，冬天較不畏寒而少穿一些；某乙體質虛寒，冬天較畏寒則多穿一些。這是因爲甲乙體質有差異，對於同一天氣的各別感受不同，其取捨便有區分。體質是性，對照於天，取捨就在於心識，這便是個別之理。孟子謂聖人之心不僅能夠察覺自我體質的獨特性，而且能夠察覺彼此體性之差異，而天下之心皆同此理。

　　〈告子上〉第十六章說：「有天爵者，有人爵者。仁義忠信，樂善不倦，此天爵也；公卿大夫，此人爵也。」〔註19〕孟子認爲仁義忠信是天所贈與的「才」，所以盡其吾人之心，理解人與人之間有仁義忠信等性命之本質，是盡其才亦即知其性。〈盡心上〉第十五章說：

　　　　人之所不學而能者，其良能也；所不慮而知者，其良知也。孩提之
　　　　童，無不知愛其親者；及其長也，無不知敬其兄也。親親，仁也；
　　　　敬長，義也。無他，達之天下也。〔註20〕

孟子所謂良能、良知者，是指天賦之性有這些不須學習、不須思慮的成份，但面對不同對象仍舊須知依靠心識判斷，親近父親之仁德，與尊敬其他長輩

〔註18〕樓宇烈，《王弼集校釋》（北京：中華書局，1980年），頁597。
〔註19〕臺灣開明書店斷句，《斷句十三經經文‧孟子》，頁38。
〔註20〕臺灣開明書店斷句，《斷句十三經經文‧孟子》，頁42。

之義行終究有別，否則將如墨子把別人和自己的父親一視同仁，孟子稱之爲無父，此即爲不合理的行爲，這怎能說是良能、良知呢？「達之天下」指良能、良知普遍存在於天下人之中，可做爲天下人心識取捨的通則，故眾人之心所同之理即爲性命之理所在。故王陽明說：「良知是天理之昭明靈覺處，故良知即是天理。思是良知之發用。若是良知發用之思，則所思莫非天理矣。」〔註21〕良知發用之思乃對主體心之把握，若心識不發動，則天理不獨存於外。由此可知天理不是藍圖空懸在那兒，它是良知心思所構築的。

程明道說「『上天之載，無聲無臭』，……其體謂之《易》，其理謂之道」〔註22〕，意思是就理則而言它就是道，又說「只心便是天，盡之便知性，知性便知天」〔註23〕，按照明道所詮釋孟子的天人思維，心是知性、知天理則的主導者。人與天地之間，如《易傳》所言聖人由視覺之明暗推知日夜變化，由觸覺之寒暑推知年歲變化，故孟子謂知其性可以「知天」，是故知性命之理即可推知天理及道體之所在了。

二、《易傳》聖人順性命之理

《說卦》第一章說：「窮理盡性以至於命。」〔註24〕陸象山《陸九淵集‧卷十一‧與李宰》說：「故曰：『理義之悅我心，猶芻豢之悅我口。』所貴乎學者，爲其欲窮此理，盡此心也。」〔註25〕陸象山將孟子與《說卦》統合之而導向心，認爲心是理的主導。是以《易傳》以人的心志面對天的情狀，是探討儒家思維的重要環節。

1、聖人會通天下人的心志

天給予眾人視覺上的明暗，於是聖人制定一日夜循環爲一天；天給予眾人觸覺上的寒暑，於是聖人制定一寒暑爲一年，這便是《易傳》所強調的。所以天下人的心志面對同一環境有共同的傾向，便是共同之理的存在。比如說，按照中原華夏古聖人的經驗，花樹新蒞、天候溫暖，稱爲春；綠意濃郁、天候熾熱，稱爲夏；黃葉紛落、天候涼爽，稱爲秋；白雪撲面、天候寒索，

〔註21〕王守仁，《傳習錄‧答歐陽崇一》（大夏出版社，1989年），頁99。
〔註22〕《二程集‧遺書‧第一》，頁4。
〔註23〕《二程集‧遺書‧第二上》，頁15。
〔註24〕臺灣開明書店斷句，《斷句十三經經文‧周易》，頁28。
〔註25〕陸象山，《陸九淵集》（北京：中華書局，1980年），頁149。

稱爲冬。這便是內在之性對照於外在環境所產生的，春、夏、秋、冬代表意識透過視覺、觸覺，對於外在環境感覺的次序安排，這便是「理」；而其循環反復，便是「道」。聖人是會通天下人之意志，代表天下人制定天地的規律，其重要性在此。

《道德經》所謂的聖人是就瞭解靜態上的對比原理，及動態上的反復規律者而言，這樣的聖人可說是老子自己的化身，他獨自觀察各種現象，得到陰陽的對立性及道的統一性和超越性。反觀之，《易傳》作者則將陰陽當做眾人的共相來做處理。〈同人〉卦《象》說：「唯君子爲能通天下之志。」〔註26〕是說唯有君子能夠貫徹天下人心識之共通處。〈恆〉《象》說：「日月得天，而能久照，四時變化，而能久成，聖人久於其道，而天下化成；觀其所恆，而天地萬物之情可見矣！」〔註27〕《繫辭下》第五章云：

> 子曰：天下何思何慮？天下同歸而殊塗，一致而百慮，天下何思何慮？日往則月來，月往則日來，日月相推而明生焉。寒往則暑來，暑往則寒來，寒暑相推而歲成焉。往者屈也，來者信也，屈信相感而利生焉。〔註28〕

天下人心識之共通處，就是看到天象循環的反復現象，這是依照眾人視覺觸覺爲基礎所獲得的共相。以一天的明暗當做一日之時辰單位，以月體週期消息當做一月之時辰單位，以溫暑涼寒等感覺暨景色週期變化當做一年時辰單位。而這樣持續的循環路徑，呈現在節氣型態上，是聖人根據天下人對靜態現象的共通處而制定的。所以，《易》是由繁雜簡約到一陰一陽，此一陰一陽既是天道現象之規律，也是人道現象之規律，是以聖人可以根據這種道體路徑，藉由卦象以彰往知來。

2、陰陽乃開展自聖人之性情

在《易傳》來說，陰陽只是聖人意志描寫外境的象徵符號，也是內在性情影響取捨的簡化對比概念。〈乾〉卦《文言》云：「利貞者，性情也。」〔註29〕其原義是當事者占問是否有利，是人的性情導致有這樣的動機。《繫辭上》第十二章云：「子曰：聖人立象以盡意，設卦以盡情僞。」〔註30〕王

〔註26〕臺灣開明書店斷句，《斷句十三經經文·周易》，頁6。
〔註27〕臺灣開明書店斷句，《斷句十三經經文·周易》，頁11。
〔註28〕臺灣開明書店斷句，《斷句十三經經文·周易》，頁25。
〔註29〕臺灣開明書店斷句，《斷句十三經經文·周易》，頁2。
〔註30〕臺灣開明書店斷句，《斷句十三經經文·周易》，頁24。

弼說：「得意而忘象」〔註31〕，是以聖人之意爲象之先領，其情僞是足與卦象相感的。《繫辭下》第十二章云：「八卦以象告，爻象以情言，剛柔雜居，而吉凶可見矣。變動以利言，吉凶以情遷。是故愛惡相攻而吉凶生，遠近相取而悔吝生，情僞相感而利害生。凡《易》之情，近而不相得則凶，或害之，悔且吝。」〔註32〕可見無論是卦象的告示，或決斷爻變化的吉凶，都是與情感相連結，是由情感之取捨來決定的。喜愛對象則覺得有利於己，故感到吉；厭惡對象則覺得有害於己，故感到凶。決斷爻變化所預示的吉凶與心意相繫著，是可以轉化而非宿命固定的。心如果能悔改向善，則由凶化吉，心若吝於付出，則由吉轉凶。

《說卦》第二章云：

> 昔者聖人之作《易》也，將以順性命之理，是以立天之道曰陰與陽，
> 立地之道曰柔與剛，立人之道曰仁與義。兼三才而兩之，故《易》
> 六畫而成卦。分陰分陽，迭用柔剛，故《易》六位而成章。〔註33〕

性情顯然攸關天道陰陽、地道剛柔：《易傳》作者認爲，天道的陰與陽由聖人的視覺來區分，地道的柔與剛由聖人的觸覺來區分，人道的仁與義由聖人的概念來區分，故道體規律雖然分做三才，其實都是按照聖人性命之理來鋪設的。

但是聖人終究與凡人有別。《繫辭上》第五章云：「一陰一陽之謂道，繼之者善也，成之者性也。仁者見之謂之仁，知者見之謂之知。百姓日用而不知，故君子之道鮮矣。」又第七章：「天地設位，而《易》行乎其中矣，成性存存，道義之門。」〔註34〕道之有陰陽，繼承者性之成份也有仁智多寡之別，仁性成份多者理解《易》以成就仁道，知性成份多者理解《易》以成就智道。反觀之，創作《易》道的聖人，是因爲天之稟性趨近完滿使然。《說卦》第一章云：「昔者聖人之作《易》也，幽贊於神明而生蓍，參天兩地而倚數，觀變於陰陽而立卦，發揮於剛柔而生爻，和順於道德而理於義，窮理盡性以至於命。」〔註35〕聖人天之稟性趨近完滿，是以其意識能夠與神妙之契機相合，

〔註31〕樓宇烈，《王弼集校釋·周易略例·明象》（北京：中華書局，1980 年），頁
609。

〔註32〕臺灣開明書店斷句，《斷句十三經經文·周易》，頁 27。

〔註33〕臺灣開明書店斷句，《斷句十三經經文·周易》，頁 28。

〔註34〕臺灣開明書店斷句，《斷句十三經經文·周易》，頁 22、22。

〔註35〕臺灣開明書店斷句，《斷句十三經經文·周易》，頁 28。

於是將天視爲奇數、將地視爲偶數，奇數爲陽爲剛；偶數爲陰爲柔，於是天地陰陽剛柔流轉之變化全然顯現在卦爻上。

由此看來，在《易傳》來講，因爲立基於陰陽二分的法則，《繫辭上》謂性有仁智二目，情有愛惡二目，《說卦》則謂呈現在人道規範上有仁義二項。

3、道之發動可見聖人開闔之意

老子體會到無的境界，而以「道」名之。《易傳》作者似乎也有認識到類似無的境界。

《繫辭上》第十章云：

> 參伍以變，錯綜其數。通其變，遂成天下之文；極其數，遂定天下之象。非天下之至變，其孰能與於此？《易》无思也，无爲也，寂然不動，感而遂通天下之故。非天下之至神，其孰能與於此？夫《易》，聖人之所以極深而研幾也。唯深也，故能通天下之志。唯幾也，故能成天下之務。〔註36〕

《繫辭》云「《易》，逆數也」〔註37〕，物象的次序安排是理的形式，次序之擁有前後加以累計，便是數，數的循環演變於是展現了道的形式。所以，四時有春夏秋冬之象，逆數之則呈現藏往的卦象卦理。《易傳》是聖人透過象數來呈現萬物之轉變，展現出其心與天道相符之契機。

《繫辭上》第五章說：「一陰一陽之謂道。」〔註38〕又第十一章說：「《易》有太極，是生兩儀。」〔註39〕宋代邵雍說「心爲太極」，又說「道爲太極」。由此觀之，思慮是主體確認客體存在與否的主要關鍵所在，這好比如王陽明所云：「你未看此花時，此花與汝同歸於寂；你來看此花時，則此花顏色一時明白起來。」〔註40〕花不在眼前，心中便無此花；花在眼前，心中便有此花。是故心識未面對此世界，如渾沌之未鑿七竅；心識面對了此世界，七竅便開始割離了渾沌。是以一陰一陽都是心識面對這世界的二元呈現，這即爲思慮的區分作用。是吾人的思慮將這世界區分開來，但此世界並不會因爲吾人的思慮，就失去他的整體性。是以〈復〉卦《象》云：「反復其

〔註36〕臺灣開明書店斷句，《斷句十三經經文‧周易》，頁23。

〔註37〕臺灣開明書店斷句，《斷句十三經經文‧周易》，頁28。

〔註38〕臺灣開明書店斷句，《斷句十三經經文‧周易》，頁22。

〔註39〕臺灣開明書店斷句，《斷句十三經經文‧周易》，頁24。

〔註40〕王守仁，《王陽明全集‧上冊》（上海：上海古籍出版社，1992年），頁107～108。以下引《王陽明全集》同此版本。

道，七日來復，天行也。利有攸往，剛長也。復其見天地之心乎？」〔註41〕
就吾人來說，針對現象的思慮作用，因而產生了「反復」、「剛柔」及「長短」
之二元對立，但太極之道未發時，何嘗有此陰陽二元？所以說，聖人德配天
地，虛壹而靜，以清明之心面對這世界，便可掌握體會到無的狀態，及陰陽
之有的軌跡。是以《中庸》、《荀子》都認爲聖人君子誠其心性，是感通天地
變化的關鍵。

　　《易傳》講無，其思維並未離開人主體的心識作用，因爲人未面對此世
界時，心識未對某事物展開作用，是無思無爲的，等同於道尚未展現陰陽二
分。《易傳》的無只是心識未展開道作用之無，與老子超然於人身心性之無，
二者境界不同。

三、荀子的君子理天說

　　荀子主張制天用天，對於天，較孟子更爲客體。但是荀子參天過程仍然
由誠心修身入手。

　　荀子認爲君子以清靜之心，才能明察事物之理。而且荀子一如《大學》
所言「誠則明」，亦重心之誠，其《不苟篇》云：

> 君子養心莫善於誠，致誠則無它事矣。惟仁之爲守，惟義之爲行。
> 誠心守仁則形，形則神，神則能化矣。誠心行義則理，理則明，明
> 則能變矣。變化代興，謂之天德。天不言而人推其高焉，地不言而
> 人推其厚焉，四時不言而百姓期焉。夫此有常，以至其誠者也。君
> 子至德，嘿然而喻，未施而親，不怒而威：夫此順命，以愼其獨者
> 也。善之爲道者，不誠則不獨。〔註42〕

其《王制篇》云：

> 故天地生君子，君子理天地；君子者，天地之參也，萬物之摠也，
> 民之父母也。無君子，則天地不理。〔註43〕

依上文所敘述，荀子所言與《易傳》、《中庸》相近似。荀子認爲做爲君子須
誠心守仁行義者，才能夠具神妙變化的能力，昭然洞燭一切事理。變化循環
代興是天的特性。所謂「推其高」、「推其厚」、「百姓期焉」，天之高明、地之

〔註41〕臺灣開明書店斷句，《斷句十三經經文・周易》，頁9。
〔註42〕熊公哲，《荀子今註今譯》（臺灣：商務印書館，1984年），頁40～41。以下
　　　　引《荀子》皆同此版本。
〔註43〕熊公哲，《荀子今註今譯》，頁161～162。

博厚、四時之節氣，均是人們基本概念所在。天地四時雖然不言，卻都是形象所構成的，只要君子具備誠心至德，皆能夠體會出其中含有的規律常理。只有謹慎獨處，靜默順命的君子，才能理出天地秩序，從而善於參透其變化之道，這才是擅長體會天地之道者。

荀子君子理天地之說，意味著，君子的意志，是理出天地秩序而見其循環規律的主體者，這種見解是符合《易傳・說卦》「順性命之理，立三才之道」之旨的。

四、儒家後學在性體思維上的演變

公理是一種眾人意義及價值概念的同然取向，時空一旦轉移，環境條件及對象之人都改變了，感受不同，則心之取捨勢必與前朝先祖有所差別。例如殷周之際以活人殉葬及祭祀認為合理，殉葬後來改為俑葬，孔子認為連俑葬制度都不合義理，所以有「始作俑者，其無後乎！」的慨嘆。孟子的知天，即知內在之性理及外在之天理，既然主體是基於人的心思，那麼，理應該也得隨環境變化做調整才是。

1、四目的變更及五目化的轉變

《說卦》說：「昔者聖人之作《易》也，將以順性命之理，……立人之道，曰仁與義。」〔註44〕足見性命之理在《易傳》二分基本法則上只有仁義兩項目。孟子言性善則有仁義禮智四端。陸象山說：「孟子就四端上示人，豈是人心只有這四端而已？」〔註45〕足見孟子四端只是人理項目之四大綱領，是可以更易或擴充的，因此孟子以後性體項目如何變化，是值得探討的。

孟子所提倡的性善四端，到儒家後學階段，似乎有向傳統「金木水火土」思維模式靠攏的跡象。按荀子於其〈非十二子篇〉批評孟子說：「略法先王而不知其統，然而猶材劇志大，聞見雜博。案往舊造說，謂之五行，……子思唱之，孟軻和之。」〔註46〕荀子彈劾思孟「案往舊造說，謂之五行」的罪狀，此五行到底指的是什麼？刑文先生於《帛書周易研究》一書歸納出「五行」有兩系：一系是《尚書・洪範》之「金、木、水、火、土」，另一系是《尚書・甘誓》之「天、地、民、神、時」。而《帛書周易》所載地道觀念的「金、木、

〔註44〕臺灣開明書店斷句，《斷句十三經經文・周易》，頁 28。
〔註45〕陸象山，《陸九淵集・卷三十四・語錄上》，頁 423。
〔註46〕熊公哲，《荀子今註今譯》，頁 89。

水、火、土」承襲自傳統，其帛書《老子》甲本卷後的佚書有「仁、義、禮、智、聖」五目，是屬於思孟學派之人道五行，刑文先生認為當歸屬於這一系統〔註47〕。而刑文先生認為《帛書周易》所載「天、地、民、神、時」，正是荀子所斥責的案往舊造說之五行。

　　至於孟子所揭示的四端，荀子有所承襲，《荀子‧大略》：「故曰：仁義禮樂，其致一也。君子處仁以義，然後仁也；行義以禮，然後義也；制禮反本成末，然後禮也。三者皆通，然後道也。」〔註48〕因為荀子重視後天禮樂教化以化性起偽，是以樂代替智，故揭示仁義禮樂。此時，孟子對於仁義之人心人路的義理之詮釋，已經轉化成其偏重於禮樂的運用，以達到規範教化的治世效果，離孟子著重內在性善四端的自發特質之範疇，其實已較遠。按荀子仁義禮樂四目乃變自孟子四端，故邢文先生謂荀子是反對孟子的「天地民神時」五行，而非仁義禮智信，估計此說應當沒錯。〔註49〕

　　其後，漢代採取荀子條目者亦甚夥，如《漢書‧董仲舒傳》云：「道者，所繇適於治之路也，仁義禮樂皆其具也。故聖王已沒，而子孫長久安寧數百歲，此皆禮樂教化之功也。」〔註50〕是董仲舒（前179年～前104年）承荀子以樂代智。《淮南子‧俶真訓》云：「若夫俗世之學也則不然，……，搖消掉捎仁義禮樂。」《淮南子‧本經訓》云：「是故仁義禮樂者，可以救敗。」〔註51〕是淮南子（前164年～前122年在位）也提及仁義禮樂，以討論治世之功效。成書於漢代的《孔子家語》，其〈顏回篇〉云：「既能成人，而又加之以仁義禮樂，成人之行也。」〔註52〕《說苑‧辨物》云：「夫仁義禮樂，成人之行也。」〔註53〕《大戴禮記‧禮察》云：「湯武置天下於仁義禮樂而德澤洽，禽獸草木廣育。」〔註54〕以上三書認為仁義禮樂足以化德成人，或

〔註47〕「仁、義、禮、智、聖」五目，雖然其五目形式受到「金、木、水、火、土」五行模式影響，但如荀子所言，儒家範疇仍是指五種行為準則之五行。後世更易為五性、五常，可明顯與「金、木、水、火、土」五行區分開來。

〔註48〕熊公哲，《荀子今註今譯》，頁546。

〔註49〕邢文，《帛書周易研究》（北京：人民出版社，1997年），頁223。

〔註50〕班固，《漢書》，頁2499。

〔註51〕劉文典，《淮南鴻烈集解‧上》，頁67、250。

〔註52〕王肅（注），《孔子家語‧卷第五‧顏回第十八》（貴陽：貴州人民出版社，1996年），頁851。

〔註53〕劉向，《說苑‧卷十八‧辨物》，《四部叢刊初編》（上海：上海商務印書館縮印明刊本，1929年），頁1。

〔註54〕戴德，《大戴禮記‧禮察》（山東：友誼書社，1991年），頁40。

廣育禽獸草木、澤被四夷子孫。其標舉的仁義禮樂，均是承襲自荀子。

　　孟子所云本心四端之「仁、義、禮、智」，在漢代同其說亦有之。如《韓詩外傳‧卷六》：「『不知命，無以爲君子。』言天之所生，皆有仁義禮智順善之心。不知天之所以命生，則無仁義禮智順善之心；無仁義禮智順善之心，謂之小人。」〔註55〕足見《韓詩外傳》承襲孟子性善說，但已重在心識的自覺判斷。從這裡又可證明吾人在前面所討論到的重點，就是孟子性善只是強調性本身有公德取向的成份，但心識須面對環境進行判斷，順善之心才會誘發善性，而產生仁義禮智等不同的行爲模式。

　　《漢書‧公孫弘卜式兒寬傳》云：「仁義禮知四者之宜，當安設施？屬統垂業，物鬼變化，天命之符，廢興何如？」〔註56〕《前漢紀‧孝武皇帝紀二》云：「仁義禮智，四者之宜，安所施設？天人之符，廢興何如？」〔註57〕公孫弘（前200年～前121年）當時談到仁義禮智，此四者是天施於人，可以窺見世道興廢之表徵。又《禮記‧喪服四制》云：「喪有四制，變而從宜，取之四時也。有恩有理，有節有權，取之人情也。恩者仁也，理者義也，節者禮也，權者知也。仁義禮智，人道具矣。」〔註58〕是《禮記》認爲恩、理、節、權四個喪制，與人道仁義禮智四目互通，乃仿傚自天道四時而得之。

　　另外，一如《帛書》老子甲本卷後佚書之「仁、義、禮、智、聖」五目，漢代甚多人代以「仁、義、禮、智、信」，如董仲舒《對賢良策一》：「夫仁、義、禮、智、信五常之道，王者所當修飭也。」西漢賈誼（公元前206年～9年）《新書‧六術》云：「是以陰陽各有六月之節，而天地有六合之事，人有仁義禮智信之行。行和則樂興，樂興則六，此之謂六行。」〔註59〕賈誼所謂德之六行是由仁義禮智信加上荀子之「樂」。由此看來，按照賈誼的思維，孟子仁義禮智屬於分別之理，加上「信」可謂之人道五種行爲之「五行」。《漢書‧揚雄傳下》云：「文之以五行，擬之以道德仁義禮知。」〔註60〕揚雄（前53年～18年），《法言‧序》云：「神心忽恍，經緯萬方，事系諸道、德、仁、

〔註55〕韓嬰，《韓詩外傳‧卷六》（北京：中華書局，1985年），頁80。

〔註56〕班固，《漢書》，頁2614。

〔註57〕荀悅，《前漢紀‧孝武皇帝紀二》，（臺北：臺灣商務印書館，1973年），頁16。

〔註58〕王文錦，《禮記譯解‧下》（北京：中華書局，2001年），頁950。

〔註59〕賈誼，《新書‧卷八‧六術》，《四部叢刊初編》（上海：上海商務印書館縮印明刊本，1929年）。

〔註60〕班固，《漢書》，頁3575。

義、禮，譔《問神》。」〔註61〕《法言·修身卷第三》云：「或問『仁、義、禮、智、信之用』。曰：『仁，宅也；義，路也；禮，服也；智，燭也；信，符也。』」〔註62〕是揚雄提及與五行有關者，五條目有「道、德、仁、義、禮」及「仁、義、禮、智、信」兩種，六條目有「道德仁義禮知」。到了東漢班固（公元79年～92年）著《白虎通德論·卷八·性情》云：

> 五性者何？謂仁、義、禮、智、信也。……故人生而應八卦之體，得五氣以爲常，仁、義、禮、智、信是也。六情者，何謂也？喜、怒、哀、樂、愛、惡謂六情，所以扶成五性。性所以五，情所以六者何？人本含六律五行氣而生，故內有五藏六府，此情性之所由出入也。〔註63〕

《漢書·天文志》云：「塡星曰中央季夏土，信也，思心也。仁義禮智以信爲主，貌言視聽以心爲正。」〔註64〕很明顯的班固謂「仁、義、禮、智、信」爲「五性」，是下可歸屬於地道「金木水火土」之五行，上可歸屬於天道五星，於人可配「貌、言、視、聽、心」及五臟。另外：《呂氏春秋·孝行》云：「仁者仁此者也，禮者履此者也，義者宜此者也，信者信此者也，彊者彊此者也。」〔註65〕其以彊代替智，呂不韋雖是雜家，而在字義上則幾乎全是儒家之詮釋。

孟子認爲人性具有爲公行善的傾向，然而人心對事物理解有歧異，是以標舉的條目仍有所增益或變更。按荀子重禮樂教化，故變化孟子之四端爲「仁、義、禮、樂」，故後學亦以教條視之。依《漢書·公孫弘傳》和《禮記》所言，其承襲孟子之「仁、義、禮、智」乃仿傚自天道四時，可做爲人間世道盛衰的表徵。相較來看，孟子之四端後世變成屬於人道五行範疇的「仁、義、禮、智、信」和「道、德、仁、義、禮」，或帛書《老子》甲本卷後的佚書之「仁、義、禮、智、聖」，其主軸是仿傚自地道五行。而在《易傳·說卦》第三章及第五章，可明顯地看出早已提供了這兩種思維的取向。

〔註61〕揚雄，《法言·疏二十·序》（海王邨古籍叢刊，北京：中國書店，1991年），頁17。

〔註62〕揚雄，《法言·疏五·修身卷第三》（海王邨古籍叢刊，北京：中國書店，1991年），頁7。

〔註63〕班固，《白虎通德論·卷八·情性》（四部叢刊初編子部，上海：上海商務印書館縮印明刊本，1929年），頁60。

〔註64〕班固，《漢書》，頁1285。

〔註65〕王利器，《呂氏春秋注疏·第二冊》（四川：巴蜀書社，2002年），頁1377。

2、性體與道體相連結的建構

孟子揭示心靈的參天過程，乃是透過盡心足以知性理、知天理。而其工夫則存心養性，以上合天道。這些性體與道體的關聯所在，孟子都是用義理來講的，秦漢有些子書史籍則用象數形式來解釋，也就是用客體宇宙論來講述天人合一。

首先，《呂氏春秋‧孟夏紀》說：「孟夏之月：日在畢，昏翼中，旦婺女中。其日丙丁。其帝炎帝。其神祝融。其蟲羽。其音徵。律中仲呂。其數七。其性禮。」〔註66〕此處將孟子性善四端之一的禮端，配上數字七、律呂仲呂、五音徵、羽類蟲、四方之火神、天干丙丁、星宿，以及節氣孟夏等等。

《春秋繁露‧五行五事》：「王者能治，則義立，義立則秋氣得，故義者主秋。」〔註67〕董仲舒於此處將義與節氣秋相配。《禮記‧樂記》及《史記‧樂書》則將節氣二分配以仁義：「春作夏長，仁也；秋斂冬藏，義也。」〔註68〕對照《說卦》第二章「昔者聖人之作《易》也，將以順性命之理，是以立天之道曰陰與陽，立地之道曰柔與剛，立人之道曰仁與義。」這幾句話，兩者有不可思議的相似處。吾人把一年週期分陰與陽各半年，則《樂記》、《樂書》所指的「春作夏長」之春溫夏熱季節，是陽半年期；「秋斂冬藏」之秋涼冬寒季節，是陰半年期。而《樂記》、《樂書》把春夏配仁、秋冬配義，對照《說卦》所言，知立人之道的仁道是配陽的，義道是配陰的。《樂記》、《樂書》初步證明《說卦》仁道配陽，義道配陰的理路。而《呂氏春秋》將性體之禮端配夏、《春秋繁露》將性體之義端配秋的這些說法，又初步證明人道之理的建構，是與天道四時思維相關的。

從出土漢文帝時的帛書《老子》甲本卷後的佚書，吾人知曉孟子四端演變為「仁、義、禮、智、聖」五目，當時的五行與金木水火土有區分，五行可說是人道五種行為準則，與後來的「五性」、「五常」之稱呼一般，雖然多了一條聖目，其實還離孟子不遠，是義理範疇的說法。到了東漢，則直接向地道金木水火土五行靠攏，其細節在《漢書》的〈律曆志〉、〈天文志〉可詳查得之。例如《漢書‧律曆志上》云：「協之五行，則角為木，五常為仁，五事為貌。商為金為義為言，徵為火為禮為視，羽為水為智為聽，宮為土為信

〔註66〕呂不韋，《呂氏春秋今註今譯》（臺北：臺灣商務，1996年），頁93。

〔註67〕董仲舒，《春秋繁露今註今譯》（臺北：臺灣商務，1992年），頁364。

〔註68〕並見於戴聖，《禮記‧樂記》，《斷句十三經經文‧禮記‧樂記》，頁73。司馬遷，《新校本史記三家注‧樂書》，頁1193。

爲思。」又《天文志》云：

> 歲星曰東方春木，於人五常仁也，五事貌也。……熒惑曰南方夏火，
> 禮也，視也。……太白曰西方秋金，義也，言也。……辰星曰北方
> 冬水，知也，聽也。……塡星曰中央季夏土，信也，思心也。仁義
> 禮智以信爲主，貌言視聽以心爲正，故四星皆失，塡星乃爲之動。

〔註69〕

由上可知，孟子原本言性善四端，對知天事天都是以義理來論說。荀子重禮
樂教化而以樂目代替智目，故有仁、義、禮、樂流傳之四目。後儒將四端直
接配以天道：《禮記》謂喪禮四制與四端互通，皆取之四時，但仍然是以義理
論述。《史記》則將仁配春夏、義配秋冬，人道與天道節氣連結，已趨於客體
之宇宙論述的形式。由漢文帝帛書《老子》甲本卷後的佚書，可知孟子之四
端到了漢初爲了配合地道金木水火土，形成仁、義、禮、智、聖五行，此「五
行」起初是五種行爲準則之義。至董仲舒時已有仁、義、禮、智、信五目，
漢章帝建初四年後，被確定爲整體德目的「五常」。〔註70〕班固於《白虎通德
論》稱之爲五性，於《漢書》稱之爲五常，五常來源於西漢董仲舒的《春秋
繁露》一書，相關思想基礎則上溯至孔子。〔註71〕其間可見由自發善性之五
性，演變成外在規範之五常。

五、《說卦》八卦之道的不同理解

《說卦》第三章及第五章，朱熹《周易本義》載其圖，並表明其爲邵雍
先天、後天之學。今就先天圖之〈伏羲八卦次序〉、〈伏羲八卦方位〉二圖，
及後天〈文王八卦次序〉、〈文王八卦方位〉二圖〔註72〕，說明心識理解不同，
所呈現八卦產生的原理及道的結構也有所差異。

邵雍說：「先天之學，心也；後天之學，跡也。」今察〈伏羲八卦次序〉
圖，朱熹引邵子曰「一分爲二，二分爲四，四分爲八」，可見其圖依照聖人視
覺所產生的陰陽二分效果而成，正《繫辭》所謂「一陰一陽之謂道」。又朱熹

〔註69〕班固，《漢書》，頁 958、1280。

〔註70〕維基百科，〈道德〉，維基百科網（http://zh.wikipedia.org/wiki/%E9%81%93%
E5%BE%B7），2013 年 6 月 23 日檢索。

〔註71〕維基百科，〈三綱五常〉，維基百科網（http://zh.wikipedia.org/wiki/%E4%B8%
89%E7%B6%B1%E4%BA%94%E5%B8%B8），2013 年 6 月 23 日檢索。

〔註72〕朱熹，《周易本義》（臺北：皇極出版社，1980 年），頁 20〜27。以下所引《周
易本義》同此版本。

引《說卦》「《易》，逆數也」，是以陰爲 0、陽爲 1，其圖也符合二進位程序。朱熹又說「若逆推之，四時之比也」〔註 73〕，由此看來，此圖又符合天道時辰之概念，然而由〈伏羲八卦方位〉八卦之〈坤〉到〈乾〉（或〈次序圖〉四象之太陰到太陽、兩儀之陰到陽）只代表半個週期，與後天〈文王八卦次序〉圖代表之全週期者不同。此圖的基礎結構，乃《說卦》第二章所謂的「立天之道，曰陰與陽」，其陰陽分立而兩兩互爲錯卦，正是《繫辭下》第五章所謂「寒暑相推而歲成焉」，乃是時間概念的思維模式。因爲它是聖人心識陰陽二分的顯象，所以邵雍說：「先天之學，心也。」

至於後天〈文王八卦次序〉，即《說卦》第十章父母六子之增生次序，代表長中少男之〈震〉、〈坎〉、〈艮〉，由〈乾〉父索陽而得之，爲圖右之四陽卦；代表長中少女之〈巽〉、〈離〉、〈兌〉，由〈坤〉母索陰而得之，爲圖左之四陰卦。

後天〈文王八卦方位〉圖，其圖四陰卦、四陽卦二分，故是納《說卦》第十章父母六子於其中。此圖符合《說卦》第五章八卦八方位的陳述，是以屬於地道空間概念圖式。《說卦》第五章又有「〈兌〉，正秋也」之語，是吾人可知，節氣是由觸覺之寒暑區分而得之。〈謙〉《彖》說：「亨，天道下濟而光明，地道卑而上行。」可見天道地道原本也是一整體，聖人意識區分之後，此天地仍然保持對彼此的影響。故節氣雖劃分歸類爲天道一環，五行剛柔劃分歸類爲地道一環，均是出自人觸覺的感受所致，是以《說卦》第二章說聖人「立地之道，曰柔與剛」。

按照王葆玹教授之〈西漢《易》學卦氣說源流考〉〔註74〕，《說卦》曾經遺失又被河內女子發現，漢昭帝時魏相獻此文，並以〈坤〉〈艮〉二卦配中央、〈震〉〈兌〉〈坎〉〈離〉卦配四方，並結合了四方神祇、五行、四時的思維模式來陳述，王教授認爲這是《月令》五行圖式與《說卦》八卦圖式的綜合。又察《老子》及史籍出土資料，可知五色、五味、五音、五星等概念其實在陰陽家鄒衍之前已存在，加上帛書《易傳》已結合金木水火土五行，是以傳統本《說卦》第五章八卦八方位的陳述，雖無言及五行之說，事實上已提供了八卦與五行相結合的搖籃。

〔註73〕朱熹，《周易本義》，頁 20。

〔註74〕王葆玹，〈西漢《易》學卦氣說源流考〉，《中國哲學史研究》第 4 期（北京：中國社會科學出版社，1989 年 9 月），頁 74～75。

　　《文言》云：「夫大人者，與天地合其德，與日月合其明，與四時合其序。」〔註75〕《繫辭上》第六章云：「廣大配天地，變通配四時。」〔註76〕又第九章云：「揲之以四以象四時。」〔註77〕後世也多以四象配四時。朱熹引邵雍語也稱〈伏羲八卦次序〉圖「若逆推，四時之比也」〔註78〕，然則孟子仁義禮智四端，不也正是心識陰陽二分基礎下之四種徵象麼？這樣理解，正與《禮記‧喪服四制》所云四端「取之四時」之說相契，也吻合《史記‧樂書》、《禮記‧樂記》以仁配春夏、義配秋冬之說。是以，對於孟子人道四端的產出與天道四時之連結，後世學者這樣的解釋，正符合《說卦》第二章、第三章思維模式及邵雍先天圖之旨意。另一方面，由前所述，孟子仁義禮智四端，荀子時猶以仁義禮樂四目代之，到漢代已向五行模式靠攏，變成帛書《老子》卷後佚書的「仁義禮智聖」五目之五行，及子書史籍之「仁義禮智信」五目之五性（或五常）。爲荀子所斥責的帛書《周易》「天地民神時」，雖然是按往舊造說之變亂五行，溯其源頭，《說卦》第五章成書時期至帛書所屬漢文帝時期，其實已宣示思孟學派五行化的傾向。由此吾人可知，就人道範疇來講，孟子原以仁義禮智爲四端，其後又增其中一目而與地道五行相連結。

　　以《說卦》第三章及第五章之思維比較之，前者屬於立天之道的陰陽對比形態，後者屬於立地之道的剛柔對比形態。人道居中而仿天道陰陽二分週期以生仁義，擴充之便爲天道四分週期以生仁義禮智。八卦八方配節氣剛柔之地道模式，又進一步向中央四方之五行剛柔模式結合，仁義禮智四端遂成爲仁義禮智信。

　　由此觀之，聖人之性有公傾向之特質，然而面對此世界仍是「仁者見之謂之仁，知者見之謂之知」，聖人之心因不同之事得其相異之理，因時制宜而做各種合理的舉止，而成就各種道體。從四端到五性或五常的演變過程，符合了《說卦》第三章人道天道結合的思維模式，與第五章人道地道結合的思維模式之間的變化，意味著聖人對天、地形式理解的不同，促使人理形式也有所更易。

〔註75〕臺灣開明書店斷句，《斷句十三經經文‧周易》，頁2。
〔註76〕臺灣開明書店斷句，《斷句十三經經文‧周易》，頁22。
〔註77〕臺灣開明書店斷句，《斷句十三經經文‧周易》，頁23。
〔註78〕朱熹，《周易本義》，頁20。

第三節　翼奉五性六情說

　　五音是五種屬性物質的固定音頻，十二律是節氣階段的各種傳導狀態。京房占學源自《易》與翼奉占學源自《詩經》，兩者都運用到五音、十二律、干支、時、位等參數。翼奉占因為源自《詩》沒有卦象的配套，故每種參數都直接賦予價值取向，日月時辰太陰皆可啟動，而預測哪方位來者心態的正邪。

　　在翼奉占學之五行區域特性的配套下，以地道思維為主軸的五行概念，與天道「日往月來」之視覺動態循環的消息概念迥然不同，前者乃奠基於視覺靜態的對比而來，其主要理論，乃因其區域界面之差異，而帶來物體氣質之不同。翼奉占學雖然以十二律做參數，其受到五行空間界限的影響，是否仍舊保有十二律的數值功效呢？從歷史演變來看，五行思想影響到翼奉，主要在於翼奉對齊《詩》有所研究，而齊《詩》向來即以陰陽五行說聞於世。究其肇端，則是鄒衍。鄒衍倡言「五德終始」說，又是齊國人，故治齊《詩》者亦多牽涉到陰陽五行。翼奉主張君王應該瞭解臣子的逆心私意。翼奉以五行配十二律推其邪氣，其治齊《詩》雖走的是性情說路線，但與《易傳》性情的思維形態卻大異其趣，其間的差異，頗值得玩味。

一、性情與音律的關係

　　從象數領域來看，性是某物質的組合狀態，是可被數值化的。先秦已經有五行配合方位的形態，在這種空間思維之氛圍下，方位不同，就決定了五行的屬性的差異性。五行的屬性不同，其原本的振動頻率也各不相同而各有其固定音頻，所以五性又可分屬不同的五音。

　　如果以人的性情來講，性是比較趨於固定且靜態的。而情是某主體物對於環境對象的感覺，進而產生取捨進退的反應，是比較動態的。在時間思維方面，每階段環境對象不同，給予某主體物的感覺也不同，也就是說其所產生情的取捨進退也不同，而取捨進退就是一種律動。由此看來，以氣的動靜來講，性是靜態的而情是動態的，是以《樂記》提出了「性靜情動」的觀點。

　　律即振動的波長及其幅度，它是靠大氣傳導物質的溫度、濕度及密度而形成形態各異的振動波。在大氣通過管狀物當中，一個律須符合某固定的長度才能發出聲音，由於管狀物的材質不同，其所擁有的五行屬性也就不同。以木管來說，它與銅管音的振動頻率當然有差異。是以某屬性不同的音，會

發出某固定的律。所以在某波長形態下的律，有其固定容受的管子長度，長度符合某律的波長才會發出聲音。反過來講，某個波長形態的律，對某擁有固定音頻性質的物體，就能夠產生共鳴效果。

然而除了發音者的屬性之外，隨著大氣的溫度、濕度及密度之異，傳遞的波動之律也有強弱之分，所以氣候的寒暑濕熱，也決定了傳遞效果。氣候在每個時間階段，其效果有所不同；在不同的方位，其效果也有其差異。某方位氣候有加分效果，某方位氣候則有減分效果，有加分效果的當然共鳴效果良好。先秦兩漢已將物質歸納為五種五行的屬性，五性衍生之則各有其所屬的五音。然則所謂生剋衝合，不外指波律與波律之間的增益、減損、相斥以及相融的作用。

以東方鳥鳴來說，其五音為角，五行的屬性是木，於是舉凡屬性是木者，例如人身的肝臟，或青色物體，都引起共鳴。而律有陰有陽，鳥鳴則有悲哀有喜悅之情，某方位氣候之律與之契合，表示某地木性之物引起共鳴者將會有災難或祥瑞。某方位氣候之律與之有阻礙，表示某地木性之物不會引起共鳴，或者是傷害較低。氣候之律既然與時辰節氣相關，是以時辰也可做為發生災難的起始參考，這也是十二支辰能取代十二律之故。

漢《易》占學雖然朝著《呂覽》、《淮南子》這一脈的氣化本原宇宙論走，甚至在性情方面也五行化、音律化、參數化，卻仍然符合《繫辭》「成之者性也」所稱之旨意，而不曾減損其個人性命與天地為太極一整體的根本情勢，這也是何以君子能夠藉由它進行數往知來的全局觀察，而做一位「繼之者善也」的角色。

二、翼奉占學的學術淵源及特色

翼奉是受到齊地盛行陰陽五行學風之影響的學者，也是在班固《漢書》筆下，重視君王德行而少數能平安終老的占者。以下是有關翼奉的生平及治學方向。

《漢書·眭兩夏侯京翼李傳》說：

> 翼奉字少君，東海下邳人也。治齊《詩》，與蕭望之、匡衡同師。三
> 人經術皆明，衡為後進，望之施之政事，而奉惇學不仕，好律曆陰
> 陽之占。元帝初即位，諸儒薦之。〔註79〕

〔註79〕班固，《漢書》，頁3167。

《漢書·儒林傳》說：

> 后蒼字近君，東海郯人也。事夏侯始昌。始昌通五經，蒼亦通詩禮，
> 爲博士，至少府，授翼奉、蕭望之、匡衡。奉爲諫大夫，望之前將軍，
> 衡丞相，皆有傳。……。由是齊詩有翼、匡、師、伏之學。〔註80〕

由此觀之，翼奉與蕭望之、匡衡同拜后蒼爲老師，學習五經。與在他同門的
蕭望之將所學運用於政治上，翼奉卻只專門從事學問上的研究，而不擔任官
職。後來以齊《詩》成一家之言，諸儒薦之而做個議諫大夫。他與同時期的
京房一樣喜好律曆陰陽之占，唯京房占術是以《易》卦搭配律曆，而翼奉卻
是以《詩經》文本做爲根基。

《漢書·藝文志》說：

> 舉大者言，故曰《孝經》。漢興，長孫氏、博士江翁、少府后倉、諫
> 大夫翼奉、安昌侯張禹傳之，各自名家。經文皆同，唯孔氏壁中古
> 文爲異。〔註81〕

由此段記載，足見翼奉也和長孫氏、江翁、后倉，以及張禹等人，傳《孝經》
而學習之，其所治文本乃今文經本，而不是從孔氏壁裡發掘的古文經文。
司馬遷在《史記·儒林列傳》中說：「言《詩》，於魯則申培公，於齊則轅固
生，於燕則韓太傅……。自是之後，齊言《詩》皆本轅固生也。諸齊人以詩
顯貴，皆固之弟子也。」〔註82〕其書中還敘及，轅固的弟子夏侯始昌最爲知
名，始昌傳授后蒼，后蒼傳授翼奉、蕭望之、匡衡；匡衡傳授琅邪師丹、伏
理斿君、穎川滿昌、君都；滿昌傳授九江張邯、琅邪皮容。因此，齊《詩》
有翼、匡、師、伏等流派。

　　由此看來，今文學派之一的齊《詩》，由漢初齊人轅固所傳。漢景帝時立
爲博士，而成爲官學。此後傳齊《詩》的有夏侯始昌、后蒼、翼奉、蕭望之、
匡衡等，他們都喜歡引讖緯，以陰陽災異之說推論時政。從表面上來看，今
古文之爭主要表現在文字上及對經義解釋的歧異。一般來講，解經時，古文
學派雖然還未能完全擺脫陰陽五行的羈絆，卻反對講論災異讖緯，而注重文
字訓詁考據的務實之學。而今文學派則注重闡述經文中的微言大義，特別是
在西漢，今文經學家爲迎合統治者的愛好，解經時往往摻雜當時流行的讖緯，

〔註80〕班固，《漢書》，頁 3613。
〔註81〕班固，《漢書》，頁 1719。
〔註82〕司馬遷，《新校本史記三家注》。（臺北：鼎文書局，1981 年），頁 3118。

喜歡把陰陽五行和經學相比附。

　　漢武帝時董仲舒曾用陰陽五行說和今文經《公羊傳》相牽合，用以鞏固皇權，就是沿襲齊國學風而發展的讖緯。齊《詩》亦不遑多讓，此派解經的特點是常雜以陰陽五行，大約是在西漢後期逐漸興起，而在東漢前期盛行一時，從今文學派所屬之《詩緯》當中就可見概況。其書認為《詩經》中蘊含著天道，例如關雎是《詩經》用以比興之物，《詩緯·推度災》卻解釋說：「關雎惡露，乘精隨而施，必下就九淵……。」〔註83〕又齊《詩》引用緯書五行家的理論，根據樂律來說明春夏秋冬四時奏樂開始的詩篇，謂之「四始」，配以天干地支五行，從中可見歷史運行的規律。《詩緯·汎歷樞》云：「〈大明〉在亥，水始也。〈四牡〉在寅，木始也。〈嘉魚〉在巳，火始也。〈鴻雁〉在申，金始也。」〔註84〕其對於「四始」之解釋，也是充滿著五行思維。

　　由此觀之，身為今文經學家的翼奉勤於治學，即使不為本身仕途考量，其解經摻雜著當時流行的陰陽五行，也是時勢所趨，風氣使然。

三、翼奉性情說的象數思維

　　翼奉占學主要建立在性情說的架構上。性情說在先秦儒家典籍有其詮釋，無論是《易傳》、《孟子》、《中庸》都是以義理方式，講內在本體與外在天命的締結關係，及其由內及外的修養工夫。而翼奉占學的性情說卻是以陰陽五行為模式，其言「察其所繇，省其進退，參之六合五行，則可以見人性，知人情。難用外察，從中甚明，故《詩》之為學，情性而已。五性不相害，六情更興廢。觀性以曆，觀情以律。」〔註85〕其《詩》與音律關係緊密不可分，而所謂律動狀態又是天地人三才之道的顯現。在人道之律動則是與外界對象的取捨進退反應之習性。翼奉占學將性配上五行方位的參數，情配上十二律的參數，並用干支來界定。

　　以下分四項來說明。

（1）人氣感動天地說

　　熊十力在其《乾坤衍》說到：「〈乾〉性健健，而〈坤〉有惰性。〈乾〉主

〔註83〕中村璋八、安居香山合輯，《緯書集成（上）》（河北：河北人民出版社，1994年），頁471。
〔註84〕中村璋八、安居香山合輯，《緯書集成（上）》（河北：河北人民出版社，1994年），頁480。
〔註85〕班固，《漢書》，頁3170。

進而〈坤〉喜退。〈乾〉主創造而〈坤〉樂因循。是故〈乾〉道雖以大生之健力開導乎〈坤〉，〈坤〉不得不順以承〈乾〉而起化，然〈坤〉並非完全改易其惰性以從〈乾〉。……聖人於〈乾〉卦，稱〈乾〉爲精，精者，言其至眞而無形，其動也至健而不可見其造作之跡。……萬物皆資取於〈坤〉以成其形體，〈坤〉道藏往，萬物各有類型相續不絕。易言之，萬物皆以形相生也。」〔註86〕按照熊十力對〈乾〉〈坤〉性質的解釋，〈乾〉爲六陽〈坤〉爲六陰，其實〈乾〉〈坤〉性質也意味著陰陽的性質。陽主擴散力道，故細分之以至於無形，而不能夠被人的眼耳等感官所察覺。〈坤〉主凝聚力道，故聚集成星辰萬物之有形，能夠被人的眼耳等感官所察覺，故爲有。一方面，至精無形，但被〈坤〉之凝聚力道所影響，所以無中可以生有；另一方面，有形的物質又被陽剛擴散所氣化。熊十力認爲〈乾〉陽使人有大生大明之德，而〈坤〉陰卻讓人有利己身軀之私。

翼奉曾說「臣聞人氣內逆，則感動天地；天變見於星氣日蝕，地變見於奇物震動。所以然者，陽用其精，陰用其形，猶人有五藏六體，五藏象天，六體象地。故五藏病則氣色變於面，六體病則伸屈見於形。地震者，陰氣盛也。……二后之黨滿朝，陰氣之盛，不亦宜乎！」〔註87〕按照翼奉的看法，天地人皆爲陰陽合和而成，都是陽用其精而陰用其形者。他所說的五臟爲肺、肝、腎、心、脾，六體爲人的頭、身和四肢。五臟六體生病，五臟所散發者爲陽氣爲精，故顯現在臉孔氣色上，六體散發者爲爲陰氣爲形，故顯現在四肢的伸屈上。而領導階層的人氣狀態不只顯示在氣色四肢上，也會讓天地產生感應效能。所以他又說地震是陰氣過盛所產生的現象，是人事陰氣太過旺盛所牽累之故，其原因在於滿朝都充斥著二后的朋黨。而這種思想正是董仲舒天人感應、人副天數說的繼承。

（2）觀情以律說

翼奉將人性對外界反應的情參數化，就是把它分爲六類而每類各配十二律的其中兩律。

《漢書·睢兩夏侯京翼李傳》云：

翼奉字少君，……上封事曰：『臣聞之於師，治道要務，在知下之邪

〔註86〕熊十力，《熊十力全集·乾坤衍》（湖北：湖北教育出版社，2001年），頁588～592。
〔註87〕班固，《漢書》，頁3173。

正。人誠鄉正，雖愚爲用；若乃懷邪，知益爲害。知下之術，在於六情十二律而已。北方之情，好也；好行貪狼，申子主之。（孟康曰：「北方水，水生於申，盛於子。水性觸地而行，觸物而潤，多所好故；多好則貪而無厭，故爲貪狼也。」）東方之情，怒也；怒行陰賊，亥卯主之。（孟康曰：「東方木，木生於亥，盛於卯。木性受水氣而生，貫地而出，故爲怒；以陰氣賊害土，故爲陰賊也。」）貪狼必待陰而後動，陰賊必待貪狼而後用，二陰並行，是以王者忌子卯也。禮經避之，春秋諱焉。（李奇曰：「北方陰也，卯又陰賊，故爲二陰，王者忌之，不舉樂。春秋、禮記説皆同。」）南方之情，惡也；惡行廉貞，寅午主之。（孟康曰：「南方火，火生於寅，盛於午。火性炎猛，無所容受，故爲惡；其氣精專嚴整，故爲廉貞。」）西方之情，喜也；喜行寬大，巳酉主之。（孟康曰：「西方金，金生於巳，盛於酉。金之爲物，喜以利刃加於萬物，故爲喜；利刃所加，無不寬大，故曰寬大也。」）二陽並行，是以王者吉午酉也。詩曰：『吉日庚午。』上方之情，樂也；樂行姦邪，辰未主之。（孟康曰：「上方謂北與東也。陽氣所萌生，故爲上。辰，窮水也。未，窮木也。《翼氏風角》曰『木落歸本，水流歸末』，故木利在亥，水利在辰，盛衰各得其所，故樂也。水窮則無隙不入，木上出，窮則旁行，故爲姦邪。」）下方之情，哀也；哀行公正，戌丑主之。』……以律知人情，王者之祕道也。〔註88〕

從以上大段文句所述，分析如下：

第一，「情」區分爲「好、惡、喜、怒、哀、樂」六類個人的情緒，分別表現在人際關係上，則是「貪狼、廉貞、寬大、陰賊、公正、姦邪」。貪狼、陰賊、姦邪都是趨向於陰，廉貞、寬大、公正都是趨向於陽，而這些都跟方位相關聯。

第二，六類「情」分別配上「北方、南方、西方、東方、下方、上方」六個方位，以示情感來源之方位，而四方中央也是五性所在。南方、西方、下方屬於陽氣，北方、東方、上方屬於陰氣。亦即陽性之位產生陽趨向之情，陰性之位產生陰趨向之情。

第三，情感由風律傳遞，在這裡以十二地支來代替十二律，十二地支爲

〔註88〕班固，《漢書》，頁3167～3169。

六個情方位的參數，地支參數則取自月、日、時、風、太陰等來源的方位。

第四，十二律有其固定相配的五音，故按照相配法則，由十二律中某方位之律可以推得五音之某一音，某一音則可以推得五行中的某一行。音律與節氣都是天地現象的傳導媒介，原本有其律數及相增減制衡的原理，唯翼奉以十二地支代替十二律，十天干代替五音，已失音律節氣之數來聯繫天地的原義，而僅存計量時位之干支參數。

（3）觀性以曆說

講到五行，我們不得不瞭解它的緣起。中國西周末年，從《國語·鄭語》「以土與金、木、水、火雜，以成百物」〔註89〕和《左傳》「天生五材，民並用之，廢一不可」〔註90〕已經有了一種歸納性質的五材說。而《尚書·洪範》「五行：一曰水，二曰火，三曰木，四曰金，五曰土。水曰潤下，火曰炎上，木曰曲直，金曰從革，土爰稼穡。潤下作鹹，炎上作苦，曲直作酸，從革作辛，稼穡作甘。」〔註91〕的記載，把五行屬性抽象概念化，推演到其他事物身上，構成一個固定的組合形式。

鄒衍（約公元前 305 年～公元前 240 年）齊國人，倡五德終始及大九州之說。他把春秋戰國時期流行的五行說應用到歷史觀點上，提出「五德始終」的歷史觀，即整個物質世界是由金、木、水、火、土構成的，事物變化也是通過五行相剋相生來實現的，而人類社會及歷史的發展也是有其必然的客觀規律。鄒衍提出五行相勝（克）相生的思想，其目的主要用來說明王朝統治的趨勢，把勝（克）、生的次序固定下來，形成了事物之間相互關聯的模式。因此，公元前三世紀約同期之戰國秦簡《日書》，雖然以天道十二節氣階段爲模式，卻已經有完整的五行方位和生剋思想。〔註92〕

秦漢之際，《呂氏春秋》已將五行事物屬性做統合〔註93〕。《黃帝內經》

〔註89〕上海師范大學古籍整理組，《國語》（上海：上海古籍出版社，1978 年），頁 515。
〔註90〕臺灣開明書店斷句，《斷句十三經經文·左傳》，頁 153。
〔註91〕臺灣開明書店斷句，《斷句十三經經文·尚書》，頁 20。
〔註92〕吳小強，《秦簡日書集釋》（湖南：岳麓書社，2000 年），頁 156：「金勝木、火勝金……，東方木、南方火……。」
〔註93〕呂不韋，《呂氏春秋》（上海：上海古籍出版社，2002 年），頁 185。以下所引該書版本同此。〈孟夏紀〉：「孟夏之月：日在畢，昏翼中，旦婺女中。其日丙丁。其帝炎帝。其神祝融。其蟲羽。其音徵。律中仲呂。其數七。其性禮。其事視。其味苦。其臭焦。其祀灶。祭先肺。螻蟈鳴。丘蚓出。王菩生。苦菜秀。天子居明堂左個，乘朱輅，駕赤騮，載赤旂，衣赤衣，服赤玉，食菽

把五行學說應用於醫學，講究天道與人道身心之共構關係，有大量臨床的經驗，這對中醫的理論體系起了重要的推動作用。漢武帝時，董仲舒又把五行賦予道德含義，認爲木爲仁，火爲禮，土爲信，金爲義，水爲智。而這些素材，部份也成爲翼奉學說的內容。

我們從秦簡《日書》形式可知，所謂天道循環之月律原本是十二階段的，五行思想發達後影響了五音概念的構成，於是十二律爲了合聲（即合五音），律似乎也有地道界面化的傾向。

翼奉言「故詩之爲學，情性而已。五性不相害，六情更興廢。觀性以曆，觀律以情。」〔註94〕這很明顯地繼承《中庸》中和之未發已發說，又繼承《樂記》性靜情動之說。所謂五性不相害，乃性各爲未發之靜態而不相接觸及干擾；六情更興廢，乃情各爲已發之動態，彼此接觸而互相增益或減損。翼奉又言「今年太陰建於甲戌，律以庚寅初用事，曆以甲午從春。曆中甲庚，律得參陽，性中仁義，情得公正貞廉，百年之精歲也。」〔註95〕所謂曆指甲庚等之天干參數，所謂三陽爲戌寅午之地支參數。例如甲子日，是用該日的天干日辰參數，來引領察看性的起源方位及類別型態。用該日的地支日辰參數，來引領察看情的起源方位及類別型態。而且性中仁義說，即符合董仲舒以木爲仁、火爲禮、土爲信、金爲義、水爲智，將五行賦予道德的含義。足見翼奉將情視做時間動態的六種徵象，所以配上時辰以定其爲天道參數，而用來檢視人道的外在活動表相。他又將性視做空間靜態的五種屬性，所以配上方位以定其爲地道參數，而用來檢視人道的內在性命格局。

西漢元帝時翼奉治齊《詩》，齊《詩》受讖緯影響以其四始說配五行，雖說翼奉好律曆陰陽之占，其實是主述以五行思維之模式，而他不專攻《易》，故史傳未見其占術配以卦爻。詩與樂律之關係原本就緊密，史籍記載翼奉專治齊《詩》，故他保有十二律思維，是可以理解的。我們可看出其占術受五行十二律影響很大，因此天道循環之月律也十二支辰化，進而與五行方位化締結，方位之別即決定了五行之不同，不同的五行，所包含的五性特質也各異其趣，而表現出地道方位的區分模式，來做爲判定人格上的性情和邪正的參數。

　　　　與雞。其器高以犧。」
〔註94〕班固，《漢書》，頁3170。
〔註95〕班固，《漢書》，頁3173。

（4）辰時正邪說

翼奉又有用日支辰及十二時辰來分辨主客心態之正邪。

翼奉說：「師法用辰不用日。辰爲客，時爲主人。見於明主，侍者爲主人。辰正時邪，見者正，侍者邪；辰邪時正，見者邪，侍者正。忠正之見，侍者雖邪，辰時俱正；大邪之見，侍者雖正，辰時俱邪。即以自知侍者之邪，而時邪辰正，見者反邪；即以自知侍者之正，而時正辰邪，見者反正。」而孟康注「用辰不用日」說：「假令甲子日，子爲辰，甲爲日，用子不用甲也。」又說：「時，十二時也。」〔註96〕是翼奉占以記日的地支爲辰，當做見者的來賓角色。又用一日十二時的地支爲時，當做服務來賓之侍者的主人角色。並且用辰與時，來看待來賓性情及主人性情的正邪特質。

總之，翼奉占學特色如下：

其一，它是知下之術。先秦法家尙術派講求權謀，漢代表面上雖獨尊儒術，其實是外儒內法。翼奉的則看日月時辰太陰及方位，由天干觀性而地支觀情，以情定正邪。而且用日支及十二辰來做賓主正邪的參數。

其二，六情配方位。指好情配北方，惡情配南方，怒情配東方，喜情配西方，樂情配上方，哀情配下方。而上下兩位，是從〈乾〉《文言》「本乎天者親上，本乎地者親下，則各從其類也」而來。如此一來，不僅只是限於四方空間思維，還有上下兩位的描述。就《易傳》來看，四象思維加上人主體觀察者的中位，容易發展出五行之位。上下加上人主體觀察者的中位，容易發展出天人地三才之位。在這裡六情所配的上下四方，乃屬於三維空間思維，顯示出五行之位與三才之位的整合。這些喜怒哀樂在《中庸》也提到過，是屬於內在性所發生的情感狀態。然而《中庸》的中節是指配合環境的改變而隨時調整，翼奉的情感狀態卻是固定模式，例如從東方位來的人臣會發出怒情。

其三，其表現在與對象的接觸上，屬於人際關係，則好情發展成貪狼，惡情發展成廉貞，怒情發展成陰賊，喜情發展成寬大，樂情發展成姦邪，哀情發展成公正。其貪狼、姦邪屬陰，有其相互關係，爲王者所忌。基本上，就是私心作祟，陰賊即搞破壞，貪狼即喜歡佔人便宜。由此觀之，翼奉認爲喜怒等情緒表現，也會發展出寬大、廉貞等品行的固定模式。廉貞，寬大兩情屬陽，爲人君所偏愛。廉貞即貪狼之相對面，寬大即陰賊之相對面，公正

〔註96〕班固，《漢書》，頁 3170～3171。

即姦邪的相對面。

其四，五性配方位。東西南北中，分別配上五行木金火水土。〔註97〕
在先秦秦簡《日書》及漢初《淮南子》就有五行配方位的記載。若就五性來
講，則是配上靜堅躁敬力，以及仁義禮智信。由出土之帛書老子有仁義禮智
聖五行之說，漢文帝時帛書《易傳》有天地民神時五行看來，由金木水火土
五行發展出來的名義甚多，仁義禮智信五性，也被修正爲五常。很顯然五常
代表五種常規，是指人際關係的五種形態類別。各配以天干甲己，乙庚，丙
辛，丁壬，戊癸。從《日書》的記載看來，這些天干其實是變自五音陰陽二
分而來。

性情在《易傳》仍然是陰陽二元的形態。《日書》五音配方位五行，表示
物質的區域屬性及五種各有不同的振動頻率。而所謂的十二月律，指的是分
屬十二月，在不同濕度、密度、溫度之下所呈現的節氣狀態。翼奉把十二律
配上六情。京房候卦氣占仍用五音十二律。日書時五音分屬十干，十二律分
屬十二支，到了漢以後，爻配五音十二律明顯被干支所取代，納音演變成納
干支。音律的數效能消失了，取而代之的是爻配卦支的五行生剋效能。

至於時位整合的原理，在《易傳》已經有清楚的交代。例如，時乘六龍
表示位的移動，即時的變化。王弼也說，卦爲時而爻爲變，是以卦象在某個
位，即變化至某個階段的時。換言之，某個階段的時，即代表某物移動至某
個位，或物體變化成某個形象。唯《易傳》把卦象當做一完整物體，而其時
位變化則用消息形態來表示。卦象是人的意象之顯現，它的改變賦予時間效
能及空間效能的。基本上，時空雖然在變化，就如同陰陽的變化現象仍不離
太極本體，所以一卦仍舊是一整體。因爲《易傳》以太極爲陰陽之本體，它
並不把重點放在本原論上。也就是說，它的數也是象，立象以盡意，數可以
由心性發展出來。是以大衍筮數，是由心起的數，而不是外境有個始終，或
類似《易緯》及邵雍《皇極經世書》般，眼前的數值是從過去千萬年的數值
演算而來的。

按照《易傳》所說利貞者性情也，太極生陰陽，邵雍認定心爲太極，陰
若是空間則陽是時間，也就是說時空如何變化都離不開一心，這就是《易傳》
貞夫一而以心爲本體的明證。但是漢代承襲先秦氣化宇宙本原論的思維方式，

〔註97〕根據北京中華書局《漢書》顏師古注本，頁 3168、3169 注二至注五，以及頁
317 注十。

又承接《日書》的參數模式，所以時間空間都呈現客體數量化之狀態，它的變化依據在客觀的數值，而不在主體的心性上。

由於漢代不是以心性本體論述為主，而是以宇宙本原論述為主，所以翼奉的知下之術，把性分做五項，用五行方位來相配，他把性當做空間範疇的靜態物質特性來對待，一個性配屬於一個方位，這樣也就類似《說卦》第五章，把二分法則的卦象給地道化、區域化、數值化了。

其五，翼奉把情分為六類，以十二月律來配六情。十二月律原本是根據節氣傳導原理，所謂的律就是波動，或稱之為頻率。五音的頻率針對人的聽覺而來，指五種屬性的物質分屬不同振動頻率。因為性命隸屬於地道人道，在地道則分別將其歸屬於五個方位，在人道則分屬五性或五常。甚至於原本是視覺系統的五色，也可以互相聯繫。

翼奉將情方位化及時辰區分化。十二律呂在秦簡《日書》是曾經配卦的，由此可見十二律之黃鐘、應鐘等原本其重心是在頻率狀態上，意思是每個月的節氣所影響的頻率數值，在十二個月個個都不一樣。而子丑寅卯等只是月排序之名，並不具有頻率含意。我們從京房沿用以律配卦氣的占法，知道與翼奉同時期的京房仍然運用音律來占卦。然而我們可知翼奉時，十二支辰已經有取代十二律的跡象。性靜情動，木性以甲己為主（相合為木）的靜態形式，亦即在東方呈現的木性，依照時辰來看，會在甲己日顯現，這就是翼奉講的觀性以曆。然而情由性發動，故翼奉說東方之情怒也，其中東方即木性所在的方位。而十二律是十二地支月的節氣頻率狀態，每個方位之性有其發生之情，木性之情為怒，在亥卯呈現。按秦簡《日書》亥卯未三合，分別屬木之生壯老，其與今日亥未為水性和土性者大相逕庭。

翼奉占出身於《詩》學，《詩》與音律原本就有相關聯，但沒有卦象的羈絆。翼奉占十二律則已經用十二地支代替，並沿用秦簡《日書》三合形式兩支一組以配六情。翼奉的五音則明確與五行、五性有關聯。翼奉的五音明確配上仁義禮智信，十二律明確配上貪狼、陰賊、姦邪之陰取向之情，及廉貞、寬大、公正之陽取向之情。其直接賦予十二律以價值取向之象，類似紫微斗數賦予星辰價值取向一般。翼奉占學時位兼具，總是離不開時位一體，亦即陰陽兩儀源自於一太極的原始思維。那麼，講求宇宙生成論述的漢《易》也貞夫一，其本體層面也不曾消失。所以，極數知來的能力也是存在的。

第四節　尚德說在漢魏占學上的影響

本節以體用合一為基本論調，認為心之本體才是自成規律取向的主導者。漢代流行的是氣化象數本原論，屬於用智之學，然而以道德為形上的體仁之學仍舊延續著，依然不減其光輝。因此，先秦儒家主張的本體特質，其實仍舊藏在德行說裡，繼續扮演其主體能動自律的角色，而且有史實可證明占師德行的吉福報償，是一種真實的效益。

一、《左傳》等吉凶由人之德說

吉凶由人說，原出於《左傳・僖公十六》，其言云：「春，隕石于宋五，隕星也，六鷁退飛，過宋都。風也，周內史叔興聘于宋，宋襄公問焉，曰，是何祥也，吉凶焉在，對曰，……是陰陽之事，非吉凶所生也，吉凶由人，吾不敢逆君故也。」朱伯崑先生提到春秋時期人們對《周易》的理解，說到：「《周易》雖然可以推測未來的變化，但人事的吉凶，說到底，取決於人的行為，特別是人的道德品質，此種觀點，可稱之為吉凶由人說。」〔註98〕

其說可提供兩方面的思考。

其一，是當事人和占師不以德為鑑，則將陷入陰陽五行之數。《了凡四訓》雲谷法師所云：「人未能無心，終為陰陽所縛，安得無數？」由此看來，有心的凡人，終將落於形下數的格局，其人不特止於求占的當事者，占卜者也屬之，則占卜者即使對某事算得精確，也和求有益於得的福田無緣。

《史記・龜策列傳》說：

> 太史公曰：……夫搖策定數，灼龜觀兆，變化無窮，是以擇賢而用占焉，可謂聖人重事者乎！周公卜三龜，而武王有瘳。紂為暴虐，而元龜不占。晉文將定襄王之位，卜得黃帝之兆，辛受彤弓之命。獻公貪驪姬之色，卜而兆有口象，其禍竟流五世。楚靈將背周室，卜而龜逆，終被乾谿之敗。兆應信誠於內，而時人明察見之於外，可不謂兩合者哉！君子謂夫輕卜筮，無神明者，悖；背人道，信禎祥者，鬼神不得其正。故《書》建稽疑，五謀而卜筮居其二，五占從其多，明有而不專之道也。〔註99〕

此處說《尚書》記載了解決疑難的方法有五種，卜和筮為其中兩種，五種意

〔註98〕朱伯崑，《易學哲學史》（北京：中華書局，1995年），頁29。
〔註99〕司馬遷，《新校本史記三家注》（臺北：鼎文書局，1981年），頁3223～3224。

見不同時，要順從其中多數的意見，這表明雖有卜筮，但不能盡信卜筮。司馬遷以周公、晉文公之賢德與紂王、晉獻公、楚靈公的失德相比，而說到「兆應信誠於內」，指出了德行是當事者吉凶的主導。

　　其二，如果占師不能見幾知幾，只得局限於形下偏執一方的格局，則即使面對同一件事，因爲受到占師己身性格的影響，占卜的決斷和吉凶也勢必是見仁見智，各斷其所占。司馬遷在《史記・日者列傳》，就寫到這情況，其言云：

> 臣爲郎時，與太卜待詔爲郎者同署，言曰：「孝武帝時，聚會占家問之，某日可取婦乎？五行家曰可，堪輿家曰不可，建除家曰不吉，叢辰家曰大凶，歷家曰小凶，天人家曰小吉，太一家曰大吉。辯訟不決，以狀聞。制曰：『避諸死忌，以五行爲主。』」人取於五行者也。〔註100〕

《左傳・哀公九年》也寫到：

> 晉趙鞅卜救鄭，遇水適火，占諸史趙、史墨、史龜。史龜曰：「是謂沈陽，可以興兵，利以伐姜，不利子商。伐齊則可，敵宋不吉。」史墨曰：「盈，水名也；子，水位也。名位敵，不可干也。炎帝爲火師，姜姓其後也。水勝火，伐姜則可。」史趙曰：「是謂如川之滿，不可游也。鄭方有罪，不可救也。救鄭則不吉，不知其他。」陽虎以《周易》筮之，遇〈泰〉之〈需〉曰：「宋方吉，不可與也。微子啓，帝乙之元子也。宋、鄭，甥舅也。祉，祿也。若帝乙之元子歸妹而有吉祿，我安得吉焉？」乃止。〔註101〕

而就這一點，也提示事情看法是可因人而改變的。在《繫辭》來說，見仁見智各說各話，是占師尚未見幾知幾，還沒達到形上無爲境界的表現。

　　德行決定結果的吉凶，有時候當事者比占師看得更清楚。《左傳・襄公九年》載穆姜被貶進東宮時，算得遇〈艮〉之〈隨〉卦，史官說：「隨，其出也，君必速出。」穆姜卻說：

> 亡。是於《周易》曰：「〈隨〉，元亨利貞，无咎。」元，體之長也；亨，嘉之會也；利，義之和也；貞，事之幹也。體仁足以長人，嘉

〔註100〕司馬遷，《新校本史記三家注》（臺北：鼎文書局，1981年），頁3222。

〔註101〕臺灣開明書店斷句，《斷句十三經經文・左傳》（臺北：臺灣開明書店，1991年），頁257。

德足以合禮，利物足以合義，貞固足以幹事。然固不可誣也，是以
雖隨无咎。今我婦人而與於亂，固在下位，而有不仁，不可謂元；
不靖國家，不可謂亨；作為害身，不可謂利；棄位而姣，不可謂貞。
有四德者，雖隨无咎；我皆無之，豈隨也哉！我則取惡，能無咎乎？
必死於此，弗得出矣。〔註102〕

朱伯崑先生說，人事的吉凶同人的道德品質是聯繫在一起的，品質不好，所
占雖吉，不能改變人的處境。〔註103〕從這點來看，「〈隨〉，元亨利貞，无咎」
之詞是一正向情況的指引，而非個人福報的必然結果。穆姜視元亨利貞為四
項德目的正向情況，用「體仁足以長人」等來解釋元亨利貞，就在說明良好
人際關係的前提在優良的品德，而優良的品德是不可能矯裝出來的，亦即內
有仁體、嘉德等優良的品德，才會有長人、合禮等良好的人際關係，是以「固
不可誣也」，誣就是矯裝之意。而「水流濕，火就燥」，穆姜自認為有「與於
亂、不仁、不靖國家、作為害身、棄位而姣」的不善言行，這些行為不符合
元亨利貞四德的法則，是無法感應或招致到正向福報的。另外，《左傳・昭
公十二年》：

南蒯之將叛也，……南蒯枚筮之，遇〈坤〉之〈比〉曰：「黃裳，
元吉。」以為大吉也。示子服惠伯，曰：「即欲有事，何如？」惠
伯曰：「吾嘗學此矣，忠信之事則可，不然，必敗。外彊內溫，忠
也；和以率貞，信也，故曰『黃裳元吉』。黃，中之色也；裳，下
之飾也；元，善之長也。中不忠，不得其色；下不共，不得其飾；
事不善，不得其極。外內倡和為忠，率事以信為共，供養三德為
善，非此三者弗當。且夫《易》，不可以占險，將何事也？且可飾
乎？中美能黃，上美為元，下美則裳，參成可筮。猶有闕也，筮
雖吉，未也。〔註104〕

以上是說魯國季氏家臣南蒯欲背叛季氏，事先算得一卦遇〈坤〉之〈比〉，依
〈坤〉九五爻辭「黃裳，元吉」，自以為是大吉。然而，誠如朱伯崑所說，人
事的吉凶是和人的道德品質相聯繫的，吉兆是正向情況的指引，必須配合善

〔註102〕臺灣開明書店斷句，《斷句十三經經文・左傳》（臺北：臺灣開明書店，1991
年），頁121。

〔註103〕朱伯崑，《易學哲學史》（北京：中華書局，1995年），頁29。

〔註104〕臺灣開明書店斷句，《斷句十三經經文・左傳》（臺北：臺灣開明書店，1991
年），頁195。

德才有可能如此，凶兆是負向情況的警示，有善德者也足以化險爲夷，是以
「黃裳元吉」吉兆的預示，也須要忠信之事來配合。惠伯用「外彊內溫」、「和
以率貞」來提示忠信二德的特徵，也唯有這些內在特徵，才得以配有「黃裳
元吉」的吉兆。他說《易》不可占奸險陰謀的人事，具有美德才可成就筮辭
所云的吉象，欠缺此德則筮雖吉，卻未能得其吉。其中值得注意的，惠伯將
「黃裳元吉」作意象雙關的延伸涵義，以黃爲中色，中又雙關爲心態，指出
心態不忠，不得配黃色；裳爲衣著的下飾，下又雙關爲下屬，指出下屬無向
心力，就如同上衣下裳款式不合，加上做事出發點是不善的，則不能轉變成
吉。惠伯指出做人臣者唯有忠才能促進內外和諧相處，做任何事都以誠信才
算一體。所謂「將何事也？且可飾乎？」亦即爲人臣者凡事自省，做事動機
是否善的？是否有忠直的向心力？內心忠直之美，襯托動機之美以及向心力
之美，唯有此三美具足，才眞正享有吉福。

　　景海峰在〈圓教與圓善：牟宗三哲學的核心思想〉文中提到：「在圓聖理
境中，其實義完全得見，既可依其自律而定吾人之天理，又可依其創生遍潤
之作用而使萬物有存在。因而德福一致之實義亦可得見。」〔註105〕由此觀之，
穆姜是已發生失德然後占其事，南蒯則事先占問有關陰謀背叛事的卦，占辭
雖吉，但無論自己斷定或被他人斷定，兩者均無法以德自律，則事實上皆未
能得其吉福。

　　《左傳·僖公十五年》，記載晉獻公筮嫁伯姬於秦，遇〈歸妹〉之〈睽〉，
史蘇斷占說不可，後晉惠公被秦所俘虜，感嘆說「先君若從史蘇之占，吾不
及此乎？」韓簡對這事評論說：

　　　惠公在秦，曰：「先君若從史蘇之占，吾不及此夫！」韓簡侍，曰：
　　　「龜，象也；筮，數也。物生而後有象，象而後有滋，滋而後有數。
　　　先君之敗德，及可數乎？史蘇是占，勿從何益？詩曰：『下民之孽，
　　　匪降自天。傅沓背憎，職競由人。』」〔註106〕

雲谷說人有世俗功名富貴的貪求，就會被數所拘束，說明心念產生，才有跡
象可循，循此象之軌跡便知數之所在。《孟子·公孫丑上》引《太甲》說：「天

〔註105〕景海峰，〈圓教與圓善：牟宗三哲學的核心思想〉。中國儒學網（http://www.
　　　confuchina.com/10%20lishi/mou%20zongsan%20zhexue.htm）。2013 年 6 月 28
　　　日檢索。
〔註106〕臺灣開明書店斷句，《斷句十三經經文·左傳》（臺北：臺灣開明書店，1991
　　　年），頁 41。

作孽，猶可違；自作孽，不可活。」這裡說敗德之人，非筮數可測定；反之，有德之人，亦非筮數可測定。是以，問題不在筮辭所言的吉或不吉，而主要是在人心的作爲使然，而不在天。人的罪孽是自作自受，不是上天給予的，所以說職競由人。由此推之，人的吉福，按照孟子所云是求德而有益於得的，當然也符合職競由人之說。

吉凶乃因人的想法而有改變的可能，朱伯崑先生所云吉凶由人之德說，就成爲求有益於得的不二法門。而既然敗德或有德之人，都不是筮數可測定的，所以印證了孔子在《論語》、《帛書》尚德不占、寡占說，以及孟子中道修身可以建構良善規律的立命說。

二、秦漢魏象數範疇的德行說

孟子謂「夭壽不貳、修身以俟之」的立命之學在《了凡四訓》有所闡述，它不僅認爲德行有創生意義，也可自成良善循環。《繫辭》說：「利貞者性情也」，又說：「立象以盡意，設卦以盡情僞。」《說卦》說：「昔者聖人之作《易》也，將以順性命之裡，是以立天之道，曰陰與陽。」性是意的內涵，情是意的外顯，足見性情意識才是決定人生趨向的主體。換言之，象數氣命說的弊病所在，就在將《易傳》三才之道象數化，而失去了人的主體能動性。

接著舉子書史書資料，以證明秦漢魏象數學占家的論述，還是不能免除尚德之說，如以性情五性六情化的漢代翼奉，以及崇尚五行鬼神的魏朝管輅觀之。可知性情本體的主體能動性，乃藉由德行說穿越象數盛行時期而延續到魏晉。

（1）《呂氏春秋》、《淮南子》、《春秋繁露》的德行說

首先是討論對漢代思想有很大影響的三本子書，《呂氏春秋》、《淮南子》、《春秋繁露》。張濤先生說由於秦始皇不焚《周易》，《周易》成了諸家思想的護身符，《易》學成了他們的避風港。〔註107〕當時有呂不韋與門人集體編纂的《呂氏春秋》，它是儒道陰陽家等思想的綜合產物，其天地事物人身與時位節氣五行相配的形式，爲《淮南子》所繼承。韓強先生說，《淮南子》比《春秋繁露》更詳細的描述了道產生萬物的過程，二書都有天人感應的思想。〔註108〕此三書對漢《易》影響甚鉅，那就是象數化的宇宙本原形

〔註107〕張濤，《秦漢易學思想研究》（北京：中華書局，2005 年），頁 38。
〔註108〕韓強，《王弼與中國文化》（貴州：貴州人民出版社，2001 年），頁 20。

態的呈現。韓強謂儒家荀子及道家宋鈃、尹文，以及陰陽家等其他各家思想
之兼用，其學術風格在秦漢時影響了的《呂氏春秋》、《淮南子》。〔註 109〕
經由查閱、對照可見這兩部書的風格確實有雷同之處〔註 110〕，都是以太一
做爲宇宙生成本原論的起始，也都是以天人感應思維模式來串聯起天地人三
才，並且均將三才之道加以象數化。

　　韓強又比較《淮南子》、《春秋繁露》說道，兩者都是從道生萬物、天人
感應和人性三品的思維模式來論述各自思想。〔註 111〕因此我們可知太一思
維，是將《易傳》太極和《老子》氣化陰陽加以融合，成爲宇宙生成的元氣
理論。這說法也影響到董仲舒的《春秋繁露》。《春秋繁露・循天之道》說：
「是故陽之行，始於北方之中，而止於南方之中；陰之行，始於南方之中，
而止於北方之中。陰陽之道不同，至於盛而皆止於中，其所始起皆必於中。
中者，天地之太極也。」該書雖然保留了「太極」稱號，其實已經不是《易
傳》性情本體的原貌，而是對象數化宇宙的描寫了。

　　然而，儒家的德行說也透過漢代象數學無時不顯露出來。因此，以上對
漢代象數學有啓導作用的三部書，仍舊極力宣揚德行的正面價值。例如《呂

〔註 109〕韓強，《王弼與中國文化》（貴州：貴州人民出版社，2001 年），頁 4～5。
〔註 110〕呂不韋著陳奇猷校注，《呂氏春秋新校釋》（上海：上海古籍出版社，2002 年），
　　　　頁 63：「仲春之月：日在奎，昏弧中，旦建星中。其日甲乙。其帝太皞。其神
　　　　句芒。其蟲鱗。其音角。律中夾鐘。其數八。其味酸。其臭羶。其祀戶。祭
　　　　先脾。始雨水。桃李華。蒼庚鳴。鷹化爲鳩。天子居青陽太廟，乘鸞輅，駕
　　　　蒼龍，載青旂，衣青衣，服青玉，食麥與羊，其器疏以達。」頁 657：「何謂
　　　　九野？中央曰鈞天，其星角、亢、氐。東方曰蒼天，其星房、心、尾。東北
　　　　曰變天，其星箕、斗、牽牛。北方曰玄天，其星婺女、虛、危、營室。西北
　　　　曰幽天，其星東壁、奎、婁。西方曰顥天，其星胃、昴、畢。西南曰朱天，
　　　　其星觜嶲、參、東井。」頁 255：「萬物所出，造於太一，化於陰陽。」頁 256：
　　　　「道也者，至精也，不可爲形，不可爲名，彊爲之謂之太一。」
　　　　劉文典，《淮南鴻烈集解》（北京：中華書局，1989 年），頁 98：「日冬至，井
　　　　水盛，盆水溢，羊脫毛，麋角解，鵲始巢；八尺之修，日中而景丈三尺。日
　　　　夏至而流黃澤，石精出，蟬始鳴，半夏生。」頁 87：「何謂九野？中央曰鈞
　　　　天，其星角、亢、氐。東方曰蒼天，其星房、心、尾。東北曰變天，其星箕、
　　　　斗、牽牛。北方曰玄天，其星須女、虛、危、營室。西北方曰幽天，其星東
　　　　壁、奎、婁。西方曰顥天，其星胃、昴、畢。西南方曰朱天，其星觜嶲、參、
　　　　東井。」頁 258：「帝者體太一，王者法陰陽，霸者則四時，君者用六律。秉
　　　　太一者，牢籠天地，彈壓山川，含吐陰陽，伸曳四時，紀綱八極，經緯六合。」
　　　　頁 463：「洞同天地，渾沌爲樸，未造而成物，謂之太一。」
〔註 111〕韓強，《王弼與中國文化》（貴州：貴州人民出版社，2001 年），頁 21。

氏春秋・孟春紀・本生》:「上爲天子而不驕,下爲匹夫而不惛;此之謂全德之人。」《呂氏春秋・孟春紀・貴公》:「天地大矣,生而弗子,成而弗有,萬物皆被其澤、得其利,而莫知其所由始,此三皇、五帝之德也。」《呂氏春秋・孟春紀・論人》:「德行昭美,比於日月,不可息也。」〔註112〕《淮南子・原道訓》:「憂悲者,德之失也。……故心不憂樂,德之至也。」《淮南子・俶眞訓》:「是故以道爲竿,以德爲綸,禮樂爲鉤,仁義爲餌,投之于江,浮之於海,萬物紛紛,孰非其有?」〔註113〕《春秋繁露・竹林》:「考意而觀指,則《春秋》之所惡者,不任德而任力,驅民而殘賊之。其所好者,設而勿用,仁義以服之也。《詩》云:『弛其文德,洽此四國。』此《春秋》之所善也。夫德不足以親近,而文不足以來遠,而斷斷以戰伐爲之者,此固《春秋》之所甚疾已。」《春秋繁露・俞序》:「苟能述《春秋》之法,致行其道,豈徒除禍哉,乃堯舜之德也。故世子曰:『功及子孫,光輝百世,聖人之德,莫美於恕。』」

由此看來,漢代雖然以宇宙生成本原論述取勝,但本體的主體能動性不曾消失,而含藏在德行說內,繼續延伸到魏晉。

(2)《史記》所載占卜術之美德

影響後世深遠的紀傳體史書《史記》,在〈日者列傳〉裡記載占卜者事跡之餘,也力讚占卜術含有利他的義德之美。

《史記・日者列傳》說:

> 宋忠、賈誼瞿然而悟,獵纓正襟危坐,曰:「吾望先生之狀,聽先生之辭,小子竊觀於世,未嘗見也。今何居之卑,何行之汙?」司馬季主捧腹大笑曰:「觀大夫類有道術者,今何言之陋也,何辭之野也!今夫子所賢者何也?所高者誰也?今何以卑汙長者?」二君曰:「尊官厚祿,世之所高也,賢才處之。今所處非其地,故謂之卑。言不信,行不驗,取不當,故謂之汙。夫卜筮者,世俗之所賤簡也……。」司馬季主曰:「且夫卜筮者,埽除設坐,正其冠帶,然後乃言事,此有禮也。言而鬼神或以饗,忠臣以事其上,孝子以養其親,慈父以畜其子,此有德者也。而以義置數十百錢,病者或以愈,且死或以

〔註112〕呂不韋著陳奇猷校注,《呂氏春秋新校釋》(上海:上海古籍出版社,2002 年),頁 21、44、159。

〔註113〕劉文典,《淮南鴻烈集解》(北京:中華書局,1989 年),頁 31、51。

生，患或以免，事或以成，嫁子娶婦或以養生：此之爲德，豈直數
十百錢哉！此夫老子所謂『上德不德，是以有德』。今夫卜筮者利大
而謝少，老子之云豈異於是乎？……故君子處卑隱以辟眾，自匿以
辟倫，微見德順以除群害，以明天性，助上養下，多其功利，不求
尊譽。公之等喁喁者也，何知長者之道乎！」〔註114〕

孔子、荀子所言的不占，是指當事人或習《易》者用德行來做行事的主導，
而不依賴占卜，把德行的價值視爲高過於占卜。而這裡是將占卜本身的價值
與義德做結合，認爲占卜者足以效法老子無爲於自利的大德，則利他功德大
於利己。在這裡，司馬季主何以引老子上德說而不引孔孟德行說？因爲利大
而謝少，指的是利益他人者大而酬謝自己的少。老子大德無爲而不計較利己，
孔孟則還有成己的成份。就司馬季主所指，包括宋忠、賈誼等人，其所謂賢
者都是具崇高身分，而世俗之人視屈居簡約的卜者則謂之卑賤之人。司馬季
主所謂「卑隱、自匿、德順」，是司馬季主的一種謙遜態度，而不是世俗所認
定的價值觀，此乃是綜合《易傳》、《老子》謙遜虛靜的理念。由此觀之，占
卜術的價值，端視占師的品德行爲而定，而非只在前知功能。

（3）《漢書》所載占卜名士的德行說

察閱《漢書·眭兩夏侯京翼李傳》記載漢朝當時占卜名士闡揚德行者，
有夏侯勝、翼奉、李尋。

夏侯勝字長公。……勝少孤，好學，從始昌受《尚書》及《洪範·
五行傳》，說災異。……長信少府勝獨曰：「武帝雖有攘四夷廣土斥
境之功，然多殺士眾，竭民財力，……亡德澤於民，不宜爲立廟樂。」
翼奉字少君，東海下邳人也。……奉惇學不仕，好律曆陰陽之占。……
參之六合五行，則可以見人性，知人情。難用外察，從中甚明，故
詩之爲學，情性而已。……「……今陛下明聖，深懷要道，燭臨萬
方，布德流惠，靡有闕遺。罷省不急之用，振救困貧，賦醫藥，賜
棺錢，恩澤甚厚。又舉直言，求過失，盛德純備，天下幸甚。……
臣聞昔者盤庚改邑以興殷道，聖人美之。竊聞漢德隆盛，在於孝文
皇帝躬行節儉，外省繇役。其時未有甘泉、建章及上林中諸離宮
館。……」奉以中郎爲博士、諫大夫，年老以壽終。子及孫，皆以

〔註114〕司馬遷，《新校本史記三家注》（臺北：鼎文書局，1981年），頁3219。

學在儒官。

> 李尋字子長，平陵人也。治尚書，與張孺、鄭寬中同師。寬中等守
> 師法教授，尋獨好洪範災異，又學天文月令陰陽。……尋見漢家有
> 中衰阨會之象，其意以爲且有洪水爲災，乃說根曰：「……昔秦穆公
> 說譾譾之言，任仡仡之勇，身受大辱，社稷幾亡。悔過自責，思惟
> 黃髮，任用百里奚，辛伯西域，德列王道。二者禍福如此，可不慎
> 哉！……漢興以來，臣子貴盛，未嘗至此。夫物盛必衰，自然之理，
> 唯有賢友彊輔，庶幾可以保身命，全子孫，安國家。……舉錯諆逆，
> 咎敗將至，徵兆爲之先見。明君恐懼修正，側身博問，轉禍爲福；
> 不可救者，即蓄備以待之，故社稷亡憂。……」〔註115〕

以上所載，都指出一國一朝之君王乃統治萬民的人，其影響不可謂小。國朝
之吉凶的主導在君王之德，而占卜只是在輔助說明某個現象。而「舉錯諆逆，
咎敗將至，徵兆爲之先見。明君恐懼修正，側身博問，轉禍爲福。」李尋之
言，正顯示君王德行是國朝之吉凶的關鍵。

（4）管輅謂德行本體有超越卜筮《易》辭者

管輅是魏朝玄理化的《易》學家，他用本體義理來統御象數，卻也顯露
出尚德的理念。

《魏書‧管輅傳》：

> 問：「連夢見青蠅數十頭，來在鼻上，驅之不肯去，有何意故？」輅
> 曰：「夫飛鴞，天下賤鳥，及其在林食椹，則懷我好音，況輅心非草
> 木，敢不盡忠？昔元、凱之弼重華，宣慈惠和；周公之翼成王，坐
> 而待旦，故能流光六合，萬國咸寧。此乃履道休應，非卜筮之所明
> 也。今君侯位重山嶽，勢若雷電，而懷德者鮮，畏威者衆，殆非小
> 心翼翼多福之仁。又鼻者〈艮〉，此天中之山，高而不危，所以長守
> 貴。今青蠅臭惡，而集之焉。位峻者顛，輕豪者亡，不可不思害盈
> 之數，盛衰之期。是故山在地中曰〈謙〉，雷在天上曰〈壯〉；謙則
> 裒多益寡，壯則非禮不履。未有損己而不光大，行非而不傷敗。願
> 君侯上追文王六爻之旨，下思尼父《彖》《象》之義，然後三公可決，

〔註115〕班固撰顏師古注，《新校本漢書集注》（臺北：鼎文書局，1986 年），頁 3153
～3195。

青蠅可驅也。」〔註116〕

管輅傳舉周公輔助成王，履道而有天之善應，又舉〈謙〉卦衰多益寡，說明胸懷中仁德鮮少者，沒有多福之象，而位峻者將顛覆，輕豪者將滅亡。其言「未有損己而不光大」，這正是孟子所言修身以立命，反之，「未有行非而不傷敗也」正是《左傳·昭公十二年》惠伯所說「忠信之事則可，不然，必敗」，是不修身以致災禍的最佳注解。

《管輅別傳》說：「輅言：始讀《詩》、《論》、《易》本，學問微淺，未能上引聖人之道，陳秦、漢之事，但欲論金木水火土鬼神之情耳。」〔註117〕管輅不是只談談《易》理而已，他其實是承接京房占學，是魏朝少有的象數占學大家，預測非常精準。原因無他，管輅是位知幾見道的人，主要在他的體會已經是在形上層次。《管輅別傳》說：「輅言：苟非性與天道，何由背爻象而任胸心者乎？夫萬物之化，無有常形，人之變異，無有常體，或大為小，或小為大，固無優劣。夫萬物之化，一例之道也。……僕自欲正身以明道，直己以親義，見數不以為異，知術不以為奇，夙夜研機。」〔註118〕這種說法其實與老莊的無為態度，《易傳》的中道見幾相符，因為他守住形上本體而且切實行德，故不把術數當做奇異行徑。他說：「善《易》者不論《易》」；「聽采聖論，未有《易》之一分，《易》安可注也？」他並非不占《易》，他只是不及《易》辭，不以注《易》為要緊的事。〔註119〕《管輅別傳》說：「昔司馬季主有言，夫卜者必法天地，象四時，順仁義。伏羲作八卦，周文王三百六十四爻，而天下治。病者或以愈，且死或以生，患或以免，事或以成，嫁女娶妻或以生長，豈直數千錢哉？以此推之，急務也。苟道之明，聖賢不讓，況吾小人，敢以為難！」〔註120〕管輅不以注《易》為要，但他卻很認同《史記》所載司馬季主的見解，以占卜為聖賢不讓之義行。

三、占卜者無德則自作孽的實證

此小節專門討論象數占卜者的遭遇，都是以德行之有無做為評量的標

〔註116〕陳壽撰裴松之注，《新校本三國志注》（臺北：鼎文書局，1980年），頁820。
〔註117〕陳壽撰裴松之注，《新校本三國志注》（臺北：鼎文書局，1980年），頁811。
〔註118〕陳壽撰裴松之注，《新校本三國志注》（臺北：鼎文書局，1980年），頁811。
〔註119〕陳壽撰裴松之注，《新校本三國志注》（臺北：鼎文書局，1980年），頁820、823。
〔註120〕陳壽撰裴松之注，《新校本三國志注》（臺北：鼎文書局，1980年），頁815。

準。《孟子‧公孫丑上》引《太甲》說：「天作孽，猶可違。自作孽，不可活。」
此處，引用司馬遷、班固對諸占卜者的評論，以及《管輅別傳》裡管辰把京
房和管輅言行做比較的評論，說明爲德不卒而自作孽不可活的道理。用以呼
應荀子「善爲《易》者不占」及《左傳》惠伯「吾嘗學此矣，忠信之事則可，
不然，必敗」的想法。

《史記‧日者列傳》寫到：

> 褚先生曰：臣爲郎時，游觀長安中，見卜筮之賢大夫，觀其起居行
> 步，坐起自動，誓正其衣冠而當鄉人也，有君子之風。見性好解婦
> 來卜，對之顏色嚴振，未嘗見齒而笑也。從古以來，賢者避世，有
> 居止舞澤者，有居民間閉口不言，有隱居卜筮閒以全身者。夫司馬
> 季主者，楚賢大夫，游學長安，通《易經》，術黃帝、老子，博聞遠
> 見。觀其對二大夫貴人之談言，稱引古明王聖人道，固非淺聞小數
> 之能。及卜筮立名聲千里者，各往往而在。……能以伎能立名者甚
> 多，皆有高世絕人之風，何可勝言？〔註121〕

這是司馬遷對有德的占師之正面評價，其面對鄉民衣衫端正，面對婦女也不
苟言笑，故有賢者避世而執卜筮爲職業，隱居在卜筮者裡面以保全自己。尤
其盛讚司馬季主通《易》、黃老之術，博聞遠見。觀其言談時常稱引古明王聖
人之道，原本就不屬於一般淺聞小數之能的占卜者。

而司馬遷《史記‧龜策列傳》也據實描述：

> 會上欲擊匈奴，西攘大宛，南收百越，卜筮至預見表象，先圖其利。
> 及猛將推鋒執節，獲勝於彼，而著龜時日亦有力於此。上尤加意，
> 賞賜至或數千萬。如丘子明之屬，富溢貴寵，傾於朝廷。至以卜筮
> 射蠱道，巫蠱時或頗中。素有鵙睚不快，因公行誅，恣意所傷，以
> 破族滅門者，不可勝數。百僚蕩恐，皆曰龜策能言。後事覺姦窮，
> 亦誅三族。〔註122〕

由此觀之，圖其私利的占師，有的被賞賜至數千萬元。最糟糕的是，假公濟
私，隨意傷害敵對陣營，讓人破族滅門，亦時有所聞。這樣傷德的惡行，事
後被掀開奸詐面目，也都被誅三族。

另外，班固在《漢書‧眭兩夏侯京翼李傳》對占師京房、翼奉、李尋等

〔註121〕司馬遷，《新校本史記三家注》（臺北：鼎文書局，1981年），頁3221。
〔註122〕司馬遷，《新校本史記三家注》（臺北：鼎文書局，1981年），頁3224。

有所描述。其中翼奉、李尋陳言君德的重要性。然而翼奉、李尋兩人的結局
有天壤之別。《眭兩夏侯京翼李傳》寫到：

> 書奏，天子異其意，答曰：「問奉：今園廟有七，云東徙，狀何如？」
> 奉對曰：「昔成王徙洛，般庚遷殷，其所避就，皆陛下所明知也。非
> 有聖明，不能一變天下之道。臣奉愚戇狂惑，唯陛下裁赦。」其後，
> 貢禹亦言當定迭毀禮，上遂從之。及匡衡爲丞相，奏徙南北郊，其
> 議皆自奉發之。奉以中郎爲博士、諫大夫，年老以壽終。子及孫，
> 皆以學在儒官。〔註123〕

可見翼奉不放棄人的主體能動性，重視人君的道德自覺。不僅力陳君德，而
且當漢元帝的面極力稱讚揚元帝爲一變天下之道的聖明君主，而謙稱自己愚
戇狂惑。然而翼奉年老又壽終、子孫享福祿之報，其最主要的原因，是他有
顆眞正利他的心，其所上書均建請元帝簡約宮廷消費，而裁赦的對象都是普
天之下處財務困境的老百姓。翼奉屢次提出君王重德的諫言，自認愚戇狂惑，
謙遜自處，故能年老以壽終，子孫皆以學在儒官。由此可見，翼奉的力勸元
帝虛靜、聖明以成就非常之主，又援引先王有德失德的事跡以做借鑑。正是
雖然擅長於占術以知來，但未具仁義之德則難以善終。

至於李尋，《眭兩夏侯京翼李傳》寫到：

> 後月餘，上疾自若。賀良等復欲妄變政事，大臣爭以爲不可許。
> 賀良等奏言大臣皆不知天命，宜退丞相御史，以解光、李尋輔政。
> 上以其言亡驗，遂下賀良等吏，而下詔曰：「朕獲保宗廟，爲政不
> 德，……賀良等反道惑眾，姦態當窮竟。」皆下獄，光祿勳平當、
> 光祿大夫毛莫如與御史中丞、廷尉雜治，當賀良等執左道，亂朝
> 政，傾覆國家，誣罔主上，不道。賀良等皆伏誅。尋及解光減死
> 一等，徙敦煌郡。〔註124〕

賀良等人想要政變，大臣們爭相以爲不可許。賀良等上奏進言大臣們都不知
天命，應該廢掉丞相御史，改替解光、李尋來輔政。漢哀帝因爲賀良等人改
國號可消災異的占言沒有應驗，遂下賀良等人於獄。主上下詔罪己爲政無德，
賀良則被定罪爲反道惑眾之姦人而賜死，李尋遂被流放。

再說京房，其占卜功力最強，卻也遭受到最慘的結果。《眭兩夏侯京翼李

〔註123〕班固撰顏師古注，《新校本漢書集注》（臺北：鼎文書局，1986年），頁3178。
〔註124〕班固撰顏師古注，《新校本漢書集注》（臺北：鼎文書局，1986年），頁3193。

傳》寫到：

> 京房字君明，東郡頓丘人也。治《易》，事梁人焦延壽。延壽字贛。
> ……贛常曰：「得我道以亡身者，必京生也。」……房罷出，後上
> 令房上弟子曉知考功課吏事者，欲試用之。房上中郎任良、姚平，
> 「願以爲刺史，試考功法，臣得通籍殿中，爲奏事，以防雍塞。」
> 石顯、五鹿充宗皆疾房，欲遠之，建言宜試以房爲郡守。……房自
> 知數以論議爲大臣所非，內與石顯、五鹿充宗有隙，不欲遠離左右，
> 及爲太守，憂懼。房以建昭二年二月朔拜，上封事曰：……。博具
> 從房記諸所說災異事，固令房爲淮陽王作求朝奏草，皆持東與淮陽
> 王。石顯微司具知之，以房親近，未敢言。及房出守郡，顯告房與
> 張博通謀，非謗政治，歸惡天子，註誤諸侯王，語在憲王傳。初，
> 房見道幽屬事，出爲御史大夫鄭弘言之。房、博皆棄市，弘坐免爲
> 庶人。房本姓李，推律自定爲京氏，死時年四十一。〔註125〕

京房、李尋這情況，其實司馬遷在《史記·龜策列傳》也描述過，其言「因
公行誅，恣意所傷……後事覺姦窮，亦誅三族。」賀良也是以災異挾持君權，
並以占卜公報私仇，讓百官處在動盪恐懼當中。此事哀帝罪己招致災異承認
自己是失德而招凶，與賀良黨同的李尋都沒有警覺到《左傳》惠伯「《易》不
可占險」之意，故被流放也是失德而招凶厄之報。然而哀帝時的李尋，還只
是被主謀賀良拱出來做宰相的配合角色，京房對漢元帝既不建言君德，卻假
公濟私參奏聖上述說石顯的不是，又用考功課吏法欲箝制大臣的權力，惹惱
大臣石顯等，而身死東市。

司馬遷《史記·龜策列傳》描述的「因公行誅，恣意所傷」，昭示了占師
們最應避諱的行爲，也應驗了《左傳》裡惠伯所說「《易》不可占險」，即失
德必致敗的歷史規律。班固於《眭兩夏侯京翼李傳》贊語評論占師，寫到：

> 贊曰：幽贊神明，通合天人之道者，莫著乎《易》、《春秋》。然子贛
> 猶云「夫子之文章可得而聞，夫子之言性與天道不可得而聞」已矣。
> 漢興，推陰陽言災異者，孝武時有董仲舒、夏侯始昌，昭、宣則眭
> 孟、夏侯勝，元、成則京房、翼奉、劉向、谷永，哀、平則李尋、
> 田終術。此其納說時君著明者也。察其所言，仿佛一端。假經設誼，
> 依託象類，或不免乎「億則屢中」。仲舒下吏，夏侯囚執，眭孟誅戮，

〔註125〕司馬遷，《新校本史記三家注》（臺北：鼎文書局，1981年），頁3160～3167。

李尋流放,此學者之大戒也。京房區區,不量淺深,危言刺譏,構

怨彊臣,罪辜不旋踵,亦不密以失身,悲夫!〔註126〕

這裡說幽贊神明,通合天人之道者,沒有比《易》、《春秋》更顯著了。而漢
代象數學界推陰陽言災異者,都是從這兩部經典發展出來的。然而班固云:
「察其所言,仿佛一端。假經設誼,依託象類,或不免乎『億則屢中』。」
可見在班固看來,這些學者所言好像只抓到學理的一端,功力深厚些的則常
常猜測到事情的發展。班固在這裡未如司馬遷承認占卜術的價值,倒是「億」
字讓占卜之人帶有投機僥倖的意味,甚至有貶低嘲諷的意味。究其原因,根
本上他們都未提升到《易傳》聖人的形上境界,所以只能表達見仁見智的看
法。然而班固最介意的就是京房,京房沒有體會惠伯「《易》不可以占險」
的深意,君子應該見幾而作,戒慎恐懼、如履薄冰,卻屢屢犯險,惠伯說「忠
信之事則可,不然,必敗」,這豈不是《太甲》所說「自作孽,不可活」的
必然規律麼?

魏朝管輅與翼奉相近似,不僅示人德行的重要,自己也親身實踐。《輅管
別傳》寫到:「幽明同化,死生一道,悠悠太極,終而復始。」又說:

輅別傳曰:……及成人,果明《周易》,仰觀、風角、占、相之道,
無不精微。體性寬大,多所含受;憎己不讎,愛己不褒,每欲以德
報怨。……其事父母孝,篤兄弟,順愛士友,皆仁和發中,終無所
闕。〔註127〕

足見管輅做到了所說的孟子「殀壽不二,修身以俟之」,他體認到形上太極而
知命認命,不希冀享祿壽福報,自知死日而無所恐懼。當時世人以管輅媲美
京房,其弟管辰不以為然,說到:

昔京房雖善卜及風律之占,卒不免禍,而自知四十八當亡,可謂明
哲相殊。又京房目見邁讒之黨,耳聽青蠅之聲,面諫不從,而猶道
路紛紜。輅處魏、晉之際,藏智以朴,卷舒有時,妙不見求,愚不
見遺,可謂知幾相遜也。京房上不量萬乘之主,下不避佞諂之徒,
欲以天文、洪範,利國利身,因不能用,卒陷大刑,可謂枯龜之餘
智,膏燭之末景,豈不哀哉!世人多以輅疇之京房,辰不敢許也。

〔註128〕

〔註126〕班固撰顏師古注,《新校本漢書集注》(臺北:鼎文書局,1986年),頁3194。
〔註127〕陳壽撰裴松之注,《新校本三國志注》(臺北:鼎文書局,1980年),頁811。
〔註128〕陳壽撰裴松之注,《新校本三國志注》(臺北:鼎文書局,1980年),頁826。

「明哲相殊」與「知幾相邈」道盡京房與管輅的體會相差太懸殊，管輅有德行修養，他知曉老莊虛靜、時中進退之道。他不妄求妙物，也不輕視凡夫，是以能夠掌握到形上太極的關鍵處。而京房不避佞諂之徒而聽信讒言，不揣摩聖上的心意，面諫不從，卻不循正途執意妄爲。表面要利國，私下在利身，這豈不是占卜界最失德的範例？

《說卦》說，《易》是順其性命之理而建構的，但必須齋戒以至無私無爲，才能提升到形上境界而感知樞機所在，而貫通天下之故。若不及此，繼之者只能在形而下有所隔之處打轉，受限於習性及認知而各說各話。因此，不論是當事人或者是占卜者，德行是修身的外在顯現，老子之守靜篤，莊子之心齋坐忘，都是知幾見道的不二法門，也是謙遜致福的唯一途徑。

孔子、帛書《易傳》和荀子強調不占，都將德行價值放置在最頂端，而重視實踐的自覺行爲，不依賴占卜來決定人生方向。儒家之德傾向性善，而顯現在利他上。孟子的立命說，明確指出轉變人爵之欲求，朝向天爵之良善規律的必然性。常人終究在功名富貴上打轉，迷惑於占卜，故爲陰陽五行所拘。朱子說仁德之心是生道之心，是由主體心性自覺所產生的良善規律之心。則雲谷依孟子立命說的求有益於得也，足以破宿命之正見，也符合《中庸》成己成物之教。而謙卦《象》「流謙、益謙、福謙、好謙」，可說是德行致福成己的最佳注腳。又修德行到心思清明的境界，能夠掌握到外內之樞機，達到仁智雙全的地步。反之，繼承《易》者若不能知幾見幾，只能仁者見仁、智者見智，即無法做個全局觀的占師。

《左傳》引《周易》占事取決於人的道德行爲，是爲吉凶由人說。這可提供三方面的思考。其一，當事人和占師不以德爲鑑，則將陷入陰陽五行之數的局限。其二，若占師不能見幾知幾，只得局限於形下格局，吉凶乃因人的想法而改變。其三，敗德或有德之人，都不是筮數可測定的。這三點印證了孔子在《論語》、帛書《易傳》尚德不占、寡占說，以及孟子修身可以建構良善規律的立命說。

秦漢之際象數氣命的弊病，就是把《易傳》三才之道象數化，而失去了人的主體能動性。但是秦漢魏象數學占家的論述，還是不能免除尚德之說。例如《呂氏春秋》、《淮南子》、《春秋繁露》，仍舊極力宣揚德行的正面價值。《史記》記載司馬季主力讚占卜術含有利他的義德。《漢書》也載夏侯勝、翼奉、李尋，闡揚德行價值。而李尋謂「明君恐懼修正，側身博問，轉禍爲福」，

正點出君王德行是國朝之吉凶的關鍵。管輅以占卜爲聖賢不讓之義行，卻也說「未有損己而不光大」，反之，「未有行非而不傷敗也」，這正是《左傳》惠伯所說「忠信之事則可，不然，必敗」的最佳注解。

司馬遷稱讚有品德的占師，卻也揭露占師傷德的惡行。班固有關翼奉、李尋、京房的評論，以及管辰比較京房和管輅的言行，說明了有善德的占師自招福吉，而無德者則自作孽不可活的道理。

由此看來，無論先秦以稟賦、無爲爲德之內涵的老子，或是以利他善性爲德之內涵的孔孟，在先秦漢代象數盛行的時期，都是透過道德言行顯現其主體能動性。無論是當事人或者占卜師，它提示了一條無德必敗、有德致福的規律，而這些吉凶是由人來決定，不是爲筮數所擺佈的。常人介意於生死問題，遂由占卜希冀博得功名富貴，藉以趨吉避凶。然而孔子於《論語》、帛書《易傳》提示說有德者處事必然圓滿，又何必占卜？孟子更積極提出「殀壽不貳，修身以俟之」，足以自成良善規律之命。如此一來，德行的價值超越占卜，本體自主的價值則勝過氣數命定。

第五節　魏代回歸性情本體的管輅和王弼

漢代《易》學可以說是用《易》的骨架，去披掛《日書》五行占體例的外衣。漢代《易》學的衣缽，尤其京房那一套律卦候氣法，在魏代幾乎被自學的管輅給全盤繼承。《管輅別傳》：「輅爲說八風之變，五音之數，以律呂爲眾鳥之商，六甲爲時日之端，反覆譴曲，出入無窮。」管輅可算是魏代象數功力最高強的占師。

漢代用智之學大盛，其體仁成份雖然隱藏在占師的道德言行當中，然用智之末流陷泥於小數，於是太極無形之本體思維終究被掩蓋，遂黯然而不彰。而魏代管輅在全盤繼承漢代《易》學之餘，能夠結合儒道精髓而振興本體，可謂是《易》學界的奇葩。他說：「夫論難當先審其本，然後求其理，理失則機謬，機謬則榮辱之主。」又言：「苟非性與天道，何由背爻象而任胸心者乎？夫萬物之化，無有常形，人之變異，無有常體，或大爲小，或小爲大，固無優劣。夫萬物之化，一例之道也。」〔註129〕他說的審其本，其實就是指占師的心胸要先回歸到太極無思無爲，才不至於被個人的愛惡給牽

〔註129〕魏收，《魏書》（臺北：鼎文書局，1980年），頁824、814。

絆，方足以明瞭性命之理與天道之理是相契而合於一的，有此本心者即能知悉天道時位變化的關鍵，即性命陰陽之理變化的關鍵。若占師心胸不夠清明而為個人的愛惡所拘，怎能瞭解人我性命之理所在？無法瞭解人我性命之理，則外界現象的理序也錯亂不明，又如何掌握到吉凶變化的關鍵所在？

《管輅別傳》說他：「體性寬大，多所含受；憎己不讎，愛己不褒，每欲以德報怨。常謂：『忠孝信義，人之根本，不可不厚……。』其事父母孝，篤兄弟，順愛士友，皆仁和發中，終無所闕。」又說：「裴冀州、何、鄧二尚書及鄉里劉太常、潁川兄弟，以輅稟受天才，明陰陽之道，吉凶之情，一得其源，遂涉其流，亦不為難，常歸服之。」管輅不僅以形上本體來駕馭象數用智之學，其道德信念不只凸顯於言論，又確實踐履於行為當中，以至被當時的玄學家裴頠、何晏及尚書鄧颺等人所讚賞。

同時期稍後於管輅的王弼，他認為情偽是變化之主，故其崇本息末之本體範疇，或以一治多的說法，顯然並非完全仿照老子的思維架構，而全然以宇宙道體規律為現象界的本體。

由於史書將管輅放在方技傳，學界又忽視術數方面的價值，以至於管輅的體仁範疇的形上義理部份，也就少有人去重視。就《易傳》所言來比較管輅與王弼，體仁與用智之學兼備的占師其實是管輅，而王弼頂多算是年少聰慧的形上哲學家。他撰寫的《周易注》包括卦爻辭、《彖》、《象》、《文言》部份，《繫辭》、《說卦》、《序卦》、《雜卦》沒有注釋的部份則由韓康伯補注，唐代王韓注本為孔穎達所疏，王弼《易》學在形上義理的學術地位因而超越過管輅，而被舉世公認為廓清象數紛賾的功臣。

《易傳》對於《易》學影響甚大，其一就是以性情為太極本體思想的建立，其二就是以道德至誠做為見幾的工夫。太極本體的觀點雖歷經漢代象數學的洗禮，已被改變成太一的名義。按照朱熹之說，太極是萬物的本原，卻也內在於萬物當中，李零也說太一改自太極，其含義包含時間的起源之外，也包含空間的本質。是以漢代象數學的太一，依舊保留其本體的涵義，只是其用智比例較多而本體的部份關注較少，但不能夠就此宣稱漢代毫無本體思維。

孔子以仁為人道的最高標準。仁關係到任何兩個人的相處問題。若是往形下看，二人始終是分別的個體；往形上看，任何兩個體卻可以在交流當中

構成整體。仁是二人的相處問題，因此，宋程顥把仁這標目當成其他項目的主軸。所以由仁往形下開展，這中心之仁點，按照環境條件之異，可以擴充成許多個準則項目，例如在孟子以仁義禮智爲性善之四端，在《說卦》以仁義爲人道之二目，在董仲舒則以仁義禮智信爲人倫之五常。在漢代特重象數時代，也把性情給五行化，但是道德的講求卻引發了智的直覺，讓占師們往形上處提升，不僅見幾而前知，其本身也有福祿之報償。但是違反道德的占師，也往往自陷囹圄而身死東市。由此可見，體仁不僅是種形上思維方式，它還必須有道德實踐的行爲做基礎。如此一來，雖然用智心者分解事理，也能夠保持一種超然狀態，雖經歷史的長河，而這狀態仍然維繫於不墜之地。

第六章 《易》道形文概說

　　劉勰在《文心雕龍·情采》說形文是由五色構成的，就漢《易》來講，五色參數這方面符合視覺之象的要素，只不過劉勰的五色是按照五行思維來說的，而《易》原本結構是陰陽二元的，其形色表達都是立基於卦象，而非五行參數。因此，《易》受到日占體例的影響而五行化及參數化，是《易》學史上頗重要的研討議題。雖然象數占學所配的時位參數顯得繁雜，然其時位二者，就如同《繫辭》的太極生兩儀，只是一整體的分化思維，儘管各家所持圖式不同且參數相異，然而不外乎讓物與物、象與象之間有所連結及交流，也是為了維繫那背後的形上整體，而用許多數值來顯示這些作用。《繫辭》謂「太極生兩儀，兩儀生四象，四象生八卦」，《左傳》云「物生而後有象，象而後有滋，滋而後有數」，《易》道愈往形下，此物象與彼物象愈有區別，這是智心運作的必然情勢。象數占學繁瑣，班固也指其有使人「泥於小數」的缺失。象數的繁瑣，只是用智心的表面效果，聖人看到人們的心志卻潛藏著回歸和認同，猶〈睽〉卦所言天地之分、男女之別，看似分開後卻能夠再連結。也唯有至誠修身而見分合之幾的君子，才能夠藉由體仁達到這樣全局觀的務實效能。

第一節　從數字卦到陰陽符號的成象

一、數字卦

　　張政烺先生在 1980 年 4 月在《考古學報》所發表的〈試釋周初青銅器銘

文中的易卦〉，文中的結論認爲先有大量筮數所組成的數字卦，經簡化成一、五、六、七、八等幾個筮數。他認爲戰國時期再由這些數值簡化成由一、六兩個數字表示的二元奇偶數字符號，才有數字符號化的八卦。戰國末期至秦漢再演化爲後世通用的抽象的二元陰陽符號，才有陰陽化的八卦，而陰陽哲學觀起源很晚。張政烺先生這樣的論點影響很大，但錯誤也不少。劉雨鷹先生在〈商周數字卦之用六象筮法考——對張政烺先生易卦源於筮數論的初步證僞〉，對張政烺先生的論點提出反駁，認爲筮法不夠公開，從根本上影響到對數字卦性質的認識，及陰陽觀發展線索的認識，影響到對先秦、秦漢的整個《易》學史、思想史之眞實面貌的認識。〔註1〕在此提出幾點檢討：

第一，張政烺先生太執著於文物出土時間的界定，他認爲出土「數字卦」一定是在陰陽符號產生之前，而沒有提出「數字卦」與陰陽符號並存的可能。在成書於戰國的《繫辭》已記錄〈乾〉卦《小象》：「用九，天德不可爲首也。」〈坤〉卦《小象》：「六二之動，直以方也。」〈屯〉卦《小象》：「六二之難，乘剛也。」〈乾〉卦《文言》也有「初九曰」、「九二曰」、「九三曰」等爻題記錄。傳統本《周易》爲筮書，爻題之九、六表示已變動之爻，其爻辭都是根據每卦某變爻的情況來寫的。《周易》是寫成範例本的筮書，而「數字卦」一、五、六、七、八等組合，則是針對實務的筮數實錄。張先生未將兩者分開。也就是說，《周易》成書在前，並不妨礙民間的揲著數起卦爻的實際操作及筮數記錄。〔註2〕

第二，張先生欠缺卦爻成象、取卦名與陰陽符號關係的邏輯思考。陰陽符號爲卦爻成象的前提，卦爻成象乃取卦名的前提，例如火風〈鼎〉卦、水風〈井〉卦，乃至於〈小過〉卦辭有飛鳥之象、〈中孚〉卦辭有豚魚之象，都必須以陰陽符號或奇偶符號做爲基礎，「數字卦」形式是不可能成就卦爻之象的。戴璉璋說：「在筮法上最重要的改革，是把筮數歸納成奇偶兩類，而改用兩種符號來記錄。」〔註3〕而且張先生忽略史籍上重要證據，即春秋時期孔子引用〈恆〉卦九三爻辭，《左傳》有與〈說卦〉相類似的取象說，足見春秋時期已經擁有改變自筮數的陰陽符號或奇偶符號，而非遲至戰國時期。

〔註1〕 百度百科，〈數字卦〉。百度百科網（http://baike.baidu.com/view/2983194.htm），
　　　　2013 年 7 月 4 日檢索。）

〔註2〕 參考自梁韋弦，〈關於數位卦與六十四卦符號體系之形成問題〉，《周易研究》
　　　　（2007 年第 1 期），頁 14～19。

〔註3〕 戴璉璋，《易傳之形成及其思想》（臺北：文津出版社，1989 年），頁 19。

第三，張先生謂陰陽哲學觀起源很晚，驗之〈泰〉卦辭「小往大來」、九三爻辭「无平不陂，无往不復」，也不甚妥當。所謂相對思想最早用口語及圖案傳遞，而且早在殷商之前已經用「陰陽魚」表示相對思想，用「陰陽」一詞做爲廣泛的相對法則，戴璉璋認爲在春秋楚國人范蠡手中確立。〔註4〕

帛書《周易》卦爻全以「一、六」或「一、八」書寫〔註5〕，「六」、「八」的虛中才得以逞其想像，與「一」的實中的參差組合，才有鼎、井、飛鳥、豚魚、舟船、鞋履的物象，以及頤、噬嗑表示人口吻象。「一、六」或「一、八」符號的統一才能夠讓〈泰〉、〈否〉相綜相錯，有「習〈坎〉」的重卦存在。取卦名是有卦象之後的事，孔子引用〈恆〉卦九三爻辭，表示出春秋時期已有陰陽符號。

二、陰陽符號的成象

陰陽符號是聖人順其性命之理所構成的，然而其理爲何？從卦爻辭及《易傳》當中可一窺究竟。

第一，有關於物體的顏色。

在爻辭裡有「黃」字的例子八個，當中只有〈坤〉上六：「其血玄黃」，〈革〉初九：「黃牛之革」，二個例子不在二、五兩爻位。其餘〈坤〉六五：「黃裳」，〈噬嗑〉六五：「黃金」，〈離〉六二：「黃離」，〈遯〉六二：「黃牛之革」，〈解〉九二：「黃矢」，〈鼎〉六五：「鼎黃耳」，均以二、五爻爲黃。而〈坤〉上六：「其血玄黃」，乃〈坤〉〈乾〉相遇，或〈坤〉將轉化爲〈乾〉，處於幾的關鍵點，故天玄地黃之外亦有兩卦之中義。

由此看來，《文言傳》「君子黃中通理，正位居體，美在其中」的意思，頗符合卦爻辭編撰者的思維，他除了將二、五兩爻位爲「中」之外，黃色也置於「中」。其餘顏色〈賁〉六四「白馬」、上九「白賁」，〈大過〉初六：「白茅」，還有〈困〉九二：「朱紱方來」，九五：「劓刖，困于赤紱」。《說卦》〈乾〉「爲大赤」，〈坎〉「爲血卦、爲赤」，〈坤〉「爲地，其於地也爲黑」。以上描寫白、紅、黑之辭，並沒有「青」的描寫。中國以黃土高原爲中，稱爲中原者由來已久，因而中國以黃爲貴色，中國古代先祖稱黃帝。黃爲中色是古代祖

〔註4〕 戴璉璋，《易傳之形成及其思想》（臺北：文津出版社，1989 年），頁 61。

〔註5〕 戴璉璋，《易傳之形成及其思想》（臺北：文津出版社，1989 年），頁 19 說：「遇到二、四，就用六來記錄。因此一與六出現的次數特別多。」

先們已有的想法。《周禮》已經有「五色」之詞，然而以黃爲中色的想法應當先有，再影響到《周易》之黃居中爻，《周禮》黃爲五行中央方位之色以及後世《月令》配節氣等。《說卦》描述顏色，言「〈坤〉爲黑」、「〈巽〉爲白」、「〈坎〉爲赤」，而五色思維以〈坎〉爲黑、〈兌〉爲白、〈離〉爲赤，兩者相差甚大。即使是〈坤〉上六：「其血玄黃」，以〈乾〉天爲玄而〈坤〉地爲黃。《說卦》與之不同，〈乾〉爲「大赤」而〈坤〉言「於地爲黑」。

　　〈坤〉六五爻辭「黃裳」，《說卦》卻言「〈坤〉爲地……其於地也爲黑。」是〈坤〉在《周易》屬於黃色，在《說卦》卻是黑色。又〈大過〉下卦爲〈巽〉，其初六爻辭言「藉用白茅」，符合《說卦》「〈巽〉爲白」之顏色描述。然〈賁〉卦無〈巽〉卦也無〈兌〉卦，六四爻辭卻有「白馬」之描述，上九爻辭也有「白賁」之描述。

　　今五行以南方〈離〉配紅色，乃依火爲色。然《說卦》「〈坎〉爲水，……爲血卦，爲赤」，是依血爲紅色。而《說卦》言「〈乾〉爲玉、爲金」，「〈巽〉爲木、爲風」，「〈坎〉爲水、爲溝瀆」，「〈離〉爲火、爲日」。可見的是，《周易》經傳對於顏色以及金、木、水、火的描寫，仍舊以觀察者所面對物象的感知爲主，《周易》是就卦象的範疇然後賦予顏色含義，尚未運用五行參數裡的五色思維，因此即使同一卦，時位不同則顏色也不同。

　　由此看來，在《周易》古經，顏色既然是屬於卦象範疇，卦象由陰陽組成，陰陽是人們情僞的表徵，情僞變化即陰陽變化之源，王弼謂「情僞之動，非數之所求」[註6]。李零先生認爲占卜年代越早形式越簡單，直觀性和隨機性越強；越晚形式越複雜，推算的色彩越濃厚。[註7] 筆者以爲早期《周易》陰陽符號主要是情僞之動的反應，是以顏色形狀均是人們主觀的感知，例如〈坤〉以裳爲黃，以地爲黑，它們並非能夠被固定住在某卦，同樣一卦也是可以描寫不同物的相異顏色。

　　《說卦》言「〈坤〉爲地」，「〈艮〉爲山」，《左傳》引《周易》占例雖已經描寫〈坤〉爲土，但仍舊與水、火一樣是奠基於物象的範疇，而非五行參數範疇。戰國末秦簡《日書》有配十二律當做卦占參數，但五音是否配卦尚在存疑當中。推測五行思維進入《周易》卦爻領域時期相當晚，應該在漢前葉時期，五音、五色才變成《周易》卦爻的參數。大概漢以後，才把金、木、

〔註6〕樓宇烈，《王弼集校釋下》，頁597。。
〔註7〕李零，《中國方術續考》，頁88。

水、火、土的專屬顏色，分別是白、青、黑、赤、黃固定配在〈兌〉〈乾〉、〈巽〉〈震〉、〈坎〉、〈離〉、〈坤〉〈艮〉。

第二，有關於爻象的虛實。

〈中孚〉卦辭言「豚魚吉」。《象》說「柔在內而剛得中」，又言「乘木舟虛也」，其意思是〈中孚〉卦在模擬豚魚及舟船之象，因為「柔在內」指三四兩爻，「剛得中」指二五兩爻，故連同初上兩爻也屬於剛。從「舟虛」來看，「柔」又有「虛」義。剛柔是比較接近觸覺感受的對比概念，以視覺感受而言則為虛實。舟船中間虛空才能夠浮在水面，豚魚遇敵把身體膨脹當做警示，故三四兩爻中虛，初二五上等四爻為實，即在模擬舟船和豚魚外實中虛之象。

引類推之，〈中孚〉的錯卦〈小過〉，卦辭言「飛鳥遺之音」，按照〈中孚〉卦例，是以三四兩爻為剛為實，是像鳥之身，初二五上等四爻為柔為虛，像鳥之翅。而〈履〉卦六三柔虛，其餘五爻為剛實，像鞋履，且其勢為向外行走。

〈鼎〉卦，《象》言：「〈鼎〉，象也，以木〈巽〉火，亨飪也。」按照爻辭：初六爻「鼎顛趾」，像鼎趾；九二「鼎有實」，二三四爻像鼎腹；六五「鼎黃耳金鉉」，像鉉穿鼎耳之象，是四五六爻〈離〉卦中虛像鼎耳；上九「鼎玉鉉」，像穿鼎耳之鉉。朱熹《周易本義》云：「鼎，烹飪之器。為卦下陰為足，二三四陽為腹，五陰為耳，上陽為鉉，有鼎之象。」〔註8〕其中初六為虛，象側看的二足；六五為虛，象中空的耳。

又〈頤〉，朱熹《周易本義》云：「為卦上下二陽，內含四陰，外實內虛，上止下動，為頤之象。養之義也。」〔註9〕〈噬嗑〉《象》曰：「頤中有物，曰〈噬嗑〉。」然則頤口中有物之象，乃〈噬嗑〉之九四。朱熹《周易本義》云：「物有閒者，齧而合之也。為卦上下二陽而中虛，頤口之象也。九四陽閒於其中，必齧之而後合，故為噬嗑。」〔註10〕〈頤〉中四爻虛，指口腹虛空故有饑餓感，是以〈頤〉卦辭「自求口實」，飲食乃人解除饑餓的一種本能。〈頤〉六四爻變為〈噬嗑〉之九四，故《象》曰「頤中有物」，是〈頤〉六四之虛變做〈噬嗑〉九四之實，表示食物入口咀嚼之象。

〔註8〕　朱熹，《周易本義》，頁 177。
〔註9〕　朱熹，《周易本義》，頁 104。
〔註10〕　朱熹，《周易本義》，頁 86。

既然由《象傳》可驗證卦爻辭有虛實概念，說明虛實概念是與視覺感知等相結合的，而且必須在「一、六」或帛書《易》「一、八」類似陰陽符號型式確立，在六或八之偶數含有虛空之概念之後，才能夠成象的最重要指標。

第三，有關於卦的反覆意象。

習〈坎〉之《象》云：「習坎，重險也。」可證明當時有兩卦相重。因為卦象重複，六三居上下兩〈坎〉之間，有反覆無常之象，是以六三爻辭：「來之坎坎。」用複詞來表示其重複之義。又〈巽〉九三爻辭：「頻巽，吝。」〈巽〉九三也是居上下兩〈巽〉之間而反應無常之象，其「頻」即三番兩次之義。

〈震〉為重卦，本身即有反復振動之義，其卦義顯現在卦爻辭上。卦辭：「〈震〉來虩虩，笑言啞啞。」初九爻辭：「〈震〉來虩虩，後笑言啞啞。」六三爻辭：「〈震〉蘇蘇。」六五爻辭：「〈震〉往來厲。」上六爻辭：「〈震〉索索，視矍矍。」卦爻辭藉由疊字及往來皆表示〈震〉的意象，包括動作的重複、聲音的重複或情緒的強調之義。

單卦〈震〉本身也有反復振動之義，故外〈坎〉內〈震〉的〈屯〉卦也有多重反復的景象。一是〈坎〉為險阻，〈震〉為草木又反復迴繞，又指人事反復嘗試，終有所獲之象。二是〈坎〉為水，〈震〉如〈頤〉〈噬嗑〉之下卦凹陷之象，在人事有陷入苦惱作繭自縛之象。草木幼苗遇到硬磐迴旋曲折景象，故〈屯〉之《象》云「剛柔始交而難生」。就人事來講，前有大山大海的險阻，反復嘗試卻難以克服，是宜就地屯田生根，選地方官來治理庶務，故〈屯〉卦辭及初九爻辭皆有「利建侯」之辭。屯卦六個爻辭皆描寫迴旋景象，如初九「磐桓」，六二的「屯如邅如」，六二、六四、上六的「班如」都是字面上反復、徘徊之義。其他如六二的「女子貞不字」，六三的「君子幾不如舍」指內心都曾經處在徘徊猶豫當中。至於九五屯其膏，指倒膏湯在容器時旋轉屯積之象。

〈屯〉六二爻辭「屯如邅如，乘馬班如，匪寇婚媾。女子貞不字，十年乃字。」男子騎馬徘徊門外想搶婚，女子在屋內猶豫不決，陷入苦惱，占問後決定十年後才嫁，故《小象》云「十年乃字，反常也」。六四、上六同六二爻辭「乘馬班如」皆指男方的反復嘗試，但六四「求婚媾，往吉，無不利」，在男方來講，毅志堅決而反復嘗試，終有婚媾之喜。上六「泣血漣如」，乃雙方都停止反復徘徊猶豫之象，女子戀家情結被迫斬斷，雖有短暫陣痛終要成家生子，故《小象》云「何可長也」。

第四，有關於卦的累疊之象。

雷天〈大壯〉卦，是三爻〈兌〉的累疊。亦即三爻〈兌〉初陽爻累疊爲〈大壯〉卦初九、九二，〈兌〉中陽爻累疊爲〈大壯〉卦九三、九四，〈兌〉上陰爻累疊爲〈大壯〉卦六五、上六。《說卦》言〈兌〉爲羊，故〈大壯〉卦九三爻辭：「羝羊觸藩。」六五爻辭：「喪羊於易。」上六爻辭：「羝羊觸藩。」有三個爻都有羊的象。〈中孚〉三四爻中虛，餘四爻爲實，模擬舟船和豚魚外實中虛之象，也算是三爻〈離〉卦中虛之象的累疊。

第五，有關於上下兩卦會意之象。

指上下卦或內外兩卦，會合成某景象概念。例如〈渙〉卦《彖》言「乘木有功」，《大象》言「風行水上」，是〈渙〉卦爲舟船浮水上，還有風行水上吹動帆布之象，引申爲水沖刷物體。〈渙〉六四上下無常之處，故爻辭「渙有丘，匪夷所思」，指在丘陵上淹水，是平地人難以想像的。

〈兌〉內外兩卦皆爲口，故爲兩人口說之象。兩人志同道合而談笑風生，故初九爻辭「和兌」。六三居內卦熟悉與外卦陌生之間，有不明人士將與自己起爭執，故爻辭「來兌凶」。九四商討結果未明朗，故爻辭「商兌未寧」。

〈旅〉，日照山頭，適合旅行之象，又有屋舍焚災之象。〈豐〉豆禮器上祭品豐盛，故卦辭「王假之」，乃王至其處祭拜之象。又外卦〈震〉有反復之象，〈離〉爲太陽，指太陽值正午將返回，故《彖》云「日中則昃，月盈則食」。《說卦》〈震〉爲蒼筤竹，有茂密竹林遮日光之象，比喻日蝕。故六二、九四爻辭「豐其蔀，日中見斗」，指正午時刻看到北斗七星，疑〈震〉也有斗杓之象。

〈艮〉之《彖》曰：「上下敵應，不相與也。」其象是背對背，無法面對面，表有雙方意見相左有所爭執，導致互不信任或背離或躲逃之象。是以卦辭云：「艮其背，不獲其身；行其庭，不見其人。」〈咸〉與〈艮〉情勢正好相反。〈咸〉《彖》：「咸，感也。」表示彼此有認同感，因而面對面，與〈艮〉背對背的情勢完全相反。以卦而言，是如《彖》所描述柔上剛下，是從綜卦〈恆〉來，二氣感應以相與，少男下少女，未婚前互相和悅之象。

第六，有關於六爻漸進之象。

〈艮〉之《彖》曰：「艮其止，止其所也。」假設男方想一親芳澤，因未獲女子的認同，所以每次親近女子都加以阻止，起初男方想碰女子的腳趾，女子不肯，是以初六爻辭爲「艮其趾」。再來男方想想碰女子的小腿，女子不

肯，是以六二爻辭「艮其腓」。九三處於上下卦之際，爻辭云：「艮其限，列其夤，厲薰心。」朱熹《周易本義》云：「限，身上下之際，即腰胯也。夤，臀也。」〔註11〕男方妄想侵犯，女子驚恐而極力阻擋，故《小象》云「危薰心也」。男方妄想環抱女子身體，女子極力阻擋，故六四《小象》云：「艮其身，止諸躬也。」男方妄想接吻，女子阻擋對方嘴巴，並義正辭嚴以理相告。故六五爻辭云：「艮其輔，言有序，悔亡。」男方終於有自我克制之德而待女子以禮，故上九爻辭云：「敦艮，吉。」〈咸〉卦和〈漸〉卦之六個爻辭也呈現出六階段漸進式。〈咸〉初六「咸其拇」至上六「咸其輔頰舌」，表現出一幅漸進式男女歡愛的景象。〈漸〉由初六「鴻漸于干」至上九「鴻漸于陸」，由大形鳥飛翔的階段景象顯示外出做事的理序。

　　第七，綜卦之間的往來。

　　〈泰〉卦辭言「小往大來」，小爲〈坤〉性，大爲〈乾〉，指〈泰〉內卦〈乾〉由〈否〉外卦之〈乾〉來，外卦〈坤〉由〈否〉內卦之〈坤〉往。〈損〉六五與〈益〉六二，皆有「或益之十朋之龜」的吉辭；〈既濟〉九三與〈未濟〉九四，均有「伐鬼方三年」的爻辭，也可證明《周易》已經有兩卦反轉的型式。

　　而除了習〈坎〉可證明當時有重卦概念之外，很明顯的此〈泰〉、〈否〉兩卦，不僅可證明《周易》編著時期已有〈乾〉大、〈坤〉小的思維，也有內外卦的思維，又呈現兩卦反轉的綜卦型式。

　　第八，錯卦之間的聯繫。

　　〈泰〉和〈否〉、〈既濟〉和〈未濟〉兩組卦除了確立爲綜卦，同位的爻辭也顯現有錯卦旁通的現象。例如：〈泰〉初九爲「拔茅茹，以其彙，征吉」，〈否〉初六爲「拔茅茹，以其彙，貞吉亨」；〈泰〉九二爲「包荒」，〈否〉六二爲「包承」。〈既濟〉初九「濡其尾」，〈未濟〉初六「濡其尾」；〈既濟〉上六「濡其首」，〈未濟〉上九「濡其首」。

　　第九，位的上下來自〈乾〉，內外來自〈坤〉。

　　〈乾〉乘六龍以御天，是由下至上，其勢呈立體形態，是以〈鼎〉初爻有「鼎顛趾」之象而五爻有「鼎黃耳」之象。〈噬嗑〉初爻「滅趾」，上爻「滅耳」。賁初爻「賁其趾」，〈剝〉初爻「剝牀以足」，四爻「剝牀以膚」。〈大過〉

〔註11〕 朱熹，《周易本義》，頁187。

上爻「滅頂」。〈咸〉初爻「咸其拇」，上爻「咸其輔煩舌」。〈遯〉初爻「〈遯〉尾」。〈大壯〉初爻「壯於趾」。〈晉〉上爻「晉其角」，〈姤〉上爻「〈姤〉其角」。〈井〉初爻「井泥」，上爻「井收，勿幕」。〈艮〉初爻「艮其趾」，五爻「艮其輔」。〈既濟〉初爻「濡其尾」，上爻「濡其首」。〈未濟〉初爻「濡其尾」，上爻「濡其首」。以上皆是以初爻爲下而以上爻爲上的位概念。

〈坤〉牝馬行地，初爻「履霜」，上爻「戰於野」其勢呈平面的內外形態。〈需〉初爻「需于郊」，上爻「入于穴」乃由外至內。〈同人〉初爻「同人于門」，上爻「同人于郊」乃由內至外。〈漸〉初爻「鴻漸于干」，上爻「鴻漸于陸」。以上皆是以初爻至上爻，由內至外或由外至內的位概念。

綜合以上觀之，以形文範疇而言，《周易》的顏色描寫仍然視爲卦象之一而非五行參數之五色。而孔子時已經有類似帛書《周易》「一、八」卦爻形式，才有虛實組合成卦象取卦名的可能。根據卦爻辭及《彖》《象》所述，《周易》成象取名時，已經有重卦、累疊的功能，也有「錯綜其數」的反轉旁通之作用。重卦之間會合其意，相同重卦，〈坎〉爲前有重復之險阻，〈震〉爲現象動作的反復，〈艮〉爲背對背的對立，三四爻之間也意味時位上的無常反復感。六爻卦可表示立體式的初爻足到上爻首的時位描述，平面式的內外的時位描述，也有漸進的時位的描述。

第二節 《左傳》《國語》的筮占及五行占

漢《易》的結構，除了陰陽範疇承接《易傳》之外，就屬五行範疇規模最大，其中《說卦》第五章所延伸出來的〈坎〉、〈離〉、〈震〉、〈兌〉四正卦，在與五行相結合之後，其影響深遠至於今日。筆者認爲五行範疇與《易》學分合關係是非常重要的議題。本文的重點任務，是按照歷史的脈絡，弄清楚陰陽範疇與五行範疇的交匯點而找出其中的關鍵處。其中文本以戰國中期《左傳》、《國語》和《易傳》成書時期最爲切近，足以成爲佐證的第一手資料，其引《周易》有取象說和取義說，另外是否用到五行思維，或僅限於運用卦象、卦義來詮釋時事，是重要的關鍵所在。而兩書中可以探討卜與筮是否屬於不同領域的占法，其中卜的占法牽涉到五行領域，與戰國末期屬於日者占得秦簡《日書》體例相比較，可能會有許多相近似之處。

《春秋左傳・僖公四年》寫到：

初，晉獻公欲以驪姬爲夫人，卜之，不吉；筮之，吉。公曰：「從
筮。」卜人曰：「筮短龜長，不如從長。」〔註12〕

在這占例裡有兩個不同。其一是卜與筮的不同，其二是斷占結果吉凶的不
同。卜與筮是屬於兩種不一樣領域和性質的占法。其使用的基本工具，卜是
用龜腹甲而筮是用蓍草莖。而不僅工具相異，吉凶的說法竟然也南轅北轍，
足見占者會按照他學習的領域和以往的經驗，而推斷出與其他占師不相同的
結論。在這方面，朱伯崑引《春秋左傳・襄公九年》穆姜自認爲有違元亨利
貞四德，而有取惡的凶兆；引《春秋左傳・昭公十二年》惠伯言「忠信之事
則可，不然必敗。……且看夫《易》不可占險」，認爲對走險貪求的人來說，
筮法並不靈驗；引《春秋左傳・僖公十五年》韓簡言「先君之敗德，及可數
乎？」來說明吉凶由人，古筮不能決定人的命運。〔註13〕從這些見解印證
了《繫辭上》第五章所說的：「一陰一陽之謂道，繼之者善也，成之者性也。
仁者見之謂之仁，知者見之謂之知。百姓日用而不知，故君子之道鮮矣。」
〔註14〕人們會因爲其性格特質而對同一件事提出見仁見智的主觀看法，也
就是說，人的分解智心會受到性格經驗的影響很大。另外，按照《繫辭》作
者的意思，在《易》占的養成教育上，除了要具有擅長的解析智能，還須要
發顯仁性之德，亦即要做到仁智兼備，才算是擁有全局觀的君子。

《春秋左傳・哀公九年》：

晉趙鞅卜救鄭，遇水適火，占諸史趙、史墨、史龜。史龜曰：「『是
謂沈陽，可以興兵，利以伐姜，不利子商。』伐齊則可，敵宋不吉。」
史墨曰：「盈，水名也；子，水位也。名位敵，不可干也。炎帝爲火
師，姜姓其後也。水勝火，伐姜則可。」史趙曰：「是謂如川之滿，
不可游也。鄭方有罪，不可救也。救鄭則不吉，不知其他。」陽虎
以《周易》筮之，遇〈泰〉之〈需〉曰：「宋方吉，不可與也。微子
啓，帝乙之元子也。宋、鄭，甥舅也。祉，祿也。若帝乙之元子歸
妹而有吉祿，我安得吉焉？」乃止。〔註15〕

晉國的趙鞅爲了援救鄭國而占卜，得到水流向火的兆象，於是向史趙、史墨、

〔註12〕臺灣開明書店斷句，《斷句十三經經文・左傳》（臺北：臺灣開明書店，1991
年），頁33。以下引該書同此版本。

〔註13〕朱伯崑，《易學哲學史》（北京：中華書局，1995年），頁29～30。

〔註14〕臺灣開明書店斷句，《斷句十三經經文・周易》，頁22。

〔註15〕臺灣開明書店斷句，《斷句十三經經文・左傳》，頁257。

史龜三位占師詢問兆象的吉凶。這案例裡明顯只有陽虎用《周易》筮之，其餘三位占師都是用卜。按照僖公四年案例，卜與筮是不同的，而且占師說到「筮短龜長」，可知卜用龜甲而非用卦來觀象。由此觀之，趙鞅爲救鄭而卜得水流向火，也是龜卜的兆象。這案例史龜說得比較簡略，其言「沈陽」，指火陽氣被水剋制而下沉。因爲子商位北方水位，水氣正旺，宋爲其後，故伐宋不利。利以伐姜的理由史龜未在此說明，由史墨補充。史墨說「子，水位也」，指子商之子，乃地支子五行屬水又爲正北方之位。史墨說「名位敵，不可干也」，指子商與盈水相傍，盈的名稱是水盈滿之義，與子水方位相當，名稱與方位合起來有加乘效果而不能觸犯。史墨解說時提到「水勝火」，可見春秋戰國之際已經有這種體例。其言姜姓爲炎帝火神之後，水剋勝火，故主張攻打姜。在此我們可看到，占師將專有名稱與某概念做主觀的連結，盈與水滿做連結，姜姓與炎帝火神做連結，將事物意義加以轉折及延伸，使彼此進入五行關係的環結當中。史趙說：「是謂如川之滿，不可游也。」也是就「盈」字義加以延伸。

陽虎用《周易》占筮，得到〈泰〉卦變成〈需〉卦，即傳統本《周易》六五爻變動。按《小象》、《文言》已有爻題，《左傳》則無九六爻題，可知《小象》、《文言》是晚出於《左傳》。又這裡引〈泰〉卦六五爻辭「帝乙歸妹，以祉元吉」。用帝乙之元子嫁妹之例，謂兩國聯姻而有吉祿來比附宋鄭的關係，這是以人道關係來觀察對方的福祉爵祿和己國的吉凶，而完全與五行參數無關。

《春秋左傳·莊公二十二年》：

> 陳屬公，蔡出也，故蔡人殺五父而立之。生敬仲。其少也，周史有以《周易》見陳侯者，陳侯使筮之，遇〈觀〉之〈否〉，曰：「是謂『觀國之光，利用賓于王。』此其代陳有國乎？不在此，其在異國；非此其身，在其子孫。光，遠而自他有耀者也。〈坤〉，土也；〈巽〉，風也；〈乾〉，天也。風爲天於土上，山也。有山之材，而照之以天光，於是乎居土上，故曰『觀國之光，利用賓于王』。〔註16〕

成周的太史用《周易》占得的〈觀〉卦變成〈否〉卦，用它來斷陳屬公後代的情況。其用〈坤〉土、〈巽〉風、〈乾〉天以解釋〈觀〉卦六四爻辭，均類似於《說卦》之象，乃借物象以喻人事，其取象釋義皆不涉及五行體系。

〔註16〕臺灣開明書店斷句，《斷句十三經經文·左傳》，頁24。

《春秋左傳・昭公三十一年》：

> 十二月辛亥朔，日有食之。是夜也，趙簡子夢童子羸而轉以歌，旦
> 占諸史墨，曰：「吾夢如是，今而日食，何也？」對曰：「六年及此
> 月也，其入郢乎？終亦弗克。入郢必以庚辰，日月在辰尾。庚午之
> 日，日始有謫。火勝金，故弗克。」〔註17〕

此為日蝕占之例，用到年月干支和五行相剋以推人事的結果。另外，《國語・
晉語四》：

> 公子親筮之，曰：「尚有晉國。」得貞〈屯〉、悔〈豫〉，皆八也。筮
> 史占之，皆曰：「不吉。閉而不通，爻無為也。」司空季子曰：「吉。
> 是在《周易》，皆利建侯。不有晉國，以輔王室，安能建侯？我命筮
> 曰『尚有晉國』，筮告我曰『利建侯』，得國之務也，吉孰大焉！〈震〉，
> 車也。〈坎〉，水也。〈坤〉，土也。〈屯〉，厚也。〈豫〉，樂也。車班
> 外內，順以訓之，泉源以資之，土厚而樂其實。不有晉國，何以當
> 之？」〔註18〕

這裡的占例，引用「利建侯」、「小往大來」等卦爻辭，與類似《說卦》的「〈震〉
車、〈坎〉水、〈坤〉土」等取卦象說，以及「〈屯〉厚、〈豫〉樂」等取卦義
說，然後彼此加以連結和延伸。乃借物象以喻人事，其取象釋義也都不涉及
五行體系。另外，筮史與司空季子針對同一筮卦斷占結果吉凶相異，也說明
斷占結果受到占師的主觀性影響是很大的。

以上對《左傳》、《國語》的分析有幾個要點：

第一，卜與筮是兩個方式不同的占法。

《說文解字》：「卜：灼剝龜也，象灸龜之形。一曰象龜兆之從橫也。凡
卜之屬皆从卜。」又：「筮：《易》卦用蓍也。」〔註19〕《左傳》、《國語》內
容記載，占《易》卦前必先筮，用蓍莖起數。是以從《左傳・僖公四年》得
知可知，卜用龜兆斷占，筮則以蓍扐數，筮專用於《周易》的斷占。

第二，引《周易》筮占不涉及五行相勝。

《左傳・昭公三十一年》的日蝕事件，《左傳・哀公九年》晉趙鞅卜救鄭
一事，占師的描述都是用日辰參數，而不是卦象、卦義。在戰國時期龜卜及

〔註17〕臺灣開明書店斷句，《斷句十三經經文・左傳》，頁232。

〔註18〕韋昭注，《國語》（上海：上海古籍出版社，1978年），頁362。

〔註19〕分見許慎，《說文解字》（北京：中華書局，1963年），頁69下、96上。

天文日忌占，都用干支時辰及五行相勝作爲參數體例，司馬遷在《史記・日者列傳》的贊語說明這特性〔註 20〕。而用《周易》筮之，都與五行相勝無關係。

第三，《周易》筮占之卦象、卦爻辭義以及德行來決定吉凶趨勢。

《左傳・莊公二十二年》周史筮〈觀〉之〈否〉，引〈觀〉卦六四爻辭「觀國之光，利用賓于王」而說到：「此其代陳有國乎？不在此，其在異國；非此其身，在其子孫。光，遠而自他有耀者也。」其引《周易》做王位取代的斷占，主要以卦象、卦義及德行作爲斷占參考。又《左傳・哀公九年》陽虎用《周易》筮問救鄭之事，其言：「祉，祿也。若帝乙之元子歸妹而有吉祿，我安得吉焉？」也是以對方行事配享吉祿而我安得吉的趨勢，來做取捨之斷占。《國語・晉語四》言：「眾順而有武威，故曰『利建侯』。……居樂、出威之謂也。是二者，得國之卦也。」均以君王德行充足受百姓擁戴，再去和卦爻辭義相印證。

第四，引《周易》之水、土，皆以卦象為基礎，而不是用五行水、土參數為占。

《左傳・莊公二十二年》之「〈坤〉，土也；〈巽〉，風也；〈乾〉，天也。風爲天於土上，山也。有山之材，而照之以天光，於是乎居土上，故曰『觀國之光，利用賓于王』。」《國語・晉語四》之「〈坎〉，水也」《左傳・莊公二十二年》「〈巽〉，風也；〈乾〉，天也」的卦象描述都符合《說卦》第十一章「〈坎〉爲水、〈乾〉爲天、〈巽〉爲風」的記載。是以兩書的這些「水」、「土」與《說卦》所歸納者符合，都是以卦象爲基調而非五行化的水土。

由此觀之，屈萬里說：「十翼及先秦，下逮漢初諸儒，未有以象數釋《易》辭者。《國語》、《左傳》之以象爲說，乃因筮得之辭，推其象以比附人事。」〔註 21〕其言甚是。此所謂「象數」指《易》卦象之外的五行範疇，先秦至漢初，非屬於《易》卦象領域者皆屬之。

〔註 20〕　《史記・日者列傳》：「褚先生曰：……制曰：『避諸死忌，以五行爲主。』」
人取於五行者也。」出處見司馬遷，《新校本史記三家注》（臺北：鼎文書局，
1981 年），頁 3222。

〔註 21〕　屈萬里，〈先秦漢魏易例述評〉（《幼獅學誌》1 卷 2 期，1959 年 4 月 30 日），
頁 1。以下引該文同此版本。

第三節　戰國秦簡《日書》影響後世占學的參數形態

按《國語》、《左傳》記載，其《周易》筮占之外的龜卜、日忌占，幾乎都與五行衝勝有關。出土的戰國秦簡《日書》保留許多先秦與五行相關的體例。

睡虎地秦墓竹簡，又稱睡虎地秦簡、雲夢秦簡，是指 1975 年 12 月在湖北省雲夢縣睡虎地秦墓中出土的大量竹簡，甲種《日書》共 166 簡，乙種《日書》共 257 簡。放馬灘又名牧馬灘，地處秦嶺山脈中部，屬天水市北道區黨川鄉，共出土文物 400 多件。這兩部份竹簡《日書》，在吳小強所著《秦簡日書集釋》〔註 22〕有搜羅睡虎地秦簡《日書》甲種、乙種，及放馬灘秦簡《日書》甲種，放馬灘秦簡《日書》乙種因無釋文，故原文本資料欠缺。故另覓甘肅省文物考古研究所所編《天水放馬灘秦簡》〔註 23〕一書，其中有圖版及釋文可供對照。

筆者對想探討其中「衝」、「勝」、「三合」、「生壯老」、「孤虛」，及「五音十二律」等參數形態：第一，衝對原理及衝與沖體例之間，對後世占學的影響。第二，勝與剋體例之間，對後世占學的影響。第三，三合、生壯老體例，與後世十二長生訣、地支所屬五行的異同。第四，孤虛與後世空亡體例的影響。第五，音律與卦氣相配原理及演變。

由於近兩年放馬灘秦簡《日書》乙種才有圖版及釋文本供世人研讀，而其中某些參數對漢代卦氣占學具有研究價值，筆者可藉此提供一番新的見解。

一、五行名義概述及相生相勝體例

五行思想最初是與生活經驗有關，《尚書·洪範》言：

> 五行，一曰水，二曰火，三曰木，四曰金，五曰土。水曰潤下，火曰炎上，木曰曲直，金曰從革，土爰稼穡。潤下作鹹，炎上作苦，曲直作酸，從革作辛，稼穡作甘。〔註24〕

按照〈洪範〉，「五行」說原理的構成，是從百姓生活經驗而來。「下上」、「曲直」等是視覺對比經驗，「鹹、苦、酸、辛、甘」是味覺經驗，「潤濕、炎熱」

〔註22〕吳小強，《秦簡日書集釋》（湖南：岳麓書社，2000 年）。以下引該書：睡虎地秦簡《日書》甲種、乙種，及放馬灘秦簡《日書》甲種，同此版本。

〔註23〕甘肅省文物考古研究所，《天水放馬灘秦簡》（北京：中華書局，2009 年）。以下引該書同此版本，所引條目皆用原書條目編號。

〔註24〕據臺灣開明書店，《斷句十三經經文》（臺北：臺灣開明書局，1991 年），頁 20。

是觸覺經驗，以及「從革、稼穡」等爲事物主要相關屬性，這些即《左傳》所指「民並用之」的「天生五材」，將這「五材」與其他相關事物相結合，便發展成爲五種原理性的概括，是地道範疇人與環境之間的構築關係。

到了戰國時期將五行意義擴大者即鄒衍，鄒衍（公元前 305 年～公元前 240 年）是戰國末期齊國人，是陰陽家學派創始者及代表人物。主要學說是「五德終始說」和「大九州說」。他把春秋戰國流行的五行說應用到歷史觀點上，提出「五德始終」說，即整個世界是由金、木、水、火、土五種屬性所構成的，事物發展變化是通過五行生剋來實現的。

因爲五行屬於地道範疇，地道的平面空間因爲意識二分的作用，特別容易區域化。李零在《中國方術續考》說到：「『五』有兩種理解，一種是以『四方』加中央爲『五位』，用於配五行。……」〔註 25〕李零又說：「『五行』，也叫『五材』（《左傳》襄公二十七年），本來是對天地萬物的一種概括，引而申之，則是萬物的生剋和流轉，……它們都是時空整合數字化的一種表現，其實是數字符號的作用。」〔註 26〕原先是區域的二分使得左右對比和前後對比，形成四方加中央爲靜態的五位。既然從東南西北的空間分割之區域將五行配入，天道下濟而地道上行，這當含有了時間的順序，於是將靜態的四方區域串連起來，成爲有次序性階段性的動態變化，是以李零說它是數字符號的作用。

我們從睡虎地秦簡《日書》甲種「作事」一節：「二月利與土西方，八月東方，三月南方，九月北方。」及「啻（帝）」節下記載：「春三月，毋起東嚮室。夏三月，毋起南嚮室。秋三月，毋起西嚮室。冬三月，毋起北嚮室。」〔註 27〕前節講趨吉之方位，後節講避凶之方位，比起《易傳》陰陽寒暑易簡之道，這裡被分割爲個別區塊，進一步趨向客體化參數化的五行形態。

春秋末《管子・五行》已提及四方觀念。放馬灘秦簡《日書》乙種條 77 言：「水生木，木生火，火生土。」睡虎地秦簡《日書》甲種原文「禹須臾」節下記載十二月配地支圖式之外，還有：

> 金勝木、火勝金、水勝火、土勝水、木勝土；東方木、南方火、西方金、北方水、中央土。〔註28〕

〔註 25〕李零，《中國方術續考》（北京：東方出版社，1993 年），頁 90～92
〔註 26〕李零，《中國方術續考》（北京：東方出版社，1993 年），頁 89。
〔註 27〕吳小強，《秦簡日書集釋》，頁 83、77。
〔註 28〕吳小強，《秦簡日書集釋》，頁 156。

由此可見，從戰國末秦簡來看，已經將時序、方位與五行等參數締結起來，並將事物做區分歸納而客體化參數化。從出土及史料文獻得知，當時除了直接記載五行名義之外，大多配入與日辰相關之休旺、節氣，以及五行所配的各種物象。

依史學角度，今日《易》占學「剋」體例最早作「勝」，如睡虎地秦簡《日書》甲種「禹須臾」：「金勝木……」而《史記・秦始皇本紀第六》說：「始皇推終始五德之傳，以爲周得火德，秦代周德，從所不勝。」《史記・曆書第四》說：「水德之勝。」〔註29〕《史記》、《漢書》注文也都慣用「勝」。《漢書・律曆志第一》說：「孟康曰：五行相勝，秦以周爲火，用水勝之。」《漢書・佞幸傳》注：「師古曰：土勝水，其色黃。」另外，《漢書・郊祀志第五上》注：「服虔曰：甲乙五行相克之日。」〔註30〕足見東漢服虔時，已經用「克」當五行之效能。

漢代子書也多用勝字。《淮南子・天文訓》說：「陽氣爲火，陰氣爲水。水勝故夏至溼，火勝故冬至燥。」又：「木勝土，土勝水，水勝火，火勝金，金勝木。」〔註31〕《春秋繁露・五行相勝第五十九》說：「夫木者，……故曰金勝木。」〔註32〕《論衡校釋・順鼓篇》說：「五行之性，水土不同。以水爲害而攻土，土勝水。」〔註33〕

古醫典《黃帝內經・素問》講五行者亦有「勝」字。如：《黃帝內經・金匱眞言論篇第四》說：「春勝長夏，長夏勝冬，冬勝夏，夏勝秋，秋勝春，所謂四時之勝也。」《黃帝內經・六節藏象論篇第九》說「：所謂得五行時之勝，各以氣命其臟。」〔註34〕察《黃帝內經》是通用「勝」字。《太平經合校・天讖支干相配法第一百五》說：「酒者，水之王。水王當剋火。」《太平經合校・

〔註29〕司馬遷，《史記》（北京：中華書局，1975年），頁237、1260。以下所引該書版本同此。

〔註30〕班固，《漢書》（北京：中華書局，2002年），頁974、3722、1220。以下所引該書版本同此。

〔註31〕劉安，《淮南子》（臺北：中華書局，1981年），頁97、146。以下所引該書版本同此。

〔註32〕董仲舒，《春秋繁露》（臺北：臺灣商務印書館，1987年），頁342。以下所引該書版本同此。

〔註33〕黃暉，《論衡校釋》（北京：中華書局，1990年），頁683。以下所引該書版本同此。

〔註34〕楊維傑，《黃帝內經》（臺北：台聯國風出版社，1984年），頁34、86。以下所引該書版本同此。

關題》說：「陰陽相剋賊害，不可禁止也。」〔註35〕察《太平經》亦通用「剋」字。此可知漢代承襲《日書》節氣之外，五行生剋已經與五臟、休旺相關。由此看來，先秦是慣用「勝」字，而西漢史籍子書亦延續之，漢末才用「克」或「剋」字來代替「勝」字。

有關「剋」字的發展，《後漢書‧郎顗襄楷列傳》注文：「太白，金也，歲星，木也，金剋木，故相賊也。」〔註36〕《周禮注疏‧庖人》說：「五行王相相剋。」〔註37〕《毛詩正義‧清廟之什》，說：「漢都洛陽以火德，爲水剋火。」〔註38〕按《周禮》爲唐朝賈公彥疏，《毛詩》爲唐朝孔穎達正義，《後漢書》爲唐朝李賢注。

由此觀之，五行之相克，自戰國以來到漢代皆慣用「勝」字，道教《太平經》則用「剋」字，漢末服虔時用「克」字。然而從唐代「剋」字取代「勝」字，成爲一種習慣用語。《五行大義》保存前朝「勝」、「剋」字，《漢魏叢書》收錄《京氏易傳》釋晉〈坎〉兩卦則用「尅」字。〔註39〕

二、《日書》天道的干支節氣形態及功能

干支是天干與地支的合稱，由兩者組合成六十對，循環往復爲一個周期，稱爲六十甲子。《五行大義‧論支干名》說：「支干者，因五行而立之。……始作甲乙以名日，謂之干。作子丑以名月，謂之支。有事於天，則用日，有事於地，則用辰，陰陽之別，故有支干名也。」〔註40〕中國殷商時就用以記錄年、月、日。據考古出土發現，在屬於商朝後期帝乙時的一塊甲骨上，刻有完整的六十甲子，這說明在商朝時已開始使用干支紀日了。

五行相勝名義及其演變情況已於前章討論。以下數節以《日書》裡與干

〔註35〕王明，《太平經合校》（北京：中華書局，1997 年），頁 269、649。以下所引該書版本同此。

〔註36〕范曄，《後漢書》（臺北：洪氏出版社，1975 年），頁 1073。以下所引該書版本同此。

〔註37〕鄭玄，《周禮注疏》（臺北：藝文印書館，1955 年），頁 613。

〔註38〕毛公傳，鄭玄箋，孔穎達等正義，《毛詩正義》（臺北：藝文印書館，1955 年），頁 714。

〔註39〕程榮纂輯、陸績注，《漢魏叢書‧京氏易傳》（吉林：吉林大學出版社，1992 年），頁 2、3。以下所引該書版本同此。

〔註40〕蕭吉，《五行大義》（上海：上海書店出版社，2001 年），頁 3。以下所引該書版本同此。

支關係密切的相生、相勝、相衝、合局、孤虛諸體例名義演變，就出土資料、史書、子書三項分別概述之。

第一，干支相生、相勝。

針對五行生剋，《五行大義‧論相生》說：「夫五行皆資陰陽氣而生，故云濡氣生水，溫氣生火，強氣生木，剛氣生金，和氣生土，故知五行同時而起，託義相生。《傳》曰，五行竝起，各以名別，然五行既以名別，而更互用事，輪轉休王，故相生也。……對曰，天有五行，木火土金水是也。木生火，火生土，土生金，金生水，水生木。」《五行大義‧論相剋》：「剋者，制罰為義，以其力強能制弱，故木剋土，土剋水，水剋火，火剋金，金剋木。」〔註41〕

睡虎地秦簡《日書》甲種「歲」節下記載：

> 歲在東方，以北大羊（祥），……歲在南方，以東大羊（祥），……
> 歲在西方，以南大羊（祥），……歲在北方，以西大羊（祥）。〔註42〕

這是木星與方位的相應關係。除了「南方之火剋勝西方之金」原因不詳之外，其他因為相生，其呈現的局面是大吉祥。故知空間方位區域的分別之氣，可以彼此產生相應關係。睡虎地秦簡《日書》甲種「取妻」節下記載：

> 春三月季庚辛，夏三月季壬癸，秋三月季甲乙，冬三月季丙丁，此
> 大敗日，取妻，不終；蓋屋，燔；行，傅（痛）毋可有為，日衝。
>
> 〔註43〕

天干庚辛金克勝春三月季之木，天干壬癸水克勝夏三月季之火，天干甲乙木被秋三月季之金克勝，丙丁火被冬三月季之水克勝。此為節氣時辰彼此產生相應的克勝關係，象徵人事則是夫妻難以和諧相處，故所娶之妻不貞，蓋房屋容易發生火災等，容易積勞成疾而無計可施，身體衰弱故容易受節氣衝害。由此看來，《日書》時代甲乙丙丁等也只是當時辰看，但是有內含五行可以相生相勝，但兼言節氣相衝，故曰「日衝」。睡虎地秦簡《日書》甲種「病」節下記載：

> 甲乙有疾，父母為祟，得之於肉，從東方來，裹以桼器。戊巳病，
> 庚有間，辛酢，若不酢，煩居東方，歲在東方，青色死。〔註44〕

〔註41〕蕭吉，《五行大義》，頁30～31、49。
〔註42〕吳小強，《秦簡日書集釋》，頁57。以下所引該書版本同此。
〔註43〕吳小強，《秦簡日書集釋》，頁113。
〔註44〕吳小強，《秦簡日書集釋》，頁70～71。

此爲染疾之天干日辰，與其他事物的關係，並指出其疾病加重的方位，以及導致死亡木星方位、顏色之關係。以其中首句爲例，甲乙、戊巳爲日辰天干，甲乙木剋勝戊巳土，其影響所及，有東方的病源、東方的木星和致死的青色。

又睡虎地秦簡《日書》乙種原文「十二月」節下記載：「丙丁火火勝金，戊己土土勝水，庚辛金金勝木，壬癸水水勝火。」〔註45〕《淮南子・天文訓》說：「甲乙寅卯，木也；丙丁巳午，火也；戊己四季，土也；庚辛申西，金也；壬癸亥子，水也。水生木，木生火，火生土，土生金，金生水。」《淮南子・墜形訓》說：「木勝土，土勝水，水勝火，火勝金，金勝木。」〔註46〕可印證，《日書》已將天干參數，分別配屬五行而有剋勝的相應關係，《淮南子》則承接其體例。

這些參數彼此的生勝關係，在秦漢以後占學可以是時間範疇的，也可以是空間範疇的。五行原本是地道範疇的參數，上行至天道範疇，秦漢以後也可以和配入星辰、干支、方位、顏色。因此，五行不再僅是空間事物的相應關係，時空參數之間均可以呈現出來。

第二，干支日衝月破。

所謂「衝、破」指兩物相衝撞、相抵抗的形勢。《五行大義・論衝破》說：「衝破者，以其氣相格對也，衝氣爲輕，破氣爲重，支干各自相對，故各有衝破也，干衝破者，甲庚衝破，乙辛衝破，丙壬衝破，丁癸衝破，戊壬，甲戌，乙己，亦衝破，此皆對衝破，亦本體相剋，彌爲重也，支衝破者，子午衝破，丑未衝破，寅申衝破，卯酉衝破，辰戌衝破，巳亥衝破，此亦取相對，其輕重皆以死生言之。」〔註47〕而在《易傳》的同人九三〈小象〉曰「敵剛」，指九三與上九形勢相抵抗。艮卦〈象〉曰「上下敵應，不相與也」，指內外兩卦同爲〈艮〉卦，初四、二五、三上形勢都相抵抗。所以，日衝月破原本就非屬於五行範疇，而與風律、節氣或日月引力的對衝有關。

睡虎地秦簡《日書》甲種「秦除」節下記載：

> 正月建寅、除卯、盈辰、平巳、定午、摯（執）未、被（破）申、
> 危酉、成戌、收亥、開子、閉丑。二月建卯，……被（破）酉……
> 被（破）日：毋可以有爲也。〔註48〕

<hr />

〔註45〕吳小強，《秦簡日書集釋》，頁210。
〔註46〕劉安，《淮南子》，頁124、146。
〔註47〕蕭吉，《五行大義》，頁54。
〔註48〕吳小強，《秦簡日書集釋》，頁27～28。

秦簡《日書》所謂建寅，即十二階段節氣之日辰與當月節氣之支辰相同者，其他視當月節氣與日辰節氣的衝折狀態，有「除、盈、平、定、摯（執）、柀（破）、危、成、收、開、閉」。其中柀申，即月辰寅衝破日辰申。放馬灘秦簡《日書》甲種條1～19：

> 正月建寅、除卯、盈辰、平巳、定午、執未、柀申、危酉、成戌、收亥、開子、閉丑，二月建卯⋯⋯柀酉⋯⋯，柀日毋可以有爲。〔註49〕

睡虎地秦簡《日書》甲種「稷辰」節下記載：

> 正月二月：子秀，丑戌正陽，寅酉危陽，卯數，辰申○，巳未陰，午徹，亥結。三月四月：寅秀，⋯⋯申徹⋯⋯秀：是胃重光，利野戰，必得王侯。⋯⋯徹：是胃六甲相逆，利以戰伐，不可以見人、取婦⋯⋯。〔註50〕

此六甲相逆之徹，例如正月二月午辰日爲徹，六甲相逆只有利於戰伐，其他諸事皆凶，是與重光狀態的秀日相衝，以致不吉的狀態。睡虎地秦簡《日書》乙種「除」節下記載：

> 正月，建寅，余卯，吉辰，實巳，窘午，徹未，衝申，剝酉，虛戌，吉亥，實子，閉丑；二月建□⋯⋯衝酉⋯⋯。衝日可以攻軍入城及行不可祠。〔註51〕

此與「秦除」形態相同。總而觀之，《日書》時辰節氣相衝之「衝」字，睡虎地秦簡《日書》甲種、乙種都用到，如甲種有「正月，建寅，⋯⋯柀（破）申。二月，建卯，⋯⋯柀（破）酉⋯⋯柀（破）日，毋可以有爲也」，「正月二月，子秀⋯⋯午徹。⋯⋯徹，是謂六甲相逆」等句。乙種有「正月，建寅，⋯⋯衝申。二月，建□（卯），⋯⋯衝酉」。放馬灘秦簡《日書》甲種有「正月，建寅，...柀申。二月，建卯，⋯⋯柀酉」。按「相逆」即地支相對，「柀、彼」即「破」，亦對沖之義。

　　《淮南子·天文訓》說：「寅爲建，卯爲除，辰爲滿，巳爲平，主生。午爲定，未爲執，主陷。申爲破，主衡。酉爲危，主杓。戌爲成，主少德。亥爲收，主大德。子爲開，主太歲。丑爲閉，主太陰。」〔註52〕與放馬灘秦簡《日書》甲種條1-19建寅月對十二支日辰影響的描寫完全一樣。

〔註49〕吳小強，《秦簡日書集釋》，頁259～260。
〔註50〕吳小強，《秦簡日書集釋》，頁34～36。
〔註51〕吳小強，《秦簡日書集釋》，頁183～185。
〔註52〕劉文典，《淮南鴻烈集解》（北京：中華書局，1997年），頁117。

再從史書所載來看對衝思想，例如《史記・天官書第五》有「故八風各與其衝對」、「其對為衝」。〔註 53〕《漢書・天文志第六》說：「八風各與其衝對。」〔註 54〕《宋史・天文志第五》說：「月之行在望與日對衝。」〔註 55〕從漢代子書所載來看。《淮南子・天文訓》說：「其對為衝，歲乃有殃。」〔註 56〕《論衡・難歲》說：「正月建於寅，破於申。」〔註 57〕古醫典《黃帝內經・素問》全文有用「沖」字而無用「衝」字，至於屬於道教的《太平經合校・有德人祿命訣第一百八十一》云：「年在寅中，命亦復長，三寅合生，乃可久長。申為其沖……」〔註 58〕

　　《後漢書・方術列傳》記載東漢許峻少時遇道士授以占卜術，遂著作《易林》。納甲體例也是從道教經典《參同契》變來，葛洪（284 年～363 年）亦在《抱朴子》提及納音之說，吾人因此得知占卜和道教也是頗有關係，則「沖」字濫觴於古醫典《黃帝內經》及道教《太平經》之類的可能性很大。由此看來，漢代學界慣用時辰節氣之「衝」字，道教醫典才用到「沖」字。

　　《五行大義・論衝破》說：「衝氣為輕，破氣為重，支干各自相對，故各有衝破也。……干衝破者死氣則重，故能破；生氣則輕，故相衝。」〔註 59〕清代王洪緒輯《卜筮正宗》則有「月破定例」：「立春正月節建寅破申，……凡月建所沖之爻名為月破。」〔註 60〕意思就是衝破並無絕對好或壞，端視對象氣之旺衰而定。被衝對象氣衰則破裂四散，對象氣旺則被衝之而起動。以戰國建除的「柀、彼、徹」為例，例如寅月，寅日辰與寅月相同稱建寅，申日稱柀日，即月節氣力道強大衝破日辰，是破裂四散之象。後世日辰節氣為寅衝申日或爻辰申者，稱日衝或日沖。至於動爻與靜爻之間，則視其所值節氣旺衰，而有沖氣大小，稱爻沖。戰國建除的「柀、彼、徹、衝」，到漢代醫典道經的「沖」，到今日的「月破」、「日沖」，是個源遠流長的占學體例，它正顯現出人道與天道地道之不可分割的連結性所在。

〔註 53〕司馬遷，《新校本史記三家注》（臺北：鼎文書局，1981 年），頁 1340、1342。
〔註 54〕班固，《漢書》（北京：中華書局，1962 年），頁 1354。
〔註 55〕脫脫，《宋史》（臺北：鼎文書局，1980 年），頁 1071。以下引該書同此版本。
〔註 56〕劉文典，《淮南鴻烈集解》。（北京：中華書局，1997 年），頁 123。
〔註 57〕黃暉，《論衡校釋》（北京：中華書局，1990 年），頁 1024。
〔註 58〕王明編，《太平經合校》（北京：中華書局，1960 年），頁 548。以下引該書同此版本。
〔註 59〕蕭吉，《五行大義》，頁 54。
〔註 60〕王洪緒輯，《卜筮正宗》（臺灣：大孚書局，1982 年），頁 8。

第三，支生壯老及三合局。

《日書》生壯老體例，是以建除十二日辰階段節氣形態配入五行，來看五行氣在支辰的旺衰消長。其中當旺支辰與前後數第 4 位序之支辰相同，後世稱三合局。

睡虎地秦簡《日書》乙種原文「十二月」節下記載：「丑巳金金勝木，未亥【卯木，木】勝土，辰申子水水勝火。」〔註61〕此時參數「辰申子水」等，應該是指地道五行在日辰節氣消長的三合關係。放馬灘秦簡《日書》乙種條73～76；

> 火生寅壯午老戌，……金生巳壯酉老丑，……水生申壯子老辰，……木生亥壯卯老未。〔註62〕

這是以地道方位所含五行爲主軸，視某行在 12 支階段時辰的旺衰。放馬灘秦簡《日書》乙種條 197、198、200「甲乙卯未亥……司木」；「丙丁午戌寅……司火」；「壬癸子申辰……司水」〔註63〕很明顯將亥卯未視爲五行之木，寅午戌視爲五行之火，申子辰視爲五行之水。因此，條199「庚辛酉丑巳主……司□」巳酉丑爲司金。放馬灘秦簡《日書》乙種條180～189：

> 甲九木　子　九水日出八宮水＝蚤食□□七　林鐘生大簇　大呂七
> 十六□山……乙八木　丑八金……丙七火　寅七火……丁六或（火）
> 卯六木□□……戊五土　辰五水……己九土　巳四金……庚八金
> 午九火……□□□　□□□……壬六水　申七水……癸五水　酉六
> 金……□□□　戌五火……辰後　亥四木……。

此處天干所配五行與後世相同，地支只有子水、卯木、午火、酉金所配五行與後世相同，而申水、辰水其實是配合子水；亥木、缺未木其實是配合卯木；巳金、丑金其實是配酉金；寅火、戌火其實是配合午火。此說與後世完全不同。〔註64〕《秦簡日書集釋》睡虎地秦簡《日書》甲種：

> 正月五月九月，北徙大吉，……。二月六月十月，東徙大吉，……。

〔註61〕吳小強注「『丑』字前脫『酉』字」。吳小強，《秦簡日書集釋》，頁210。

〔註62〕甘肅省文物考古研究所，《天水放馬灘秦簡》。以下引該書同此版本。

〔註63〕原譯文卯未辰、午戌庚有誤。

〔註64〕《五行大義‧論五行及生成數》：「北方亥子，水也。生數一，丑，土也。生數五，一與五相得爲六，故水成數六也。東方寅卯，木也。生數三，辰，土也。生數五，三與五相得爲八，故木成數八也。南方巳午，火也。生數二，未，土也。生數五，二與五相得爲七，故火成數七也。西方申酉，金也。生數四，戌，土也。生數五，四與五相得爲九，故金成數九也。」

三月七月十一月，南徙大吉，……。九月八月十二月，西徙大

吉，……。〔註65〕

這是以地道方位所含五行，以一周年期的正月、五月、九月是北方火的生、

壯、老三個狀態，都屬於火。這種生、壯、老三狀態，正是後世的三合局。

《呂氏春秋・孟春紀第一》說：「孟春之月：……其日甲乙。」《呂氏春

秋・仲夏紀第五・古樂》說：「以仲春之月，乙卯之日。」〔註66〕其書尚以天

干配五行，未有明確的地支配五行支說。而《淮南子・天文訓》說：

木生於亥，壯於卯，死於未，三辰皆木也。火生於寅，壯於午，死

於戌，三辰皆火也。土生於午，壯於戌，死於寅，三辰皆土也。金

生於巳，壯於酉，死於丑，三辰皆金也。水生於申，壯於子，死於

辰，三辰皆水也。故五勝生一，壯五，終九。

又說：

甲乙寅卯，木也；丙丁巳午，火也；戊己四季，土也；庚辛申酉，

金也；壬癸亥子，水也。〔註67〕

東漢光武帝時王充（公元27年～97年）的《論衡・物勢》說：「寅，木也……。

戌，土也。丑、未，亦土也……。亥，水也……。巳，火也……。午亦火也。」

〔註68〕東漢獻帝荀悅（公元148年～209年）《前漢紀・孝成皇帝紀二》說：

「己，土也。亥，水也。」《後漢書・天文中》說：「閏月辛亥，水、金俱在

氐。」〔註69〕足見《淮南子》承襲戰國《日書》天干配五行及三合局配五

行的體例，並明確以寅卯配木，巳午配火，四季丑辰未戌配土，申酉配金，

亥子配水。於是後世占學，像亥日單獨者爲水，但是如卯月、爻辰未發動，

則與亥、卯、未三合成木局。

就《日書》「生壯老」之體例言，王洪緒輯《卜筮正宗・凡例》有〈三合

會局歌〉：「申子辰會成水局，巳酉丑會成金局，寅午戌會成火局，亥卯未會

成木局。」〔註70〕《日書》的「生、壯、老」，《淮南子》做「生、壯、死」，

將生命過程用生一、壯五、終九來做整合。而由一、五、九之序數，知道它

〔註65〕九字誤，宜爲四。吳小強，《秦簡日書集釋》，頁52。

〔註66〕呂不韋，《呂氏春秋新校釋》（上海：上海古籍出版社，2002年），頁1、285。

〔註67〕劉文典，《淮南鴻烈集解》，頁121、124。

〔註68〕黃暉，《論衡校釋》，頁146。

〔註69〕范曄，《後漢書》，頁3237。

〔註70〕王洪緒，《卜筮正宗》（台南：大学書局，1982年），頁4。以下引該書同此版本。

是十二支辰階段截取來的。演變至後世，隋代蕭吉所著《五行大義》有「論生死所」：

> 受氣於申，胎於酉，養於戌，生於亥，沐浴於子，冠帶於丑，臨官
> 於寅，王於卯，衰於辰，病於巳，死於午，葬於未。〔註71〕

王洪緒輯《卜筮正宗·凡例》「長生掌訣」：「長生，沐浴，官帶，臨官，帝旺，衰，病，死，墓，絕，胎，養。」〔註72〕此按照十二階段消息形態，實與「秦除」之「建、除、盈、平、定、摯（執）、柀（破）、危、成、收、開、閉」結構相同而名稱相異。

俗話說「生老病死」，乃是簡單的四分法，而此十二階段將一、五、九的生壯老會合起來，一和九相加除以二，也等於五。五加五等於十，構築爲一種比單一五行項目力道更強大的局勢，猶如盆水之比池水，更甚者爲淹漫之大水。

《日書》之「生、壯、老」，《淮南子》爲「生、壯、死」，即《五行大義》之「生、王、葬」，《卜筮正宗》之「長生、帝旺、墓」，都是以十二階段節氣消息爲形態，做爲五行之氣旺衰的標示參數。按《易傳》時空整合思維，《日書》時空互相影響形態，及《卜筮正宗》占學，得知方位之地支也是三合成局的重要參數。

第四，地支孤虛。

孤虛爲古代方術用語。即計日時，以十天干順次與十二地支相配爲一旬「凡此四者，必察天地之氣，原於陰陽，明於，所餘的兩地支稱之爲「孤」，與孤相對者爲「虛」，古時常用以推算吉凶禍福及事之成敗。

放馬灘秦簡《日書》乙種條115～120：

> 甲子旬辰巳虛戌亥孤，甲戌旬寅卯虛申酉孤，甲申旬子丑虛午未孤，
> 甲午旬戌亥虛辰巳孤，甲辰旬申酉虛寅卯孤，甲寅旬午未虛子丑孤。

先秦兵家《尉繚子·武議》說：「今世將考孤虛，占咸池，合龜兆，視吉凶，觀星辰風雲之變。」〔註73〕此孤虛指從星辰變化看出敵國形勢的弱點。《吳越春秋·勾踐十一年》：孤虛，審於存亡，乃可量敵。……天地之氣，物有死生。原陰陽者，物貴賤也；明孤虛者，知會際也；審存亡者，別眞僞也。……夫

〔註71〕蕭吉，《五行大義》，頁32。
〔註72〕王洪緒，《卜筮正宗》，頁4。
〔註73〕尉繚，《尉繚子》。景印明本武經七書直解本，頁42。

孤虛者，謂天門地戶也。存亡者，君之道德也。」〔註74〕由此觀之，放馬灘秦簡《日書》的孤虛用以計日時，即以推算吉凶禍福及事之成敗。它是分辨死生、貴賤、離合、眞僞的關鍵所在，在義理上即《易傳》的「幾」。《史記・龜策列傳》說：「日辰不全，故有孤虛。」〔註75〕如同〈未濟〉卦在六十四卦末的意義，因爲不全所以要塡實，因爲缺憾所以要彌補，這在占學是非常重要的參數體例。《後漢書・方術列傳》說：「仲尼稱《易》有君子之道四焉，曰『卜筮者尙其占』。……其流又有風角、遁甲、七政、元氣、六日七分、逢占、日者、挺專、須臾、孤虛之術。」〔註76〕將孤虛、談五行相勝之須臾和六十卦氣六日七分，皆歸入《易》之卜筮占學之流派。《魏書・方技傳・管輅》註引《別傳》：「輅解景春微旨，遂開張戰地，示以不固，藏匿孤虛，以待來攻。」〔註77〕此孤虛指己國容易被攻陷之地。

《陳書・列傳・吳明徹》：「明徹……就汝南周弘正學天文、孤虛、遁甲。」〔註78〕《南史・陳本紀・陳霸先》：「帝以梁天監二年癸未歲生，……明緯候、孤虛、遁甲之術。」〔註79〕《北史・齊本紀・高歡》：「用李業興孤虛術。」〔註80〕《清史稿・遺逸列傳》：「復從黃宗羲學壬遁、孤虛之術。」〔註81〕《新唐書・列傳・李靖》：「世言靖精風角、鳥占、雲祲、孤虛之術，爲善用兵。」〔註82〕此與《管輅別傳》同樣都提及孤虛可利於用兵。

《宋史・方技列傳》：「然而天有王相孤虛，地有燥濕高下，人事有吉凶悔吝、疾病札瘥，聖人欲斯民趨安而避危，則巫醫不可廢也。」〔註83〕此顯然是把孤虛歸入天道範疇占學當中，巫占能夠提供趨安而避危的途徑，也是對天體脈絡的瞭解。《抱朴子內篇・雜應》說：「年命在孤虛之下，體有損傷之危。」〔註84〕這裡的孤虛顯然符合醫理。

〔註74〕趙曄，《吳越春秋》。景印明本武經七書直解本，頁 7。
〔註75〕司馬遷，《史記》，頁 3238。
〔註76〕范曄，《後漢書》，頁 2703。
〔註77〕魏收，《魏書》（臺北：鼎文書局，1980 年），頁 817。以下引該書同此版本。
〔註78〕姚察、魏徵、姚思廉，《陳書》（臺北：鼎文書局，1980 年），頁 160。
〔註79〕李延壽，《南史》（臺北：鼎文書局，1981 年），頁 257。
〔註80〕李延壽，《北史》（臺北：鼎文書局，1980 年），頁 230。
〔註81〕趙爾巽，《清史稿》（臺北：鼎文書局，1981 年），頁 13829。
〔註82〕歐陽修、宋祈，《新唐書》（臺北：鼎文書局，1981 年），頁 3824。
〔註83〕脫脫，《宋史》，頁 13495～13496。
〔註84〕王明，《抱朴子內篇校釋》（北京：中華書局，1985 年），頁 247。

　　《朱子語類・孟子公孫丑下・天時不如地利章》:「孤虛,以方位言,如俗言向某方利,某方不利之類。王相,指日時。」〔註85〕王相,指日辰五行之王相,此朱子將孤虛置於地道範疇占學。孤虛,在《日書》原是天道範疇,卻可以當做地道範疇的地域虛實變化,以做爲野戰遣兵之用。

　　《五行大義・論配支干》說:「故六甲輪轉,止六十日,十日一旬,一旬之內,二支無配偶者,爲之孤,所對衝者,爲之虛,卜筮所云空亡,以支孤無干,故名爲空亡,亡者,无也,无干故亡,所對者全虛,故云空也。」〔註86〕因此,《日書》之「孤」即是後世占學之「空亡」例。《論衡・時》說:「或空亡徙以辟其殃。」〔註87〕《太平經合校・案書明刑德法》說:「故內日興,外者空亡。」〔註88〕《晉書・藝術列傳・戴洋》:「有空亡之事,不敢進武昌也。」〔註89〕《舊唐書・列傳・呂才》:「文王勤憂損壽,不關月值空亡。」〔註90〕而從《吳越春秋》所言「明於孤虛,審於存亡,……夫孤虛者,謂天門地戶也。存亡者,君之道德也。」日時值空亡,由有變作無,乃滯礙難行之象,或是弱點所在,故爲「亡」。空亡沖空塡實,則由無變作有,故爲「存」。空亡是存亡虛實變化的關鍵,故《卜筮正宗》謂之「凡卦中爻遇旬空,乃神機發現於此也」。

　　《卜筮正宗・六甲旬空起例》說:

> 甲子旬中戌亥空,甲寅旬中子丑空,甲辰旬中寅卯空,甲午旬中辰巳空,甲申旬中午未空,甲戌旬中申酉空。(假如甲子日至癸酉十日爲一旬,旬內無戌亥故曰戌亥空。又如甲寅日至癸亥旬內無子丑故曰子丑空,餘旬類推。)〔註91〕

對照秦簡《日書》乙種「甲子旬辰巳虛戌亥孤」,所謂孤虛原本是講日辰的,是天道時間概念的體例。基本上古時候不是以陽曆七天爲一週來算,而是以十天爲一旬來算。比如甲子、乙丑、……癸酉,剩餘地支戌亥無法配到天干,秦簡《日書》稱之爲孤,「虛」之體例指與「孤」相衝者。後世將它應用到地道空間概念上,比如戌亥偏北方位爲孤,偏南方位辰巳則爲虛。假設用兵

〔註85〕黎靖德,《朱子語類》(北京:中華書局,1986年),頁1301。

〔註86〕蕭吉,《五行大義》,頁37。

〔註87〕黃暉,《論衡校釋》,頁981。

〔註88〕王明編,《太平經合校》,頁106。

〔註89〕湯球,《晉書》(北京:中華書局,1985年),頁2475。

〔註90〕劉昫,《舊唐書》(臺北:鼎文書局,1981年),頁2721。

〔註91〕王洪緒,《卜筮正宗》,頁23、8。

之道敵方居北而我方居南，而偏北方位之戌亥爲孤，推其意孤是敵方缺乏支援的地方。偏南方位之辰巳爲虛，則是我方弱點所在。

《卜筮正宗‧婚姻》說：「世應化空，始成而終悔。」王註：「但怕變入空亡，必有退悔之意也。」〔註92〕世爲世爻指自己，應爲應爻指對方。又說：「世應俱空，難遂百年之連理。」王註：「世空自不欲成，應空彼不欲成。勉強欲成，終不遂意。」〔註93〕可知孤虛或空亡，在當今卜筮占學足以明瞭在人事上時空變易的樞紐。

我們可知從戰國既已存在的孤虛體例，原本是天道概念。延至後世，在空間方面，它是疏於防守的某角落，或形勢上存在著弱點，故利於我方之用兵。在病症醫理上，它可窺知病症是否可痊癒。在人事方面，它意味著本有此事但故意隱藏，或約定好的臨時打退堂鼓，而無意湊合之象。由《卜筮正宗》所述看來，印證《吳越春秋》所言，空亡此一參數體例，是天道人事時空變動的關鍵所在。

在《日書》干支原本只有由十二階段節氣來的衝破體例，乃衍生成今日相沖訣的日辰對衝，衍生成今日月破訣的月辰與日辰對衝，衍生成今日十二長生墓絕訣、三合局訣的十二階段支辰節氣消長的生壯老，和衍生成今日空亡訣的干支相配之孤虛等體例。等到五行隱含入干支當中，干支紀年月日時之辰，彼此也就能執行相生、相勝的功能。衝勝思想在先秦已經存有，而名稱用字因時代變遷而有所差別。首先從出土資料來看。《秦簡日書集釋》一書介紹「睡虎地秦簡《日書》」內容記載有：十二月與干支相配，而且還有地支的日沖、月破、五行相生、相勝、相衝日等，可以見到用日月與干支相配以及其所配五行的生、剋、沖、三合的占法，在戰國已經大致完備。考之占學諸參數體例，五星從道家老子弟子《文子》來，剋、沖字、王相說從道教《太平經》來，納甲從道教《參同契》來，五音六屬從道教《抱朴子》來，〈泰〉半都是西漢末及東漢開始發展出來的參數體例，而道教厥功甚偉。

京房六十卦每爻約一日配一音一律，六十律循環與 360 爻相配，以十二消息月律爲主軸形態之六十律配候卦氣占法，也是一種變自《日書》的創新占法。而北宋欽宗始流傳世面的《京氏易傳》，八宮卦只取四十八爻納甲支，用世爻遊歸卦氣法各領其餘七卦。而漢以後才興盛的爲干寶占學所用之八宮

〔註92〕王洪緒，《卜筮正宗》，頁 57。
〔註93〕王洪緒，《卜筮正宗》，頁 58。

納甲法，主要還是吳朝虞翻變自《參同契》的納甲說。雖然《日書》提供了六十干支取代六十音律的原理，但是若沒有納甲說，仍舊無法發展成今日的八宮卦氣及配參數形態。〔註94〕

　　雖然《日書》有五音配六十干支列形式，提供了後世六十干支取代六十音律的原理。但是若沒有《乾鑿度》爻辰、荀爽八宮世爻、虞翻納甲說〔註95〕，然後再採用《說卦》第十章父母子女，這相配形式仍舊無法發展成今日的八宮卦氣及配參數形態。如此說來，漢末荀爽八宮世爻占學，必須整合吳朝虞翻納甲占學，六十干支才能夠按照《說卦》第十章父母子女取四十八干支配入八宮卦氣之形態。然後沿用剋、沖等體例。在晉代干寶《易》占學已集大成，然後葛洪《抱朴子》才詮釋其五音六屬原理。

　　《漢書・京房易傳》僅可能用到《日書》之勝、衝、三合等體例，北宋才現於世的《京氏易傳》，其占術卻包括東漢以後的王相體例。是以《京氏易傳》所引的材料有些是先秦的，但它使用剋或尅字，及八宮卦氣、世應、納甲支、適變等主要形態，都是東漢以後成形的體例，意味其成書應當是在京房之後。

第四節　五行配入卦占

　　五行何時配入卦占，決定《周易》五行化的關鍵時刻。《左傳》引《周易》均用卦象說義理說，《說卦》離秦漢之際不遠，其內容是否與五行有關是此處討論的要項。

〔註94〕許朝陽，〈《京氏易傳》的易學意義與徐昂《京氏易傳箋》義例述評〉，《國文學報》，第 50 期（2011 年 12 月），頁 7：「不以《京氏易傳》出自京房本人，似乎成為當前主要觀點。」陳明彪，《牟宗三的漢代易學觀述評》，博士論文，臺北：國立臺灣師範大學國文學系，2007 年，頁 118～119，其第四章第二節仍以八宮說為京房的《易》學。喬家駿，《孟喜、焦延壽、京房及其易學研究》，博士論文，高雄：國立高雄師範大學國文研究所，2010 年，頁 229～356 仍以消息、互體、半象、大象、旁通、飛伏、錯綜等取象之例為京房的《易》學。

〔註95〕據范曄，《後漢書・儒林列傳・孫期》，頁 2554：「陳元、鄭眾皆傳費氏《易》，其後馬融亦為其傳。融授鄭玄，玄作《易》注，荀爽又作《易傳》，自是費氏興，而京氏遂衰。」足見荀爽的八宮世爻占學，是承襲費氏《易》的傳統《易》占學而非京房學術。《周易集解纂疏・凡例》說虞翻納甲，變自東漢魏伯陽《周易參同契》月體納甲，故知非承襲自京房學術。

一、《說卦》的三才型態及其與五行的關係

　　《易傳》不見有五行思想，只有《說卦》第五章被懷疑與五行有關。按《說卦》前三章也在帛書《繫辭》出現，而按照今本《說卦》第二章「兼三才而兩之，故《易》六畫而成卦，分陰分陽，迭用柔剛」及第一章「參天兩地而倚數，觀變於陰陽而立卦，發揮於剛柔而生爻」〔註96〕等文義來看，認爲三才規律的建構是從陰陽思維來，而非五行思維。

　　《說卦》第五章：

> 帝出乎〈震〉，齊乎〈巽〉，相見乎〈離〉，致役乎〈坤〉，說言乎〈兌〉，戰乎〈乾〉，勞乎〈坎〉，成言乎〈艮〉。

> 萬物出乎〈震〉，〈震〉，東方也。齊乎〈巽〉，〈巽〉，東南也。齊也者，言萬物之絜齊也。〈離〉也者，明也，萬物皆相見，南方之卦也。聖人南面而聽天下，嚮明而治，蓋取諸此也。〈坤〉也者，地也，萬物皆致養焉，故曰致役乎〈坤〉。〈兌〉，正秋也，萬物之所說也，故曰說言乎〈兌〉。戰乎〈乾〉，〈乾〉，西北之卦也，言陰陽相薄也。〈坎〉者，水也，正北方之卦也，勞卦也，萬物之所歸也，故曰勞乎〈坎〉。〈艮〉，東北之卦也。萬物之所成終而所成始也，故曰成言乎〈艮〉。

〔註97〕

《史記‧孔子世家》提到：「孔子晚而喜《易》，序《彖》、《繫》、《象》、《說卦》、《文言》。」〔註98〕是漢武帝當時已有《說卦》。《左傳》有引類似《說卦》卦象。《漢書》有「於《易》，〈震〉在東方」、「於《易》，〈巽〉爲雞」、「於《易》，兌爲羊」、「於《易》，離爲火爲目」、「於《易》，〈坎〉爲水、爲中男，離爲火，爲中女」等，都是取自《說卦》。所以《說卦》後八章某些卦象材料，當與《左傳》同期或稍早，成書不晚於《漢書》。《說卦》第五章配節氣方位說，經王葆玹先生證實曾遺失，爲漢宣帝時魏相所獻。且魏相於奏文將八卦和五行相配。〔註99〕

　　除了〈坤〉卦沒有時空階段座標，其言「〈兌〉，正秋也」則只有〈兌〉

〔註96〕臺灣開明書店斷句，《斷句十三經經文‧周易》，頁27、28。
〔註97〕臺灣開明書店斷句，《斷句十三經經文‧周易》，頁28。
〔註98〕司馬遷，《新校本史記三家注》（臺北：鼎文書局，1981年），頁1937。
〔註99〕王葆玹，〈西漢易學卦氣源流考〉，《中國哲學史研究》第4期（1989年，總第37期），頁74～75。

卦配以節氣，其餘各卦配以方位座標。節氣是天、地交通的媒介，與人的視覺、觸覺相關聯。中原古人的意識裡，天道是圓形循環的，地道是方形區域的，節氣便顯現出時空天圓與地方兩特性。例如，秦漢五行思維，春季原本是全域性的，一旦方位條件加入，東方木氣旺的特徵在春季階段當中凸顯出來，形成春季時東方木氣旺強的情勢。所以，「〈兌〉，正秋也」不僅表示〈兌〉卦在時階段上為秋分節氣，也意味事情會發生在西方，或與西方有關係。春夏秋冬四節氣，正符合「時氣」概念，故「〈兌〉，正秋也」這句雖然是《說卦》中卦配節氣的唯一描寫，卻證明了先秦戰國時期卦氣形態已經確實存在。

其中「〈坎〉者，水也」與第十一章的「〈巽〉為木、〈坎〉為水、〈離〉為火相同，乃就卦象說的，並不能證明五行已經配入，是以《說卦》仍然採用陰陽系統而非五行系統。但是，《說卦》配節氣、方位，則預告了卦象的參數化客體化。

二、魏相四正卦說

《漢書·魏相丙吉傳·魏相》記載魏相獻《易陰陽》，王葆玹先生謂即遺失的《說卦》部分〔註100〕，魏相於奏文中說到：

> 又數表采《易陰陽》及《明堂月令》奏之，曰：「……天地變化，必繇陰陽，陰陽之分，以日為紀。日冬夏至，則八風之序立，萬物之性成，各有常職，不得相干。東方之神太昊，乘〈震〉執規司春；南方之神炎帝，乘〈離〉執衡司夏；西方之神少昊，乘〈兌〉執矩司秋；北方之神顓頊，乘〈坎〉執權司冬；中央之神黃帝，乘〈坤〉〈艮〉執繩司下土。茲五帝所司，各有時也。東方之卦不可以治西方，南方之卦不可以治北方。春興〈兌〉治則飢，秋興〈震〉治則華，冬興〈離〉治則泄，夏興〈坎〉治則雹。明王謹於尊天，慎于養人，故立羲和之官以乘四時，節授民事。君動靜以道，奉順陰陽，則日月光明，風雨時節，寒暑調和。三者得敘，則災害不生，……夫風雨不時，則傷農桑；農桑傷，則民飢寒；……臣愚以為陰陽者，王事之本，群生之命，自古賢聖未有不繇者也。天子之義，必純取法天地，而觀於先聖。……太子太傅臣通等議：「春夏秋冬天子

〔註100〕王葆玹先生認為《易陰陽》就遺失的《說卦》。見王葆玹，〈西漢易學卦氣源流考〉，《中國哲學史研究》第4期（1989，總第37期），頁74。

　　所服，當法天地之數，⋯⋯。」〔註101〕

以下就幾項要點分析之：

　　第一，此處以四正卦配時氣。《說卦》第五章八卦裡只有「〈兌〉，正秋」的卦氣記載，此處擴增其餘三卦配以時氣，乃〈坎〉司冬、〈離〉司夏、〈震〉司春。此形式後爲京房候卦氣占所運用。魏相將當時稱《易陰陽》的《說卦》與《月令》同奏，察世傳《月令》以五行與時辰節氣等相配並未及卦，《呂氏春秋》將《月令》抄錄其中，《淮南子》也仿其形式，也都未配卦。

　　第二，放馬灘秦簡《日書》乙種雖記載以五音十二聲貞卜，其貞卜是否爲卦令人存疑。亦即先秦未確定以五音之五行配卦爲占。帛書《易傳》內容有提及金木水火土五行，但並未用它來解釋卦爻辭，或用它做斷占的參數。《說卦》第五章「〈坎〉者，水也」，第六章「水火相逮」，第十一章的「〈乾〉爲金、〈巽〉爲木、〈離〉爲火、〈坎〉爲水」，乃就卦象來說，而非就五行屬性來說。然魏相除了以卦配四季時氣之外，並將〈坤〉、〈艮〉兩卦放置中央且配上五行土，可說是以卦配五行之始，意味著《易》卦象的象徵功能被後世干支爻辰衝勝的參數取代，卦象變化與主體性情的連結作用遂逐漸消失。

　　第三，「東方之卦不可以治西方，南方之卦不可以治北方」指用木卦氣所屬之人事物來治理屬金氣的西方，或用火卦氣所屬之人事物來治理屬水氣的北方，不僅相衝也相剋。「春興〈兌〉治則飢」云云，指在木氣時節用金氣卦所屬之人事物，金剋勝木則傷農桑而飢。可見五行一進入《易》領域，先秦《日書》的剋勝體例就成爲《易》卦斷占使用體例。

　　第四，《易傳》是順性命之理而立天地人之道，其象數也是由聖人心性開展出來的，亦即用智心不離體仁之性。聖人將天下人對於天體循環的感受理出個次序之數，例如四季是基於溫熱涼寒四個觸覺感受所制定出來的，簡約成一寒一暑，則寒往暑來是性情陰陽二元概念作用的運行。而這裡的宇宙論述，明顯是繼承戰國《日書》五行思想體系來的。

　　第五，朱伯崑在《易學哲學史》認爲孟喜和京房「卦氣」說是本於《說卦》八卦方位說。〔註102〕但孟喜、京房除了用「〈震〉、〈兌〉、〈坎〉、〈離〉」做爲四正方位爲地道思維之外，其孟喜主要用十二月卦消息七十二爻候爲占。京房《易》則將〈乾〉、〈坤〉置入十二消息辟當中，〈艮〉、〈巽〉則成爲

〔註101〕班固，《新校本漢書集注》（臺北：鼎文書局，1986年），頁3139。
〔註102〕朱伯崑，《易學哲學史》（北京：華夏出版社，1995年），頁120。

雜卦，與《說卦》八卦方位不同。由此看來，四正卦配節氣形式由魏相奏文開啟，才有京房所發展出的四正方位來。

第六，漢宣帝即位，徵魏相爲大司農，後遷爲御史大夫，孟喜與梁丘賀亦漢宣帝時同門，孟喜得到當時隸屬非正統的《易》家候陰陽災變書，詐言老師田何獨傳，而被正統《易》家梁丘賀非議。《新唐書‧一行卦議》引《孟氏章句》曰：「〈坎〉、〈離〉、〈震〉、〈兌〉，二十四氣……。」云云，屈萬里說：「按孟氏書已不傳，其說難於詳徵。」〔註103〕《漢書》也未記載其說。《漢書‧京房傳》孟康注有焦贛傳京房的四正卦和分卦值日占。〔註104〕而焦贛曾問《易》於孟喜，喜死後京房以爲其師焦贛即孟氏學。〔註105〕所以焦贛問《易》於孟喜而得四正卦和分卦值日占，亦無不可能。

屈萬里說：「十翼及先秦，下逮漢初諸儒，未有以象數釋《易》辭者。……彼以象數說《易》者何始乎？則孟喜是也。……孟喜生西漢中葉之後，正災異之說盛興之時。災異者，以陰陽五行，比附天地間之事物；復取其相生相剋之理，以牽附人事之吉凶者也。」〔註106〕由此觀之，漢宣帝時期魏相用《月令》形式將卦配以五行，孟喜爲象數說《易》的鼻祖，皆漢宣帝時前後之事，是以五行進入《易》卦領域當在漢宣帝時。

第五節　錯綜消息形文的演變

《繫辭上》第10章：「參伍以變，錯綜其數，通其變，遂成天下之文。」錯卦綜卦之前提必然是基於蓍數，若「數字卦」的蓍數組合可成立，勢必發展至「一六」或「一八」的形式才方便施行錯卦或綜卦。〈乾〉用九、〈坤〉用六即互爲錯卦，漢《易》家則借《文言》「旁通」一詞做爲錯卦之義解。綜卦形態始見於《周易》卦序，漢《易》家變爲二上五下及二五升降之類。卦以消息形態做爲天道人道循環消長之形上意義，始見於《象傳》；卦配十二律做爲占術，則始見於放馬灘秦簡《日書》。

〔註103〕屈萬里，〈先秦漢魏易例述評〉（《幼師學誌》1卷2期，1959年4月30日），頁6。
〔註104〕班固，《漢書》，頁3160。
〔註105〕班固，《漢書》，頁3601。
〔註106〕屈萬里，〈先秦漢魏易例述評〉（《幼師學誌》1卷2期，1959年4月30日），頁1。

一、用九六到旁通

所謂用九之用即週，通之義，用九即〈乾〉卦六陽爻盡變爲六陰爻之〈坤〉卦，因爲陰陽相變性質也相變，故龍互爭鋒頭變成〈坤〉德群龍無首。反之，〈坤〉卦六陰爻盡變爲六陽爻之〈乾〉卦，占之則持續下去爲吉，故爲〈乾〉德利永貞。

〈乾〉變〈坤〉或〈坤〉變〈乾〉即形上哲學一體的陰陽相變，靜態的陰陽相對之卦即所謂的錯卦，亦即《說卦》第 3 章：「天地定位，山澤通氣，雷風相薄，水火不相射，八卦相錯。」所表達的。至於〈乾〉《文言》：「六爻發揮，旁通情也。」《周易本義》說：「猶言曲盡。」旁通一詞原本非局限於錯卦義，或爻變用九用六義。其義是透過著數揲卦，通過六爻的陰陽變化，就會廣泛曲盡宇宙間的各種變化情勢。這樣的解釋原本屬於義理上的涵義，它還是必須筮法的實際操作，而不僅止於詮釋文本而已。《繫辭上》第 10 章：「參伍以變，錯綜其數，通其變，遂成天下之文。極其數，遂定天下之象。非天下之至變，其孰能與於此？」第 12 章：「子曰：聖人立象以盡意，設卦以盡情僞。」由此觀之，所謂形上義理的詮釋也隸屬於天下之文，要盡《易》之意，還須回歸象數的實際操作面，是以《左傳》所載《易》之取義說均不離筮法。

《集解》〔註 107〕於〈乾〉卦《文言》「六爻發揮，旁通情也」下引東漢陸績所言曰：「〈乾〉六爻發揮變動，旁通於〈坤〉；〈坤〉來入〈乾〉，以成六十四卦，故曰『旁通情也』。」陸績這套「〈乾〉旁通於〈坤〉，〈坤〉來入〈乾〉」之說，意思是〈乾〉陽爻和〈坤〉陰爻可以互換，雖然屬於象數範疇，但不屬於著數揲卦六爻盡變的實務操作性質，未以筮法做爲法則基礎。屈萬里說：「十翼及先秦，下逮漢初諸儒，未有以象數釋《易》辭者。《國語》、《左傳》之以象爲說，乃因筮得之辭，推其象以比附人事。」〔註 108〕漢《易》家用上下升降來解釋《周易》，這樣的象數說法只局限於文義上的詮釋而已，諸如此類也多不符合理序及經傳本義。

《集解》比卦「〈比〉，吉」下引虞翻曰：「……與〈大有〉旁通。」〈夬〉卦「〈夬〉，揚于王庭」下引虞翻曰：「剛決柔，與〈剝〉旁通。」今學界多認爲三國吳朝虞翻則賦予「旁通」以新意，創立了「旁通說」。王新春先生說：

〔註 107〕張文智，《周易集解導讀》（濟南：齊魯書社，2005 年）。以下引該書同此版本。
〔註 108〕屈萬里，〈先秦漢魏易例述評〉（《幼師學誌》1 卷 2 期，1959 年 4 月 30 日），頁 1。

「虞翻的旁通說，其所彰顯的，首先是一種陰陽相互涵攝、卦爻之象相互涵攝的深刻思想。……詮顯了卦與卦所表徵的當下之所是間的密切關聯，由此而幾乎通透地詮顯了大宇宙和社會人生中各種事象間一顯一隱、相互對待、相互涵攝、變化互通的密切關係。」〔註109〕王先生此說對虞翻詮釋旁通說，給予高度評價，其說符合《說卦》第 3 章八卦相錯形上意義的延伸。然賦予「旁通」象數新意的其實在虞翻之前還有陸績，並非由虞翻開始，只能說虞翻把它代替「錯卦」而更加發揮而已。

徐芹庭先生引翟元易言：「翟注〈夬〉卦云：『〈坤〉稱邑也。』蓋〈夬〉卦旁通〈剝〉卦，〈剝〉之內卦為〈坤〉。」〔註110〕是魏晉時期翟元易有同於虞翻的旁通說。

清代焦循亦有旁通說。牟宗三先生引其言：「凡爻之已定者不動，其未定者，在本卦初與四易，二與五易，三與上易；本卦無可易，則旁通於他卦，亦初通於四，二通於五，三通於上。」牟先生評言：「在卦爻上說，即每一爻都有與之相反而相對之爻，其間的根本關係便是『感通』或『旁通』。……所以旁通的根本含義是：（1）向外通於他；（2）向前而發行其通。……道德含義與道德規律即建設於這個旁通之上。」〔註111〕牟先生所謂「每一爻都有與之相反而相對之爻」之旁通，驗之《周易》用九用六，或《序卦》〈小過〉卦和〈中孚〉卦、〈大過〉卦和〈頤〉卦等錯卦，乃兩卦初和初陰陽相對、二和二陰陽相對之類是也，也符合筮法原則。焦循雖賦予旁通道德含義與道德規律相感通的新意，然其說為單卦自個的初與四、二與五，三與上相對應之交換，或本卦與他卦初與四、二與五，三與上陰陽相對應之交換，乃變自《彖傳》、《象傳》陰陽相應體例，並非如《說卦》第 3 章所云兩卦同位陰陽相對之錯卦本義。

二、從綜卦到升降卦變

有關於《周易》卦序形式，王新春先生說：「通行本卦序特重卦之相綜關

〔註109〕王新春，《虞翻易學旁通說的哲理內涵》，2010-8-30 和訊網（http://tongzi.blog. hexun.com.tw/56064372_d.html），轉貼山東大學《易》學與中國古代哲學研究中心，2013 年 4 月 10 日檢索。

〔註110〕徐芹庭，《魏晉七家易之研究》（臺北：成文出版社，1977 年），頁 105。以下引該書同此版本。

〔註111〕牟宗三，《周易的自然哲學與道德函義》（臺北：聯經出版社，2003 年），頁 296。

係，頗與《周易》古經相契。看來古經的撰定者業已意識到了這種關係。這主要體現在他們對卦爻辭的繫屬上。」王先生舉〈損〉之六五對應於〈益〉之六二，皆有「或益之十朋之龜」的吉辭；〈既濟〉九三對應於〈未濟〉九四，皆有「伐鬼方三年」之辭。王先生認爲通行本卦序應視爲《周易》較早的卦序形態，他又據杜預《左傳注‧後序》記載，西晉武帝太康元年發掘魏襄王墓的《周易》古經，杜預書云：「《周易》上下篇，與今本正同。」是戰國中期乃至其前即已盛行這形態。〔註 112〕

綜卦即爲本卦的爻位倒置，以不同的角度來觀察本卦另一方面的屬性，這種角度即空間位置 180 度的反轉，戴璉璋謂《象傳》的反轉位。在《周易》，〈泰〉的「小往大來」和〈否〉的「大往小來」，無庸置疑即屬於此種形式。《象傳》所言來、反、下下、往、上、上行、進，都是反轉位發展出來的語詞。〔註 113〕這些反轉位語詞發展成漢代的二上之五、五下之二之類。甚至於發展成到南宋朱熹的「卦變圖說」。李零先生認爲占卜年代越早形式越簡單，直觀性和隨機性越強；年代越晚形式越複雜，推算的色彩越濃厚。〔註 114〕而《象傳》綜卦相對性是與性情相軌的，它是透過筮數的運作後的斷占。《象傳》綜卦的來、反、下下、往、上、上行、進等描述，在漢代卻發展爻上下說、升降說、往來說及卦變說。

首先，談漢魏晉時期上下、升降、往來說。屈萬里說：「升降之說，始於荀爽。凡陽在下者，當上升於五；陰在上者，當降居於陽所遺之位。故有〈乾〉二當升〈坤〉五，〈坤〉五當降〈乾〉二。……有謂初陽當升五者。……有謂三陽當升五者。……有謂四陽當升五者。復有因〈乾〉體在下，則謂下體當升居上。」〔註 115〕徐芹庭先生於《魏晉七家易之研究》引蜀才升降例云：「升降本於荀爽。」又引姚信升降例云：「凡陽在下者當升於五，或升於上卦，陰在上者當降於下。」又引翟元易往來例云：「凡爻自內而之外（自下卦而至上卦）曰往，由外而之內（自上卦而至下卦）曰來。」〔註 116〕

〔註 112〕王新春，〈易學史上的幾種重要周易卦序初探〉，《中華月刊》：17 卷 11 期，（總203 期，1997 年），頁 17～18。
〔註 113〕戴璉璋，《易傳的形成及其思想》，頁 86。
〔註 114〕李零，《中國方術續考》，頁 88。
〔註 115〕屈萬里，〈先秦漢魏易例述評〉（《幼師學誌》1 卷 2 期，1959 年 4 月 30 日），頁 35。
〔註 116〕徐芹庭，《魏晉七家易之研究》，頁 65、20、105。

　　例如《集解》於《文言》「善世而不伐」下引《荀九家易》曰：「陽升居五，處中居上，始以美德利天下。」屬於單卦的爻升降。《集解》於《文言》「本乎地者親下」下引荀爽曰：「謂〈坤〉六五，本出於〈坤〉，……降居〈乾〉二。」《集解》於〈乾〉卦《文言》「見龍在田，德施普也」下引荀爽曰：「二當升〈坤〉五。故曰見龍在田。」《集解》於〈乾〉卦《小象》「見龍在田，德施普也」下引荀爽曰：「見者，見居其位。田，謂〈坤〉也。二當升〈坤〉五，故曰『見龍在田』。」二升五原本符合《象》綜卦二五反轉義，但是〈乾〉卦反轉亦為〈乾〉，〈坤〉卦反轉亦為〈坤〉，可見荀爽〈乾〉、〈坤〉升降說亦即〈乾〉、〈坤〉卦爻互換二五爻，是陸績「〈乾〉……旁通於〈坤〉，〈坤〉來入〈乾〉」的另一種說法。

　　《集解》於〈師〉卦上六引宋衷曰：「陽當之五，處〈坤〉之中，故曰『開國』。陰下之二，在二承五，故曰『承家』。」《集解》於〈比〉卦引虞翻曰：「師二上之五，得位，眾陰順從，比而輔之，故『吉』。」《集解》於〈比〉卦《象》「原筮元永貞，無咎，以剛中也」下引東晉蜀才曰：「此本〈師〉卦。」李鼎祚案：「六五降二，九二升五，剛往得中。」以上漢代宋衷、魏晉蜀才、唐李鼎祚之意，皆符合二五互易反轉成綜卦的體例。但這些都幾乎未透過筮卦運作，更改《象傳》綜卦對比反轉的原意，直接用訓詁的解析方式來詮釋《周易》經傳之辭。

　　至於徐芹庭先生引姚信注〈豐〉卦云：「謂四上之五。即九四之陽上升於五，而六五之陰下降於四。」又：「〈同人〉『柔得位』蜀才注：『此本夬卦，九二升上，上六降二。』此則同於陽升陰降之意」又引翟元易注〈困〉九二曰：「陽從上來。」注〈夬〉九三曰：「三往壯上。」〔註117〕是魏晉時期姚信、蜀才、翟元易同虞翻承襲荀爽升降例。《集解》於〈訟〉卦《象》「有孚窒惕，中吉，剛來而得中也」引蜀才曰：「此本〈遯〉卦。」李鼎祚案：「二進居三，三降居二，是剛來而得中也。」〈訟〉卦《象》的「剛來而得中」其實指的是〈訟〉卦是其綜卦〈需〉卦反轉來的，故在《周易》卦序上〈訟〉卦的前一卦即〈需〉卦。但是引東晉蜀才曰「此本〈遯〉卦」，用〈訟〉單卦的二三兩爻互換成〈遯〉卦，諸如此類並不符合初上、二五、三四對比爻互易的原則，此非《象傳》綜卦反轉的原意。

　　由此看來，漢《易》家們將《文言》的旁通義與《象傳》上下往來的反

轉義混淆，而導致東晉蜀才及唐代李鼎祚也取「二進居三，三降居二」，認爲是「剛來而得中也」。而荀爽也將《象》綜卦二五反轉義，曲解爲〈乾〉、〈坤〉陰陽互易。

接著，談漢魏晉時期至宋朱熹的卦變說。

徐芹庭先生引荀爽卦變例說：「本升降之理，荀氏演爲卦變之說。其後虞氏本之而闡卦變之理，多本之荀氏。……是荀氏之卦變，雖或以六子、十二消息爲說，然皆以〈乾〉〈坤〉爲總樞紐。」〔註118〕吳朝虞翻的卦變說，徐芹庭先生將之條列，包括：旁通之法，相錯之法，變化之法，反復之法，往來之法，上下易之法，升降之法。〔註119〕其中旁通之法和相錯之法，符合《周易》用六用九之意；變化之法，符合《周易》及《左傳》一爻變之意；反復之法，符合《周易》綜卦〈泰〉〈否〉往來及《象》反轉之意；往來之法與〈泰〉〈否〉往來反轉者異，它和升降之法則變更自《象》反轉之意。上下易之法即兩象互易之法。徐芹庭先生又引姚信卦變例云：「卦變之法多種，而姚氏所用，乃本之虞翻，以十二辟卦爲卦變之樞紐。姚氏注〈旅〉云：『此本〈否〉卦三五交易。』蓋凡三陰三陽之卦，皆自〈泰〉〈否〉來。〈否〉卦三之五，五之三即成〈旅〉卦。」另徐芹庭先生說：「蜀才卦變之說，多本虞翻。」其卦變有〈乾〉〈坤〉生卦、〈臨〉〈觀〉生卦、〈泰〉〈否〉生卦、〈大壯〉〈遯〉生卦、〈剝〉〈復〉生卦、〈夬〉〈姤〉生卦。〔註120〕其引翟元易卦變例注〈困〉九二云：「陽從上來。」〔註121〕即〈否〉上九與六二交換位置。

至於南宋朱熹自製〈卦變圖〉，序言：「《象傳》或以卦變爲說，今作此圖以明之。蓋《易》中之一義，非盡卦作《易》之本指也。」其第一組圖前云：「凡一陰一陽之卦，各六，皆自〈復〉〈姤〉而來。」第二組圖前云：「凡二陰二陽之卦各十有五，皆自〈臨〉〈遯〉而來。」蕭漢明於《周易本義導讀》云：「王懋竑說：『今圖皆自〈復〉〈遯〉等十二辟卦而來，以《本義》考之，惟〈訟〉〈晉〉二卦爲合，餘十七卦則皆不合。其爲謬妄，尤爲顯然。必非朱子之舊，明矣。』白壽彝先生將《本義》釋《象傳》的十九處全部列出，發現除了〈訟〉〈晉〉兩卦之外，還有〈觀〉卦與圖相合。爲什麼會有如此眾多

〔註118〕徐芹庭，《兩漢十六家易注闡微》，頁489。

〔註119〕徐芹庭，《兩漢十六家易注闡微》，頁65～66。

〔註120〕徐芹庭，《魏晉七家易之研究》，頁65～66。

〔註121〕徐芹庭，《魏晉七家易之研究》，頁105。

的不合現象呢？」〔註 122〕其主要原因，筆者以爲：第一，朱熹將《象傳》有理序反轉的綜卦形態誤以爲「卦變」；第二，《易》的爻變卦變，如《左傳》所載本卦之某卦形式，《左傳·襄公九年》：「穆姜薨於東宮，始往而筮之，遇〈艮〉之八，史曰，是謂〈艮〉之〈隨〉。」此艮卦之初、三、四、五、上爻皆變而六二爻不變，乃艮卦五個爻變爲隨卦。這卦爻相變仍舊以揲蓍扐掛的筮法步驟爲前提，而非任意的上下升降往來。第三，《象傳》消息卦形態，驗之戰國則放馬灘《日書》已有十二律配卦的消息卦形態。由此觀之，卦可以是六爻盡變成兩錯卦形式，可以如錯綜其數之後成《序卦》兩兩非綜即錯形式，也可以如消息卦形態，來表現「七日來復、八月有凶」等天道方面的消長動態，或「君子道長，小人道消」等人事方面的消長動態。即使它屬於意識形態或所謂的形上義理，都必須奠定在於揲蓍扐掛的基礎上，而非止於章句上解析其理而已。

屈萬里也說：「《象傳》往來上之說，由於反對，非變卦也。」〔註 123〕對於荀爽升降說，他評道：「於〈需〉上六爻辭又謂：『〈乾〉升在上，君位以定；〈坎〉降在下，當循臣職。』何也？〈坎〉降在下，則〈坎〉之中爻。不仍須時當升乎？矛盾齟齬，胥此類矣。」〔註 124〕對於荀爽卦變說，他評道：「其例於經文及十翼，固無可徵。即與己例，亦多枘鑿。蓋荀氏〈易〉例，莫大乎陽升陰降；而〈屯〉〈蒙〉〈訟〉〈晉〉〈旅〉諸卦，皆陰升陽降，此自亂體例，一也。……〈萃〉乃二陽之卦也，而謂本諸〈否〉卦，上九見滅。則何說乎？此持說之不能自圓，二也。」〔註 125〕足見荀爽升降說以及本於升降說的卦變說，皆變更自《象傳》，然非《象傳》反轉的原義，朱熹承襲漢魏晉荀、虞、姚、蜀、翟、李的卦變圖說，當然也有矛盾之處。屈萬里說：「《象傳》皆以反對爲義。……之外曰往，反內曰來。一倒轉而往來之義見，非有他義也。後世見有往來上下之文，遂創爲升降、卦變之說。」其言是也。〔註 126〕

〔註 122〕蕭漢明，《周易本義導讀》（山東：齊魯書社，2003 年），頁 29。
〔註 123〕屈萬里，〈先秦漢魏易例述評〉（《幼師學誌》1 卷 2 期，1959 年 4 月 30 日），頁 38。
〔註 124〕屈萬里，〈先秦漢魏易例述評〉（《幼師學誌》1 卷 2 期，1959 年 4 月 30 日），頁 37。
〔註 125〕屈萬里，〈先秦漢魏易例述評〉（《幼師學誌》1 卷 2 期，1959 年 4 月 30 日），頁 38。
〔註 126〕屈萬里，《先秦漢魏易例述評》（臺北：臺灣學生書局，1985 年），頁 2。

三、從十二消息到納甲消息

　　所謂卦氣是指卦配上連續性的時令日辰，讓卦逐一具有階段性的象徵。例如〈震〉〈離〉〈兌〉〈坎〉各值四時的春夏秋冬，使得〈震〉帶有東方的木氣特徵等等。所謂消息是以卦與卦之間，存在爻遞進漸變的消長現象，它若值時令日辰就是一種卦氣形態。〈臨〉卦辭：「至于八月有凶。」〈復〉卦辭：「反復其道，七日來復。」王弼說「卦者，時也」，秦簡《日書》也有「直此卦」的記錄，所以筆者認爲卦與時辰之數是離不開的，是以《周易》創作時期，應該存在著以時令爲主軸，例如正月值某卦的形態，讓時令值卦的卦氣形態的思維。

　　春秋戰國時代有所謂夏曆、殷曆和周曆，這三者最主要的區別在於歲首的不同，所以又稱「三正」。周曆以通常冬至所在的建子之月（即夏曆的十一月）爲歲首，當令的月地支稱月建。《史記・歷書》：「夏正以正月，殷正以十二月，周正以十一月。」這即是所謂「三正」，根據此說，即周曆的正月爲建子月。秦簡《日書》有「建，除，滿，平，定，執，破，危，成，收，開，閉」之所謂「建除十二值」，「建」表歲首之月外，其餘十一個字表示與月建關係的情況，其中「破」爲與月建之辰相衝破之關係，即後世所稱的「月破」；若受到日辰相對衝，即後世所稱的「日衝」。就情勢而言，月破大於日衝，破壞力較強。

　　從《史記・天官書第五》有「其對爲衝」。《漢書・天文志第六》說：「八風各與其衝對。」即可得證占法裡的相衝關係乃起於相對形式，這種思維在周代已經出現。周曆正月建子，故〈臨〉卦辭「八月有凶」之八月爲地支未，是以〈臨〉卦值丑月，這與後世消息卦形式不謀而合。因爲卦值丑辰與未月相對衝爲月破情勢，是以「八月有凶」。同理，按照十二消息卦形式，〈復〉卦值子辰，子辰相對衝之日爲午。因爲卦值子辰，至午日剛好是第七日。又日衝力道小於月破，對於當事者有從靜態轉爲動態的情勢，有來而復返之象，是以「七日來復」。

　　《象傳》作者有明顯的消息意識，表現在天道及人事兩方面。〈豐〉卦之《象》：「日中則昃，月盈則食，天地盈虛，與時消息。」在這裡指出了一日週期的消息，一月週期的消息，甚至於天地盈虛的大範圍循環變化，這些皆可用消息型態來表示。〈剝〉卦之《象》：「君子尙消息盈虛，天行也。」指君子仿傚天體的循環變化，建立節氣和作息等規律。

　　《說卦》第一章：「昔者聖人之作《易》也，幽贊於神明而生蓍，參天兩地而倚數，觀變於陰陽而立卦。」足見卦爻變化都可用個數值呈現。爻變有數，卦變也有數。神以知來而智以藏往，可以說整套《易》的運作是離不開數的。《周易》原本即用在筮占，而《易傳》賦予《易》以形上意義。用在筮占則要有明確的指示，如〈臨〉卦之八月有凶、〈屯〉卦之十年乃字、〈坤〉卦之東北喪朋之類。《易傳》則賦予《易》以形上意義，意味著陰陽隨時變化，並無固定的時空，即王弼所言情偽變化非數所能求之意。

　　〈復〉卦之《象》：「剛反。」指陽盡於〈坤〉，至〈復〉卦一陽復起於初。〈臨〉卦之《象》：「剛浸而長。」指二陽其勢漸長。〈泰〉卦之《象》：「內陽而外陰，內健而外順，內君子而外小人，君子道長，小人道消也。」〈夬〉卦之《象》：「剛決柔也。」指五陽在下而一陰居上，共同決定一陰的去向。〈姤〉卦之《象》：「柔遇剛也。」指一陰返於初而遇合五陽。〈遯〉卦之《象》：「浸而長也。」指二陰其勢漸長，與〈臨〉卦同其義。〈否〉卦之《象》：「內陰而外陽，內柔而外剛，內小人而外君子。小人道長，君子道消也。」〈剝〉卦之《象》：「剝也，柔變剛也。」由此觀之，〈復〉卦剛返於初而非止於初，乃見其「反復其道，七日來復」，努力以赴，故「利有攸往」；〈姤〉卦一柔遇五剛，乃見一女周遊於五男之間而亂男女之節度，故勿用取女。是以王弼說：「夫卦者，時也；爻者，適時之變者也。」《象傳》消息非十二個固定人事物象，乃適時之象。《易傳》指示的是未來的趨勢，而由〈泰〉〈否〉兩卦之《象》，得知決定這趨勢走向的是人之主體道德意識，而非由環境做主導。

　　放馬灘《日書》乙種有十二律三合局形式配卦占，由於有階段性，所以卦氣是可成立的，而無法得知卦名，以及卦與卦之間是否存在著爻消長漸變的消息形態。不過由《日書》之前的《象傳》存在著十二消息卦結構的思維，而且還有「直此卦」的記載，不難推測戰國末期，《日書》可能存在著配十二律之漸變形態的消息卦。

　　孟喜得《易》家候陰陽災變書，焦贛曾問《易》於孟喜，京房於是以為焦贛《易》即受業於孟喜。其用十二消息辟卦當做君王，以〈復〉到〈乾〉為太陽卦，〈姤〉到〈坤〉為太陰卦。《象傳》消息是陽息則陰消，陰息則陽消，君子道長則小人道消，小人道長則君子道消，滋息與消退是相對而非特定的。京房將十二消息辟卦分為太陽卦和太陰卦之後，漢代《易》家即分為消卦和息卦兩組。例如《集解》於〈夬〉卦「〈夬〉，揚于王庭」下引虞翻曰：

「陽決陰，息卦也。」〈否〉卦「〈否〉之匪人，不利君子貞，大往小來」下引虞翻曰：「陰消〈乾〉。」〈泰〉卦「小往大來，吉、亨」下引虞翻曰：「陽息〈坤〉，反〈否〉也。」虞翻就將陽六卦之屬為息卦，陰六卦之屬為消卦，陰卦滋長，使得陽卦消退稱陰消〈乾〉；陽卦滋長，使得陰卦消退稱陽息〈坤〉。但是《漢書・睢兩夏侯京翼李傳・京房》「然少陰倍力而乘消息」下孟康注曰：「房以消息卦為辟。辟，君也。息卦曰太陰，消卦曰太陽。」其與虞翻以陽六卦為息卦，陰六卦為消卦者完全相反。更加可見消與息的相互替代性，它們原本同消與長，只是相對概念而不分陰陽而已。

魏伯陽《參同契》有月體納甲說：「三日出為爽，〈震〉庚受西方。八日〈兌〉受丁，上弦平如繩。十五〈乾〉體就，盛滿甲東方。蟾蜍與兔魄，日月（炁）雙明，蟾蜍視卦節，兔者吐生光。七八道已訖，曲折低下降。十六轉受統，〈巽〉辛見平明。〈艮〉直于丙南，下弦二十三。〈坤〉乙三十日，東北喪其朋。節盡相禪與，繼體復生龍。壬癸配甲乙，〈乾〉〈坤〉括始終。」依〈震〉、〈兌〉、〈乾〉、〈巽〉、〈艮〉、〈坤〉六卦，用爻消息漸變的方式呈現出月體消長形態。虞翻改以太陽移動變化，李道平說：「蓋以六卦寓消息，而以水火為用，即此義也。虞氏本此以說《易》。」〔註127〕故虞翻用納甲之法亦為卦氣之屬。

商周時數字卦，其實已演變至成象的「一、六」的符號形式，它是著數記錄，可與符號形式同時並存著。另外，《周易》卦序已有錯綜形式，〈泰〉、〈否〉和〈既濟〉、〈未濟〉兼具錯綜，〈泰〉、〈否〉卦辭的「往來」，已是內外卦綜卦互相倒反的明證。〈既濟〉、〈未濟〉同位爻同辭，倒反爻同辭，又是兼具錯綜的明證。《象傳》「往來」、「上下」等，也是綜卦形式的描寫，都與筮法相關。然而荀爽以〈乾〉〈坤〉二五爻升降，來解釋《象傳》「往來」、「上下」等義，虞翻又易之以「卦變」、「旁通」，歷經晉代諸《易》家，至南宋朱熹全盤繼承，卻僅只於義訓，非關筮法。

《易傳》談義理雖佔大部份，也是以象數為主要形式。漢代象數顯得繁瑣，卻不少是繼承《易傳》的衣缽而開枝散葉。例如《周易》卦爻辭已記載卦爻配時辰、方位，而史籍「相對為衝」的思想很早就存在，不僅在《史記》，

〔註127〕李道平，《周易集解纂疏》（北京：中華書局，1994年），頁17。

戰國秦簡《日書》也已出現。由此上溯之，筆者懷疑〈臨〉卦「八月有凶」，即是月破體例的描寫。若說到消息體例，商周時以干支記節氣即是消息形式，《象傳》已似有十二消息卦形式，十二消息配十二月辰，也符合卦配時氣的卦氣形式。到戰國秦簡《日書》，也已出現以卦配當日消息時辰的卦氣，但未登載卦名。《說卦》的「兌，正秋也」，則是有明確卦名的卦氣說。學者或以為《說卦》第五章有「〈坎〉者，水也」，遂謂《說卦》已五行化，然第五章又「〈坤〉也者，地也」而非土，其他各章的水火金木都是在講卦象而非五行化元素。因此，就《易傳》內容而言，五行尚未介入。《左傳》《國語》時亦然。至漢宣帝時魏相獻《易陰陽》時，五行才與八卦正式結合。在漢《易》來看，無論是時概念的參數，諸如干支、消息、卦氣之屬，皆呈現循環道體形式，來代表一個圓概念的太極。無論是位概念的參數，諸如四正、八宮、五性之屬，皆呈現方形道體形式，來代表一個方概念的太極。不論圓概念一寒一暑或方概念的一剛一柔，總稱為陰陽者，都是太極對比化的結果。

總言之，《左傳》說象滋而有數，若心識未介入，呈太極狀態，無物無象也無數。心識介入之後，事物有了對比，才分陰陽而起道的作用，開始有數，陰 1 陽 2 或陽 1 陰 2。陰陽對比之後，有太陽、少陰、少陽、太陰的四象，及 1、2、3、4 之序數。同理，一週年期，可二分為寒暑二階段節氣，也可分春夏秋冬四階段節氣，或立夏、夏至等八階段節氣。至十二階段節氣，即可結合十二月和十二律，於是在形文之外又開始加入聲文參數。

《繫辭》說「天一、地二……天九、地十」，很明顯地陰陽對比之象，是與十進位數結合的。陰陽變化關鍵就是幾，《易》以二分卦象為主，卦象的陰陽變化源自性情，卦掌握陰陽變化之幾，便知道時位的趨勢，然後由二進位推出十進位之數。漢末《易》雖然卦象陰陽功能漸失而代之以六親，至魏晉音律功能也被干支取代，數的功能大過象。到邵雍《皇極經世》的千萬億兆全是數法的形式，然而數的十進位，到最後也可以換算成二進位數值，而回到意識裡視覺明暗、觸覺寒暑和聽覺陰陽等二分之象。

所以，漢代《易》象數學雖然看似繁贅，其實離不開十進位的數值，十進位的數值既然可換算成二進位數值，則任何天道時之循環、地道位之變化，或人道性情之取向，均可簡易成陰陽二進位數值，再還原成性情陰陽之象。由此觀之，有體仁至誠工夫之君子能掌握住幾，便是掌握到陰陽關鍵，這關鍵在靜態是太極，在動態則是道，而這種掌握是可達到前知之實效的。

第七章 《易》道聲文概說

　　劉勰在《文心雕龍・情采》說聲文是由五音構成的，這是就地道位概念上講的，若加入天道時概念則十二律也是聲文的要素，它們是表達五音在各種時氣上的變化。從歷史上看，雖然《易》卦爻辭有「鶴鳴在陰，其子和之」的和鳴景象，《文言》有同聲相應的感通之說，《周易》聲文範疇仍舊只限於象的描寫，而不是屬於模擬聲音情狀的參數，是以五行化聲文參數進入《易》的領域，便可顯現其實用價值的。在《易》學史上有幾項與聲文有關的重要議題：其一是十二支辰十二律與卦相配形式的問題，其二是五行體系的五音何時進入《易》學領域的問題，其三是音律模擬性情狀態的方式問題，其四是爻配律如何轉變成納音的問題。

第一節　性情與音律

　　古人將音放在地道範疇，與空間概念的五行相連結，表示出五種屬性的不同固定聲調狀態。因為與五行連結，故五音可涵蓋五性、五色、五味、五位等參數。古人將律放在天道範疇，與時間概念的時令相連結，表示出十二月階段傳播媒介的不同頻率。在人來說，五音配五性，等同五種基本性格樣貌，十二律配喜怒哀樂好惡六情，等同受環境影響而產生情感反應的現象。

一、音律名義概說

　　五行一方面和地道方位相連結，一方面又與天道時辰，以及建構天地之文的重要傳播媒介—音律相結合。何謂音律？它是樂調形態的總稱。音指五

音，律指六律六呂或十二律。

五音即宮、商、角、徵、羽五聲音階，是五種固定音階的不同調式，以宮做主音，各有其數值，傳統用「三分損益」法連繫彼此的關係，在先秦已經套用了土、金、木、火、水。因為五音的調式固定，與地道五種屬性之五行相關聯，都是物體性質的顯現，所以先秦人士就將五音配五行。它結合五行後的含義，就是五種屬性相異的物質，各有不同的振動頻率及頻幅。〔註1〕

在聲學中，聲高指物體振動的頻率。取一簡單物體用來定音高時（如竹管、絲絃），則它的頻率與其長度是成反比的關係。如果物體的材質固定，長度愈長，聲音就愈低。當長度減為一半時，頻率將變為原先的兩倍；長度增成為原先的兩倍時，頻率成為原先的一半。〔註2〕五音彼此有數值關係，十二律也各有其數值，傳統用「三分損益」法連繫彼此的關係。

關於十二律的原理，〈中國古代音律常識〉說：「我國的古代律制。古稱六律，實則十二律，即古樂的十二個調。律，本來指用來定音的竹管，舊說古人用十二個長度不同的律管，吹出十二個高度不同的標準音，以確定樂音的高低，因此，這十二個標準音也就叫做『十二律』。這是將一個八度分為十二個不完全相等的半音的一種律制。宮、商、角、徵、羽五聲音階沒有絕對高度，只有相對高度。它們的音高要用律來確定。如把黃鐘定為宮音，叫『黃鐘宮』。理論上十二律都可以用來確定宮的音高，這樣就可能有十二種不同音高的宮調式。商、角、徵、羽各調式仿此，即各有十二種不同的調式。五聲音階的五種調式，用十二律定音，可各得十二『調』，共六十『調』。」〔註3〕由此觀之，每個固定調式的音可個別配上十二個高度不同的標準音，就有十二個不同的音階。放馬灘秦簡《日書》乙種已有這樣的相配型式，漢元帝時京房以卦配律，基本上即這套六十調，史籍稱之為六十律。

按照佛學六根六識的說法，音律本身也是聽覺所獲得的「相」，《易》學上來說則是「象」，《左傳》引韓簡所謂「物生而後有象。象而後有滋。滋而

〔註1〕 此與今日已發現各種元素的固定光波型態相類似。

〔註2〕 維基百科，〈十二律·三分損益與十二律的相關物理〉，維基百科網（http://zh.wikipedia.org/wiki/%E4%B8%89%E5%88%86%E6%90%8D%E7%9B%8A%E6%B3%95#.E4.B8.89.E5.88.86.E6.90.8D.E7.9B.8A.E6.B3.95）2103 年 6 月 4 日檢索。

〔註3〕 列子御風，〈中國古代音律常識〉，2013 年 1 月 1 日漢語詩歌語音研究網，（http://blog.sina.com.cn/s/blog_5df8700501015xd5.html），2013 年 6 月 12 日檢索。

後有數」〔註4〕，象也是含有次序性數值上之增減。按照生物的聽覺範疇來講，凡是物體變化都會產生聲音，人或物的體性之律動或循環狀態，就形成規律的音頻。天體之律動或循環狀態，無法藉由太空傳遞聲音，但可藉由光波傳遞光和熱，光影和熱能變化也影響著節氣狀態，包括濕度、密度、溫度。古人認為 12 個月各有相異的節氣狀態，每個月可配屬相應的律呂。分別是11 月子配屬黃鐘，12 月丑配屬大呂，1 月寅配屬太簇，2 月卯配屬夾鐘，3月辰配屬姑洗，4 月巳配屬中呂，5 月午配屬蕤賓，6 月未配屬林鐘，7 月申配屬夷則，8 月酉配屬南呂，9 月戌配屬無射，10 月亥配屬應鐘。

當五音配上五行，表示各種物質因其性質有其固定規律的音頻。物與物的音頻相交接，表示兩物遭遇互相助益或抑制干擾，彼此會增強或削減某音頻狀態，在傳統上即為五行之氣彼此的生剋衝合。「相生」指力量的增加而言，在聲波指頻率、振幅和位相都相同，產生共鳴且音量增大者而言，亦即振頻幅度形成兩倍增大現象。「相衝」指反向振幅相對，但一大一小的抵制狀態；「相合」指反向振幅相對，但兩者振幅一樣呈無波動狀態。「相勝剋」即頻率不同的兩組波，干擾成混雜波形現象。〔註5〕在現實界，頻幅增大現象意味力量的增加，故為相生；一大一小的抵制狀態，大者減緩、小者化為無形，故為相衝；兩波互相抵制或牽引，猶如婚約之男女，或契約之合作伙伴，故為陰陽相合之類；兩波互相干擾，無法成完整波形，猶如受傷的患者不良於行，故為水火相勝之類。

五聲音階的五種調式，用十二律定音，各可得十二「調」，總共六十「調」。京房以十二月律定音，意思就是每個月與其他月頻率相異，另外每卦六又八十分之七日，亦即每爻約一日配一音一律，由冬至日黃鐘宮開始。

二、性情與音律的關係

在象數領域來看，性是某物質的組合狀態，是可被數值化的。先秦已經有五行配合方位的形態，在這種空間思維之氛圍下，方位不同，就決定了五行的屬性的差異性。五行的屬性不同，其原本的振動頻率也各不相同而各有其固定音頻，所以五性又可分屬不同的五音。

〔註4〕 臺灣開明書店斷句，《斷句十三經經文·左傳》，頁 41。
〔註5〕 參考自《經典》雜誌 42 期，頁 26～35「器樂發聲的原理」一文。因該文不能轉載，此為筆者閱讀後自己的見解。

　　如果以人的性情來講，性是比較趨於固定且靜態的。而情是某主體物對於環境對象的感覺，進而產生取捨進退的反應，是比較動態的。在時間思維方面，每階段環境對象的不同，給予某主體物感覺也就不同，也就是說其所產生情的取捨進退也不同，而取捨進退就是一種律動。由此看來，以氣的動靜來講，性是靜態的而情是動態的，是以《禮記‧樂記》：「凡音者，生人心者也。情動於中，故形於聲。聲成文，謂之音。……人生而靜，天之性也；感於物而動，性之欲也。」〔註6〕提出了「性靜情動」的觀點。

　　律即振動的波長及其幅度，它是靠大氣傳導物質的溫度、濕度及密度而形成形態各異的振動波。在大氣通過管狀物當中，一個律須符合某固定的長度才能發出聲音，而管狀物材質的不同，其所擁有的五行屬性也就不同。以木管來說，它與銅管音的振動頻率當然有差異。是以某屬性不同的音，會發出某固定的律。所以在某波長形態下的律，有其固定容受的管子長度，長度符合某律的波長才會發出聲音。反過來講，某個波長形態的律，對某擁有固定音頻性質的物體，就能夠產生共鳴效果。

　　然而除了發音者的屬性之外，隨著大氣的溫度、濕度及密度，傳遞的波動之律也有強弱之分，所以氣候的寒暑濕熱，也決定了傳遞效果。氣候在每個時間階段其效果有所不同，在不同的方位其效果也有其差異。某方位氣候有加分效果，某方位氣候則有減分效果，有加分效果的當然共鳴效果良好。先秦兩漢已將物質歸納為五種五行的屬性，五性衍生之則各有其所屬的五音。然則所謂生剋衝合，不外乎指波律與波律之間的增益、減損、相斥以及相融作用。

　　以東方鳥鳴來說，其五音為角，五行的屬性是木，於是舉凡屬性是木者，例如人身的肝臟，或青色物體，都引起共鳴。而律有陰有陽，鳥鳴則有悲哀有喜悅之情，某方位氣候之律與之契合，表示某地木性之物引起共鳴者將會有災難或祥瑞。某方位氣候之律與之有阻礙，表示某地木性之物不會引起共鳴，或者是傷害較低。氣候之律既然與時辰節氣相關，是以時辰也可做為發生災難的起始參考，這也是十二支辰能取代十二律之故。

　　秦漢以後五行休旺思維興起，其王相休囚死體例，表達了時位概念上五行之氣旺衰的流轉規律。例如當值羽音時北方水旺，其他方位水氣分別為相休囚死。另外，五音與五行之氣連結，對五方、五性、五姓所屬五音之宅第

〔註6〕 臺灣開明書店斷句，《斷句十三經經文‧禮記》，頁71～72。

也有個別的影響，當值某音者旺，其他爲相休囚死。王充《論衡・詰術》說到：

> 圖宅術曰：「商家門不宜南向，徵家門不宜北向。」則商金，南方火也；徵火，北方水也。水勝火，火賊金，五行之氣不相得，故五姓之宅，門有宜嚮。嚮得其宜，富貴吉昌；嚮失其宜，貧賤衰耗。……姓有五音，人之性質，亦有五行。五音之家，商家不宜南嚮門。〔註7〕

由「姓有五音，人之性質，亦有五行。五音之家，商家不宜南嚮門。」數句文意看來，字音有不同調式，人之稟性，因爲生辰時空之別，五行組合的能量形態與他人不同，身心性情也表現各異，身心性情影響著面對環境對象的反應，甚至於姓名的字音也會影響身心性情。音頻高者如同各種呼吸、血液循環急促，處於匆忙緊張狀態，或事情難以辦成，必須往返頻繁；音頻低者反之。十二月有不同之月律節氣，十二律代表節氣之律動頻率也有高低的不同，人的取捨進退喜好受到內在本性和外在情緒的影響。性猶如音是固定的本質，而情猶如律受環境的影響，故古人把五性配上五音五行，而十二律配上十二時辰，不無道理。簡單地說，夏天炎熱喜喝水，古人說成水勝火；冬天寒冷喜升火取暖，古人說成木生火。這種固定體性特質，處在不同節氣之下，則是影響著情緒行爲的律動頻率，亦即性格在相異節氣之下有其情緒上不同反應，日久逐漸成爲規律動作，這樣的規律即爲人道。

以西漢與京房同時代的翼奉學說來看，五音配上五行天干，代表人之五種性向的某種特徵，他又用十二地支來代替十二律，以表示人之情感取向。就時位的中道觀來看，某體性形成某律動頻率，是某人處在某「位」的反應現象，當令節氣則是提供給某人處在某「時」的感受。當體性配合某當令節氣形態，其情感行爲升至某律動狀態而跟整個大氣頻率同步時，大氣也將形成導體，而感應到其他同樣的律動狀態之事物上，彼此內在性質相通而諧律，在音律上頻率數相同，可以藉由相同頻率的方位之風和時節之氣來互通聲息，這就是科學上所稱的「共鳴」，或《易傳》上所稱的「應」。《繫辭上》第八章說：「君子居其室，出其言善，則千里之外應之。」〔註8〕就是這個道理。

由此觀之，《文心雕龍・情采》說「聲文，五音是也」，指五種屬性不同

〔註7〕 黃暉，《論衡校釋》（北京：中華書局，1990年），頁1038～1039。
〔註8〕 臺灣開明書店斷句，《斷句十三經經文・周易》，頁22。

的物質，帶有個別的調式。又聲音必須仰賴氣的傳播，而氣因時令有其不一樣的溫度、濕度、密度，若將時令節氣對五音律動狀態的影響考慮進去，則十二律也屬於聲文參數。

第二節　先秦《日書》音律占形式

戰國《日書》所記載之音律，是與卦氣結合的重要參數，也是傳統本《易傳》所未及的。〈乾〉《文言》雖然有「同聲相應，同氣相求」的感通想法，但是《易傳》大衍筮法及《彖》、《象》占法，基本上以契合性情之陰陽相變為形態，與客體現象的音律原理並無所干涉；陰陽爻是以視覺、觸覺做為取象管道，而與聽覺為管道之音律則少有聯繫。從《日書》記載音律配卦來看，音律是在《易傳》的《彖》、《象占法之外重要的一環，而《日書》記載的音律形式是否已經五行化，是占學研究非常重要的課題，它不僅影響了西漢孟、京律候卦氣占學，也影響了漢末八宮卦氣五行配參數占學的發展。

一、記載音律形態及原理

五音十二律是非常古老的制度，《尚書·益稷》已有「予欲聞六律五聲」〔註9〕的記載，其中六律即世傳之陽六律、陰六呂，五聲即五音宮、商、角、徵、羽。《周禮》有「以五味、五穀、五藥養其病。以五氣、五聲、五色視其死生」；「凡為樂器，以十有二律為之數度」；「大師：掌六律、六同，以合陰陽之聲」〔註10〕的句子。《道德經》也有「五色、五音、五味」的描述。十二律是陰陽的擴大，五氣、五聲、五色、五音、五味、五穀、五藥等是五行的擴大，顯然可見，陰陽五行絕非戰國末鄒衍的創見，或秦漢之際陰陽家所專擅。《左傳》有「天有三辰，地有五行」；「用其五行，氣為五味，發為五色，章為五聲」；「有五行之官，……木正曰句芒，火正曰祝融，金正曰蓐收，水正曰玄冥，土正曰后土」〔註11〕等說法。從《左傳》觀之，得知五味、五色、五聲都是受到地道五行思維影響的詞語。那麼，《周禮》是周公作的，而且當時五音十二律已經具備，我們有理由相信西周文武時，五音形式是受到地道五行思維影響的形式。

〔註9〕　臺灣開明書店斷句，《斷句十三經經文·尚書》，頁5。
〔註10〕　臺灣開明書店斷句，《斷句十三經經文·周禮》，頁7、36、36。
〔註11〕　臺灣開明書店斷句，《斷句十三經經文·周禮》，頁233、219、229。

其五音十二律相配的體例，目前已可見於《周禮》文本。《周禮・春官・大師》記載：

> 大師：掌六律、六同，以合陰陽之聲。陽聲：黃鐘、大蔟、姑洗、
> 蕤賓、夷則、無射。陰聲：大呂、應鐘、南呂、函鐘、小呂、夾鐘。
> 皆文之以五聲：宮、商、角、徵、羽。〔註12〕

《禮記・月令》就已寫著「孟夏之月，……其音徵，律中中呂」；「季夏之月，……其音徵，律中林鐘」。〔註13〕可知《周禮・大師》中的函鐘、小呂，即世傳之林鐘、中呂。由「文之以五聲」即可知《周禮》時期音律彼此已經有所聯繫。《周禮》寫於周公手中，那麼，西周文武之世已經有五音十二律相配的體例。而《左傳・昭公25年》：「爲九文、六采、五章，以奉五色。爲九歌、八風、七音、六律，以奉五聲。」〔註14〕兩者相比較，可知《周禮》由五音來文飾十二律，足見其思維是十二律重於五音。而《左傳》五音是九歌、八風、七音、六律的總法則，十二律是用來做五音的參數。

關於十二律與節氣的關係，〈中國古代音律常識〉說：「上古時代，又以律與曆附會，把樂律和曆法聯繫起來，把十二律和十二個月配合，按《禮記・月令》，即『孟春之月，律中太蔟；……季冬之月，律中大呂。』『律中』就是『律應』。……後世也常用十二律名稱代表時令月份。」〔註15〕成書於漢武帝時的《淮南子・天文訓》則記載著：「正月指寅，十二月指丑，一歲而匝，終而複始。指寅，則萬物螾螾也，律受太蔟。……黃鐘者，鐘已黃也。指丑，丑者，紐也，律受大呂。」《月令》是戰國陰陽家的重要著作，秦代呂不韋編撰《呂氏春秋》時，將全文收錄。〔註16〕《禮記・月令》的孟春之月亦即《淮南子》的寅月，季冬之月亦即《淮南子》的丑月。由此觀之，《月令》已將時令月份節氣配上十二律，而且有各自專有的含義，不可彼此替代。至漢元帝時翼奉則已用十二支辰代替十二律。

司馬遷《史記・律書》說：

〔註12〕 臺灣開明書店斷句，《斷句十三經經文・周禮》，頁36。
〔註13〕 臺灣開明書店斷句，《斷句十三經經文・禮記》，頁30、31。
〔註14〕 臺灣開明書店斷句，《斷句十三經經文・左傳》，頁219。
〔註15〕 列子御風，〈中國古代音律常識〉，2013年1月1日漢語詩歌語音研究網，（http://blog.sina.com.cn/s/blog_5df8700501015xd5.html），2013年6月18日檢索。
〔註16〕 百度百科，〈月令〉，百度百科網（http://baike.baidu.com/view/902742.htm），2013年6月14日檢索。

> 太史公曰：旋璣玉衡以齊七政，即天地二十八宿。十母，十二子，
> 鐘律調自上古。建律運歷造日度，可據而度也。合符節，通道德，
> 即從斯之謂也。〔註17〕

所謂「十母、十二子」即十天干、十二地支。《繫辭下》第 5 章：「日往則月來，月往則日來，日月相推而明生焉。寒往則暑來，暑往則寒來，寒暑相推而歲成焉。往者屈也，來者信也，屈信相感而利生焉。」〔註18〕天體往來的連續，就是曆法的依據。明與暗的往來，日與夜的相推為一日，缺與圓的相推為一月。寒暑相推成二分節氣制，春夏秋冬相推成四分節氣制，進而八分節氣制，十二分節氣制，二十四分節氣制，乃至於七十二分節氣制等。《說卦》第 5 章〈兌〉卦配正秋即八分節氣制，《月令》孟春之說即十二分節氣制，孟喜七十二候即七十二分節氣制。天體往來之反復律動成就曆法，聲音頻率之反復律動成就音律，干支只是個表達律動情況的代號，它們可以添加各式各樣的參數，或替代各項體系。例如放在天道上成為時的參數，放在地道上成為位的參數，天干放在五性上成為音的參數，地支放在節氣上成為律的參數。因此，律與曆實密不可分。

十二律是十二種不同音頻高低的標準。它們可和五音組合成六十調，在卦氣占學上稱為六十律。由於氣候的溼度、密度及溫度會影響音幅頻率的高低，所以古人按照十二月份階段的節氣配上十二律，以做為卦氣占學運用的重要參數，像孟喜、京房都用在卦氣占上。又因為十二月份都由十二地支標示，於是翼奉便以十二地支時辰代替十二律，而不再使用十二律名稱。

五音十二律，音與音、律與律彼此間都有數值上增減的理序，其增減原理稱為「三分損益法」。《管子·地員》：「凡將起五音，凡首，先主一而三之。四開以合九九，以是生黃鐘小素之首以成宮，三分而益之以一，為百有八，為徵，不無有三分而去其乘，適足，以是生商，有三分而復於其所，以是成羽，有三分去其乘，適足，以是成角。」〔註19〕《史記·律書》記載：「律數：九九八十一以為宮。三分去一，五十四以為徵。三分益一，七十二以為商。三分去一，四十八以為羽。三分益一，六十四以為角。」〔註20〕管子所述徵音的數和損益，與後世有出入，但三分益去之說則與後世同。

〔註17〕司馬遷，《新校本史記三家注》（臺北：鼎文書局，1981 年），頁 1253。
〔註18〕臺灣開明書店斷句，《斷句十三經經文·周易》，頁 25。
〔註19〕李勉，《管子今註今譯》（臺北：臺灣商務印書館，1990 年），頁 905。
〔註20〕司馬遷，《新校本史記三家注》（臺北：鼎文書局，1981 年），頁 1249。

　　十二律彼此也有數值上增減的理序。〈中國古代音律常識〉解釋說：「中國古代計算系律的方法。在弦上欲求一已知音的上方五度音，就克發出該音的弦長減去三分之一。欲求其下方四度音，則減三分之一。……這根弦發出的音就是黃鐘音，我們按住黃鐘音的 2/3，的地方彈一下，就得到了林鐘音，再取林鐘音的 4/3 就得到了太簇，取太簇的 2/3 就得到了南呂，南呂的 4/3 就得到姑洗……以此類推，我們可以得到十二律中所有的音。這就是所謂的：『黃鐘生林鐘，林鐘生太簇，太簇生南呂，南呂生姑洗，姑洗生應鐘，應鐘生蕤賓，蕤賓生大呂，大呂生夷則，夷則生夾鐘，夾鐘生無射，無射生仲呂』。這種音的生成方法就稱為『三分損益法』。」〔註21〕

　　由此，我們便可以從九九八十一的長度出發，試算前述藉由「三分損益」求得的長度，所得到的十二律之數：黃鐘：81；林鐘（由黃鐘三分損而來）：81×2/3＝54；太簇（由林鐘三分益而來）：54×4/3＝72；南呂（由太簇三分損而來）：72×2/3＝48；姑洗（由南呂三分益而來）：48×4/3＝64；應鐘（由姑洗三分損而來）：64×2/3＝42.6667；蕤賓（由應鐘三分益而來）：42.6667×4/3＝56.8889；大呂（由蕤賓三分益而來）：56.8889×4/3＝75.8519；夷則（由大呂三分損而來）：75.8519×2/3＝50.5679；夾鐘（由夷則三分益而來）：50.5679×4/3＝67.4239；無射（由夾鐘三分損而來）：67.4239×2/3＝44.9492；仲呂（由無射三分益而來）：44.9492×4/3＝59.9323；清黃鐘（黃鐘的高八度音，由仲呂三分損而來）：59.9323×2/3＝39.9549。〔註22〕

　　而《淮南子‧天文訓》記載著：

　　　　故黃鐘之律九寸而宮音調，因而九之，九九八十一，故黃鐘之數立
　　　　焉。黃者，土德之色；鐘者，氣之所鐘也。日冬至德氣為土，土色
　　　　黃，故曰黃鐘。律之數六，分為雌雄，故曰十二鐘，以副十二月。
　　　　十二各以三成，故置一而十一，三之，為積分為十七萬七千一百四
　　　　十七，黃鐘大數立焉。凡十二律，黃鐘為宮，太簇為商，姑洗為角，
　　　　林鐘為徵，南呂為羽。……黃鐘為宮，宮者，音之君也。故黃鐘
　　　　位子，其數八十一，主十一月。下生林鐘。林鐘之數五十四，主六
　　　　月，上生太簇。太簇之數七十二，主正月，下生南呂。南呂之數四

〔註21〕列子御風，〈中國古代音律常識〉，2013 年 1 月 1 日漢語詩歌語音研究網，
　　　　（http://blog.sina.com.cn/s/blog_5df8700501015xd5.html），2013 年 6 月 12 日檢索。
〔註22〕百度百科，〈五音十二律發音原理〉，百度百科網（http://baike.baidu.com/view/
　　　　2784668.htm），2103 年 6 月 23 日檢索。

十八，主八月，上生姑洗。姑洗之數六十四，主三月，下生應鐘。應鐘之數四十二，主十月，上生蕤賓，蕤賓之數五十七，主五月，上生大呂。大呂之數七十六，主十二月，下生夷則。夷則之數五十一，主七月。上生夾鐘。夾鐘之數六十八，主二月，下生無射。無射之數四十五，主九月，上生仲呂。仲呂之數六十，主四月，極不生。〔註23〕

放馬灘秦簡《日書》乙種條 193：「黃鐘以至姑先皆下生三而二，從中呂以至應鐘皆上生三而四。」鄭玄注《周禮・春官・大師》：「其相生則以陰陽六體爲之。黃鐘初九也，下生林鐘之初六。林鐘又上生大蔟之九二。……下生者三分去一，上生者三分益一。」〔註24〕然則所謂下生正是三分損其一，律的數值越小頻率越低；所謂上生是三分益其一，律的數越大頻率越高。然而「黃鐘以至姑皆下生」；「從中呂以至應鐘皆上生」所云不詳，似與上述有出入。

放馬灘秦簡《日書》乙種條條 194：「黃十七萬七千一百○○七上□。」與《淮南子・天文訓》的「積分爲十七萬七千一百四十七，黃鐘大數立焉。」相近。條 179～190：「黃鐘下生林鐘　黃鐘八十一……林鐘生大蔟　大呂七十六……大蔟生南呂　大蔟七十二……南呂生姑洗　夾鐘六十八……姑洗生應鐘　姑洗六十四……應鐘生蕤賓　中呂六十……蕤賓生大呂　蕤賓五十七……大呂生夷則　林鐘五十四……□□□□□……夾鐘生毋射　南呂□□八……夷則生夾鐘　毋射□□五昏陽……應鐘□□三。」其記載十二律相生關係和數值，除了某些缺文之外，其他數值與今日所見四捨五入的整數之數值一模一樣。由此觀之，《淮南子・天文訓》所記載的律數與放馬灘秦簡《日書》乙種並無二致。

而從《日書》、《淮南子・天文訓》、《史記・律書》所記載，宮的頻率數值爲81 與黃鐘81 相同，商72 與太蔟72 相同，角64 與姑洗64 相同，徵54 與林鐘54 相同，羽48 與南呂48 相同。《淮南子・天文訓》記載黃鐘爲宮，太蔟爲商，姑洗爲角，林鐘爲徵，南呂爲羽。由此觀之，《後漢書・律歷上》引京房的話：「房對：……建日冬至之聲，以黃鐘爲宮，太蔟爲商，姑洗爲角，林鐘爲徵，南呂爲羽，應鐘爲變宮，蕤賓爲變徵。此聲氣之元，五音之

〔註23〕劉安，《淮南子》（臺北：中華書局，1981 年），頁 112。

〔註24〕阮元，《重刊宋本十三經注疏附校勘記》，（臺北：藝文印書館，1965 年），頁 354-2。

正也。」〔註25〕其中應鐘律數 42，則變宮也是 42；蕤賓律數 57，則變徵亦爲 57。這就證明了，音律上頻率數相同，五音相同者五行之性也同類，可以藉由相同頻率的方位之風和時節之氣來互通聲息，此即科學上所謂的「共鳴」，或《易傳》所稱的「同聲相應」。

二、記載五音數及所屬干支

　　放馬灘秦簡《日書》乙種條 173 記載：「宮一、徵三、羽五、商七、角九。」之五音數，條 201～205 記載五音配五組共六十干支，並流傳於後世：

　　　　□戊寅戊申……辛丑辛未。

　　　　□甲辰甲戌乙丑乙亥丙寅丙申丁酉丁卯戊子戊午己丑己未。

　　　　羽壬辰壬戌癸巳癸亥甲寅甲申乙卯乙酉丙子丙午丁丑丁未。

　　　　商庚辰庚戌辛巳辛亥壬寅壬申癸卯癸酉甲子甲午乙丑乙未。

　　　　角戊辰戊戌己丑己未庚寅庚申辛卯辛酉壬子壬午癸丑癸未。

這些應該是各 12 組記日辰之干支配所屬之五音，而非漢代爻辰或魏晉納音。而隋代《抱朴子・仙藥》〔註26〕、唐代《五行大義・納音數》〔註27〕、《開元占經》〔註28〕等均有相似的記載。足見戰國《日書》在六十音律應用在貞卜

〔註25〕范曄，《後漢書》（臺北：洪氏出版社，1975 年），頁 3018。
〔註26〕《抱朴子・仙藥》頁 190 說：「一言得之者，宮與土也。三言得之者，徵與火也。五言得之者，羽與水也。七言得之者，商與金也。九言得之者，角與木也。」又：「一言宮。庚子庚午，辛未辛丑，丙辰丙戌，丁亥丁巳，戊寅戊申，己卯己酉。三言徵。甲辰甲戌，乙亥乙巳，丙寅丙申，丁酉丁卯，戊午戊子，己未己丑。五言羽。甲寅甲申，乙卯乙酉，丙子丙午，丁未丁丑，壬辰壬戌，癸巳癸亥。七言商。甲子甲午，乙丑乙未，庚辰庚戌，辛巳辛亥，壬申壬寅，癸卯癸酉。九言角。戊辰戊戌，己巳己亥，庚寅庚申，辛卯辛酉，壬午壬子，癸丑癸未。」
〔註27〕《五行大義・納音數》頁 15 說：「一言得土曰宮，三言得火曰徵，五言得水曰羽，七言得金曰商，九言得木曰角。」
〔註28〕瞿縣悉達著《開元占經》。收錄於李零，《中國方術概觀》（北京：人民中國出版社，1993 年）。以下所引該書版本同此。《開元占經》頁 895 詮釋納音：「納音：甲子、壬申、甲午、庚辰、壬寅、庚戌爲陽商。乙丑、癸酉、辛亥、乙未、辛巳、癸卯爲陰商。丙寅、戊子、甲辰、甲戌、丙申、戊午爲陽徵。丁卯、己丑、乙巳、乙亥、丁酉、己未爲陰徵。戊辰、庚寅、壬午、壬子、戊戌、庚辰爲陽角。己巳、辛卯、癸未、癸丑、己亥、辛酉爲陰角。庚午、丙戌、戊申、戊寅、庚子、丙辰爲陽宮。辛未、丁亥、己酉、己卯、辛丑、丁巳爲陰宮。甲申、壬辰、丙午、甲寅、丙子、壬戌爲陽羽。乙酉、癸巳、丁

的實際占術之外，也已經有五音與六十干支相配的體例。

三、記載配五音的參數

　　《日書》五音占有配入干支、方位、時辰、顏色、五行。放馬灘秦簡《日書》乙種條 197～200 寫到：

> 角立甲乙卯未辰主東方時平旦色青主人旬所〈乾〉者規毆司木，……
> □金丙丁午戌庚客毆時日中色赤主南方所□者蛇毆司火，……□□
> 庚辛酉丑巳主西方時日入主人白色所□者雞毆司□，……羽立壬癸
> 子申辰主北方時夜失客毆色黑所訟□□□□司水。〔註29〕

以上意味著五音占不僅已配屬五行，而且各有固定的干辰、支辰、時辰、方位、顏色等。《日書》確定有以律配卦而占的形式，但是當時是否也應用五音做為配卦的參數則存疑。依五音而言，人道是動態的，某體性形成某固定的律動頻率；性命為角音者與東方之位或木性青色事物相應，依照當令節氣之時而言，與角音律動頻率當旺在春季，依《日書》為甲乙干辰或亥卯未三支辰之木。

四、記載風與律的關聯性

　　放馬灘秦簡《日書》乙種條 179～192：「平旦九徵水，安食大辰八，黃鐘下生林鐘，黃鐘八十一課山。甲九木，子九水，日出八宮水，蚤食□□七，林鐘生大簇，大呂七十六□山。……八風相養者九水六水毆。」將五音十二律配五行、干支，及所配各種數值。其中條 182～190 有圖式，右書「六律」，中間書十二地支圓形方位，左書「八風」。《尚書·大禹謨》：「帝曰：俾予從欲以治，四方風動，惟乃之休。」〔註30〕。《周禮·春官宗伯》：「以十有二風，察天地之和、命乖別之妖祥。」〔註31〕足見最早時風占可以是四方位或十二方位的，可用來考察民情及妖祥吉凶。《左傳·襄公 29 年》：「五聲和，八風

未、丁丑、乙卯、癸亥為陰羽。凡言宮、商、角、徵、羽日，皆依此。」詮釋五音：「五音：一言宮，三言徵，五言羽，七言商，九言角。」

〔註29〕據 http://www.gwz.fudan.edu.cn/SrcShow.asp?Src_ID=964〈放馬灘簡《式圖》初探〉，注 36 角立甲乙卯未辰之辰為亥，注 38 金丙丁午戌庚之庚為寅。

〔註30〕臺灣開明書店斷句，《斷句十三經經文·尚書》，頁 3。

〔註31〕臺灣開明書店斷句，《斷句十三經經文·周禮》，頁 40。

平。」〔註32〕《國語‧周語下》：「以遂八風。」〔註33〕可見最遲至《左傳》已經有八風的制定。

《呂氏春秋‧有始覽‧有始》：「何謂八風？東北曰炎風，東方曰滔風，東南曰熏風，南方曰巨風，西南曰淒風，西方曰颼風，西北曰厲風，北方曰寒風。」〔註34〕《淮南子》記載八風有兩組，名稱有些出入。〈天文訓〉：「何謂八風？距日冬至四十五日，條風至；條風至四十五日，明庶風至；明庶風至四十五日，清明風至；清明風至四十五日，景風至；景風至四十五日，涼風至；涼風至四十五日，閶闔風至；閶闔風至四十五日，不周風至；不周風至四十五日，廣莫風至。」〔註35〕〈墜形訓〉：「何謂八風？東北曰炎風，東方曰條風，東南曰景風，南方曰巨風，西南曰涼風，西方曰颼風，西北曰麗風，北方曰寒風。」〔註36〕由此觀之，至秦漢之間八風在名稱上仍舊有所出入。

《左傳‧昭公25年》：「為九文、六采、五章，以奉五色。為九歌、八風、七音、六律，以奉五聲。」〔註37〕《呂氏春秋‧慎行論‧察傳》：「夔於是正六律，和五聲，以通八風，而天下大服。」〔註38〕《禮記‧樂記》說：「五色成文而不亂，八風從律而不奸，百度得數而有常。」〔註39〕《韓詩外傳‧卷八》說：「舉動八風，氣應時雨。」〔註40〕〈乾〉《文言》說「同聲相應，同氣相求」。在符合律數的月令時節當中，以風來做媒介，則同類性質導致聲音頻率相同而產生感應。因為太陽日照有偏向，方位與方位之間濕度溫度密度會有差別，某方位的風代表有其律動頻率數值。是以用由方位的風可推知某律之數，由某律之數可推知屬於五音之屬，及五行之性。故推律以知音，猶推人情以知其性，此乃制禮作樂，按時作息的依據。

〔註32〕臺灣開明書店斷句，《斷句十三經經文‧左傳》，頁161。
〔註33〕〔春秋〕左丘明著，〔三國〕韋昭注，《國語》（臺北：里仁書局，1980年），頁128。
〔註34〕呂不韋，《呂氏春秋今註今譯》（臺北：臺灣商務，1996年），頁658。
〔註35〕劉文典，《淮南鴻烈集解》（北京：中華書局，1997年），頁92。
〔註36〕劉文典，《淮南鴻烈集解》（北京：中華書局，1997年），頁132。
〔註37〕臺灣開明書店斷句，《斷句十三經經文‧左傳》，頁219。
〔註38〕呂不韋，《呂氏春秋今註今譯》（臺北：臺灣商務，1996年），頁1562。
〔註39〕臺灣開明書店斷句，《斷句十三經經文‧禮記》，頁1004。
〔註40〕韓嬰，《韓詩外傳》（四部叢刊初編，上海：上海商務印書館景印本，1922年），頁5。

　　《史記‧律書》：「不周風居西北，主殺生。東壁居不周風東，主辟生氣而東之。至於營室。營室者，主營胎陽氣而產之。東至于危。危，垝也。言陽氣之（危）垝，故曰危。十月也，律中應鐘。應鐘者，陽氣之應，不用事也。其於十二子爲亥。亥者，該也。言陽氣藏於下，故該也。」〔註41〕時是普遍性的，但位是區隔性的，某時令的節氣基本上應該四方皆雨露均霑，但是受到日照偏向的影響，是以有某方位在某個時令顯現出特別旺盛的現象；換言之，某個時令節氣在某方位最突出。最簡單的例如中原地區，夏季時南方最熱，稱火旺於南；冬季時北方最冷，稱水旺於北；春季時東方草木最茂盛，稱木旺於東；秋季時西方草木最凋敝，猶斤斧伐於山林，稱金旺於西，這便是時位相配、時位合一的基本原理所在。當時而旺，失時而衰，是以漢代五行占學有王相休囚死或王相休囚廢之體例。

　　相較而言，人道仁義是動態的，而地道剛柔是靜態的。依五行體系，性有五音，其律動頻率是固定的。依《日書》概念，性命爲羽音者，時當冬令之節氣，旺於北方之位，相應於水性黑色事物，或壬癸干辰或申子辰三支辰之水。故《白虎通德論‧禮樂》說：「法八風、六律、四時也。八風、六律者，天氣也，助天地成萬物者也，亦猶樂，所以順氣，變化萬民，成其性命也。」〔註42〕《文始眞經‧二柱》說：「八風之朝，可以卜當時之吉凶。是知休咎災祥，一氣之運耳。」〔註43〕《五行大義‧序》說：「八風六律爲綱紀。」〔註44〕足見從《日書》以降，八風與六律彼此關係密切，一是節氣的媒介，一是音頻的形態，可以卜當時之吉凶，知休咎災祥。節氣受時日月之遞變而有旺衰，五行受方位之遞變有更替，五行更替而體性改易，節氣旺衰而音頻不同。性由情啓動，藉風律之傳遞才能引發共鳴，其變化之樞紐在此。反觀之，藉風律推律可以知音，推情可以知性。《史記‧天官書》：「故八風各與其衝對，課多者爲勝。」〔註45〕風可以對衝，節氣可以對衝，律可以對衝，所以《易緯》描寫值時令節氣的卦氣也可以對衝，做爲卦氣說的重要原理。

〔註41〕司馬遷，《新校本史記三家注》（臺北：鼎文書局，1981年），頁1243。

〔註42〕班固，《白虎通德論》（四部叢刊初編，上海：上海商務印書館景印本，1922年），頁9

〔註43〕張元濟，《文始眞經》（四部叢刊三編子部，上海：上海商務印書館景印本，1936年），頁8。

〔註44〕蕭吉，《五行大義》（上海：上海書店出版社，2001年），頁1。

〔註45〕司馬遷，《新校本史記三家注》（臺北：鼎文書局，1981年），頁1340。

五、《日書》爲卦配音律及卦氣占學之始祖

　　《月令》十二支辰和十二律已經相配，它們與卦相配形式的轉變，對後世占學影響很大。秦簡《日書》時代處於戰國後葉，其十二律與十二時辰的名義猶有區分，各有各的功能。漢元帝時京房《易》占以一爻值一日配上一音一律做爲卦氣參數，同時期的翼奉卻已經用十二支辰來代替十二律。到了班固《漢書·律曆志上》，記載西漢劉歆《三統曆》開始將支辰的子、寅配上〈乾〉卦初九、九三，支辰的未配上〈坤〉卦初六，並稱黃鐘爲天統，林鐘爲地統，太族爲人統。〔註46〕

　　兩漢之際《易緯·乾鑿度》有完整的十二支辰配上〈乾〉、〈坤〉兩卦，其〈坤〉爻辰排序用月律行順的原理，謂之爻辰。漢末鄭玄注《周禮·春官·大師》：「其相生則以陰陽六體爲之。黃鐘初九也，下生林鐘之初六。林鐘又上生大族之九二。……」〔註47〕顯見當時配〈乾〉、〈坤〉兩卦十二爻的月律思維還存在。到了晉朝葛洪《抱朴子》所記載的納音原理，五音仍舊存在著，十二律卻淡出占學參數體係而完全被十二支辰代替。干寶《易》學，其爻辰稱爲納音，乃按照合聲行逆的原理排列，已將納音置入八宮納甲範疇。

　　至於五行體系在先秦是否已進入《易》學領域？從《左傳》、《國語》所載占例，卜的工具是龜甲而使用五行生勝的體例，《易》筮的工具是著草莖而使用取象取義的方法，當時《易》學領域與五行體系似乎無所交集。以放馬灘秦簡《日書》乙種觀之，條285有「皋陶所出以五音十二聲爲某貞卜」句，則五音十二律和卦占的關係情況如何，就顯得異常重要。依據《左傳》、《國語》占例，其龜卜用的是五行生勝的體例，而《易》筮用的是取義取象的方式。由此看來，放馬灘秦簡《日書》乙種條108「宮日卜子及兄……」句，以及條109有「羽日卜父死……」句，都是在某五音日用卜而非用筮卦，則這時五行是否與卦占有關係也值得存疑。

　　放馬灘秦簡《日書》乙種條300「雖合聚登于天一夜十□直此卦是利以合人」句，條356「有令旦至晨自雞鳴直此卦者有君子之貞」句，很顯然是時令節氣配卦的卦氣占，亦即它是種有排序的卦圖，而不是隨機筮出的卦。從《說卦》第五章〈兌〉配正秋到漢焦延壽及弟子京房分卦值日，都是卦值日辰的

〔註46〕班固，《漢書》（北京：中華書局，1962年），頁961。

〔註47〕阮元，《重刊宋本十三經注疏附校勘記》（臺北：藝文印書館，1965年），頁354-2。

這種類型。

　　放馬灘秦簡《日書》乙種條 73～76 有「火生寅壯午老戌……金生巳壯酉老丑……水生申壯子老辰……木生亥壯卯老未」四句，即後世所謂「三合局」體例，也就是說，以五行在十二時辰階段裡的旺衰，取其「一生、五壯、九老」，一和九相加除以二也是五，五加五則氣勢是原來的兩倍。是寅午戌成火局，巳酉丑成金局，申子辰成水局，亥卯未成木局。

　　放馬灘秦簡《日書》乙種條 244～255 記載：

- ●黃鐘古先夷則之卦日是＝大贏以實三以子爲貞不失水火安樂大敬不馱不要□室有言啓有□

- ■之卦日是＝自天以戒室有大司壽吾康＝發中宵畏忌室有靈巫弗敬戒逢山水

- ●夷則黃鐘古先之卦日是＝可亡不復可求弗得中聞不樂又若席舞上下行往莫中吾步

- ●大呂中呂南呂之卦日是＝龍之投■其賤凶投黃鐘得其呂之鐘數辱

- ■是＝北龍之□□食旦之所□□□　□□生呂□□□且不可其扁波倉有所

- ●南呂大呂中呂之卦日是＝訾者□■

- ●大族蕤賓毋射之卦日是＝夫婦皆居若不居□□離其居家卦類襍虛孰爲大祝靈巫巫生之

- ●蕤賓毋射大族之卦日是＝反……淮以作事

- ●毋射大族蕤賓之卦日是＝水火之貧＝雖變以云□□可論可言裏室可遷從投其戶門公認大始禺

- ●夾鐘林鐘應鐘之卦日是＝有□大木有窬賓■

- ●林鐘應鐘夾鐘之卦日是＝於居作行左右可望日中爲期聚此輸羊有親弟兄或死

- ●應鐘夾鐘林鐘之卦日是＝大木有槐其水耐＝居室離別□三等家有且足大□耐＝夫是毋事□

在此提出重要議題：

第一，《月令》已有時令月份與十二律相配，放馬灘秦簡《日書》乙種爲

戰國末葉之作，如條 207 有「日中至日入投中黃鐘」句，條 208 有「日入至晨投中毋射」句。雖然十二律多以值時辰，而條 300 和 356 記載時辰也可值卦，故在這裡亦不妨礙其為卦值時令的卦氣型式之事實。是以此處十二律可各值一卦成十二消息卦，也可以成立。是十二律分別值十二卦為：黃鐘配子值〈復〉卦，大呂配丑值〈臨〉卦，〈泰〉蔟（太蔟、大蔟）配寅值〈泰〉卦，夾鐘配卯值〈大壯〉卦，姑洗（古先）配辰值夬卦，中呂配巳值〈乾〉卦，蕤賓配午值〈姤〉卦，林鐘配未值〈遯〉卦，夷則配申值〈否〉卦，南呂配酉值〈觀〉卦，無射（毋射）配戌值〈剝〉卦，應鐘配亥值〈坤〉卦。若值律的十二消息卦成立，則能夠證明《彖傳》十二消息卦的說法是存在的，戰國《日書》時期十二消息卦氣形式已確立而且能夠做實務性的占事功能。也可以見到，這時期十二律歸十二律，十二辰歸十二辰，功能定有差別。辰指傳導媒介的各階段節氣之代稱，律指氣的頻率狀態。

第二，條 73～76 已有後世所謂「三合局」體例，黃鐘古先夷則是子辰申，夷則黃鐘古先是申子辰，條 245 應是申子辰組合的古先夷則黃鐘，都是三合成水型式。大呂中呂南呂是丑巳酉，南呂大呂中呂是酉丑巳，條 248 應是巳酉丑組合的中呂南呂大呂，都是三合成金型式。蕤賓毋射大蔟是午戌寅，大蔟蕤賓毋射是寅午戌，毋射大蔟蕤賓是戌寅午，都是三合成火型式。夾鐘林鐘應鐘是卯未亥，林鐘應鐘夾鐘是未亥卯，應鐘夾鐘林鐘是亥卯未，都是三合成木型式。無論三合之律如何轉換，都離不開十二地支子丑到戌亥的順序。

第三，條 244「以實三以子為貞」指其義蓋律卦位置有三，用值子之卦來斷占。其序為水之壯老生，水勢不至於太壯大而剋制火，是以「不失水，火安樂」。條 252 其序為火之老生壯，火勢太壯大而水被反制，「水火之貧」其義蓋水因為火而欠缺。條 253 和 255 都有「大木」之象，也符合了木局之勢。

放馬灘秦簡《日書》乙種 197 條：「角立甲乙卯未辰主東方。」條 200：「羽立壬癸子申辰主北方」。所謂甲乙為五行屬木的天干參數，壬癸為五行屬水之天干參數，亥卯未為後世三合成木局形式的參數，申子辰為後世三合成水局形式的參數。是以五音在當時已經配上五行、干支、方位、地支三合局。條 285 有「天降令乃出大正閭呂六律，皋陶所出以五音十二聲為某貞卜」句，條 244～255 有「夷則黃鐘古先之卦」等文，五音可貞卜，十二律可配

卦，但卻不具任何卦名，疑爲十二消息卦形式。

在此歸納幾個要點：

第一，《日書》五音已配五行、干支、五方，而且《日書》也記載干支辰彼此有相生、相勝、相衝或三合局體例。漢代京房用音律配上卦氣的占法，應當有這些參數及體例的運用。

第二，《日書》六律已配八風及十二支，可見三種參數關係密切，許多京房後學擅長風占、鳥鳴占，其因由此可窺知。

第三，《日書》律配卦不具任何卦名，卻配上十二律，疑即〈復〉至〈乾〉、〈姤〉至〈坤〉的十二消息卦。它可與地支申子辰般構成三合成水形態。

第四，五音所配五行與十二律所配時令，有不合之處，此令人不解。例如其冬季時水性物質旺在北方，羽音表示水性物質頻率數 48，與之相合的南呂頻率數亦爲 48，代表時令卻爲八月秋季。商音表示金性物質頻率數 72，與之相合的太蔟頻率數亦爲 72，代表時令卻爲正月春季。

第五，音律與干支在先秦各有其名義功能，只能夠相配並不互相替代。

第三節　漢代音律占概說

五音是五種屬性物質的固定音頻，十二律是節氣階段的各種傳導狀態。京房占學源自《易》與翼奉占學源自《詩經》，兩者都運用到五音、十二律、干支、時、位等參數。

一、翼奉音律占

《中庸》第一章說：「喜怒哀樂之未發，謂之中；發而皆中節，謂之和；中也者，天下之大本也；和也者，天下之達道也。」〔註 48〕其「中」是形上不分的意思，亦即性之本然狀態。「發」是遇事產生的反應，此時才有區分，亦即情之個別狀態。「節」是符合時宜又有所克制，比如臨喪事不宜喜樂，而又不宜過度哀傷。《易傳》說：「利貞者，性情也。」它強調上下無常的時變態度，因爲君子處在無思無爲的形上狀態，瞭解人們意識到的吉凶，也是基於利害情感上所產生的反應，這情感遇事的反應是不固定的，這就是所謂隨時之義，是以沒有卦爻定於象數的問題。因此君子體仁和合，掌握樞機，待

〔註48〕臺灣開明書店斷句，《斷句十三經經文・禮記》，頁 107。

時而發。

《易》占聲文參數是用智之法，翼奉便是以分解智心將性情區隔化，十二律也方位化。十二月律原本是根據節氣傳導原理，所謂的律就是聲波動態頻率。在形上意義是遍潤性而無所不在，但是同《日書》占學一般，古人認為夏季南方最熱，於是說夏季配南方火。時與位相結合，這在《易傳》也明白說著。但《易傳》最大的特徵是隨時把握住以性情為主體，而非將性情形下化、象數化、區隔化。翼奉把時令節氣的聲律狀態，原本應該普遍統一的十二律，也按照五行地道模式加以區隔。

翼奉把情分為六類，以十二月律來配六情。指北方為好情，南方為惡情，東方為怒情，西方為喜情，上方為樂情，下方為哀情。而上下兩方位，是從〈乾〉《文言》「本乎天者親上，本乎地者親下，則各從其類也」而來。不僅指出四方的空間思維，還有上下的描述，乃屬於三維空間思維。這些喜怒哀樂在《中庸》裡也提到過，但是屬於內在性格所發生的情感狀態。翼奉的五性說與五音相關，五音的頻率是針對人的聽覺而來，指五種屬性的物質分屬不同振動頻率。因為性命體質部份隸屬於地道，精神部份隸屬於人道，在地道則分別將其歸屬於五性金木水火土或東西南北中五個方位，在人道則分屬仁義禮智信五常。甚至於原本是視覺系統的五色，也可以與之互相聯繫。

《樂記》說「性靜情動」，翼奉將情方位化及時辰區分化，並用十二支辰取代十二律。十二律呂在《日書》是可配上卦的，其十二律之黃鐘，應鐘等原本之重心是放在頻率狀態上，意思是每個月節氣影響導致聲音波動頻率的數值，在十二個月個個都不一樣。而子丑寅卯等只是月排序之名，並不具有聲音頻率含意。與翼奉同時期的京房仍然沿用五音十二律來占卦。然而翼奉已經有將十二支辰取代十二律的跡象。木性以甲己為主（相合為木）的靜態形式，亦即在東方呈現的木性，依照時辰來看，會在甲己日顯現，這就是翼奉講的「觀性以曆」。然而情由性發動，故翼奉說「東方之情，怒也」，其中東方即木性所在的方位。而十二律是十二地支月的節氣頻率狀態，每個方位之性有其發生之情，木性之情為怒，在亥卯呈現，即翼奉講的「觀情以律」。

二、京房音律占

有關於京房占術形式，《後漢書·律曆志》言之甚詳：

> 元帝時，郎中京房（房字君明）知五聲之音，六律之數。……房對：

『受學故小黃令焦延壽。六十律相生之法：以上生下，皆三生二，
以下生上，皆三生四，陽下生陰，陰上生陽，終於中呂，而十二律
畢矣。中呂上生執始，執始下生去滅，上下相生，終於南事，六十
律畢矣。夫十二律之變至於六十，猶八卦之變至於六十四也。宓羲
作《易》，紀陽氣之初，以爲律法。建日冬至之聲，以黃鐘爲宮，太
蔟爲商，姑洗爲角，林鐘爲徵，南呂爲羽，應鐘爲變宮，蕤賓爲變
徵。此聲氣之元，五音之正也。故各統一日。其餘以次運行，當日
者各自爲宮，而商徵以類從焉。〈禮運篇〉曰：「五聲、六律、十二
管還相爲宮」，此之謂也。』」〔註49〕

所謂律之差異乃律數加減三分之一，所謂「以上生下，皆三生二，以下生上，
皆三生四」上律數減三分之一即爲下律數，反之，下律數加三分之一即上律
數。京房以五聲循序配十二律成爲六十律。至於以律配卦爻，從冬至日以黃
鐘之律配宮音開始，一音一律各配約一日。

《漢書·眭兩夏侯京翼李傳》京房說到：

贛常曰：「得我道以亡身者，必京生也。」其說長於災變，分六十四
卦，更直日用事，以風雨寒溫爲候：(孟康曰：「分卦直日之法，一
爻主一日，六十四卦爲三百六十。餘四卦，〈震〉、〈離〉、〈兌〉、〈坎〉，
爲方伯監司之官。所以用〈震〉、〈離〉、〈兌〉、〈坎〉者，是二至二
分用事之日，又是四時各專王之氣。各卦主時，其占法各以日觀其
善惡也。」)各有占驗。房用之尤精。好鐘律，知音聲。……然少陰
倍力而乘消息。(孟康曰：「房以消息卦爲辟。辟，君也。息卦曰太
陰，消卦曰太陽，其餘卦曰少陰少陽，謂臣下也。并力雜卦氣干消
息也。」) ……乃辛巳，蒙氣復乘卦，太陽侵色，(張晏曰：「〈晉〉
卦、〈解〉卦也。太陽侵色，謂大壯。」) ……房意愈恐，去至新豐，
因郵上封事曰：「臣前以六月中言〈遯〉卦不效。……」〔註50〕

由史籍得知，京房承襲焦贛《易》分卦值日，用〈震〉、〈離〉、〈兌〉、〈坎〉
者，是二至二分用事之四正卦（或稱四方卦）之外，其餘六十卦分三百六十
爻，除365日，一卦得6又80之7，史稱「六日七分」。

戰國放馬灘秦簡《日書》已具備五聲十二律配卦形式。吳小強《秦簡日

〔註49〕范曄，《後漢書》（臺北：鼎文書局，1981年），頁3018。
〔註50〕班固，《漢書》（北京：中華書局，1962年），頁3160、3164。

書集釋》「律書」一節下記載：「有關 29 條。講述五行、五音、陽六律、陰六呂及變六十律相生之法和律數。如：『宮一，徵三，枂五，商七，角九。……』」「占卦」一節下記載：「有 122 條。記述以六十律貞卜占的具體方法內容……。如：『夷則、黃鐘、姑洗之卦日是，……以五音十二聲爲某貞卜。』」〔註 51〕由此看來，以律配卦始見於秦簡《日書》而不是京房開創的，是京房間接繼承而有所改造。

孟喜得「《易》家候陰陽災變書」，詐稱田何將死枕喜膝獨傳的秘冊，不獲同門的認同。焦延壽曾問《易》於孟喜，喜死時，京房謂延壽所學即爲孟喜《易》，孟喜門生也持反對態度。《漢書・儒林傳》說：「至成帝時，劉向校書，考《易》說，以爲諸《易》家說皆祖田何、楊叔元、丁將軍，大誼略同，唯京氏爲異，黨焦延壽獨得隱士之說，託之孟氏，不相與同。房以明災異得幸。」〔註 52〕依照此線索，孟喜得「《易》家候陰陽災變書」雖然託之田何，但是仍然與儒家正統的「大衍」占路線不同而遭非議。焦延壽所獨得隱士之說，難以考證是否與《易》家候陰陽災變書相同。然而察《後漢書・律歷志》云「律者，候氣之管」，「候氣」與「律準」同列章目，可見古人決定十二律的標準，實與節氣有關。反之，節氣起迄階段的界定，也是依照十二律的標準。孟喜的七十二候占，雖然未見直接運用音律之參數，然其以十二消息月卦之七十二爻配七十二候，京房顯然承襲十二消息月卦而用在代表君王之十二辟卦上。

京房占術，則以四正卦〈震〉、〈離〉、〈兌〉、〈坎〉分值二分二至，六十卦爲三百六十爻，每爻分配一音一律。從其圖式來看，十二消息辟卦確實是十二月律變來的，原本可一月代表一律。六十卦其實可一卦配一音一律，剛好六十律。但是京房將之區分得更細，其改變自師父焦贛的分卦值日占法，每爻配一日一音一律。因爲五音配十二律只能形成六十律，所以三百六十爻至多能配六個循環之六十律。孟喜以十二消息卦配十二月律，每卦六爻又分別配六節氣，總共是七十二候之變化，代表一年週期。京房以十二消息卦當做代表君王的辟卦，事實上是變化自孟喜七十二候占。因爲每一辟卦各統領五個雜卦，雜卦代表臣子。其每一卦值六又八十分之七日，每階段各有其節氣和音律，所以可藉卦爻還原形象，藉音律還原其五色、五音等性質。

〔註 51〕吳小強（2000），《秦簡日書集釋》，頁 284～285。
〔註 52〕班固，《漢書》（北京：中華書局，1962 年），頁 3601。

有關於京房繼承《日書》部份：第一，《日書》已有時辰所值卦氣的形式，此實爲焦延壽分卦值日法之源頭，京房亦用於其占術。第二，《象》有十二消息卦的痕跡，《月令》以十二律配十二時令，《日書》則以律卦形式之十二消息卦氣爲實務占。孟喜占用之，京房占承之而用在十二消息辟卦上。第三，雖然《日書》五音與十二律用在貞卜上，但不能證明直接與卦相關。京房占用五音與十二律之六十律，則循環配在爻上，一爻一日配一音一律。

孟喜所得災變書，是否與放馬灘秦簡《日書》同一傳本，是很難考究的。然而史料都說到「律，候氣之管也」，由京房五音配十二律成六十律，六十律再配六十卦。然經考證，放馬灘秦簡《日書》，有十二律配卦類似十二消息卦的記載，有時辰值卦類似卦氣的記載，也有五音十二律相配以貞卜的記載。將京房占學與放馬灘《日書》所以述及之模式相較，很難排除其間的近似性。

第四節　從律卦、三統曆、爻辰到納音的演變

京房律卦氣，主要體現在五音十二律爲六十律，十二月律消息爲辟卦爲君王，以及分卦各值六日七分。其主要思想是律的空間遍在特性，受時令影響而波動頻率有所差異，也就是說在之下某節氣的律數，只能夠讓某特定五音之一產生共鳴，由五音所代表的顏色、味道等參數預測其未來情景。

司馬遷於其所著《史記‧律書》，在闡述《太初曆》當中，引《尚書》：「律歷，天所以通五行八正之氣，天所以成孰萬物也。」而認爲「十母，十二子，鐘律調自上古。建律運歷造日度，可據而度也。合符節，通道德，即從斯之謂也。」〔註53〕意味曆的干支在模擬天體運行，律的數值在記量聲音的波動頻率，可以通道德之性，合符節之情。由此觀之，律與曆的關聯其實如《易傳》所云乃通天下之志。牟宗三所謂大宇宙模式和小宇宙模式，是互通的。翼奉的觀性以曆與觀情以律，意味著人的愛惡仁義，與律曆是互通訊息的，也在這獲得立論的基礎。

既然十二月的循環與十二律的循環是互通訊息的，西漢劉歆在闡述其《三統曆》時，將《易》的概念結構融會於律曆當中。《漢書‧律歷志上》：

> 故爲黃鐘，其實一籥，以其長自乘，故八十一爲日法，所以生權衡
> 度量，禮樂之所繇出也。經元一以統始，《易》太極之首也。春秋二

以目歲，《易》兩儀之中也。於春每月書王，《易》三極之統也。於
四時雖亡事必書時月，《易》四象之節也。時月以建分至啓閉之分，
《易》八卦之位也。象事成敗，《易》吉凶之效也。朝聘會盟，《易》
大業之本也。故《易》與《春秋》，天人之道也。《傳》曰：「龜，象
也。筮，數也。物生而後有象，象而後有滋，滋而後有數。」〔註54〕

劉歆於此解釋《易》、禮樂與律曆息息相通，黃鐘律數 81 生權衡度量，是禮
樂原理的根基。原始不分之一整體，即《易》太極所表達的狀態。寒暑二分
合爲一年，即《易》陰陽和合於太極。春季正月木氣旺，此人道仁義所在即
《易》三才之統領。一年四時，即《易》四象四階段所表達的狀態。一年八
節氣，即《易》八卦之位表達八旺氣所在也。人事成敗，即《易》吉凶所表
達的狀態。如同禮樂爲經，乃表達人事規律所在。《易》與《春秋》爲經，乃
表達人事寓於天道的規律所在。

《漢書·律歷志上》：

三統者，天施，地化，人事之紀也。十一月，〈乾〉之初九，陽氣伏
於地下，始著爲一，萬物萌動，鐘於太陰，故黃鐘爲天統，律長九
寸。九者，所以究極中和，爲萬物元也。《易》曰：「立天之道，曰
陰與陽。」六月，〈坤〉之初六，陰氣受任於太陽，繼養化柔，萬物
生長，楙之於未，令種剛彊大，故林鐘爲地統，律長六寸。六者，
所以含陽之施，楙之於六合之内，令剛柔有體也。「立地之道，曰柔
與剛。」「〈乾〉知太始，〈坤〉作成物。」正月，〈乾〉之九三，萬
物棣通，族出於寅，人奉而成之，仁以養之，義以行之，令事物各
得其理。寅，木也，爲仁；其聲，商也，爲義。故太族爲人統，律
長八寸，象八卦，宓戲氏之所以順天地，通神明，類萬物之情也。「立
人之道，曰仁與義。」「在天成象，在地成形。」「后以裁成天地之
道，輔相天地之宜，以左右民。」此三律之謂矣，是爲三統。〔註55〕

所謂三才之道即三個不同層次的規律形態，各以黃鐘爲天統、林鐘爲地統、
太族爲人統，各律長九寸、六寸、八寸。在《易》卦將〈乾〉之初九爻辰配
子、〈坤〉之初六爻辰配未、〈乾〉之九三爻辰配寅。天道規律以陰陽反復而
起作用，地道規律以剛柔反復而起作用，人道規律以仁義反復而起作用。此

〔註54〕班固，《漢書》（北京：中華書局，1962 年），頁 981。
〔註55〕班固，《漢書》（北京：中華書局，1962 年），頁 961。

三統曆劉歆將《易》律曆三者相互結合，做天施、地化、人事三方面的相互比附。《易》〈乾〉之初九納子辰，蓋以十二消息〈坤〉陰至極而陽初返於〈復〉卦。其明言十一月〈乾〉之初九鐘於太陰，六月〈坤〉之初六陰氣受任於太陽，是〈乾〉之初九由〈坤〉太陰一陽復起，〈坤〉之初六由〈乾〉太陽一陰滋生。若〈乾〉所納之辰是按照十二消息順序，分別是初九子、九二丑、九三寅、九四卯、九五辰、上九巳，卦爻表現陰陽氣的消長，而不是以配律爲形式，如此才符合「正月，〈乾〉之九三」的說法。但按十二消息卦〈姤〉至〈坤〉分別是值午、未、申、酉、戌、亥，照理說〈坤〉之初六爲午才是。

　　《周易》最初是用揲蓍莖數起卦爻之變，當時以卦象爲主，時位爲輔，時位做爲參數，例如「利西南」、「七日得」等。《繫辭上》第十一章：「蓍之德，圓而神；卦之德，方以知；六爻之義，《易》以貢。聖人以此洗心，退藏於密，吉凶與民同患。神以知來，知以藏往。」〔註56〕它賦予蓍之特性是與天圓時概念相關，卦之特性是與地方位概念相關，也就是說，卦是比較接近地道範疇，但又離不開時概念的制約，主要原因在事物移動的變化即時間的變化。《易傳》雖有「同聲相應」的描寫，它也只是感通現象的描寫，並未列將聲音做爲《易》的參數。

　　秦簡《日書》時只以十二律配卦並值日中、雞鳴的卦氣形式，由十二律配卦及以時辰值卦，並用五音十二律執行龜卜。顯然可十二律已經做爲卦的參數。漢元帝京房律卦氣占，也是以時律爲主軸形式，以五音十二律配卦爻，十二律代表十二月，一日值一卦並配一音一律，基本上是《易》律的綜合體。司馬遷做《太初曆》宣示風律曆三者的結構關係，到了西漢末平帝至王莽時期劉歆，制定三統曆用《易》〈乾〉〈坤〉兩卦納支辰又保留律的原理，來呈現出律曆的關係。

　　《易緯・乾鑿度下》：

　　　　〈乾〉陽也，〈坤〉陰也，並治而交錯行。〈乾〉貞於十一月子，左
　　　　行，陽時六。〈坤〉貞於六月未，右行，陰時六，以奉順成其歲。歲
　　　　終次從於〈屯〉〈蒙〉，〈屯〉〈蒙〉主歲，〈屯〉爲陽，貞於十二月丑，
　　　　其爻左行，以間時而治六辰。〈蒙〉爲陰，貞於正月寅，其爻右行，
　　　　亦間時而治六辰，歲終則從其次卦。陽卦以其辰爲貞，丑與左行，
　　　　間辰而治六辰。陰卦與陽卦同位者，退一辰以爲貞，其爻右行，間

〔註56〕臺灣開明書店斷句，《斷句十三經經文・周易》，頁24。

　　辰而治六辰。〈泰〉〈否〉之卦，獨各貞其辰，共北辰，左行相隨也，

　　〈中孚〉爲陽，貞於十一月子，〈小過〉爲陰，貞於六月未。〔註57〕

雲軒先生認爲左行右行是與「故陽唱而陰和，男行而女隨，天道左旋，地道右遷」有關，其引黃宗羲《周易象數論》認爲出自京房六日七分卦氣圖式，察《周易集解纂疏・凡例》載〈卦氣〉圓圖式。《乾鑿度》所言，〈屯〉〈蒙〉〈中孚〉所貞之月皆合於圖式，然〈小過〉貞於六月未則與圖式值正月者不合。〔註58〕

　　不過這也證明《乾鑿度》爻辰說是改變自京房卦氣說。

　　《後漢書・律歷志上》引京房語描述卦氣原理：

　　夫十二律之變至於六十，猶八卦之變至於六十四也。宓羲作《易》，紀陽氣之初，以爲律法。建日冬至之聲，以黃鐘爲宮，太蔟爲商，姑洗爲角，林鐘爲徵，南呂爲羽，應鐘爲變宮，蕤賓爲變徵。此聲氣之元，五音之正也。故各終一日。其餘以次運行，當日者各自爲宮，而商徵以類從焉。〔註59〕

其中有幾點可供討論。第一，《稽覽圖》詮釋京房卦氣說：「甲子卦氣起中孚。」審之《周易集解纂疏・凡例》及《易漢學・卦氣圖說》載〈卦氣〉圓圖式〔註60〕，冬至陽氣都是起於中孚卦而非〈乾〉卦。第二，「猶八卦之變至於六十四也」僅是「夫十二律之變至於六十」的比喻句。世人誤解紀陽氣之初就是指〈乾〉初九。第三，京房卦氣每卦六爻而〈乾〉〈坤〉兩卦在京房卦氣圖屬於十二消息辟卦，〈乾〉爲四月卦而〈坤〉爲十月卦，此處〈乾〉貞於十一月而〈坤〉貞於六月未，顯然與之不同。第四，其言「建日冬至之聲，以黃鐘爲宮，太蔟爲商，……故各終一日。其餘以次運行，當日者各自爲宮，而商徵以類從焉。」則不只一年陽氣起中孚卦，一日納一音一律，從〈復〉卦初九開始納黃鐘宮，依序六二納太蔟爲商，六三納姑洗角，六四納林鐘徵，六五納南呂羽，上六納應鐘爲變宮。而爻辰〈乾〉只配陽六律，初

〔註57〕中村璋八、安居香山，《緯書集成》（河北：河北人民出版社，1994年），頁35～36。

〔註58〕雲軒，〈《易緯乾鑿度》術數理論——爻辰說試探〉，無名小站網（http://www.wretch.cc/blog/jony001/2252725），2013年6月23日檢索。

〔註59〕范曄，《後漢書》（臺北：洪氏出版社，1975年），頁3018。

〔註60〕李道平，《周易集解纂疏》（北京：中華書局，1994年），頁13。惠棟，《惠氏易學》（廣文編譯所編輯，臺灣，廣文書局1971年），頁1051。

至上分別納黃鐘、太蔟、姑洗、蕤賓、夷則、無射。但是京房律卦沒有這套限制。相信爻辰法是按照劉歆《三統曆》說所做的調整。

惠棟於《易漢學》云：

《周易乾鑿度》曰：〈乾〉，陽也。〈坤〉，陰也。並如而交錯行。〈乾〉貞於十一月子，左行陽時六。（鄭注云：貞，正也。初爻以此爲正，次爻左右者，各從次數之。）〈坤〉貞於六月未，（〈乾〉〈坤〉陰陽之主，陰退一辰，故貞於未。）右行陰時六以順成其歲。歲終從於屯蒙（歲終則從其次，屯，蒙，需，訟是也。）又云陰卦與陽卦同位者，退一辰以未爲貞。其爻右行，間時而治六辰。（陰陽同位，陰退一辰，左右交錯相避。）棟案《乾鑿度》之說，與十二律相生圖合。鄭于《周禮・太師》注云：黃鐘初九也，下生林鐘之初六，林鐘又上生太蔟之九二，太蔟又下生南呂之六二，南呂又上生姑洗之九三，姑洗又下生應鐘之六三，應鐘又上生蕤賓之九四，蕤賓又上生大呂之六四，大呂又下生夷則之九五，夷則又上生夾鐘之六五，夾鐘又下生無射之上九，無射又上生中呂之上六。韋昭注周語云：十一月黃鐘，〈乾〉初九也。十二月大呂，〈坤〉六四也。正月太蔟，〈乾〉九二也。二月夾鐘，〈坤〉六五也。三月姑洗，〈乾〉九三也。四月中呂，〈坤〉上六也。五月蕤賓，〈乾〉九四也。六月林鐘，〈坤〉初六也。七月夷則，〈乾〉九五也。八月南呂，〈坤〉六二也。九月無射，〈乾〉上九也。十月應鐘，〈坤〉六三也。〔註61〕

〈乾〉〈坤〉在京房律卦氣占原本是十二辟，爻辰說以《三統曆》爲基礎將〈乾〉貞於十一月子，左行，陽時六。〈坤〉貞於六月未，右行，陰時六。以〈乾〉〈坤〉做爲其他 62 卦配辰的範式，將寅納於〈乾〉九二而非《三統曆》之九三。由此觀之，〈乾〉所納之辰是按照十二消息順序，分別是初九子、九二丑、九三寅、九四卯、九五辰、上九巳，卦爻表現陰陽氣的消長，而不是以配律爲形式，如此才符合「正月，〈乾〉之九三」的說法。但卻又產生〈坤〉初納未不納午的矛盾。主要原因是劉歆企圖把《易》消息與律結合，於是有寅在〈乾〉九三或九二的問題。而爻辰說依照配律形式，陽爻納陽六律，陰爻納陰六呂，〈乾〉由初爻分別納子、寅、辰、午、申、戌，故寅在九二。〈坤〉由初爻分別納未、酉、巳、亥、卯、未。

〔註61〕惠棟，《惠氏易學下・易漢學六》（臺北：廣文書局，1971 年），頁 1196。

　　荀爽（128 年～190 年），東漢獻帝時人，其以八宮世爻法解《易》，而未言納甲。至三國時，吳朝虞翻的納甲說改變自《參同契》，開始以納甲解釋卦義，然而虞翻未採取納音說。至東晉時，干寶（？～336 年）已經綜合「八宮世爻」和「納甲」、「納音」用之以解《易》。

　　除此之外，《漢書・京房傳》記載，京房本姓李，而推律自定爲京氏，王充《論衡・詰術》說到：「圖宅術曰：……姓有五音，人之性質，亦有五行。」〔註62〕與干寶同時期的葛洪（284 年～363 年），於其所著《抱朴子・內篇・仙藥》說：「按《玉策記》及《開明經》，皆以五音六屬，知人年命之所在。」〔註63〕足見這一套與姓字有關的推律術，從京房就奠定基礎而與時俱進，有所更易。所謂五音，《抱朴子・內篇・仙藥》說：

　　　　一言得之者，宮與土也；三言得之者，徵與火也；五言得之者，羽
　　　　與水也；七言得之者，商與金也；九言得之者，角與木也。〔註64〕

然則一三五七九的五音數，與五行質性有絕對關係。這理論的法則卻是源自放馬灘秦簡《日書》乙種，其條 176 有「宮一徵三羽五商七角九」。條 197 有「角立……司木」，條 200 有「羽立……司水」等之記載。隋朝蕭吉在《五行大義・論納音數》總結說到：「納音數者，謂人本命所屬之音。音即宮、商、角、徵、羽，納者取此音以調姓所屬也。」〔註65〕他的說法將京房以律定姓說與人本命所屬之音說相聯繫。每人天命不同，性格也相異。所以《中庸》云：「天命之謂性，率性之謂道。」按照漢代五行《易》家之見，人性因生辰及出生方位之異，其五行組合各不相同，皆有其本命所屬之音，因爲方位及時辰節氣其所顯現頻率狀態也有所差異。所謂五音，即爲由五行所構成五種性質，在人的內在就稱爲性，即元素構成振動頻率有所不同，形成固定的調式。其大氣受密度溼度溫度的影響，影響到震動頻率的高低及傳導緩急，功能狀態不一樣，頻率數值也各異。人受到環境節氣、音律與物象的影響，在外在顯示出喜怒等便稱爲情。

　　至於六屬，《抱朴子・內篇・仙藥》又說：「子午屬庚，卯酉屬己，寅申屬戊，丑未屬辛，辰戌屬丙，巳亥屬丁」〔註66〕是將支納於干的六屬法。

〔註62〕黃暉，《論衡校釋》（北京：中華書局，1990 年），頁 1038～1039
〔註63〕王明，《抱朴子內篇校釋》，《新編諸子集成第一輯》，（北京：中華書局，1985 年），頁 190。
〔註64〕王明，《抱朴子內篇校釋》（北京：中華書局，1985 年），頁 190。
〔註65〕蕭吉，《五行大義》（上海：上海書店出版社，2001 年），頁 15。
〔註66〕王明，《抱朴子內篇校釋》（北京：中華書局，1985 年），頁 190。

蓋源自放馬灘秦簡《日書》及《乾鑿度》爻辰說。《日書》乙種條 201～205
記載五音配五組共六十干支，如「羽壬辰壬戌癸巳癸亥甲寅甲申乙卯乙酉丙
子丙午丁丑丁未」，都是變自陽六律的子寅辰午申戌，配陽五干之甲丙戊庚
壬；變自陰六呂的未巳卯丑亥酉，配陰五干之乙丁己辛癸。而爻辰說〈乾〉
初至上納子寅辰午申戌，〈坤〉初至上納未酉亥丑卯巳。因爲五行化合五聲，
是以〈坤〉初至上逆行未巳卯丑亥酉。在干寶時納音已經配入八宮卦，《五
行大義·納音數》有「子午屬庚，〈震〉卦所直日辰也……」〔註67〕，《開
元占經》有「庚屬〈震〉，辛屬〈巽〉……」〔註68〕等爲其原理的說明。由
此觀之，朱熹謂《火珠林》爲京房所屬的占術，其實納音是《三統曆》演變
至爻辰說納支辰，在漢末八宮世爻產生後，於魏晉納支辰仿《日書》配干辰
形式再配入八宮世爻，晉朝則衍生五音六屬原理，至今術數派《易》占都是
用這套原理來運作。

　　先秦有宮商角徵羽五音，以及黃鐘等十二律，基本上它們均有個可用數
值呈現的調式。在戰國《日書》十二律配卦以三合形式而占，當時五音也已
和十二律相配，到漢代被京房沿用。五音可和五性結合，表示五種物質的密
度不同，密度不同則振動頻率不同，頻率不同則對空氣發聲的物理狀態也不
同。十二律是對空氣媒介而言，空氣在十二月節氣，各有不同濕度、密度、
溫度而影響到聲音傳播的物理狀態。五音中的某音調式是固定的，十二律卻
是因時因地而異。當音與某時或某地律數值相同，就會產生共鳴狀態，此即
《易》所講的相應。所以〈乾〉卦《文言》說「同聲相應，同氣相求」，有其
道理。換言之，所謂「同」，在聲文以共鳴形態呈現，在《易》以太極形上呈
現，然太極形上無形無聲，是不可見聞的。例如〈泰〉卦之〈乾〉陽在下〈坤〉
陰在上，其陽氣上騰而陰氣下降，相交之處無形無聲，在形文來說，其形上
之一體在是不可見的。在聲文來說，則可以用音律數值來呈現出共鳴形態。
因此，《呂覽》、《淮南子》認爲聲音物象上仍有不分本體存在，《春秋繁露》
謂之無聲無形，故形上一體概念，可做爲統合視覺形文之義理，但是在秦漢
聲文來說，就必須用五音律呂數值來表示。

〔註67〕 蕭吉，《五行大義》（上海：上海書店出版社，2001 年），頁 16。
〔註68〕 李零，《中國方術概觀》（北京：人民中國出版社，1993 年），頁 894。

第八章 《易》道卦氣概說

　　所謂卦氣是以卦配時氣，或代替時氣。學界一般以為卦氣專屬於京房占術，就史料審查並非如此。《周易》〈臨〉卦有「八月有凶」，懷疑有時令配卦的可能。放馬灘秦簡《日書》有十二律以三合型式配卦，而已有一日時令「直此卦」的描寫，符合了用卦配時氣的卦氣標準，可說是較早的卦氣記載。八卦氣形態確立於《說卦》，十二消息卦氣形態初見於《彖傳》，名義卻遲至漢代才出現。由於卦氣形態先後與節氣、音律結合，又可配入以性情變化為基礎的陰陽符號。節氣是視覺觸覺兼具的形文，音律是聽覺的聲文，陰陽符號是可與五行音律相配的情文，因為卦氣是形文、聲文形態的綜合體，而這些都是天道人道相參和的結構形態。

第一節　卦氣形態及名義

　　《易緯‧易通卦驗卷下》說：「候諸卦氣，各以用事時氣著明而見。」〔註1〕可見卦氣體例主要還是以時間概念為主軸，亦即卦與卦之間除了有卦象卦義的連結，還必須具有時間上的連結。就史書來看，「卦氣」一詞最早出現在《漢書‧谷永傳》。就地道之八卦形態來看，八卦配時氣最早出現在《說卦傳》。漢宣帝時魏相獻《說卦》，於奏文中將其中〈坎〉〈離〉〈震〉〈兌〉配四季。〔註2〕另外，就《彖傳》天道之十二消息卦形態的〈臨〉、〈復〉兩

〔註1〕　中村璋八、安居香山合輯，《緯書集成》（河北：河北人民出版社，1994年），
　　　　　頁208。
〔註2〕　《漢書‧魏相傳》，頁3139：「又數表采易陰陽及明堂月令奏之，……東方之神

卦來看，卦爻辭時代，不僅配上十二支辰，似乎也已經有十二消息卦的形態。

　　以音律配卦氣做占術，揚名於漢、魏者，前有京房，後有管輅。兩漢期間《易緯》發揮《說卦》「八卦」卦氣說及京房「四正卦」、「十二消息卦」、「六十卦」卦氣說。東漢光武帝時王充的《論衡》則發揮了八卦氣的休旺形態。漢末桓帝時荀爽有八宮世爻占學，於是八卦氣興起，又賦予另一新的意義概念。

第二節　卦爻辭卦氣形態

　　《日書》建除以十二支辰做為十二階段時氣，在《日書》之前的《周易》卦爻辭，似乎也有消息卦氣形態。

　　一般學界皆認為五行相勝（尅）相生思想是戰國晚期鄒衍提出的。然而經察正史文本，《左傳‧昭公二十五年》：「生其六氣，用其五行。氣為五味，發為五色，章為五聲。」《左傳‧昭公三十一年》：「火勝金，故弗克。」《左傳‧哀公九年》：「水勝火，伐姜則可。」〔註3〕知《左傳》時代已有五行相勝，但是其五行說的陳述沒有和卦占相關聯的記錄，其卦占事件的陳述也沒有和五行生勝相關聯的記錄，也就是說，當時五行占與卦占也是分開的。〔註4〕而且，《左傳》記載《易》占事件，其引用的火、土皆用類似《說卦》之象，不是五行範疇的火、土。〔註5〕近代學者認為《左傳》是戰國中期成書的，所以

太昊，乘〈震〉執規司春；南方之神炎帝，乘〈離〉執衡司夏；西方之神少昊，乘〈兌〉執矩司秋；北方之神顓頊，乘〈坎〉執權司冬；中央之神黃帝，乘〈坤〉〈艮〉執繩司下土。茲五帝所司，各有時也。東方之卦不可以治西方，南方之卦不可以治北方。春興〈兌〉治則飢，秋興〈震〉治則華，冬興〈離〉治則泄，夏興〈坎〉治則雹。」

〔註3〕　分別見《左傳》，頁1457、1514、1653。魯昭公（？～前510年），魯哀公（？～前468年）。

〔註4〕　《左傳‧哀公九年》頁1653記載：占諸史趙、史墨、史龜。史龜曰：「『是謂沈陽，可以興兵，利以伐姜，不利子商。』伐齊則可，敵宋不吉。」史墨曰：「盈，水名也；子，水位也。名位敵，不可干也。炎帝為火師，姜姓其後也。水勝火，伐姜則可。」史趙曰：「是謂如川之滿，不可游也。鄭方有罪，不可救也。救鄭則不吉，不知其他。」陽虎以周易筮之，遇〈泰〉之〈需〉曰：「宋方吉，不可與也。」

〔註5〕　《春秋左傳‧莊公二十二年》頁222：「周史有以《周易》見陳侯者，陳侯使筮之，遇〈觀〉之〈否〉，曰：是謂『觀國之光，利用賓于王。』」p.223：「此其代陳有國乎？不在此，其在異國；非此其身，在其子孫。光，遠而自他有耀者也。〈坤〉，土也；〈巽〉，風也；〈乾〉，天也。風為天於土上，山也。有

在此之前創作卦爻辭的西周時代，其卦占也沒有和五行產生關係，也就是說，即使春秋時代已有五行思維，但是依《左傳》所載，那時的五行相勝占與卦占無關。

是以在春秋以前的卦爻辭時代占學，其「八月有凶」、「七日來復」這些與時辰相關者的《易》占術，當以「衝」這體例有最切近的關係。按睡虎地秦簡《日書》及放馬灘秦簡《日書》有月建除十二階段地支日辰節氣表，凡是與月建隔六支辰，如月建寅，則申日為被（破）、衝，有凶兆。〔註6〕正史亦承襲其衝破體例，如《孫子・虛實》：「衝其虛也。」〔註7〕《史記・天官書》：「故八風各與其衝對」又：「其對為衝。」〔註8〕

〈復〉卦辭說：「反復其道，七日來復。」〈臨〉卦辭說：「至于八月有凶。」《疏》：「〈臨〉為建丑之月。」〔註9〕根據《日書》慣例，其日忌占以建某月下，視十二地支日辰的吉凶，其中有「破日」，是最凶險之日。《疏》言「〈臨〉為建丑之月」然則〈臨〉配丑是也，若建丑月則不必如此，因為十二地支節氣年、月、日、時都可配。若此體例形式當時已確立，則證明西周時已經有十二消息卦，而且已經配上十二階段地支節氣。

山之材，而照之以天光，於是乎居土上，故曰『觀國之光，利用賓于王』。」《春秋左傳・昭公五年》p.1265：「當三在旦，故曰『三日不食』。〈離〉，火也；〈艮〉，山也。〈離〉為火，火焚山，山敗。」

〔註6〕 吳小強《秦簡日書集釋》頁27～28〈睡虎地秦簡甲種〉「秦除」節下記載：「正月建寅，除卯，盈辰，平巳，定午，摯（執）未，被（破）申，危酉，成戌，收亥，開子，閉丑。二月建卯，……被（破）酉……三月建辰，……被（破）戌……。四月建巳，……被（破）亥……。五月建午，……被（破）子……。六月建未，……被（破）丑……。七月建申，……被（破）寅……。八月建酉，……被（破）卯……。九月建戌，……被（破）辰……。十月建亥，……被（破）巳……。十一月建子，……被（破）午……。被（破）日：毋可以有為也。」吳小強《秦簡日書集釋》頁183～185〈睡虎地秦簡乙種〉「除」節下記載：「正月，建寅，余卯，吉辰，實巳，窞午，徼未，衝申，剽酉，虛戌，吉亥，實子，閉丑；二月建□……衝酉……；三月建□……衝戌……；四月建……衝【亥】……；五月建午……衝子……；六月建未……衝丑……；七月建申……衝寅……；八月建酉……衝卯……；九月建戌……衝辰……；十月建亥……衝巳……；十一月建子……衝午……；十二月建丑……衝未……。衝日可以攻軍入城及行不可祠。」

〔註7〕 魏汝霖，《孫子今註今譯》（臺北：臺灣商務，1988年），頁126。

〔註8〕 司馬遷，《史記》，1340、1342。

〔註9〕 《十三經注疏附校勘記・重栞宋本周易注疏附挍勘記・周易兼義上經隨傳卷第三・臨》，頁58-2。

孔子時已經引用〈恆〉卦九三爻辭，《史記‧孔子世家》說：「孔子晚而喜《易》，序《彖》、《繫》、《象》、《說卦》、《文言》。讀《易》，韋編三絕。」〔註 10〕是知孔子時已有卦爻辭，《象傳》則爲孔子或後學所著。《象傳》的時代後於卦爻辭時代，則《象傳》所云的「小人道長，君子道消」的消息的義理之說乃後起義，不是「八月有凶」的原義。

卦爻辭時代約爲西周文王武王時期，周朝以子月爲正月，漢初改用太初曆，以建寅之月爲歲首，此後兩千多年一般都是用夏正。是卦爻辭時代當恢復做周正來看。周朝正月爲子月，則「八月有凶」之八月乃建未月。八月既然是固定的，而地支相對衝的概念遠早於五行生剋，是以建八月未辰衝破之辰爲丑辰，因月份節氣力道強大，月破則破碎四散，故有凶事。是以推知當時〈臨〉卦已經配上丑辰。同理，〈復〉卦已經配上子辰〔註 11〕，其節氣是以日爲單位，日辰節氣力道比月份小，其衝勢足以發動而不足以破碎四散。〈復〉卦配子辰發動，表示某人來的用事日，午日衝子則發動衝起，表示返回。由子日至午日恰爲七日之數，是來七日又復回之象。

殷商已有干支記日，從「八月有凶」、「七日來復」來看，卦爻辭的周朝時代也免除不了用支辰記日辰月建，而卦爻既然與日辰月建有互動關係，則卦爻配支辰參數體例也就確立，這就說明卦爻辭時代極可能已有配上十二支辰的卦氣形態。

第三節　《說卦》的八卦氣形態

《說卦》第五章說：

> 帝出乎〈震〉，齊乎〈巽〉，相見乎〈離〉，致役乎〈坤〉，說言乎〈兌〉，戰乎〈乾〉，勞乎〈坎〉，成言乎〈艮〉。

> 萬物出乎〈震〉，〈震〉，東方也。齊乎〈巽〉，〈巽〉，東南也，齊也者，言萬物之絜齊也。〈離〉也者，明也，萬物皆相見，南方之卦也。聖人南面而聽天下，嚮明而治，蓋取諸此也。〈坤〉也者，地也，萬物皆致養焉，故曰致役乎〈坤〉。〈兌〉，正秋也。萬物之所說也。故曰說言乎兌。戰乎〈乾〉，〈乾〉，西北之卦也。言陰陽相薄也。〈坎〉

〔註 10〕司馬遷，《史記‧孔子世家第十七》，頁 1937。
〔註 11〕《重刊宋本十三經注疏附校勘記‧重栞宋本周易注疏附挍勘記‧周易正義序》頁 2-2：「何得稱七月來復，……建子之月陽氣始生。」

者，水也，正北方之卦也，勞卦也，萬物之所歸也，故曰勞乎〈坎〉。

〈艮〉，東北之卦也，萬物之所成，終而所成始也，故曰成言乎〈艮〉。

〔註12〕

分析幾項要點如下：

第一，「帝出乎〈震〉，……成言乎〈艮〉。」前一小段只寫出每卦的動作情狀，其卦象卦義勉強可以視做連續情狀，但卻缺乏卦與卦之間的時空連結。

第二，有關「帝」的名義。《十三經注疏附校勘記・重刊宋本周易注疏附校勘記・四庫全書總目提要》：「韓氏無注，則曰益卦六二，王用享于帝吉。輔嗣注云：『帝者生物之主，興益之宗，出〈震〉而齊〈巽〉者也。』則輔嗣之意以此帝為天帝也。」〔註13〕則「帝」改為「萬物」，是由天轉移至地；由上下階層關係，變成普世平等關係；由天上的「單一」變成地下的眾多。由變天帝做地道範疇的萬物，故配上方位顯得順理成章。

第三，「萬物出乎〈震〉，……故曰成言乎〈艮〉。」後一大段除了把前一小段的「帝」改為「萬物」之外，其餘都是引前一小段內容再加以闡述，也就是說，後一大段是前一小段的解釋和發揮。

第四，八卦除了〈坤〉卦沒有時空階段座標，僅有〈兌〉卦配以節氣階段，其餘七卦各配以方位座標。節氣是人對天、地在視覺、觸覺上相互交通的呈現，是與人的明暗寒暑等感受有關聯的。《繫辭上》第十一章：「蓍之德圓而神；卦之德方以知。」在中原人們的意識裡，天道是圓形循環形態的，地道是方形區域形態的，節氣便顯現出時空天圓地方的兩種特性。例如，依秦漢五行思維，春季木氣旺原本是全域性的，一旦木氣旺於東方這條件一加入，時變遷動位變，形成春季時東方木氣旺強。所以，「〈兌〉，正秋也」不僅表示〈兌〉卦的時間階段上為秋分節氣，也表示事情會發生在西方，或與西方人事物有關係。

第五，「〈坎〉者，水也」，與《說卦》第十一章「〈乾〉為天……為金」、「〈巽〉為木為風」、「〈坎〉為水為溝瀆」、「〈離〉為火為日」，都是取物象而不是取五行原理的金木水火。

〔註12〕臺灣開明書店，《斷句斷句十三經經文・周易》，頁28。

〔註13〕孔穎達等，《重刊宋本十三經注疏附校勘記・重槧宋本周易注疏附校勘記》（臺北：藝文印書館，1965年），頁1-2。以下所引注疏同此版本。

第六，春夏秋冬四季的節氣，正符合「時氣」的原則。所以，「〈兌〉，正秋也」，這句雖然是此章八卦配節氣階段的唯一描寫，但也證明了先秦戰國時期卦氣形態已經確實存在。

第四節　《象傳》的十二消息卦氣形態

根據戰國秦簡《日書》，當時只有日辰十二節氣，而卦配音律並無次序說明。〔註14〕所以發揮卦氣者在《易傳》，有《說卦》第五章的八卦氣說之外，其十二消息卦氣說則在《象傳》。

〈復〉《象》：「〈復〉亨；剛反，⋯⋯反復其道，七日來復，天行也。利有攸往，剛長也。」

〈臨〉《象》：「剛浸而長，⋯⋯至于八月有凶，消不久也。」

〈泰〉《象》：「君子道長，小人道消也。」

〈夬〉《象》：「利有攸往，剛長乃終也。」

〈姤〉《象》：「〈姤〉，遇也，柔遇剛也。勿用取女，不可與長也。」

〈遯〉《象》：「小利貞，浸而長也。」

〈否〉《象》：「小人道長，君子道消也。」

〈剝〉《象》：「〈剝〉，剝也，柔變剛也。⋯⋯君子尚消息盈虛，天行也。」〔註15〕

熊十力謂〈乾〉元有大明生生之德，〈坤〉元有愛己身的惰性。〔註16〕《象傳》的消息用陽爻，在天體代表如光明的正能量，在人群代表正德、精進之人，陰爻在天體代表如黑暗的負能量，在人群代表私心、營利之人。《象傳》消息是以初爻遞變到上爻，每遞變一爻用一卦來表示。它是以消長相對觀來呈現天道運作形態，由〈復〉卦到〈乾〉卦，陽爻與時俱進依次遞增，卦氣是陽長陰消；由〈姤〉卦到〈坤〉卦，陰爻與時俱進依次遞增，卦氣是陰長陽消。

「剛反」、「剛長」、「柔遇剛」、「柔變剛」，都呈現前後卦相關聯的動態。以陽爻來說，由〈乾〉卦盈滿，初爻陽消陰長為〈姤〉卦，一柔遇五剛，是

〔註14〕甘肅省文物考古研究所：《天水放馬灘秦簡》（北京：中華書局，2009年），條244～255。以下引條目按該書竹簡之編號。

〔註15〕臺灣開明書店，《斷句斷句十三經經文・周易》，頁28、7、5、14、15、11、5、8。

〔註16〕熊十力，《熊十力全集・乾坤衍》（湖北：湖北教育出版社，2001年），頁659。

一女私通眾男之象。《象傳》作者認為，勿用取女是不可放任陰柔滋長。到〈遯〉卦二陰滋長，故云浸長。到〈否〉卦三陰滋長，私心之小人為主於內，懷德之君子退居於外，故小人道長，君子道消。至〈觀〉卦而〈剝〉卦，柔讓剛起變化，故〈剝〉卦之《象》言「柔變剛」。

戴璉璋謂《象傳》的「往、來、上、下、反」是綜卦彼此的反轉。〈復〉卦之《象》的「剛反」指由綜卦〈剝〉卦反轉變來。〈復〉卦之《象》的「剛長」，指〈剝〉卦至〈坤〉卦而剛幾乎消盡，至〈復〉卦一陽剛滋長復起。由〈復〉卦之《象》的「剛長」，到〈臨〉卦之《象》的「剛浸而長」，到〈泰〉卦之《象》的「君子道長」，到〈夬〉之《象》的「剛長乃終」，彼此前後相連結，陽剛層遞滋長。

就《象傳》看，〈復〉卦到〈乾〉卦的陽長陰消，〈姤〉卦到〈坤〉卦的陰長陽消，其十二消息卦的連結關係是存在的。又〈乾〉卦《文言》：「潛龍勿用，陽氣潛藏。」〈咸〉卦《象》說：「〈咸〉，感也。柔上而剛下，二氣感應以相與。」〔註 17〕是知《易傳》也將卦爻變化視做氣的變化，故十二消息變化亦為卦氣形態的變化。

戰國秦簡《日書》有十二階段地支作為日辰節氣的變化，尚未有「消息」之名義。「消息」名義由〈剝〉卦《象傳》釋文所確立。而〈豐〉卦《象傳》釋文「日中則昃，月盈則食，天地盈虛，與時消息」〔註 18〕，而驗證於八月有凶、七日來復，也可證明消息不專屬於十二月的節氣變化，七日的來回，一日的時辰循環，都是天道節氣的消息變化。

以上《象傳》消息云云與「〈兌〉，正秋也」相同點，是除了文字說明之外，又有卦象顯示著爻階段性的遞增及遞減，符合了「時間」及「節氣」兩項條件，但它與《說卦》第五章前一小段一樣缺少確切的參數項目，只能稱得上義理範疇的卦氣。如孟喜、京房用十二消息，有「〈復〉卦子月、〈臨〉卦丑月」等確切的參數項目則，《說卦》第五章後一大段有「正秋」的確切參數項目，都是屬於象數範疇的卦氣。

第五節　魏相四正卦氣說

《說卦》的八卦氣雖然配上時位節氣，但是畢竟它的〈坎〉水只是物象

〔註17〕臺灣開明書店，《斷句斷句十三經經文・周易》，頁 1、11。
〔註18〕臺灣開明書店，《斷句斷句十三經經文・周易》，頁 18。

而非參數。

《漢書‧魏相丙吉傳‧魏相》云：

> 又數表采《易陰陽》及明堂月令奏之，曰：「⋯⋯天地變化，必繇陰
> 陽，陰陽之分，以日為紀。日冬夏至，則八風之序立，萬物之性成，
> 各有常職，不得相干。東方之神太昊，乘〈震〉執規司春；南方之
> 神炎帝，乘〈離〉執衡司夏；西方之神少昊，乘〈兌〉執矩司秋；
> 北方之神顓頊，乘〈坎〉執權司冬；中央之神黃帝，乘〈坤〉〈艮〉
> 執繩司下土。茲五帝所司，各有時也。東方之卦不可以治西方，南
> 方之卦不可以治北方。春興〈兌〉治則飢，秋興〈震〉治則華，冬
> 興〈離〉治則泄，夏興〈坎〉治則雹。明王謹於尊天，慎于養人，
> 故立羲和之官以乘四時，節授民事。君動靜以道，奉順陰陽，則日
> 月光明，風雨時節，寒暑調和。三者得敘，則災害不生，⋯⋯夫風
> 雨不時，則傷農桑；農桑傷，則民飢寒；⋯⋯。臣愚以為陰陽者，
> 王事之本，群生之命，自古賢聖未有不繇者也。天子之義，必純取
> 法天地，而觀於先聖。⋯⋯太子太傅臣通等議：「春夏秋冬天子所服，
> 當法天地之數，⋯⋯。」〔註19〕

以下就幾項要點分析之：

第一，完整地用時氣配卦的四正卦形式。《說卦》第五章的八卦僅有
「〈兌〉，正秋」的卦氣說明，此處則擴及〈坎〉、〈離〉、〈震〉三卦，分別配
上冬、夏、春。此說後來也被焦延壽及弟子京房候卦氣值日占，運用在四方
伯及四季之二分二至四正時的時位座標功用上。

第二，《說卦》第五章「〈坎〉者，水也」，與他章所提及的金木水火，都
是就取物象來說，而非就五行抽象性質來說。然魏相卦氣說其中的〈坤〉〈艮〉
司下土，明顯把〈坤〉〈艮〉卦配上五行土，這可說是卦配五行之始。

第三，「東方之卦不可以治西方，南方之卦不可以治北方」指用木氣卦所
屬之人事物來治理屬金氣的西方，或用火氣卦所屬之人事物來治理屬水氣的
北方，不僅相衝也相剋。「春興兌治則飢」云云，指在木氣時節用金氣卦所屬
之人事物，則傷農桑而飢。

第四，這裡明顯繼承戰國《日書》以來宇宙論思想。表面上「君動靜以
道，奉順陰陽」君王得配合天道，而事實上仍然保留聖人主體的能動性，其

〔註19〕班固，《漢書》，頁 3139。

言「明王謹於尊天，愼于養人，故立羲和之官以乘四時，節授民事」云云，指出君德仍然是非常大的改變因素。

《易傳》是順性命之理而立天地人之道，象數是由聖人心性開展出來的，亦即，聖人將天下人對於天象的感受理出個次序之數，如春夏秋冬是基於溫熱涼寒四個觸覺感受所制定出來的，簡約成一寒一暑，則是陰陽二元概念。宇宙論述者，以爲依附在天象的「文」，如陰陽、四時之屬爲宇宙所本有，殊不知它們也只是個抽象原則的概念而已。唯有人會將氣候配上卦，適合農耕的時態，當做「時」、「常」；不適合農耕的氣候，則當做「不時」、「無常」。

《易傳》卦的象數強調「簡易」、「變易」，而沒有「不易」，「不易」思想是《乾鑿度》提出來的。就《易傳》來看，事物的改變是性命與環境互動的結果。孔子講執其兩端而用其中，《易傳》講時中，都是用心性本體來觀照《易》旨。比如《左傳》說敗德之人，不可數吉祥卦兆。帛書《易傳》「君子德行焉求福，故祭祀而寡也；仁義焉求吉，故卜筮而希也。」若拘泥在卦氣的「不易」法則上，則風雨不時而傷農桑的責任，不在君王之德而直接歸咎給卦氣不至。反之，即使偶而風雨不時而傷農桑，有德之君有心解決，實際上也不必拘泥於象數法則，但力求適時改變即可有所作爲。足見《易傳》的形上本體在漢代宇宙論氛圍當中未完全消失，仍然以道德主體繼續延伸。

第六節　漢代史傳所載孟、京卦氣說

根據惠棟《易漢學·孟長卿易》、朱伯崑《易學哲學史》及徐芹庭《兩漢十六家易注闡微》〔註20〕，他們都根據唐僧一行《大衍歷》所引《孟喜章句》，認爲孟喜《易》特徵有四：第一，四正卦〈坎〉〈離〉〈震〉〈兌〉各有六爻，共二十四爻配以二十四節氣。第二，餘六十卦以十二月消息卦各有六爻，共七十二爻配以七十二候。第三，六十卦以十二月消息卦爲辟卦，代表君王。各辟卦領四個雜卦，代表人臣。第四，每卦六又八十分之七日，簡稱六日七分。

然而據《周易孟喜章句》輯本「習〈坎〉」條下記載：「自冬至初，〈中孚〉用事，……有二變而歲復初，〈坎〉〈離〉〈震〉〈兌〉二十四氣次主一爻。」〔註21〕又宋代歐陽修撰《新唐書》，載錄唐僧一行《卦議》之說，其內容有

〔註20〕惠棟，《易漢學》，頁 1049～1106，朱伯崑，《易學哲學史》，頁 116～126 及徐芹庭《兩漢十六家易注闡微》，頁 174～181。

〔註21〕馬國翰，《玉函山房輯佚書·周易孟氏章句》（上海：上海古籍出版社，1990

關於孟喜京房學說的評語。《新唐書·卷二十七上》說到：

> 其五卦候議曰：七十二候，原于周公時訓。月令雖頗有增益，然先
> 後之次則同。……其六卦議曰：十二月卦出於《孟氏章句》，其說《易》
> 本於氣，而後以人事明之。京氏又以卦爻配期之日，〈坎〉、〈離〉、
> 〈震〉、〈兌〉，其用事自分、至之首，皆得八十分日之七十三。〈頤〉、
> 〈晉〉、〈井〉、〈大畜〉，皆五日十四分，餘皆六日七分，止於占災眚
> 與吉凶善敗之事。至於觀陰陽之變，則錯亂而不明。……按郎顗所
> 傳，卦皆六日七分，不以初爻相次用事，齊曆謬矣。

> 夫陽精道消，靜而無跡，不過極其正數，至七而通矣。七者，陽之
> 正也，安在益其小餘，令七日而後雷動地中乎？當據孟氏，自冬至
> 初，〈中孚〉用事，一月之策，九六、七八，是爲三十。而卦以地六，
> 候以天五，五六相乘，消息一變，十有二變而歲復初。〈坎〉、〈離〉、
> 〈震〉、〈兌〉，二十四氣，次主一爻，其初則二至、二分也。〔註22〕

可知第一、第二點的四時配二十四節氣，餘六十卦其中十二消息月卦配七十
二候是孟喜《易》，一周年卦氣由冬至及〈中孚〉用事開始。以十二消息爲辟
及六日七分，乃京房《易》範疇。

《漢書·藝文志·六藝略·易》：

> 及秦燔書，而《易》爲筮卜之事，傳者不絕。漢興，田何傳之。訖
> 于宣、元，有施、孟、梁丘、京氏列於學官。〔註23〕

《漢書·儒林傳·丁寬》：

> 丁寬字子襄，梁人也。初梁項生從田何受《易》，……寬東歸，何謂
> 門人曰：「《易》以東矣。」寬至雒陽，復從周王孫受古義，……王
> 孫授施讎、孟喜、梁丘賀。繇是《易》有施、孟、梁丘之學。〔註24〕

《漢書·儒林傳·孟喜》：

> 孟喜字長卿，東海蘭陵人也。父號孟卿，……乃使喜從田王孫受
> 《易》。喜好自稱譽，得《易》家候陰陽災變書，詐言師田生且死時
> 枕喜膝，獨傳喜，諸儒以此耀之。同門梁丘賀疏通證明之，曰：「田

年），第 77 頁。

〔註22〕 〔宋〕歐陽修、宋祁撰，《新唐書》（臺灣：洪氏出版社，1977 年），頁 598～
599。

〔註23〕 班固，《漢書》，頁 1704。

〔註24〕 班固，《漢書》，頁 3597。

生絕於施讎手中，時喜歸東海，安得此事？」〔註25〕

《漢書・儒林傳・京房》：

> 京房受《易》梁人焦延壽。延壽云嘗從孟喜問《易》。會喜死，房以
> 爲延壽《易》即孟氏學，翟牧、白生不肯，皆曰非也。至成帝時，
> 劉向校書，考《易》說，以爲諸《易》家說皆祖田何、楊叔、丁將
> 軍，大誼略同，唯京氏爲異，黨焦延壽獨得隱士之說，託之孟氏，
> 不相與同。〔註26〕

由上綜合來看，孟喜與京房都從田何承傳了正統《易》學。另一方面，孟喜
所得的《易》家候陰陽災變書，詐言爲其師田生所獨傳，一直想扶直爲正統
《易》，卻被梁丘賀給戳破。京房間接得之以學習，以爲延壽《易》即孟氏學
者，又遭孟喜後學翟牧、白生的非議，乃不屬於正統《易》學。以下就京房
正統及非正統《易》學，列幾項主要體例討論：

一、四正卦及六十卦配鐘律

焦延壽是京房的老師，於焦延壽占學之分卦值日之法均有繼承。

《漢書・眭兩夏侯京翼李傳・京房》：

> 京房字君明，東郡頓丘人也。治《易》，事梁人焦延壽。延壽字
> 贛。……贛常曰：「得我道以亡身者，必京生也。」其說長於災變，
> 分六十四卦，更直日用事，以風雨寒溫爲候：（孟康曰：「分卦直
> 日之法，一爻主一日，六十四卦爲三百六十日。餘四卦，〈震〉、
> 〈離〉、〈兌〉、〈坎〉，爲方伯監司之官。所以用〈震〉、〈離〉、〈兌〉、
> 〈坎〉者，是二至二分用事之日，又是四時各專王之氣。各卦主
> 時，其占法各以日觀其善惡也。」）各有占驗。房用之尤精。好鐘
> 律，知音聲。初元四年以孝廉爲郎。〔註27〕

其文中〈震〉、〈離〉、〈兌〉、〈坎〉視做地道空間範疇的方伯〔註28〕，又可視

〔註25〕班固，《漢書》，頁 3599。

〔註26〕班固，《漢書》，頁 3601～3602。

〔註27〕班固，《漢書》，頁 3160。

〔註28〕《重刊宋本十三經注疏附校勘記・重槧宋本尚書注疏附校勘記・虞書・附釋
　　　音尚書注疏卷第五・益稷第五》頁 72-1：「王制云，千里之外設方伯方伯一爲
　　　之長。」《重刊宋本十三經注疏附校勘記・重槧宋本尚書注疏附校勘記・周書・
　　　附釋音尚書注疏卷第十四・康誥第十一》頁 201-2：「方伯使康叔爲之長者，

做天道時間範疇。天道時間範疇，又有兩種體例：一是二至二分用事之日期，也就是〈震〉、〈離〉、〈兌〉、〈坎〉分別是春分、夏至、秋分、冬至這四個日期；二是四時各專王之氣，也就是後學所謂〈震〉配木旺的春季，離配火旺的夏季，兌配金旺的秋季，〈坎〉配水旺的冬季。京房用焦延壽〈震〉、〈離〉、〈兌〉、〈坎〉四正四方伯，但未如孟喜配二十四節氣。

其中配方伯之方位及配秋分之時氣，實從《說卦》第五章來。所以從這方面來看，是承傳了正統之《易》學。《日書》有五音十二律貞卜，十二律三合配卦以及時令值卦等占法，而京房用焦延壽這套六十卦值日，結合鐘律理論，間接承接《日書》這些占法，成爲他非正統的獨門學術。

二、十二消息辟卦及四十八雜卦

《易經》寫作時代卦已配支辰，《象傳》也有十二階段消息卦形態，卦配時氣消長從《象傳》已顯出其形態。

《漢書·睢兩夏侯京翼李傳·京房》：

> 房自知數以論議爲大臣所非，內與石顯、五鹿充宗有隙，……上封
> 事曰：「辛酉以來，蒙氣衰去，太陽精明，臣獨欣然，以爲陛下有所
> 定也。然少陰倍力而乘消息。（孟康曰：「房以消息卦爲辟。辟，君
> 也。息卦曰太陰，消卦曰太陽，其餘卦曰少陰少陽，謂臣下也。并
> 力雜卦氣干消息也。」）……乃辛巳，蒙氣復乘卦，太陽侵色，（張
> 晏曰：「〈晉〉卦、〈解〉卦也。太陽侵色，謂〈大壯〉。」）……房意
> 愈恐，去至新豐，因郵上封事曰：「臣〔前〕以六月中言〈遯〉卦不
> 效，……。〔註29〕

就以上史料來看，第一，就「太陽、少陰、消息」證明京房所用卦氣圖式有十二消息卦。第二，由少陰倍力乘太陽，〈大壯〉卦爲太陽消卦，而〈晉〉卦、〈解〉卦爲其所統領的少陰雜卦，得知太陽卦統領少陰卦而太陰卦統領少陽卦。第三，就「六月中言〈遯〉卦不效」，符合卦氣圖式之〈遯〉卦值六月參數。第四，《易傳》陰陽剛柔，代表性情的特徵及變化。按照《象傳》「至哉〈坤〉元，……乃順承天」之旨，陰柔應該順承陽剛。京房所謂少陰乘太陽，其實是《象傳》「陰乘陽爲逆」的原理。

即州牧也……四方者皆可爲方伯。」

〔註29〕班固，《漢書》，頁3164。

按照孟康、張晏注文的解釋，〈姤〉到〈坤〉六卦是太陰卦，〈復〉到〈乾〉是太陽卦。孟康注文視息卦爲太陰卦，消卦爲太陽卦，以陰的發展爲息，陽的發展爲消，這種固定的形式，呈現出宇宙論形式的拘泥。而〈泰〉卦《象》的「君子道長，小人道消」，〈否〉卦《象》「小人道長，君子道消」那種陽息則陰消，陰息則陽消所呈現的相對變化，其取義成份大於取象，是屬於本體論述。

從京房奏文「少陰倍力而乘消息」及孟康注文，得知京房用的是十二月卦消息卦氣，而且他自己說「六月中言〈遯〉卦不效」，十二消息裡〈遯〉卦值六月，這也直接證明京房用的是此卦氣形態。《象傳》十二消息形態的形文原理，和「陰乘陽爲逆」的情文原理，從這些都可見京房承襲正統的《易》學。

三、以律配卦形式

《易》卦爻有提到「鶴鳴在陰」、「同聲相應」等爲取象說或形上法則的說明，並不是用五音十二律參數運用的描寫。在先秦時期，五音十二律在《日書》相配，但相配形式無從得知，它原本不隸屬於正統《易》學流派的範圍。

《後漢書・律歷志上》：

> 房對：「受學故小黃令焦延壽。六十律相生之法：以上生下，皆三生二，以下生上，皆三生四，陽下生陰，陰上生陽，終於中呂，而十二律畢矣。中呂上生執始，執始下生去滅，上下相生，終於南事，六十律畢矣。夫十二律之變至於六十，猶八卦之變至於六十四也。宓羲作《易》，紀陽氣之初，以爲律法。建日冬至之聲，以黃鐘爲宮，太蔟爲商，姑洗爲角，林鐘爲徵，南呂爲羽，應鐘爲變宮，蕤賓爲變徵。此聲氣之元，五音之正也。故各終一日。其餘以次運行，當日者各自爲宮，而商徵以類從焉。〈禮運篇〉曰『五聲、六律、十二管還相爲宮』，此之謂也。以六十律分期之日，黃鐘自冬至始，及冬至而復，陰陽寒燠風雨之占生焉。」〔註30〕

由上可知，第一，京房採用五音與十二律相配的六十律。第二，律與律之間有遞增及遞減關係，以上律生下律，是三分之取其二；以下律生上律，是三

〔註30〕范曄，《後漢書》，頁 3000。

分之取其四，陰陽相次。第三，京房律法以一週年爲循環，從二十四節氣的冬至開始，這也是京房以卦配時氣的說明。第四，除四正卦之外，六十卦以十二消息月卦爲辟，代表君王；每月卦各統領四個雜卦。一卦值六日又八十分之七，世稱六日七分。第五，一爻約配一律、一日。第六，以律配卦不見於《易傳》，而見於放馬灘秦簡《日書》。京房承傳孟喜的《易》家候陰陽災變書、焦贛的分卦值日占，又將六十卦配上六十律。

五音十二律爲聲文，和陰陽寒燠風雨的節氣變化有直接關聯。它原本是《日書》占當中的參數，相對於四正卦、十二消息卦、陰乘陽爲逆等《易》形文情文的正統，音律聲文是屬於非正統的，而京房《易》是整合非正統於正統的創新占術。

第七節　谷永對卦氣的見解

谷永是習京房《易》的，在災異說加上卦氣形式化的風氣下，他提出王者德行可改變卦氣的見解。

《漢書·谷永傳》：

> 臣聞天生蒸民，⋯⋯明天下乃天下之天下，非一人之天下也。王者躬行道德，承順天地，博愛仁恕，⋯⋯則卦氣理效，五徵時序，百姓壽考，庶草蕃滋⋯⋯。失道妄行，逆天暴物，窮奢極欲，湛湎荒淫，⋯⋯則卦氣悖亂，咎徵著郵，上天〈震〉怒，災異婁降。[註31]

從谷永的奏文來看，「王者躬行道德，承順天地，博愛仁恕」等正向行爲是原因，「五徵時序，百姓壽考，庶草蕃滋」等是正向行爲的結果。同理，「失道妄行，逆天暴物，窮奢極欲」等負向行爲是原因，「咎徵著郵，上天〈震〉怒，災異婁降」是負向行爲的結果。

亦即，若君王修德，將出現其致天下太平、和樂繁庶的現象，而君王失德，也將導致天下無序、動亂夭死的現象。從這條線索來看，無論是「卦氣理效」或「卦氣悖亂」，卦氣僅是配合王者行爲來顯示天地情況的工具，而並非以卦氣來影響君王行爲。谷永重德說顯然抬高行爲的主體能動性，即所謂自律而非他律，這和魏相以天數爲準繩，京房用卦氣來恫嚇君王，以之排除異己者，無疑較重視人的自主性。

〔註31〕班固，《漢書》，頁3466～3467。

第八節 《易緯・通卦驗卷下》的卦氣說

一、八卦氣說

《通卦驗・卷下》認爲卦氣決定人事變化。其言云：

> 凡《易》八卦之氣，驗應各如其法度，則陰陽和，六律調，風雨時，
> 五穀成熟，人民取昌，此聖帝明王所以致太平法。故設卦觀象以知
> 有亡，夫八卦繆亂，則綱紀壞敗，日月星辰失其行，陰陽不和，四
> 時易政。〔註32〕

就《易傳》而言，陰陽是否和合，環境是否協調，都是跟性情有關。也就是
說，人心的有德或失德，才是影響環境的主要原因，這裡卻以八卦之氣做爲
應驗災祥的主要標準。如此一來，察看卦氣變成聖帝明王獲得太平的方法，
而不是內在的修爲來獲得的了，此與谷永德行決定卦氣變化之見差異甚大。

> 八卦氣不效，則災異氣臻，八卦氣應失常（臻，至也。八卦之氣不
> 於時，見於他，是非其常，故異多至）〔註33〕。

八卦氣呈現固定狀態，所謂不效，即該寒未寒、該暑未暑，不在規律範圍之
內，寒暑不至而顯見出其他時氣，故鄭玄注文說不在規律範圍內，是以災異
多至。

> 夫八卦驗，常在不亡，以今八月八日，不盡八日，候諸卦氣，各以
> 用事時氣，著明而見。冬至四十五日，以次周天三百六十五日，復
> 當卦之氣。進則先時，退則後時，皆八卦之效也（卦氣進則先時，
> 謂見其時之前。〈乾〉氣見於冬至之分是也。退則後時，謂見於其時
> 之後也）。〔註34〕

所謂用事即八卦之氣驗於節氣時期有效驗。此不盡八日謂卦氣偶有伸縮，蓋
自然之氣，未必如卦氣之區隔分明。冬至時氣在當值〈坎〉卦之氣，卦氣有
驗於先時或後時，蓋自然之氣非如卦氣的精準。雖偶有誤差，也算當值卦氣。
以下所述皆八卦氣不至、遲到或早現之景象，蓋如《漢書・京房傳》所謂「不
效」。

〔註32〕中村璋八、安居香山合輯，《緯書集成》，頁207。
〔註33〕中村璋八、安居香山合輯，《緯書集成》，頁207。括弧內文字是鄭玄注文，以
　　　　下同此。然筆者認爲不需要，則不列鄭玄注文。
〔註34〕中村璋八、安居香山合輯，《緯書集成》，頁208。

〈乾〉西北也，主立冬。人定，白氣出直〈乾〉，此正氣也。氣出右，萬物半死；氣出左，萬物傷。〈乾〉氣不至，則立夏有寒，傷禾稼，萬物多死。人民疾疫，應在其衝。〈乾〉氣見於冬至之分，則陽氣火盛，當藏不藏，蟄蟲冬行。〈乾〉為君父，為寒為冰為金為玉，於是歲，則立夏蚤蟄，夏至寒。〈乾〉得〈坎〉之〈寒〉，則夏雨雪水冰。

〈乾〉氣退，傷萬物（謂見於秋分之分也）。〔註35〕

比較《說卦》第五章：「戰乎〈乾〉，〈乾〉，西北之卦也，言陰陽相薄也。」此以五行所配顏色來看，〈乾〉位於西北，值立冬節氣。屬金為白色，故為白氣。所謂「氣出右，萬物半死」，指〈乾〉值西北立冬，〈乾〉卦氣不至而位正西方值秋分之〈兌〉卦氣延長到西北立冬，〈兌〉卦屬金為殺伐之氣，應在對衝的立夏，方位則為東南方，金剋對衝〈巽〉而〈巽〉木死，故傷禾稼。所謂「氣出左，萬物傷」指〈乾〉卦氣晚至，到正北冬至才顯現，故「見於冬至之分」。「〈乾〉為君父，為寒為冰為金為玉」引自《說卦》第十一章。冬至當寒卻陽氣火盛，蟄蟲當藏卻破土冬行。反應在對衝的節氣夏至，於是夏至相對變成寒天。〈乾〉氣退，鄭玄謂退至於秋分而顯見，金剋對衝〈震〉而〈震〉木死，故云。

〈坎〉北方也，主冬至，夜半黑氣出直〈坎〉，此正氣也。氣出右，天下旱；氣出左，涌水出。〈坎〉氣不至，則夏至大寒，雨雪，湧泉出，歲多大水，應在其衝（亦寒不見對受其災）。〈坎〉氣見立春之分，則水氣乘出，〈坎〉為溝瀆，於是歲，多水災，江河決，山水涌出。〈坎〉氣退則天下旱。〔註36〕

〈坎〉卦為水，五行水色黑。以日觀之，是在子時，故值夜半，〈坎〉北方出黑氣是正氣。〈坎〉氣出右不至則天下〈乾〉旱，反應在對衝節氣，是冬至寒不見，則對受其災，故夏至大寒多水。〈坎〉氣出左晚至，到立春才顯現，反應在對衝節氣立秋上，則當年多水災。等到〈坎〉氣一退則天下立刻大旱。

其餘數個卦所云形式大致相似。以下就幾點分析之：

第一，八卦配方位，「〈乾〉西北」、「〈坎〉北方」、「〈艮〉東北」、「〈震〉東方」、「〈巽〉東南」、「〈離〉南方」與《說卦》第五章相同；「〈坤〉西南」、「〈兌〉西方」則補《說卦》所無。

〔註35〕中村璋八、安居香山合輯，《緯書集成》，頁 208～209。
〔註36〕中村璋八、安居香山合輯，《緯書集成》，頁 209～210。

第二，除了「〈兌〉，主秋分」，承襲《說卦》「〈兌〉，正秋」之說，其餘七卦也配上節氣：「〈乾〉主立冬」、「〈坎〉主冬至」、「〈艮〉主立春」、「〈震〉主春分」、「〈巽〉主立夏」、「〈離〉主夏至」、「〈坤〉主立秋」。既然八卦配節氣，可確立為卦氣形式。

第三，所配卦氣的階段性除了一週年循環之外，亦適用一日的時氣階段，如〈乾〉之人定，〈坎〉之夜半，艮之雞鳴，〈震〉之日出，〈巽〉之食時，離之日中，〈坤〉之晡時。

第四，於每卦所值方位及階段時氣，產生與每卦五行所屬顏色相同者為正氣。〈乾〉卦、〈兌〉卦屬金出白氣，〈艮〉卦、〈坤〉卦屬土出黃氣，〈震〉卦、〈巽〉卦屬木出青氣，〈坎〉卦屬水出黑氣，〈離〉卦屬火出赤氣。

第五，戰國《日書》月建十二日辰節氣，以「月破」體例的月辰衝日辰為最凶險。由以上得知，漢代《易緯・通卦驗》的八卦消息也是「應在其衝」的，可推測春秋以前的卦爻辭的「八月有凶」、「七日來復」，與支辰相關者以「衝」之體例最有切近關係。

第六，所謂「出右」指當值卦氣不顯現，「出左」指當值卦氣遲至，「退」指過早出現。其不及或過當的卦氣，因為平衡關係，均顯現在對衝卦氣的變化上。比如冬至卦氣當寒卻暑熱，於反應在夏至變成大寒。〈乾〉卦氣當值立冬卻見於冬至，則陽氣火盛，當藏不藏，蟄蟲多行。到立夏變成早蟄，夏至變成寒天。

第七，引用《說卦》第十一章，做為災異現象的佐證。直接引《說卦》原文者，如〈乾〉為君父、為寒、為冰、為金、為玉，〈坎〉為溝瀆，〈艮〉為山。間接引相關者，如〈坎〉為大水，〈震〉為蛟龍、雷氣，〈巽〉為大風，〈離〉為日光、兵革，〈坤〉為地動，〈兌〉在澤中。〈離〉為目痛引用《說卦》第九章「離為目」。「〈離〉為明」引用《說卦》第五章「離也者，明也」。

> 入山澤不順時卦，失山澤之禮，則〈艮〉不應變，期雲不出，則山崩。……夫婦無別，大臣不良，則四時易。政令不行，白黑不別，愚智同位，則日月無光，精見五色，此〈離〉〈坎〉之應也。皆八卦變之效也。故曰：八卦變象，皆在于己（己，人君也。上列八卦氣之非常，而為災異而著……）。〔註37〕

所謂不順時卦，乃依過去制定時空規律，並透過卦氣所顯現者。「失山澤之

〔註37〕中村璋八、安居香山合輯，《緯書集成》，頁218。

禮」、「期雲不出」等等即現實的失律狀態,「艮不應變」即卦象的反應。卦象的反應與人事變化是一整體,然而其現象變化的導致原因都是在人君。這裡將災異歸咎到君王己身,能夠覺醒誅殺奸臣,咎除無兵,卦氣也會恢復正常。如此,又近似谷永說詞,「卦氣理效」是呈現其君王修德的結果,以致有天下太平有、安和樂利的景象。同理,「卦氣悖亂」也是呈現其君王失德的結果,以致有天下無序、動亂夭死的情況。

相較於前面八卦氣說,把八卦氣當治理天下致太平的準則,這就失去道德意識主體能動性的價值。回歸到君王的主體能動性,才是符合《易傳》知幾立命的宗旨所在。

二、十二消息卦氣

由前所述,得知京房《易》以十二消息卦為代表君王的辟卦。《易緯·通卦驗·卷下》對此形式有所闡述:

> 春三月,候卦氣比不至,則日食無光,君失政,臣有謀,期在其衝。（上既著八卦氣之得失,此又重以消息之候,所以詳《易》道。天氣春三月,候卦氣者〈泰〉也,〈大壯〉也,〈夬〉也,皆九三上六,實氣決溫不至者,君不明之徵也。故日為之變）。白氣應之,期百日二旬（期本在衝,白氣援應之。金沴木,則更位）。臣有誅者,則各降（在內謀者,姦也。覺故誅,誅已夭各降之）。
>
> 夏三月,候卦氣比不至,則大風折木發屋,……期在其衝（夏三月,候卦氣者〈乾〉也,〈姤〉也,〈遯〉也,皆九三上九,實氣微,赤氣應之,……各以其衝為兵期。按此文疑有訛誤）。
>
> 多死臣,黑氣應之（黑氣應之,水沴火也……）。
>
> 秋三月,候卦氣比不至,則君私外家,……期在其衝（秋三月,候卦氣者〈否〉也,〈觀〉也,〈剝〉也,皆六三上九,實氣決寒而不至,當君倒賞之徵,……）。青氣應之,期百有二旬（期本在衝,水沴之,則更位）。
>
> 冬三月,候卦氣比不至,則赤氣應之。……（冬三月,候卦氣者〈坤〉也,〈復〉也,〈臨〉也,皆六三上六。實氣微寒而不至者,君政荼緩之徵也。……）。三公有免者,期在其衝,則己無兵（日

食之后，卦氣不至之徵，大臣之謀覺之，故即以無兵免，故咎除無兵）。〔註38〕

以下就幾點分析之：

第一，所謂候卦氣不至，指當卦之陽無陽，當卦之陰無陰，當卦之寒而暑，當卦之暑而寒，正時氣不節之象。「日食無光」即當有日光而被掩。春三月有〈泰〉、〈大壯〉、〈夬〉，在京房候卦氣占中是代表君王的辟卦。春卦氣溫暖時氣不至，是君王不明之徵兆。

第二，按照鄭玄注文所述，用事應期在相衝之辰，如丑之衝未、子之衝午之類。所謂「白氣應之期」，鄭玄注「期本在衝」。前面說「〈乾〉西北也，主立冬。……〈乾〉氣不至，則立夏有寒，……應在其衝。」八卦氣不至，反應在其衝對時節。這裡消息卦不至與八卦氣不至情況相同，欠缺則補足於其他階段，而反應在對衝時節及卦氣上。夏曆春三月寅、卯、辰為一、二、三月，卦氣不至則反應在七、八、九月。此亦應在「衝」的體例。

第三，鄭玄注文所謂「金沴木」就是金剋勝木，春三月卦氣不至原本應該補足於秋三月，如果金旺強則金氣能夠剋制木氣，木氣勢必轉移其位。例如〈泰〉卦建寅屬木，〈否〉卦建申屬金，〈泰〉卦氣不至，木氣弱而金氣旺，則木氣在秋三月勢必退至未辰。

第四，鄭玄注文「日為之變」者，蓋如《京房傳》張晏注文，以〈晉〉卦、〈解〉卦等雜卦干擾〈大壯〉太陽卦。此即京房說「此上大夫覆陽而上意疑也」，是君不明乃受到該月雜卦的蒙蔽。

第五，君王覺醒誅殺奸臣，卦氣也會恢復正常，這就符合了君王之德的主體能動性，由人的作為影響卦氣及招致災害。人與自然互為因果，卦氣只是一種現象的呈現，而不是卦氣直接導致災害。

《易緯・通卦驗・卷下》：

春三月，一卦不至則秋蚤霜。二卦不至，則雷不發蟄。三卦不至，則三公有憂，在八月。夏三月，……。秋三月一卦不至，則中臣有用事者，春下霜。二卦不至，則霜著木，在二月。三卦不至，則臣專政，草木春落，臣有免者則已。冬三月一卦不至，……故各以其卦用事候之。〔註39〕

〔註38〕中村璋八、安居香山合輯，《緯書集成》，頁216〜219。
〔註39〕中村璋八、安居香山合輯，《緯書集成》，頁216〜217。

此言災異、人患與卦象的關係。各視其四季所值三個消息卦，一卦不效、二卦不效、三卦不效，情況有所變化。第一，其中春三月卦氣爲〈泰〉、〈大壯〉、〈夬〉卦，分別是寅、卯、辰，爲一、二、三月，其卦氣不至反應在申、酉、戌，爲七、八、九月。反之，秋三月卦氣爲〈否〉、〈觀〉、〈剝〉卦，分別是申、酉、戌，爲七、八、九月，其卦氣不至反應在寅、卯、辰，爲一、二、三月。秋三月的二卦氣不至，則霜著木，反應在二月。是以反應在八月者，應該是春三月的二卦不至。第二，《周易》臨卦辭「八月有凶」，其理如此，可再次證明戰國《日書》以來「衝」體例的實效性。

三、四正卦氣說

　　《說卦》第五章有八方位卦，漢宣帝時魏相獻《易陰陽》，據王葆玹先生考證即遺失的《說卦》[註40]，魏相在奏文中開始將〈坎〉、〈震〉、〈離〉、〈兌〉四卦配以四時四正位與四方神。京房也將六十四卦的〈坎〉、〈震〉、〈離〉、〈兌〉抽出做四方伯卦及四正位，其餘六十卦每卦六又八十分之七日配音律作爲占術。《易緯·通卦驗·卷下》對此有所闡述。

1、說明每卦每爻所值日數

　　《易緯·通卦驗·卷下》：

> 天所以照四方，因以立定二十四氣。始於冬至，終於大雪。周天三百六十五日，分之一陰一陽，分之各得八十二日有奇，分爲普，得九十一日有奇。四正分而成八節，節四十五日二十一分。八節各三分，各得十五日七分，而爲一氣也。[註41]

四正卦四時節氣每卦九十一日，八節氣則每節氣四十五日二十一分，二十四節氣則每節氣十五日七分。

2、關於鄭玄注文所納爻辰

　　（冬至〈坎〉始用事，而主六氣。初六未〈巽〉爻也，〈巽〉爲木）。

　　（小寒於〈坎〉直九二，九二得寅，木也。）（大寒於〈坎〉直六三，六三得亥氣，水也，爲南黑。季冬土也，爲北黃）（立春於〈坎〉直

〔註40〕王葆玹，〈西漢易學卦氣說源流考〉，《中國哲學史研究》（北京：中國社會科學院，1989 年第 4 期），頁 74～75。

〔註41〕中村璋八、安居香山合輯，《緯書集成》，頁 245。

六四丑，六四〈巽〉爻得木氣）（雨水於〈坎〉直九五，九五辰在申，得〈坤〉氣，爲南黄，猶〈坎〉也。故北黑。）（驚蟄於〈坎〉直上六，上六得巳氣，巳，火也。爲南赤，又得〈巽〉，氣故北白也）。

（春分於〈震〉直初九，初九辰在子，〈震〉爻也。）（清明〈震〉直六二，六二〈震〉在酉，得兑氣爲南白，互體有艮，故北黄也）。（穀雨於〈震〉直六三，六三辰在辰〔亥〕，得〈乾〉，形似車蓋。〈震〉爲萑葦，故不如薄也。）（立春〔夏〕於〈震〉直九四，九四辰在午也。午爲火，互體，〈坎〉氣相亂也，故紫赤色皆如珠也）。（小滿於〈震〉直六五，六五辰在卯，與〈震〉木同位。〈震〉木可曲可直，五六離爻，亦有互體，〈坎〉之爲輪也。）（芒種於〈震〉直上六，上六辰在巳，又得〈巽〉氣故集赤不純。〈巽〉又長故曼之也。）……

〔註42〕

就其內容分析如下：

第一，四正卦配四時，其二十四爻配二十四節氣。由四正卦〈坎〉卦初爻至上爻，分別配冬至、小寒、大寒、立春、雨水、驚蟄；〈震〉卦初爻至上爻，分別配春分、清明、穀雨、立夏、小滿、芒種；〈離〉初爻至上爻，分別配夏至、小暑、大暑、立秋、處暑、白露；〈兑〉卦初爻至上爻，分別配秋分、寒露、霜降、立冬、小雪、大雪。

第二，鄭玄注文用卦爻之象，包括爻辰、《說卦》卦象、互體之象、五行等，來解釋方位景色的關係。

第三，鄭玄注文所納支辰爲《乾鑿度》爻辰說。鄭玄注文的〈乾〉卦六陽爻所納初至上爻，爲子寅辰午申戌；〈坤〉六陰爻所納初至上爻，爲未酉亥丑卯巳。此所納支辰型式與爻辰法相同，而與《京氏易傳》、《卜筮正宗》八宮卦納支辰有所不同。李道平說：「鄭氏本乎月律，……月律之行順，故爻辰亦順。京氏本乎合聲，……合聲之行逆，故爻辰亦逆。」而察《周禮・大師》云：「大師掌六律六同，以合陰陽之聲。陽聲：黄鐘、大蔟、姑洗、蕤賓、夷則、無射。陰聲：大呂、應鐘、南呂、林鐘、小呂、夾鐘。皆文之以五聲，宮、商、角、徵、羽。」〔註43〕查看所謂月律、合聲，月律形式是十二消息，衍生自天道陰陽；合聲形式是以五聲爲文的主軸型式，乃衍生自地道五行。

〔註42〕中村璋八、安居香山合輯，《緯書集成》，頁221～244。
〔註43〕臺灣開明書局斷句，《斷句十三經經文・周禮》，頁36。

3、關於四正卦氣與經脈病症

《通卦驗》卷下其言：

> 凡此陰陽之雲，天之雲，天之便氣也。〈坎〉〈震〉〈離〉〈兌〉為之，
> 每卦六爻，既通于四時，二十四氣，人之四支、二十四氣，亦存于
> 期。〔註44〕

由這裡，可知人的體性狀態與天的模擬形態是相一致的。而《春秋繁露·卷
十二·第四十九·陰陽義》：

> 天地之常，一陰一陽。……天亦有喜怒之氣、哀樂之心，與人相
> 副。以類合之，天人一也。春，喜氣也，故生；秋，怒氣也，故
> 殺；夏，樂氣也，故養；冬，哀氣也，故藏。四者天人同有之。
> 有其理而一用之。與天同者大治，與天異者大亂。故為人主之道，
> 莫明於在身之與天同者而用之，使喜怒必當義而出，如寒暑之必
> 當其時乃發也。

《春秋繁露》的天人相副，即天人是統一的，有其同一應用的道理。其言人
的喜怒「必當義而出」也，如天的寒暑「必當其時乃發也」。春夏秋冬，各有
類似人喜怒樂哀情感之氣，人也必須配合節氣以進行生殺養藏的作息。《通卦
驗·卷下》說到四正卦時，其文意似乎與《春秋繁露》相近似。

> 冬至：故其當至不至，……人足太陰脈虛，多病振寒（萬物藏氣，
> 大旱，陰不足也）
>
> 小寒：當至不至，……人手太陰脈虛（一作靈）。人多病喉脾（陰氣
> 不至，故小旱後，則井小水。〈坎〉九二，陽爻也，為午。）
>
> 大寒：當至不至，……人足少陰脈虛，多病蹶逆，惕善驚（〈坎〉六
> 三，陰爻也。屬足。不至，故令人氣虛，虛則足煩氣逆，本舌為病，
> 此三平在〈震〉中，〈震〉為驚恐也。）。
>
> 立春：當至不至，……人足少陽〔陰〕脈虛，多病疫癘（立春木始
> 王，氣不至，兵起者，金沴之也。……〈坎〉六四，陰爻也，屬足
> 也。氣不足故令足氣虛，立春不至者，寒得其節也。疫癘，寒亦病。
> 此當與火同為足少陰脈，言陽非。……）
>
> 雨水：當至不至，……人手少陽〔太陽〕脈虛，人多病心痛（……

〔註44〕中村璋八、安居香山合輯，《緯書集成》，頁211。

春〈坎〉九五陽爻於氣宜爲手太陽。云少陽似誤。心痛，〈坎〉也。手太陽脈，起於手小指端上，頤下目內皆雨水，以後爲陽氣者）。

……

冬至：未當至而至，則人足太陰脈盛，多病暴逆，臚張心痛，大旱，應在夏至（災期在齊）。

小寒：未當至而至，則人手太陰脈盛，人多熱，來年麻不爲（按前後節氣，此處疑脫應在小暑句，注亦脫災在周秦句）。

大寒：未當至而至，則人足少陰脈盛，……。應在大暑（災期在周）。

大暑：未當至而至，人手少陽脈盛，多病脛痛惡氣（陰氣早至，亦爲此病）。應在大寒（災期在燕）。

立秋：未當至而至，人足少陽脈盛，多病咳嗽上氣，咽喉腫。立秋則陰氣脅，陽氣未服，故咳嗽咽喉腫也）。應在立春（災期亦在衛也）。……〔註45〕

第一，每個節氣在人身有其相應經脈症狀及病況。十二經脈有是是經絡系統的主體，具有表裡經脈相合，與相應臟腑絡屬的主要特徵。醫典記載十二經脈，包括手三陰經（手太陰肺經、手厥陰心包經、手少陰心經）、手三陽經（手陽明大腸經、手少陽三焦經、手太陽小腸經）、足三陽（足陽明胃經、足少陽膽經、足太陽膀胱經）、足三陰經（足太陰脾經、足厥陰肝經、足少陰腎經）。〔註46〕

第二，每條經脈各配不等的相應節氣。手太陰脈應在小寒、處暑。人手心主脈應在大雪。人心主脈應在小雪。手陽明脈應在立夏。手少陽脈應在雨水（鄭注更正爲手太陽脈）、大暑、秋分、立冬。手太陽脈應在春分。足陽明脈應在清明、穀雨、小暑。足少陽脈應在立春（鄭注更正爲足少陰）、立秋。足太陽脈應在小滿、芒種。足太陰脈應在冬至、驚蟄、白露。足厥陰經應在寒露、霜降。足少陰經應在大寒。夏至（鄭注：又疑脫人手陽脈虛句）。

第三，節氣當至不至，則應在經脈呈現虛弱狀態，而各有其不同病症。節氣當至不至，則其節氣在衝對補償回來，所以說立冬當至不至，則立夏反寒。

〔註45〕 中村璋八、安居香山合輯，《緯書集成》，頁 211～244。
〔註46〕 見周春才，《中醫養生圖典》（北京：中國文聯出版社，2000 年），頁 131。

第四，各節氣未當至而至，其相應的經脈之氣旺盛，而且都應在衝對卦爻上。例如冬至〈坎〉卦初爻用事，夏至〈離〉卦初爻用事，冬至未當至而至，則應在〈離〉卦初爻的夏至上。反之，夏至未當至而至，則應在〈坎〉卦初爻的冬至上。

第九節 《易緯·稽覽圖卷上》對京房《易》學的詮釋

兩《漢書》對京房《易》學形式有所記載，然細部操作面卻語焉不詳。《易緯·稽覽圖·卷上》對於京房《易》有所發揮。就幾項要點分析如下：

一、說明卦氣的起始點

> 甲子卦氣起〈中孚〉。（卦氣，陽氣也。……言微陽生於〈坎〉。）
> 〔註47〕

第一，此描述容易引起後世學者，以為京房《易》是有納干支辰的。事實上，從《漢書·京房傳》及《後漢書·律歷志上》得知京房《易》六十卦是配五音十二律的，而且從黃鐘宮開始。甲子蓋取其一週年六十卦之數。

第二，今所見《惠氏易學·易漢學一》有「六日七分圖」，《周易集解纂疏·諸家說易凡例·卦氣》有「卦氣圖」，均以〈未濟〉、〈蹇〉、〈頤〉、〈中孚〉、〈復〉為子月〔註48〕，是〈中孚〉卦氣結束乃〈復〉卦氣的開始。故甲子之「子」較符合子月之「子」而非納支辰之「子」。

第三，鄭玄注文採《後漢書·律歷志上》「宓羲作《易》，紀陽氣之初，以為律法」〔註49〕之說，將卦氣局限於陽氣。若僅就一週年循環形態，此說的確允當，但若就時氣層面來看，卦氣則有陰陽消息，這樣就不能只限於陽氣了。

二、由氣候狀況看卦氣之效應於君德

> 太陽一二。以上自雷，雷聲。（太陽謂一月〈大壯〉。一二者陽爻在
> 上，雷聲盛聞於人，得自雷。其卦中是消息，臣強君弱，雷從〈解〉

〔註47〕中村璋八、安居香山合輯，《緯書集成》，頁122。
〔註48〕惠棟，《惠氏易學》（臺北：廣文書局，1971年），頁1051～1052。李道平，《周易集解纂疏》，北京：中華書局，1994年，頁13。
〔註49〕范曄，《後漢書》，頁3018。

起。……）當雷不雷，太陽弱。（春分之後，當雷不雷，君弱於道德

也。……）不當雷而雷，太陽弱。（秋分之後，不當雷而雷，此君弱

于度，誅罰不行，邪臣跋扈於下，陽氣放洩。則雷冬行亂，冬傷陽

也。）〔註50〕

第一，這般描述，與上一節《通卦驗·卷下》四正卦氣、八卦氣相同，亦即節氣「當至不至」被他氣侵奪，「不當至而至」則侵奪他氣。

第二，《漢書·眭兩夏侯京翼李傳·京房》：「上封事曰：……然少陰倍力而乘消息。（孟康曰：房以消息卦爲辟。辟，君也。息卦曰太陰，消卦曰太陽，其餘卦曰少陰少陽，謂臣下也。并力雜卦氣干消息也。）」〔註51〕按照鄭玄注文，此處《稽覽圖卷上》所說「當雷不雷，太陽弱」等不僅是氣候狀況，其「臣強君弱」、「君弱于度，誅罰不行，邪臣跋扈於下」也反應在〈解〉卦、〈大壯〉卦象及君王的行爲上。

第三，《漢書·眭兩夏侯京翼李傳·京房》：「……乃辛巳，蒙氣復乘卦，太陽侵色。（張晏曰：〈晉〉卦、〈解〉卦也。太陽侵色，謂〈大壯〉。）」〔註52〕按照鄭玄注文，此處所分析〈解〉卦、〈大壯〉卦象與京房上封事及張晏注文所陳述者，其情況極爲近似。

三、指出卦氣占形式及所值日數

唯消息及四時卦，當盡其日。（寒溫之氣，消息盡六日七分，四時七十三分也。）太平之時，太陰用事，（謂從〈否〉至〈臨〉也。）而少陽卦當效時至，則於效分上一時。（雜卦用事……）然息之卦當勝雜卦也。……六日八十分之七，（六以候也，八十分爲一日，之七者，一卦六日七分也。）諸卦氣溫寒清濁，各如其所。（「諸卦」謂六十四卦也。「氣」謂用事所當效氣，……）〔註53〕

第一，京房占每卦六日又八十分之七說，未見於兩《漢書》京房語而實從《易緯》來。

第二，《漢書·京房傳》孟康注曰：「分卦直日之法，一爻主一日，六十

〔註50〕中村璋八、安居香山合輯，《緯書集成》，頁122～123。
〔註51〕班固，《漢書》，頁3164。
〔註52〕班固，《漢書》，頁3164。
〔註53〕中村璋八、安居香山合輯，《緯書集成》，頁124～130。

四卦爲三百六十日。餘四卦，〈震〉、〈離〉、〈兌〉、〈坎〉，爲方伯監司之官。所以用〈震〉、〈離〉、〈兌〉、〈坎〉者，是二至二分用事之日，又是四時各專王之氣。」〔註54〕可知〈震〉、〈離〉、〈兌〉、〈坎〉各值一日。此鄭玄注文說「四時，七十三分也」，指四正卦或四時卦各值八十分之七十三，與《京房傳》孟康注文不同。

第三，京房以六十卦爲占。《漢書·眭兩夏侯京翼李傳·京房》：「贛常日……說長於災變，分六十四卦，更直日用事，以風雨寒溫爲候。」〔註55〕而此「諸卦氣溫寒清濁」亦符合《漢書》所述。

第四，其卦所值月份，與《周易集解纂疏》及《易漢學》不同者有：「〈乾〉十一月」、「〈坤〉六月」、「〈屯〉十一月」、「〈需〉四月」、「〈泰〉十月」、「〈否〉六月」、「〈大有〉四月」、「〈豫〉二月」、「〈蠱〉四月」、「〈臨〉三月」、「〈噬嗑〉五月」、「〈大過〉十二月」、「〈恆〉六月」、「〈大壯〉三月」、「〈晉〉四月」、「〈明夷〉十二月」等等。

第十節　東漢初的八卦氣休旺

戰國秦簡《日書》有建除十二日辰階段節氣及生壯死的體例，《象傳》有十二消息卦的體例，無王相體例。然而王相也是表現節氣消長形態的參數形式。

《韓非子·飾邪》：「此非豐隆、五行、太一、工相、攝提、六神、五括、天河、殷搶、歲星非數年在西也。」注：「王相即王良星。」可知王相在戰國時曾是星辰名。〔註56〕《漢書·王莽傳》：「雜加卜筮，皆曰：『兆遇金水王相。』」〔註57〕金氣旺，金生水則爲相，這是正史最早五行王相說。《論衡·命祿》：「春夏囚死，秋冬王相。」〔註58〕《太平經合校·興衰由人訣第一百一》：「今天迺自有四時之氣，地自有五行之位，其王、相、休、囚、廢自有時，今但人興用之也。」〔註59〕可知以四時四分之，有王、相、囚、死；以五行五分之，有王、相、休、囚、廢（或死）。

〔註54〕班固，《漢書》，頁 3160。
〔註55〕班固，《漢書》，頁 3160。
〔註56〕陳奇猷校注，《韓非子集釋》（北京：中華書局，1961 年），頁 307。
〔註57〕班固，《漢書》，頁 4052。
〔註58〕黃暉，《論衡校釋》，頁 21。
〔註59〕王明，《太平經合校》，頁 232。

　　東漢光武帝時王充於《論衡・難歲》中說:「立春,〈艮〉王、〈震〉相、〈巽〉胎、〈離〉沒、〈坤〉死、〈兌〉囚、〈乾〉廢、〈坎〉休。」〔註60〕則發揮了八卦氣之休旺。立春配〈艮〉,故〈艮〉王;春分配〈震〉,故〈震〉王;立夏配〈巽〉,故〈巽〉王;夏至配〈離〉,故〈離〉王;立秋配〈坤〉,故〈坤〉王;秋分配〈兌〉,故〈兌〉王;立冬配〈乾〉,故〈乾〉王;冬至配〈坎〉,故〈坎〉王。以八卦氣休旺爲例,孟康注《漢書・眭兩夏侯京翼李傳・京房傳》說:「〈震〉、〈離〉、〈兌〉、〈坎〉者,是二至二分用事之日,又是四時各專王之氣。」〔註61〕是以《說卦》第五章的「〈兌〉,正秋也」即〈兌〉卦配秋分,按照其則理,是爲〈兌〉王、〈乾〉相、〈坎〉胎、〈艮〉沒、〈震〉死、〈巽〉囚、〈離〉廢、〈坤〉休。

　　鄭玄注《通卦驗》言「立春木始王」,則是節氣值所屬五行當旺言之。《太平經合校・斷金兵法第九十九》:「春木王土死也。……則金氣囚,……金囚則水氣休,……木氣王無金,則得興用事,則土氣死。……金王則水相,金王則害木,水相則害火。」「春王當溫,夏王當暑,秋王當涼,冬王當寒,是王德也。夫王氣與帝王氣相通,相氣與宰輔相應,微氣與小吏相應,休氣與後宮相同,廢氣與民相應,刑死囚氣與獄罪人相應。」〔註62〕是以知這是以「王、相、休、囚、死」,或「王、相、休、囚、廢」五階段言之。王生相,王剋者爲死,相剋者爲休,故以四階段言之,爲王、相、囚、死。

　　王相名稱來自星辰,其表達的節氣消長是天道形態之一,所以保留了《日書》節氣對衝的形態。王相結合四節氣,如王充《論衡・命祿》云:「春夏囚死,秋冬王相。」有節氣消長及節氣相衝形態。王相結合八卦,如《論衡・難歲》云:「立春,〈艮〉王、〈震〉相、〈巽〉胎、〈離〉沒、〈坤〉死、〈兌〉囚、〈乾〉廢、〈坎〉休。王之衝死,相之衝囚,王、相衝位,有死、囚之氣。」也是以立春節氣值〈艮〉卦位當旺,是以這裡八卦位是按照八節氣來立說的,原本只有節氣消長及節氣相衝形態。但是五行配入王相形態之後,增加生剋體例,於是衍生成干支王相、八卦王相及五行王相三種,皆成爲占學重要參數體例。是以《五行大義・論四時休王》:「休王之義,凡有三種,第一,辨五行體休王,第二,論支干休王,第三,論八卦休王。五行體休王者,春則

〔註60〕黃暉,《論衡校釋》,頁1024。
〔註61〕班固,《漢書》,頁3160。
〔註62〕王明,《太平經合校》,頁226。

木王，火相，水休，金囚，土死……，支干休王者，春則甲乙寅卯王，丙丁巳午相，壬癸亥子休，庚辛申酉囚，戊己辰戌丑未死……，八卦休王者，立春〈艮〉王、〈震〉相、〈巽〉胎、〈離〉沒、〈坤〉死、〈兌〉囚、〈乾〉廢、〈坎〉休。」〔註63〕

　　雖然五行王相也應節氣消長形態化，卻在衝氣當中又加入生剋元素，如《說文解字・麥部》：「金王而生，火王而死。」〔註64〕這也是天道形態與地道形態整合的進一步明證。其《日書》支干由建除十二階段節氣，也變化成五行五階段節氣。

第十一節　太一行九宮與八宮卦氣形態

一、《乾鑿度》太一行九宮

　　《乾鑿度》卷下云：

　　故太一取其數以行九宮，四正四維，皆合於十五（太一者，北辰之神名也。居其所曰太一，常行於八卦日辰之間。曰：天一，或曰太一，出入所遊，息於紫宮之內外，其星因以為名焉。故《星經》曰：天一、太一，主氣之神。行猶待也。四正四維，以八卦神所居，故亦名之曰宮。天一下行，猶天子出巡狩，省方岳之事，每率則復太一下行八卦之宮，每四乃還於中央。中央者，北神之所居，故因謂之九。天數大分，以陽出，以陰入。陽起於子，陰起於午，是以太一下九宮從〈坎〉宮始。〈坎〉中男，始亦言無偏也。自此而從於〈坤〉宮，〈坤〉母也。又自此而從〈震〉宮，〈震〉長男也。又自此而從〈巽〉宮，〈巽〉長女也。所行者半矣。還息於中央之宮。既又自此而從〈乾〉宮，〈乾〉父也。自此而從〈兌〉宮，〈兌〉少女也。又自此從於〈艮〉宮，〈艮〉少男也。又自此從於〈離〉宮，〈離〉中女也。行則周矣。上遊息於太一、天一之宮，而反於紫宮。行從〈坎〉宮始，終於〈離〉宮。數自太一行之，〈坎〉為名耳。出從中男，入從中女，亦因陰陽男女之偶為終始云。從自〈坎〉宮，必先之〈坤〉者，母於子養之，勤勞者，次之〈震〉，又之〈巽〉，母從異姓來，

〔註63〕蕭吉，《五行大義》，頁34。
〔註64〕許慎，《說文解字》（北京：中華書局，2003年），頁112。

此其所以敬爲生者，從息中而復之〈乾〉者，父於子教之而已，於
事逸也。次之〈兌〉，又之〈艮〉，父或老，順其心所愛，以爲長育
多少大小之行已，亦無施。此數皆合十五，言有法也）。〔註65〕

就鄭玄注文分析其重點如下：

第一，鄭注言：「太一，主氣之神。」又言：「陽起於子，陰起於午。」
是氣按時運行，則太一行九宮也是卦配時氣的變化，是爲卦氣說。

第二，從〈坎〉宮1、〈坤〉宮2、〈震〉宮3、〈巽〉宮4、紫宮5、〈乾〉
宮6、〈兌〉宮7、〈艮〉宮8、〈離〉宮9，其周行次序之數與《周易本義》
所在〈洛書〉黑白點次序完全相同。中紫宮數爲5，〈坎〉1〈離〉9、〈坤〉2
〈艮〉8、〈震〉3〈兌〉7、〈巽〉4〈乾〉6，與之相加成15。故兩兩相對卦
與紫宮數爲5相加，都成15之數，與《乾鑿度》所言「四正四維，皆合於
十五」相符。

第三，由鄭注言「陽起於子，陰起於午，是以太一下九宮從〈坎〉宮始」，
是知〈坎〉宮於北方子辰位，推知八宮卦方位與《說卦》第五章相符。每宮
卦又與《說卦》第十章父母六子女相配，是天道地道變化寓於人道變化。

二、《周易參同契》卦氣說

《周易參同契》作者魏伯陽，約東漢桓帝時人，生卒年不詳。東漢著名
煉丹家，號雲牙子。《周易參同契》所言卦氣有三類：有八卦納甲卦氣、六十
序卦卦氣、十二消息卦氣。

《周易參同契》說：

消息應鐘律，升降據斗樞。三日出爲爽，〈震〉庚受西方；八日〈兌〉
受丁，上弦平如繩；十五〈乾〉體就，盛滿甲東方。蟾蜍與兔魄，
日月氣雙明。蟾蜍視卦節，兔者吐生光。七八道已訖，屈折低下降。
十六轉受統，〈巽〉辛見平明；〈艮〉直于丙南，下弦二十三；〈坤〉
乙三十日，東方喪其明。節盡相禪與，繼體復生龍。壬癸配甲乙，〈乾〉
〈坤〉括始終。〔註66〕

分析要點如下：

第一，放馬灘秦簡《日書》條197到200記載天干配四方位，甲乙配東

〔註65〕中村璋八、安居香山合輯，《緯書集成》，頁32～33。
〔註66〕陳致虛註、涵蟾子編輯，《四庫全書・周易參同契分章註》，頁47～48。

方，丙丁配南方，庚辛配西方，壬癸配北方。此處「甲東方」、「丙南」、「庚受西方」與《日書》記載相同。

第二，《周易參同契》以〈震〉、〈兌〉、〈乾〉、〈巽〉、〈艮〉、〈坤〉，各階段為五日，並配以天干，〈震〉配庚、〈兌〉配丁、〈乾〉配甲、〈巽〉配辛、〈艮〉配丙、〈坤〉配乙。六卦象以示月體初弦月象、上弦月象、滿月象、初缺月象、下弦月象、喪其明，天干則以示六階段方位變化。〈震〉、〈兌〉、〈乾〉表示月相由虧到滿，位置由西、南到東；〈巽〉、〈艮〉、〈坤〉表示月相由滿到虧，位置亦由西、南到東。又十天干始於甲乙而終於壬癸，〈乾〉〈坤〉又是月體陰陽的始終，此即所謂「壬癸配甲乙，〈乾〉〈坤〉括始終」，故壬癸又各配〈乾〉〈坤〉的外卦。

第三，《參同契》說：「《易》謂〈坎〉〈離〉，〈坎〉〈離〉者，〈乾〉〈坤〉二用。二用無爻位，周流行六虛，往來既不定，上下亦無常。」又說：「〈坎〉戊月精，〈離〉己日光，日月為《易》，剛柔相當，土王四季，羅絡始終，青赤白黑，各居一方，皆稟中宮戊己之功。」〔註67〕〈坎〉〈離〉於〈坤〉之地道範疇以水火為用，於〈乾〉之天道範疇以日月為用。土旺於四季，四方皆稟受中宮戊己之作用，故〈坎〉卦納戊、〈離〉卦納己。

第四，〈震〉、〈兌〉、〈乾〉、〈巽〉、〈艮〉、〈坤〉六卦代表為月體連續變化，各卦階段配以五日，並配以天干，寓以時位變化之意。李道平說：「蓋以六卦寓消息，而以水火為用，即此義也。虞氏本此以說《易》。」〔註68〕故納甲法亦為卦氣之用。

《周易參同契》有六十卦氣說：

> 月節有五六，經緯奉日使，兼倂為六十，剛柔有表裡。朔旦〈屯〉直事，至暮〈蒙〉當受，晝夜各一卦，用之依次序。即未至晦爽，終則〈復〉更始，日月為期度，動靜有早晚。春夏據內體，從子到辰巳，秋冬當外用，自午訖戌亥。〔註69〕

此六十卦序與京房《易》不同，而從「〈屯〉直事」、「〈蒙〉當受」得知與《周易》卦序相同。其言六十卦與地支時辰相配，故為卦氣。由「晝夜各一卦」明白此卦氣形式兩卦代表一日週期的晝夜消長，60 卦除以 2 共三十日，故為

〔註67〕陳致虛註、涵蟾子編輯，《四庫全書・周易參同契分章註》，頁 21、22。
〔註68〕李道平，《周易集解纂疏》，頁 17。
〔註69〕陳致虛註、涵蟾子編輯，《四庫全書・周易參同契分章註》，頁 2。

一月週期，這和京房《易》六十卦代表一年週期者又不同。

《周易參同契》又有十二消息卦氣說：

> 朔旦爲〈復〉，陽□（氣）始通。出入無疾，立表微剛。黃鐘建子，
> 兆乃滋彰。播施柔暖，黎蒸得常。〈臨〉爐施條，開路正光。光耀漸
> 進，日以益長。丑之大呂，結正低昂。仰以成〈泰〉，剛柔並隆。……
> 變易更盛，消息相因。終〈坤〉〈復〉始，如循連環。〔註70〕

此十二消息卦，配黃鐘大呂之律及地支子丑之辰，律辰代表十二階段時氣，故此亦爲卦氣型式。

三、荀爽八宮世爻

荀爽，漢末人，與鄭玄同時。《後漢書》言荀爽爲費氏《易》作傳，而京氏《易》遂衰落，足見荀爽《易》學是費氏《易》流派，而非京氏《易》流派。學者一般都注意荀爽《易》升降說，而忽略其八宮世爻說。

《周易集解》注〈恆〉卦引荀爽曰：「〈恆〉，〈震〉世也。」〔註71〕李道平《疏》曰：「〈恆〉，〈震〉宮三世也。」指〈震〉宮本卦，內卦由初爻變至第三爻得〈巽〉卦，世爻在九三，故爲雷風〈恆〉卦。注〈解〉卦引荀爽曰：「〈解〉者，〈震〉世也。」〔註72〕李道平《疏》曰：「〈解〉，〈兌〉宮二世卦。」指〈震〉宮本卦，內卦由初爻變至第二爻得〈坎〉卦，世爻在九二，故爲雷水〈解〉卦。注〈謙〉卦引《九家易》曰：「〈謙〉者〈兌〉世。」李道平《疏》曰：「〈謙〉者，〈兌〉宮五世卦。」〔註73〕指〈兌〉宮本卦，由初爻變至第五爻，內卦得〈艮〉卦，外卦得〈坤〉卦，世爻在六五，故爲地山〈謙〉卦。注《繫辭》引《九家易》曰：「〈夬〉本〈坤〉世。」指〈坤〉宮本卦，由初爻變至第五爻，內卦得〈乾〉卦，外卦得〈兌〉卦，世爻在九五，故爲澤天〈夬〉卦。以下就幾項要點分析之：

第一，八宮世爻卦都符合《京氏易傳》、《火珠林》、《卜筮正宗》初爻變至五爻，上爻不變，回頭第四爻變爲遊魂，接著在內卦盡變爲歸魂的法則，其變化也是消息形式。

〔註70〕陳致虛註、涵蟾子編輯，《四庫全書・周易參同契分章註》，頁223～225。
〔註71〕李道平，《周易集解纂疏》，頁321。
〔註72〕李道平，《周易集解纂疏》，頁368。
〔註73〕李道平，《周易集解纂疏》，頁194。

第二，因為八宮思維從《乾鑿度》的太一行九宮來，其上爻不變，推測是八宮環繞中紫宮，初爻朝外，上爻環中即中宮之位。上爻不變，是為了維持太一行九宮的「北辰之神」居於中宮不變的原理。

第三，其太一行九宮，由鄭注得知太一符合〈洛書〉由〈坎〉宮遊行至離宮之序，亦有其父母子女相處之理。然而今傳《京氏易傳》八宮為〈乾〉、〈震〉、〈坎〉、艮、〈坤〉、〈巽〉、離、兌，乃父領陽卦三子、母領陰卦三女形式，乃出自《說卦》第十章。帛書《易傳》的八宮亦仿《說卦》第十章父母六子女相配，唯子女為少、中、長之序。今所流傳《京氏易傳》乃出現於時北宋欽宗時期，子女為長、中、少之序。

第四，〈乾〉宮本卦則依遊歸爻變法則，領其餘七卦，分別是〈姤〉為〈乾〉宮一世卦、〈遯〉為二世卦、〈否〉為三世卦、〈觀〉為四世卦、〈剝〉為五世卦、〈晉〉為遊魂卦、〈大有〉為歸魂卦。按此法則，除八宮本卦之外，其餘56卦的卦序乃寓於各八宮卦的遊歸爻變。

四、虞翻八卦納甲法

虞翻，三國魏代人物。《周易集解纂疏》在〈坤〉卦《象》文「東北喪朋，乃終有慶」一句下引虞翻注曰：

> 陽喪滅〈坤〉，〈坤〉終〈復〉生，謂月三日，〈震〉象出庚，故「乃終有慶」。此指說《易》道陰陽消息之大要也。謂陽月三日，變而成〈震〉出庚，至月八日，成〈兌〉見丁，庚西丁南，故「西南得朋」。謂二陽為朋，⋯⋯二十九日消乙入〈坤〉，滅藏于癸，乙東癸北，故「東北喪朋」。謂以〈坤〉滅〈乾〉，〈坤〉為喪也。〔註74〕

《繫辭上》的「縣象著明，莫大乎日月」一句，引虞注云：

> 日月縣天，成八卦象。三日暮，〈震〉象出庚。八日，〈兌〉象見丁。十五日，〈乾〉象盈甲。十七日旦，〈巽〉象退辛。二十三日，〈艮〉象消丙。三十日，〈坤〉象滅乙。晦夕朔旦，〈坎〉象流戊。日中則〈離〉，〈離〉象就己。戊己土位，象見於中。〔註75〕

〈震〉卦一陽出、兌卦二陽見、〈乾〉卦三陽盈、〈巽〉卦一陰退陽、艮卦二陰消陽、〈坤〉卦三陰滅陽之消息狀態，各納以天干庚、丁、甲、辛、丙、乙。

〔註74〕李道平，《周易集解纂疏》，頁74。
〔註75〕李道平，《周易集解纂疏》，頁603。

此說與《參同契》大同小異，按《參同契》以六卦消息代表日程當中的月體變化，並未將太陽的升降列入。虞翻晚出於《參同契》作者魏伯陽，故虞翻知八卦納甲出自《參同契》月體納甲。又八卦納甲創自魏伯陽《參同契》，虞翻用以注《易》，納甲與宮世整合才有干寶的八宮納甲法。納甲和宮世都不是西漢的產物，而北宋出現《京氏易傳》有八宮納甲，這也顯現《京氏易傳》並非京房原作。

卦氣形式幾乎都是前有所承，經過修改整合而後出轉精。

1、消息卦氣型態

《周易》卦爻代表象的變化，而由筮到占從來不脫離數，連避談象數的王弼也說卦者時也，是以從〈臨〉卦辭「八月有凶」、〈復〉卦辭「七日來復」，則〈臨〉卦建丑辰而〈復〉卦建子辰是極有可能的。從戰國末放馬灘秦簡《日書》有十二律配卦占法，日辰時令值卦占法，以及月建衝破日辰的體例來看。顯示之前西周時期以卦配日月時辰，已有卦氣型態的痕跡，也應有相對為衝的《易》占體例。至於十二消息卦氣，《象傳》確定有此形態，其消息是陽消則陰息，陰消則陽息。漢代十二消息則固定成為六陰消卦、六陽息卦，後世亦有以六陰為息卦六陽為消卦。戰國末秦簡《日書》的建除日忌表，也以十二支辰階段為消息型態。西漢時京房六十卦繼承孟喜十二月卦，也以十二消息為代表君王的辟卦。《易緯》詮釋十二消息卦者則在《通卦驗卷下》。《參同契》則配以十二律及十二支辰。

2、八卦氣型態

《說卦》以兌配正秋，〈坤〉未配時位之外，其餘六卦均配上方位。《通卦驗卷下》各配以時位之外，詳言卦氣當至不至，或不當至而至的災害。

鄭玄注《乾鑿度》的太一行九宮，其運行九宮次序衍生為洛書次序，而漢末八宮卦世爻思維也根源於此。受方位之氣消長思維所影響，王充《論衡》有八卦氣休旺論。另外，《參同契》有納甲六卦氣消息型態，以六卦消息寓月體變化，加上中土〈坎〉〈離〉以之配天干的方位因素。魏虞翻採之而改以日移動來解釋，並以說《易》。

3、四正卦氣型態

《說卦》僅以兌配正秋，魏相獻《易陰陽》奏文則開始以〈坎〉〈離〉〈震〉

〈兌〉四卦配時位及顏色，〈坤〉艮置中央配五行土。孟喜運用〈坎〉〈離〉〈震〉〈兌〉四卦之二十四爻以結合二十四節氣，焦延壽則僅以之為四方伯四時正卦，京房沿用焦延壽之四正。《通卦驗·卷下》沿用孟喜二十四爻配二十四節氣及經絡二十四氣，說明卦氣當至不至，或不當至而至的災害。

4、六十卦氣型態

焦延壽以一周年為期，用六十卦每爻值日。京房沿用焦延壽六十卦，兼採孟喜十二月卦為辟，各統領四雜卦。《易緯·稽覽圖卷上》有詳細說明，然〈震〉〈離〉〈兌〉〈坎〉四正所領的日期數值，與《漢書》注文不同解。其卦所值月份，亦與《周易集解纂疏》及《易漢學》卦氣圖有出入。《參同契》則以《序卦》卦序六十卦，主張兩卦值一日之畫夜，六十卦以一月為週期，每月配月建。

5、卦氣相對為衝的體例

《易緯》卦氣當至不至，或不當至而至的災害，均應驗到相對的卦期上。

6、五行配入卦氣占體例。

最遲至戰國中期完成的《左傳》，其卦占尚未用到五行生剋。而漢宣帝時魏相奏文開始將五行配上八卦，其後卦爻以性情為主體的功能逐漸消失，而變成五行參數的載體。

第九章　結　論

　　文是就具有形音功能以涵蓋某事物之意義的符號而言,而象則指感官的顯現。無論事物之象或一群組物象之數,凡具有形音義之符號者,都屬於文。文按照次序安排便是有理序之文,而《說卦》說此理序是順性命之理而來。按照理序運行,便是有規律之道體。若依觸覺言之,則一寒一暑是有理序之天文。寒暑相推串聯起來,成為觸覺形態的天道規律,及構成一整體大週期之年歲。若依視覺言之,則一明一暗也是有理序之天文,日月相推串聯起來,成為視覺形態的天道規律,而構成一整體小週期之日辰,三十日辰則為一週期之月份。同理,一剛一柔是有理序之地文,剛柔相推而成為地道;一仁一義是有理序之人文,仁義相推而成為人道。又例如春夏秋冬從觸覺之溫暑涼寒而來,是以同樣的年歲,可以寒暑二分之,也可以溫暑涼寒四分之。就《易》道之參數而言,與視覺有關者稱形文系統,與聽覺有關者稱聲文系統,它們是離不開「性命之理」的。

　　邵雍說「心為太極」、「道為太極」,在空間上,太極分化來發揮陰陽的作用;在時間上,規律變化是在成就事物的整體。可以說這陰陽、時空,皆吾人心識分別作用的顯現,是吾人透過感受對此世界理解的產物,而非宇宙本身的自然存在。此世界的意義與價值乃由人創生,而透過文來保有。原本古人透過眼耳去見聞這世界,是質樸無文的,完全憑感受以經驗行事。一旦有文被創造出來,無論只有形義無音的符號,或是形義音俱全的文字,人們便將感受、觀念、價值和理想等,透過文的書寫而呈現之。文是用形義音去描寫對事物之感受、觀念,及其形色等的工具,但部份或個別的事物原本就是從較大的主體事物分化而來,是以個體與個體之間必然被主體連繫著,只是

我們忽略對背後主體的覺察而已。因此，事物被區分出來而用文去涵蓋，是心識作用必然的呈現。然而僅用理解的智心去面對，而不懷著以情絜情的仁心，則只能見其區分後的個別狀態，而不能感受到合和的整體狀態，因此「仁者見之謂之仁，智者見之謂之智」，顯然有層次上的差異。是以《易》聖人在〈睽〉卦《象》說「天地睽，而其事同也；男女睽，而其志通也；萬物睽，而其事類也」，直指了合和的整體情狀。可以說，所謂天地睽分是感官意識分別的局面，但這局面是人類使然，而無損大自然的整體。人類如果想穿透人道的規律以窺見天道規律，就得「立其誠」以消減對比意識，在仁德修為當中體現出大我情懷。

《左傳·僖公十五年》說：「物生而後有象，象而後有滋，滋而後有數。」象有視覺之象、觸覺之象和聽覺之象，依邵雍的「心為太極」、《繫辭》的「太極生兩儀」之見地，那麼，屬於情文系統陰陽的對比，形文系統卦象的動靜，與聲文系統音律的參數，無論是透過視覺觸覺產生的意象，或理析後的數值，都是心識造就的。物象滋生以至繁雜，而後有數值以計算其數量，所以透過視覺、觸覺感受到的節氣，可二分為寒暑、四分為四季，甚至於八分、十二分、二十四分，乃至七十二分，數值趨於繁瑣，卻都可簡約為一個完整的年歲週期。

《周易》的陰陽主要是基於視覺觸覺所取之象。那些與聽覺系統相關的聲音以及傳遞媒介之大氣狀態，卻付之闕如。例如〈泰〉卦天地之交、陰陽之應，只能做形上之意會而沒有其形象或數值，秦漢象數《易》聲文的音律參數附加上去後，即能補充這一空白區塊，將《易傳》天地之交、陰陽之應等，加以形象數值化。根據《呂覽》《淮南子》和《春秋繁露》所指，物象分出陰陽，音律也分出陰陽，其上均有個無形無聲的形上本體，名之為太一者。由此觀之，無論《易》形文系統或聲文系統，都是離不開陰陽二分的對比呈現。就《易傳》言之，亦即為性情主體意識的二分顯現，其規律之建構也就是順性命之理的建構，可以說即源自那情文背後的形上本體。

《繫辭下》第五章：「男女構精，萬物化生。」其意思就是，萬物的變化是肇端於夫婦，象數的繁衍是根基於陰陽，而陰陽的啟動乃萌發於心志。所以《繫辭上》第十二章說：「聖人立象以盡意，設卦以盡情偽。」心志大如鯤鵬，則象大而數也大；心志小如燕雀，則象小且數也小。所以《繫辭上》第三章說：「卦有小大，辭有險易。辭也者，各指其所之。」

　　《易傳》既然是以性命爲主體，無論呈現天道規律、地道規律，或者是人道規律，皆是性命主體的開展。《易傳》與漢《易》不同之處，在《易傳》之大衍筮法雖然依賴著策之數，仍舊保存《周易》由性情立象的初衷。尤其董仲舒宣揚「天副人數」而漢《易》在魏相引進五行思維之後，《易》在漢代可以說已全盤演變成推算方式，《易》學界普遍將卦爻視爲載體，以天干時辰之數值取代卦爻之象，一切變化可用數值變化表示，卦象遂淪爲參數的附庸，尤其在性情五行化之後，陰陽與主體性命似乎漸失其聯繫，心志逐漸失去其能動性的主導地位，故班固直言其「泥於小數」的缺失。

　　《易傳》主要在解釋主體之人與環境的互動關係，其重心是放在人道仁義和地道剛柔問題上。而人道仁義和地道剛柔著重在象變化的呈現，是以陰陽爻相變的形態來表示。《易傳》所謂時辰的陰陽，以消息形態表達其強弱，當時時辰歸時辰，陰陽歸陰陽。也就是說《易傳》的陰陽爻是以性情爲變化的主體，陰陽爻附上年月日時辰，那些干支時辰只是代表天道時間階段的進程，如果要顯示天象，仍舊得依賴陰陽爻。《易傳》講求「時義」，所謂「時」意味著天道規律當中節氣的次序變化，包含人的性情取向，是天下人心志之理所建構的道體規律。其「義」主要還是以卦爻之象來顯現。「時義」顯現出人道和地道之「位」概念，仍然離不開天道「時」概念的牽制；講「時」的變化，仍然離不開人物現象「位」的移動等變化。足見《易傳》「時」與「位」概念雖二分，其實背後是一個形上的整體。漢《易》講太一，其學雖繁衍出許多形文、聲文的參數系統，也是離不開這樣時位一體的形態。

　　《左傳》說物象滋生而後才有數，由上溯源，十進位之數由象計算得之，象由物的名相概念繁衍得之，是以不分則無物、無象、無形、無聲，無物、無象、無形、無聲也就無數可言。漢代以「太一」爲本體，雖然是「一」，但若是依哲學上的用詞，表示一整體不分之義。《易傳》名之爲「太極」，太極生兩儀，故陰陽可分爲二，而陰陽數值總和相同卻一正一負，若上推剛好抵消成數值0，此0亦可爲太極不分狀態之義。

　　象數學之五行，在《尚書》原本是地道範疇的五種元素，後來和方位相結合，木火金水配東南西北而土配中央。五行又和節氣結合，則土配丑、辰、未、戌。《左傳》說象滋而後有數，在這些象數學方面的概念，隨著心智的取決，其演算程式相異，因用智之考量不同，而各有其不同的參數與數值。參數與數值雖繁，不過就哲學上而言，天道一週年可分爲一寒一暑，地道物質

可分爲一剛一柔，人道性情可分爲一仁一義，其統稱爲一陰一陽，加總爲不分之一太極整體，以數值表示，則爲不分之 0。是以十進位的千萬億兆之數值均可以變成二進位，而二進位結合陰陽，即一陰一陽之規律的再次呈現。一陰一陽之道可收束於太極一整體，就等同於漢代象數界所言的「太一」，《易傳》之「幾」或宋代楊慈湖的「無二本心」。由此觀之，這豈不是更貼近《易傳》以簡馭繁的易簡之道嗎？

因此，仁者，乃講二人的關係也，往形下，分之則爲一陰一陽；往形上，合之則爲一體，此即爲「體仁」以簡約駕馭「用智」之繁賾的積極意義。是以，在漢代象數界仁義禮智信可配五行，然宋代程顥卻說「義禮智信皆仁」。可見仁義禮智信的象數化，是用智心面對仁體的呈現。反之，即使是象數五行之繁賾局面，也是可以達到全面局勢的平衡，形成不分之太極整體或 0 數值的狀態，而這狀態是符合以仁爲本體之形上涵義的。

由此觀之，《易》的象數之繁雜情況是用智的必然結果，無論是干支時辰、消息卦氣的對衝，陰陽的相應、音律的相和，或五行的相生相剋，都是在維持那形上之整體，以促使天道人事繼續有規律地運作下去。而擁有體仁的至誠修養，使得先王和占師有智的直覺，其心與太極冥契而能夠收束名相的對立，如是便可與道體的規律相參。這智的直覺讓君子在用智之餘能夠知幾見幾，使之超越了象數的時空局限，則東方的鳥鳴與西方的災異，便瞭然於胸臆而趨於同體，有如《繫辭》所言，可以「不疾而速，不行而至」。如此一來，不僅有其前知的實效，而且時空領域之寬窄或軌跡之大小，都能夠由君子的心志開展出來。

君子的知幾見幾，這幾就是復其見天地之心，這幾包含了〈乾〉德的無限創生義及〈坤〉德的無不遍在意，這幾包含了「點」、「圓」、「面」和「無限」的組合，它既包含了認同天下之志的切入點，也包含了自我創造路線的歧出點。所以，這幾其實就是天地之心，是創生方圓時位象數之心，是天地之中心，也是聖人之本心，是仁智兼備之心，也是建構三才規律之道心。此幾能夠創生方圓，故看似渺小，卻可無限放大，猶如週年循環的中心，卦氣音律的相衝相合，五行時辰的相生相剋，帷幄運籌，無不盡在此心。

知幾見幾之心須有體仁之修爲，而體仁貴在道德的自覺自省，以人溺己溺的大我爲情懷，故「體仁足以長人」，可以做爲他人的好典範。體仁之要必先立其誠，立其誠則收束對立，而成爲掌握樞機之君子。吾人面對事物，若

以分解的智心則陷入陰陽之別，若以合和之仁心，則能見幾，能見幾者則能異中求其同，能異中求同者則返歸於太極。另一方面，見幾的君子因為德合仁心，能夠以太極為樞紐，則能回歸於形上合和之情狀，掌握住變化的關鍵處；掌握關鍵之後再驅使智心，則由陰可以推知陽，由陽可以推知陰，能夠推知事情發展的走向。是知卦爻之象和時辰之數，均在君子仁體之下，與天地之道體變化若符一契，而得以盡天下人之事務。

參考文獻

一、《易》學古籍

1. 李道平,《周易集解纂疏》,北京:中華書局,1994 年。

2. 孔穎達等,《重栞宋本周易注疏附校勘記》,《重刊宋本十三經注疏附校勘記》,臺北:藝文印書館,1965 年。

3. 朱熹:《周易本義》,臺北:皇極出版社,1980 年。

4. 阮元,《周易》,《重刊宋本十三經注疏》,臺北:藝文印書館,1965 年。

5. 邵雍,《皇極經世書》,臺北:中州古籍出版社,2007 年。

6. 馬國翰,《周易孟氏章句》,《玉函山房輯佚書》,上海:上海古籍出版社,1990 年。

7. 陳致虛註、涵蟾子編輯,《周易參同契分章註》,《四庫全書》。

8. 程榮纂輯、陸績注,《漢魏叢書·京氏易傳》,吉林:吉林大學出版社,1992 年。

9. 惠棟,《惠氏易學》,臺北:廣文書局,1971 年。

10. 臺灣開明書店斷句,《周易》,《斷句十三經經文》,臺北:臺灣開明書局,1991 年。

11. 瞿縣悉達,《開元占經》,《中國方術概觀》。北京:人民中國出版社,1993 年。

12. 蕭吉,《五行大義》,上海:上海書店出版社,2001 年。

二、古典論著

1. 上海師范大學古籍整理組,《國語》,上海:上海古籍出版社,1978 年。

2. 毛公傳，鄭玄箋，孔穎達等正義，《毛詩正義》，臺北：藝文印書館，1955年。

3. 〔日〕中村璋八、安居香山合輯，《緯書集成》，河北：河北人民出版社，1994年）。

4. 王明，《抱朴子內篇校釋》，北京：中華書局，1985年。

5. 王明，《太平經合校》，北京：中華書局，1997年

6. 王守仁，《王陽明全集》，上海：上海古籍出版社，1992年。

7. 王守仁，《傳習錄》，大夏出版社，1989年。

8. 王孝魚，《二程集》，中華書局，1981年。

9. 王肅（注），《孔子家語》，貴陽：貴州人民出版社，1996年。

10. 王洪緒輯，《卜筮正宗》，臺灣：大孚書局，1982年。

11. 司馬遷撰，《新校本史記三家注》，臺北：鼎文書局，1981年。

12. 左丘明著，韋昭注，《國語》，臺北：里仁書局，1980年。

13. 朱熹，《朱子語類》，臺北：文津出版社，1986年。

14. 呂不韋，《呂氏春秋新校釋》，上海：上海古籍出版社，2002年。

15. 李延壽，《南史》，臺北：鼎文書局，1981年。

16. 李延壽，《北史》，臺北：鼎文書局，1980年。

17. 阮元，《重刊宋本十三經注疏附校勘記》，臺北：藝文印書館，1965年。

18. 周敦頤，《周子全書》，上海：商務印書館，1937年。

19. 范曄，李賢等注，司馬彪補志，《後漢書》，臺北：鼎文書局1981年。

20. 范曄著，《後漢書》，臺北：洪氏出版社，1975年

21. 姚察、魏徵、姚思廉，《陳書》，臺北：鼎文書局，1980年。

22. 荀悅，《前漢紀》，臺北：臺灣商務印書館，1973年。

23. 班固，《漢書》，北京：中華書局，2002年。

24. 班固，《新校本漢書集注》，臺北：鼎文書局，1986年。

25. 班固，《白虎通德論》，四部叢刊初編子部，上海：上海商務印書館縮印明刊本，1929年。

26. 班固，《白虎通德論》，四部叢刊初編，上海：上海商務印書館景印本，1922年。

27. 袁了凡，《了凡四訓》，江蘇：蘇州弘化社，1932年。

28. 韋昭注，《國語》，上海：上海古籍出版社，1978年。

29. 許慎，《說文解字》，北京：中華書局，1963年。

30. 脫脫，《宋史》，臺北：鼎文書局，1980年。

31. 尉繚,《尉繚子》。景印明本武經七書直解本。

32. 陸象山,《陸九淵集》,北京:中華書局,1980 年。

33. 陸象山,《陸九淵集》,臺北:里仁書局,1981 年。

34. 張元濟,《文始眞經》,四部叢刊三編子部,上海:上海商務印書館景印本,1936 年。

35. 黃宗羲,《宋元學案》,北京:中華書局,1989 年。

36. 郭慶藩撰:王孝魚點校,《莊子集釋》,北京:中華書局,1995 年。

37. 陳奇猷校注,《韓非子集釋》,北京:中華書局,1958 年。

38. 陳壽撰、裴松之注,《新校本三國志注》,臺北:鼎文書局,1980 年。

39. 陳壽,《三國志》,臺北:鼎文書局,1980 年。

40. 程顥、程頤,《二程遺書》,上海:上海古籍出版社,2000 年。

41. 湯球,《晉書》,北京:中華書局,1985 年。

42. 揚雄,《法言》,海王邨古籍叢刊,北京:中國書店,1991 年。

43. 程顥、程頤,《二程遺書》,上海:上海古籍出版社,2000 年。

44. 趙爾巽,《清史稿》,臺北:鼎文書局,1981 年。

45. 趙曄,《吳越春秋》。景印明本武經七書直解本。

46. 貫誼,《新書》,《四部叢刊初編》,上海:上海商務印書館縮印明刊本,1929 年。

47. 董仲舒,《春秋繁露》(四部叢刊初編,景上海涵芬樓藏武英殿聚珍版本,1987 年。

48. 臺灣同治求我齋仿嘉靖壬辰本校刊,《朱熹文集》。

49. 臺灣開明書店斷句,《尚書》,《斷句十三經經文》,臺北:臺灣開明書店,1991 年。

50. 臺灣開明書店斷句,《周禮》,《斷句十三經經文》,臺北:臺灣開明書店,1991 年。

51. 臺灣開明書店斷句,《孟子》,《斷句十三經經文》,臺北:臺灣開明書局,1991 年。

52. 臺灣開明書店斷句,《中庸》,《斷句十三經經文‧禮記》,1991 年。

53. 臺灣開明書店斷句,《論語》,《斷句十三經經文》,臺北:臺灣開明書店,1991 年。

54. 臺灣開明書店斷句,《左傳》,《斷句十三經經文》,臺北:臺灣開明書店,1991 年。

55. 臺灣開明書店斷句,《禮記》,《斷句十三經經文》,臺北:臺灣開明書店,1991 年。

56. 劉文典，《淮南鴻烈集解》，北京：中華書局，1997 年。

57. 劉安，《淮南子》，臺北：中華書局，1981 年。

58. 劉向，《說苑》，《四部叢刊初編》，上海：上海商務印書館縮印明刊本，1929年。

59. 劉昫，《舊唐書》，臺北：鼎文書局，1981 年。歐陽修，宋祈，《新唐書》，臺北：鼎文書局，1981 年。

60. 黎靖德編；王星賢點校，《朱子語類》，北京：中華書局，1986 年。

61. 歐陽修、宋祁撰，《新唐書》，臺灣：洪氏出版社，1977。

62. 鄭玄，《周禮注疏》，臺北：藝文印書館，1955 年。

63. 戴德，《大戴禮記》，山東：友誼書社，1991 年。

64. 韓嬰，《韓詩外傳》，四部叢刊初編，上海：上海商務印書館景印本，1922年。

65. 韓嬰，《韓詩外傳》，北京：中華書局，1985 年。

66. 魏收，《魏書‧管輅傳》，臺北：鼎文書局，1980 年。

三、今人專著

1. 王文錦，《禮記譯解》，北京：中華書局，2001 年。

2. 王利器，《呂氏春秋注疏》，四川：巴蜀書社，2002 年。

3. 王葆玹，《玄學通論》，臺北：五南書局，1996 年。

4. 王新華，《周易繫辭傳研究》，臺北：文津出版社，1998 年初版。

5. 甘肅省文物考古研究所：《天水放馬灘秦簡》，北京：中華書局，2009 年。

6. 田博元，《國學常識經要》，臺北：東大圖書公司圖書公司，1980 年。

7. 牟宗三，《圓善論》，臺北：聯經出版社，2003 年。

8. 牟宗三，《周易的自然哲學與道德函義》，臺北：文津出版社，1988 年。

9. 朱伯崑，《易學哲學史》，北京：華夏出版社，1995。

10. 朱謙之，《老子校釋》，北京：中華書局，1984。

11. 李滌生：《荀子集釋》，臺北：臺灣學生書局，1988。

12. 李零，《中國方術概觀》，北京：人民中國出版社，1993 年。

13. 李零，《中國方術考》，北京：人民中國出版社，2000 年。

14. 李零：《中國方術續考》，北京：東方出版社，2000 年。

15. 李勉，《管子今註今譯》，臺北：臺灣商務印書館，1990 年。

16. 吳小強，《秦簡日書集釋》，長沙：岳麓書社，2000 年。

17. 余培林，《新譯老子讀本》，臺北：三民書局，2001 年。

18. 邢文，《帛書周易研究》，北京：人民出版社，1997 年。

19. 屈萬里，《先秦漢魏易例述評》，臺北：臺灣學生書局，1985 年。

20. 周春才，《中醫養生圖典》，北京：中國文聯出版社，2000。

21. 范文瀾：《文心雕龍注》，北京：人民文學出版社，1958 年。

22. 徐芹庭，《兩漢十六家易注闡微》，臺北，五洲出版社，1975 年。

23. 徐芹庭，《魏晉七家易學之研究》，臺北：成文出版社，1977 年。

24. 徐復觀，《兩漢思想史》，上海：華東師範大學出版社，2001 年。

25. 黃錦鋐，《新譯莊子讀本》，臺北：三民書局，2001 年。

26. 黃暉，《論衡校釋》，北京：中華書局，1990 年。

27. 湯用彤，《魏晉玄學論稿》，上海：上海古籍出版社，2001 年。

28. 馮友蘭，《中國哲學簡史》，北京：北京大學出版社，1985 年。

29. 馮友蘭，《中國哲學史新編》，北京：人民出版社，2001 年。

30. 張吉良，《周易哲學和古代社會思想》，山東：齊魯書社，1998 年。

31. 張濤，《秦漢易學思想研究》，北京：中華書局，2005 年。

32. 張文智，《周易集解導讀》，濟南：齊魯書社，2005 年

33. 郭建勳：《新譯易經讀本》，臺北：三民書局，1996 年。

34. 曾春海，《易經的哲學原理》，臺北：文津出版社，2003 年。

35. 閔仕君，《牟宗三道德的形而上學研究》，四川：巴蜀書社，2005 年。

36. 楊祖漢，《儒家的心學傳統》，臺北：文津出版社，1992 年。

37. 楊維傑，《黃帝內經》，臺北：台聯國風出版社，1984 年。

38. 蒙培元，《理學範疇系統》，北京：人民出版社，1989 年。

39. 劉大鈞，《周易概論》，山東：齊魯書社，1995 年。

40. 劉文典，《淮南鴻烈集解》，北京：中華書局，1997 年。

41. 熊十力，《乾坤衍》，《熊十力全集》，湖北：湖北教育出版社，2001 年。

42. 熊公哲，《荀子今註今譯》，臺灣：商務印書館，1984 年。

43. 蔡方鹿，《宋明理學心性論：修訂版》，巴蜀書社，2009 年。

44. 鄧球柏：《帛書周易校釋》，湖南：湖南出版社，1987 年。

45. 賴炎元註譯，《春秋繁露今註今譯》，臺北：臺灣商務，1984 年。

46. 樓宇烈，《王弼集校釋》，北京：中華書局，1980 年。

47. 鄭曉江，《中國死亡智慧》，臺北：東大圖書公司，1994 年。

48. 蕭漢明，《周易本義導讀》，山東：齊魯書社，2003 年。

49. 魏汝霖，《孫子今註今譯》，臺北：臺灣商務，1988 年。

50. 韓強,《王弼與中國文化》,貴州:貴州人民出版社,2001 年。

51. 戴璉璋:《易傳之形成及其思想》,臺北:文津出版社,1997 年。

四、期刊與學位論文

（一）期刊論文（按年先後）

1. 王葆玹,〈西漢易學卦氣源流考〉,《中國哲學史研究》,第 4 期（總第 37 期）,1989 年,頁 74～75。

2. 王新春,〈易學史上的幾種重要周易卦序初探〉,《中華月刊》,第 17 卷 11 期,總 203 期,1997 年,頁 17～18。

3. 李德順,〈價值與價值觀〉,北京:中國社科院研究生院《學術講座薈萃》,第 12 輯,2003 年 9 月。

4. 屈萬里,〈先秦漢魏易例述評〉,《幼師學誌》,第 1 卷 2 期,1959 年 4 月 30 日。

5. 梁韋弦,〈關於數位卦與六十四卦符號體系之形成問題〉,《周易研究》,第 1 期,2007 年,頁 14～19。

6. 張曉芬,〈王弼《易》注中時位進退的倫理觀〉,《古今藝文》,第 33 卷第 2 期,2007 年 2 月,頁 4～26。

7. 鄧秀梅,〈楊簡易學析論〉,《高雄師大學報‧人文與藝術類》,第 23 期,2007 年 12 月,頁 147～169。

8. 鄧秀梅,〈陸、王心學一系對易理的詮釋〉,《鵝湖學誌》,第 44 期,2010 年 6 月,頁 45～84。

9. 許朝陽,〈《京氏易傳》的易學意義與徐昂《京氏易傳箋》義例述評〉,《國文學報》,第 50 期,2011 年 12 月,頁 1～27。

10. 賀廣如,〈心學《易》中的陰陽與卜筮——以季本爲核心〉,《臺大文史哲學報》,第 76 期,2012 年 5 月,頁 29～66。

11. 周欣婷,〈王弼《易》注的政治觀探析——以「時」與「位」爲研究焦點〉,《淡江中文學報》,第 27 期,2012 年 12 月,頁 191～224。

12. 慈濟文化志業,〈器樂發聲的原理〉,《經典雜誌》,第 42 期,頁 30～31。

（二）學位論文

1. 王汝華,《熊十力易學思想研究》,碩士論文,臺北:國立臺灣師範大學國文研究所,1991 年。

2. 李瑋如,《魏晉易學「生生」思想研究》,碩士論文,臺北:國立臺灣師範大學國文學系,2000 年。

3. 金尚燮,《朱熹以理學詮釋易學之研究》,博士論文,臺北:國立臺灣大學

哲學研究所，1991 年。

4. 周芳敏，《王弼及程頤易學思想之比較研究》，碩士論文，臺北：國立臺灣大學中國文學研究所，1992 年。

5. 段致成，《道教丹道易學研究——以《周易參同契》與《悟眞篇》爲核心的開展》，臺北：國立臺灣師範大學國文學系，2004 年。

6. 侯雪娟，《朱熹象數易學研究》，博士論文，臺中：逢甲大學中國文學所，2011 年。

7. 柯佩杏，《朱熹易學研究》，碩士論文，臺北：華梵大學東方人文思想研究所，2006 年。

8. 陳佳旺，《朱子之象數易學研究》，碩士論文，臺北：銘傳大學應用中國文學系碩士班，2010 年。

9. 陳明彪，《牟宗三的漢代易學觀述評》，博士論文，臺北：國立臺灣師範大學國文學系，2006 年。

10. 彭俊傑，《春秋時期易學演進過程之研究——以《左傳》、《國語》之《易》說爲依據》，碩士論文，臺北：華梵大學東方人文思想研究所，2000 年。

11. 喬家駿，《孟喜、焦延壽、京房及其易學研究》，博士論文，高雄：國立高雄師範大學國文研究所，2009 年。

12. 喬家駿，《《焦氏易林》易學研究》，碩士論文，高雄：國立高雄師範大學國文研究所，2005 年。

13. 張曉芬，《王弼易學研究之《周易略例》分析》，碩士論文，臺北：輔仁大學哲學研究所，1999 年。

14. 楊國寬，《朱熹易學研究—對程頤易學的傳承與開新》，碩士論文，新竹：玄奘大學，中國語文學系碩士班，2004 年。

15. 楊宗祐，《邵氏象數易學研究》，碩士論文，新竹：玄奘大學宗教學系碩士在職專班，2008 年。

16. 蔡月禎，《王弼易學研究》，碩士論文，桃園：國立中央大學中國文學研究所，1998 年。

17. 廖婉利，《虞翻易學思想研究》，碩士論文，高雄：國立高雄師範大學國文研究所，2004 年。

18. 賴建仁，《王弼易學的玄理範疇》，碩士論文，臺中：私立東海大學哲學研究所，2005 年。

19. 薛名傑，《程頤易學研究》，碩士論文，臺北：中國文化大學哲學所，2012 年。

20. 謝綉治，《魏晉象數易學研究》，博士論文，高雄：國立高雄師範大學國文研究所，2008 年。